Alice Miller
Du sollst nicht merken

Variationen über das Paradies-Thema
Mit einem neuen Nachwort (1983)

Suhrkamp

Diese Auflage enthält auf Seite 406 nach Zeile 19 bis auf Seite 410, Zeile 11 einen ergänzenden Text zum Nachwort von 1983.

suhrkamp taschenbuch 952
Erste Auflage 1983
© Suhrkamp Verlag Frankfurt am Main 1981
Suhrkamp Taschenbuch Verlag
Alle Rechte vorbehalten, insbesondere das
des öffentlichen Vortrags, der Übertragung
durch Rundfunk und Fernsehen
sowie der Übersetzung, auch einzelner Teile.
Satz: LibroSatz, Kriftel
Druck: Ebner Ulm · Printed in Germany
Umschlag nach Entwürfen von
Willy Fleckhaus und Rolf Staudt

8 9 10 11 12 – 91 90 89 88

INHALT

Der Titel des vorliegenden Buches formuliert ein nirgends ausgesprochenes Gebot, dessen strikte Befolgung dadurch gewährleistet ist, daß es sehr früh in unserer individuellen und kollektiven Geschichte verinnerlicht wurde. Ich versuche, die Wirksamkeit dieses Gebotes im Unbewußten des Einzelnen und der Gesellschaft zu beschreiben, und tue das, ähnlich wie in *Das Drama des begabten Kindes* und *Am Anfang war Erziehung,* mit Hilfe allgemein verständlicher Geschichten. Die in diesen beiden früheren Büchern enthaltenen Beispiele bieten vielfältiges zusätzliches Ausgangs- und Anschauungsmaterial für die hier gezogenen theoretischen Schlüsse.

Meinen herzlichen Dank möchte ich denjenigen Kollegen aussprechen, die an der Entwicklung meiner Gedanken kritisch teilnahmen, mir durch die Prüfung meiner Hypothesen im »therapeutischen Alltag«, der mir jetzt fehlt, geholfen haben, meine Entdeckungen ernstzunehmen und weitere Schritte zu wagen. Die Versuchung, den eingeschlagenen Weg aufzugeben, war angesichts der Schlüsse, die ich ziehen mußte und die auch in mir Widerstand auslösten, nicht unerheblich.

Aber auch den anderen Kollegen, die meine Gedanken mit Empörung, Befremden, offener Ablehnung oder Angst entgegennahmen, schulde ich einen Dank. Ohne diese Reaktionen hätte ich nicht so deutlich gemerkt, daß ich mich in tabuisierten Regionen befand, und wäre nicht darauf gekommen, die Hintergründe dieser Tabus zu analysieren. Ich verdanke also gerade den negativen Reaktionen mein Verständnis für den gesellschaftlichen Hintergrund der Freudschen Triebtheorie, von der ich mich in diesem Buch distanziere.

Dennoch ist dieses Buch Sigmund Freud (zu seinem 125. Geburtstag) gewidmet. Seiner Entdeckung der Kindheitsgeschichte im Unbewußten des Erwachsenen und des Phänomens der Verdrängung verdanke ich mein Instrumentarium, das von meiner Art zu suchen und zu fragen nicht wegzudenken ist. Die Tatsache, daß es mich heute zu anderen Ergebnissen als Freud vor achtzig Jahren geführt hat, zeigt die Schärfe und Brauchbarkeit dieses Instrumentariums, denn die gesellschaftliche Wirklichkeit hat sich inzwischen gewaltig verändert. Das Phänomen der Verdrängung ist zweifellos gleichgeblieben, aber die Mittel, die dazu verwendet werden, und der Preis, den wir dafür bezahlen, sind an die jeweiligen gesellschaftlichen Normen so gut angepaßt, daß es sie immer wieder neu zu ermitteln gilt.

»Mich selbst kann ich so schlecht machen, als es sein muß, aber andere Personen muß ich schonen.« Diesen Satz einer seiner Patientinnen zitiert Freud in seinem Brief an Wilhelm Fließ vom 28. April 1897. Ich nehme ihn zum Ausgangspunkt bei der Darstellung meiner Gedanken, weil er mir eine Wahrheit auszudrücken scheint, die für sehr viele Menschen, zumindest für viele, die ich kannte, zutrifft. In meinen früheren Arbeiten habe ich zu zeigen versucht, wie die Schonung und Idealisierung der Eltern der ersten Lebensjahre einerseits aus der vollständigen Abhängigkeit des Kindes und andererseits aus dem Nachholbedarf der Eltern an Achtung, Bejahung und Verfügbarkeit verständlich wird (vgl. A. Miller, 1979). Anhand verschiedener Lebensläufe bin ich auch der Frage nachgegangen, was mit dem in der Kindheit aufgestauten, reaktiven Haß in Extremfällen geschehen mußte, um die Schonung der Eltern zu gewährleisten (vgl. A. Miller 1980).

Während ich mich in *Am Anfang war Erziehung* vornehmlich mit der Frage der Entstehungsgeschichte der menschlichen Destruktivität und Selbstdestruktivität befaßt habe und zu Ergebnissen gekommen bin, die sich der Annahme eines Todestriebes im Freudschen Sinn direkt entgegenstellen, will ich in diesem Buch u. a. die Wege schildern, auf denen mir die die Psychoanalyse beherrschenden Vorstellungen von der »infantilen Sexualität« immer fragwürdiger erschienen, bis ich schließlich gewagt habe, die Konsequenzen meiner Erfahrungen zu Ende zu denken.*

* Es mag sein, daß der Leser vergeblich nach einer Definition des Begriffes »Triebtheorie« suchen wird, den ich in diesem Buch öfters verwende. Da Sigmund Freud an seiner Triebtheorie nicht ohne Grund mehrere Male Änderungen anbrachte, müßte eine solche Definition auch die ganze Entwicklungsgeschichte dieses Begriffes berücksichtigen, was hier unmöglich ist. Statt dessen versuche ich, aus dem Zusammenhang verständlich zu machen, welchen Aspekt der Triebtheorie ich jeweils meine. Ganz allgemein verstehe ich darunter Sigmund Freuds nach 1897 vertretene und von seinen Schülern übernommene Überzeugung von der infantilen Sexualität des Kindes (orale, anale und phallische Phase), die beim

Die persönliche Erfahrung der Psychoanalyse anhand des eigenen Unbewußten und die berufliche Möglichkeit, auch dem Unbewußten anderer Menschen zu begegnen, bedeuten zweifellos für jeden werdenden Analytiker zunächst eine große Befreiung. Schon das grundlegende, oft verblüffende Erlebnis der eigenen Abwehrmechanismen (wie Verleugnung, Verdrängung, Projektion usw.) verändert in hohem Maße unsere bisherige Seh- und Denkperspektive. Die einengenden Vorstellungen und Ideen der eigenen Kindheit werden uns klarer bewußt, und verglichen mit ihnen ist die Psychoanalyse, weil sie in der breiten, bürgerlichen Bevölkerung lange bekämpft, verspottet oder kaum wahrgenommen wurde, bereits ein revolutionäres Faktum. Wenn ein Mensch in einem engen abgelegenen Bergtal aufgewachsen ist und plötzlich in eine breite Ebene kommt, wird er sich zunächst in einer ähnlichen Weise befreit fühlen, wie ein streng religiös erzogenes Kind, das später das Denksystem der Psychoanalyse entdeckt. Es kann hier zunächst alle Richtungen einschlagen, die Welt steht ihm offen, es stößt nicht immer auf die hohen Berge. Was muß aber dieser Mensch empfinden, wenn er feststellt, daß diese wunderbare Ebene, die in die Welt hinausführt, von Verbotstafeln

vierjährigen Kind darin gipfelt, daß es den gegengeschlechtlichen Elternteil sexuell besitzen und den gleichgeschlechtlichen beseitigen möchte (Ödipuskomplex), was zu Konflikten führen muß, weil das Kind beide Eltern liebt und braucht. Die Art der Lösung dieses Konfliktes, der sich zwischen dem Es und dem Ich bzw. dem Ich und dem Überich abspielt, entscheidet darüber, ob ein Mensch an einer Neurose erkrankt oder nicht. Dieser Lehre zufolge ist alles, was dem Kinde von der Außenwelt her zustößt, »nicht pathogen«, auch wenn es »schwerwiegend für die Ich- und Charakterbildung« ist (vgl. Anna Freud, *Das Ich und die Abwehrmechanismen.*) Anna Freud sieht darin keinen Widerspruch, weil sie den charakterschädigenden Einfluß der Umwelt als Gegenstand der Psychologie und nicht der Psychoanalyse bezeichnet. Diese Auffassung hat wichtige Konsequenzen für die analytische Praxis, die alles, was der Patient über seine Kindheit erzählt, als dessen Phantasien und nach außen projizierte, eigene Wünsche zu betrachten hat. So wird das Kind der Triebtheorie zufolge nicht für die Bedürfnisse des Erwachsenen real mißbraucht, sondern es phantasiert angeblich diesen Mißbrauch, indem es eigene aggressive und sexuelle Wünsche (Triebwünsche) verdrängt und sie projektiv als von außen auf es gerichtet erleben kann.

Dieser Aspekt der Triebtheorie war es, der mich veranlaßt hat, dieses Buch zu schreiben.

umstellt ist und daß das weite Tal nicht der Anfang seines neuen Weges ist, sondern ein endgültiges Ziel sein soll? Die Erfahrung der Ebene weckte in ihm die Lust zum Wandern und machte ihm durch den Gegensatz bewußt, wie eingeengt seine Kindheit gewesen war. Wenn er froh ist, die Enge verlassen zu haben, wird er sich mit dem eingezäunten Flachland nicht lange zufriedengeben. Sein Bedürfnis nach Freiheit ist geweckt und damit auch der Wunsch, die Welt hinter den Verbotstafeln zu entdecken. Denn nun weiß er aus Erfahrung, daß diese Tafeln, ähnlich wie die hohen Berge, nicht das Ende der Welt bedeuten.

Die Zäune und Verbote ließen sich mit verschiedenen Dogmen der psychoanalytischen Theorie vergleichen, während die große Ebene zunächst mit den ersten Erfahrungen des Unbewußten vergleichbar ist. Allerdings darf sie durch keine Verbotstafeln eingeschränkt werden, wenn der Weg zu neuen Erkenntnissen in alle Richtungen offen bleiben soll; denn auch wenn diese Ebene viele Spaziergänge ermöglicht, gleicht sie einem Gefängnis, solange die Ausflüge aus diesem Areal verboten sind. Das gleiche gilt für die psychoanalytische Theorie, die in Gefahr kommt, durch ihre Dogmatisierung gerade das Wertvollste an ihr, d. h. die schöpferischen, im besten Sinne revolutionären und bewußtseinserweiternden Elemente im Dienste des Überlieferten, des die Geborgenheit der Gruppenzugehörigkeit Sichernden, aufzugeben.

Die fundamentale Erkenntnis von der Bedeutsamkeit der frühen Kindheit für das ganze spätere Leben verdanken wir Sigmund Freud – eine Erkenntnis, die für alle Gesellschaften und zu allen Zeiten Gültigkeit haben dürfte. *Daß* die Kindheit das spätere Leben des Individuums prägt, ist freilich eine formale Aussage und nur als solche kann sie Allgemeingültigkeit beanspruchen. Das *Wie* dieser Prägung ist kulturspezifisch und dem gesellschaftlichen Wandel unterworfen; es muß in jeder Generation neu untersucht und in jedem einzelnen Leben im Besonderen verstanden werden. Jeder Versuch, dieses *Wie* für alle Zeiten bestimmen zu wollen, z. B. mit Hilfe des Ödipuskomplexes und der Triebtheorie, trägt für die Psychoanalyse die Gefahr einer Selbstverstümmelung in sich. Denn wie soll ihr Instrumentarium schöpferisch eingesetzt werden, wenn die Frage nach der jeweiligen Kindheitsprägung einer Generation bereits mit dem Ödipuskomplex ein für alle Male beantwortet worden ist? Statt das neue Material in seiner Einmaligkeit zu verstehen, muß sich der Analytiker während seiner Ausbildung darin üben, es nicht als neu, sondern als Beispiel der ein für allemal gültigen Theorien zu sehen. Er lernt so, auf die weittragenden, Wahrheit erschließenden Kräfte seines Instrumentariums zu verzichten, bevor er sie entdecken konnte.

Das Bild der eingezäunten Ebene habe ich gezeichnet, um meinen Ansatz verständlich zu machen. Obwohl ich persönlich der Psychoanalyse meine Befreiung verdanke, sehe ich in ihrem entfremdeten Vokabular und in ihren Dogmen die Entwicklung von Theorie und Praxis hemmende Faktoren. Im folgenden möchte ich, auch mit Hilfe von Beispielen, diese These begründen, doch hier schon will ich andeuten, zu welchen Ergebnissen ich gekommen bin, nachdem ich bereit war, die Verbotstafeln nicht mehr zu beachten und die mir erreichbaren Wege zu beschreiten.

Die Überzeugung von der Bedeutung der frühen Kindheit für das ganze spätere Leben des Individuums war mein Ausgangspunkt. Die Sensibilisierung für das kindliche Leiden verschaffte mir den emotionalen Einblick in die Situation des abhängigen Kindes, das ohne begleitende Person seine Traumatisierungen nicht artikulieren kann und sie daher verdrängen muß. Auf der andern Seite öffnete sich mir immer deutlicher der Blick auf die Machtausübung der Erwachsenen über das Kind, die in den meisten Gesellschaften sanktioniert oder zugedeckt wird, die aber mit Hilfe psychohistorischer Studien, der Psychosen-, Kinder- und Familientherapien und vor allem dank der psychoanalytischen Behandlung der Eltern in den letzten Jahrzehnten immer offensichtlicher wird. So bin ich nach langem Zögern, das wohl mit meiner Loyalität, Dankbarkeit und guter Erziehung zusammenhing, zu der Annahme gekommen, daß nicht nur die Destruktivität (also die Fehlentwicklung der gesunden Aggression), sondern auch sexuelle und andere Störungen, vor allem narzißtische, besser zu verstehen sind, wenn man den reaktiven Charakter ihres Entstehens mehr berücksichtigt. Das Kind ist in seiner Hilflosigkeit eine Quelle des Machtgefühls des unsicheren Erwachsenen und darüber hinaus in vielen Fällen sein bevorzugtes Sexualobjekt. Wenn man bedenkt, daß jeder Analytiker Bände darüber erzählen könnte, erscheint es auf den ersten Blick seltsam, daß diese Erkenntnis so lange verborgen geblieben ist.

Es gibt dafür mehrere Gründe, von denen ich hier zwei nenne.

1. Das narzißtisch besetzte Kind wird vom Erwachsenen als ein Teil seines Selbst erlebt. Darum kann sich dieser kaum vorstellen, daß das, was ihm Lustgefühle bereitet, für das Kind eine andere Bedeutung haben könnte. Sobald er es aber ahnt, wird er sein Tun vor der Umwelt verbergen. (Pädophile kämpfen neuerdings um ihr (!) Recht, den Kindern offen sexuelle »Liebe« geben zu dürfen. Sie zweifeln nicht daran, daß die Kinder genau das brauchen, was die Erwachsenen ihnen »geben« wollen.)

2. Auch jeder Patient ist daran interessiert, das, was mit ihm geschehen ist, also den narzißtischen und den sexuellen Mißbrauch seiner Person (wenn dieser stattgefunden hat), zu verheimlichen, zu verbergen oder sich selbst deswegen zu beschuldigen. Diese Tatsache wird oft übersehen, läßt sich aber leicht feststellen. Wenn man z. B. die Zwänge eines Menschen als Ausdruck seiner verdrängten Aggressionen deutet, ohne die zu den Aggressionen führenden Traumatisierungen zu berühren, wird sich der Patient wegen seiner Aggressionen nur noch mehr beschuldigen; oder wenn man z. B. das Mißtrauen der

Frauen gegenüber Männern als Ausdruck ihrer unterdrückten, »libidinösen Wünsche und Phantasien« deutet, wird man unter Umständen eine gute Kooperation und sogar die Besserung der Symptome, die auf der Übertragungsliebe beruhen, erreichen können. Aber beides wiederholt schließlich das ursprüngliche Trauma des Nichtverstehens und des Mißbrauchs, das zu neuen Symptomen führen kann, weil auch das letzte Trauma (die Behandlung) nicht als Trauma, sondern als Hilfe, Wohltat, Heilung angesehen werden soll und vom Patienten meistens auch so angesehen wird.

Da die psychoanalytische Triebtheorie die Tendenz des Patienten, sein Trauma zu leugnen und sich selbst zu beschuldigen, unterstützt, ist sie eher dazu geeignet, den sexuellen und narzißtischen Mißbrauch des Kindes zu verschleiern, als ihn aufzudecken.

Weshalb geht der Analytiker in den meisten Fällen nicht an die realen Traumatisierungen der Kindheit heran? Seine Gründe mögen ebenfalls vielfältiger Natur sein: (1.) die unaufgelöste Idealisierung seiner eigenen Eltern, (2.) die Einzäunungen durch Theorien, die er gelernt hat, und vor allem vermutlich (3.) die Angst vor der Konfrontation mit dem eigenen Trauma. Dazu kommt bei manchen Analytikern, (4.) daß sie bisher die Verbotstafeln nie gesehen und an der Richtigkeit der Dogmen noch nie gezweifelt haben.

Von diesen vier Gründen kann ein Buch nur den letzten tangieren, denn die Verleugnung des eigenen Kindheitstraumas läßt sich ohne tiefgehende Selbsterfahrung nicht auflösen. Was den Einfluß der angelernten Theorien betrifft, so habe ich in meiner langjährigen Supervisionsarbeit immer wieder feststellen müssen, wie sehr sie den Analytiker hindern können, aus Erfahrungen zu lernen und lehrreiche Erfahrungen zu machen. Auf der andern Seite durfte ich feststellen, daß es emotional offenere Kandidaten gab, die sich nicht zur Loyalität der Triebtheorie gegenüber verpflichtet fühlten, d. h., daß sie das

Material des Patienten nicht als Phantasien und als Ausdruck von dessen Triebwünschen sahen, sondern direkt mit der Annahme der frühen Traumatisierungen arbeiteten. Dadurch ermöglichten sie dem Patienten die Artikulierung der Kindheitstraumen, was diesem in viel kürzerer Zeit, als ich es früher für möglich gehalten hatte, zu einer »strukturellen« Veränderung verhelfen konnte. Diese Kollegen wagten es, neue Erfahrungen zu machen und aus ihnen zu lernen, und machten mich, nachdem sie mir diese Erfahrungen mitteilten, wiederum zur Lernenden. Ich verdanke ihnen daher nicht nur die empirische Überprüfung meiner Theorie, sondern auch die Gewißheit, daß die Ergebnisse meiner Arbeit in einzelnen Fällen vermittelt werden können und sich in schöpferischer, individueller Art anwenden lassen.

Bei Analytikern, deren Haltung durch ihre Identifizierung mit dem Kind als Opfer (und nicht mit dem Erzieher) geprägt ist, wird sich vermutlich der Schwerpunkt der Ausbildung vom intellektuellen Studium der Fachliteratur auf die emotionalen Erfahrungen der eigenen Analyse verschieben, in der die Trennungsängste der frühen Kindheit erlebt werden müßten (vgl. S. 103f.). Die Entdeckung der eigenen Subjektivität vermittelt dem Analytiker den Zugang zu der Subjektivität seines Patienten, von dem und mit dem er über dessen Leben lernt. Erst die (begrenzte) Erfahrung meines Unbewußten und die Kenntnis des Wiederholungszwanges macht es mir möglich, die Subjektivität eines Menschen zu verstehen. Sie zeigt sich dann für mich in allem, was dieser sagt, tut, schreibt, träumt oder flieht. Die Fähigkeit des Analytikers, seine Subjektivität zu fühlen, ist die Voraussetzung des Verstehens, aber die dabei gewonnenen Erkenntnisse über das Leben des Patienten sind alles andere als subjektive Einfälle. Sie sind Versuche, den Sinn und *das verborgene Leiden eines einmaligen Lebens auf dem Hintergrund einer ganz spezifischen Kindheit mit Hilfe der Inszenierungen aus dem Wiederholungszwang in der Übertragung und Gegenübertragung zu verstehen.*

Am Beispiel meiner Studien über verschiedene Lebens-läufe zeigt sich, daß solche Erkenntnisse überprüfbar sein können. Fühlen braucht wissenschaftliche Genauigkeit nicht auszuschließen; ich meine sogar, daß es Bereiche gibt (wie z. B. den der Psychoanalyse), deren Wissen-schaftlichkeit durchs Fühlen sehr viel zu gewinnen hätte; sei es nur, um das Arsenal von falschen Behauptungen aufzudecken, die mit Hilfe unverständlicher Begriffe lange Zeit geschützt werden können. Nur ein fühlender Mensch kann die Machtfunktion einer leeren Begriffsbil-dung durchschauen, weil er sich nicht durch Unverständ-lichkeit einschüchtern läßt.

A Psychoanalyse
zwischen Dogma und Erfahrung

Wird man Françoise einmal erzählen, daß sie fast gestorben wäre? Vielleicht wird sie erfahren, daß sie von ihrem bewundernswürdigen Vater gerettet wurde ... Man wird ihr nicht erzählen, daß er dieses nicht von ihm gezeugte kleine Mädchen töten wollte ... So wird Françoise auch vielleicht wiederholen, daß etwas mit ihr passiert ist, als sie klein war, daß sie nicht weiß, was, und daß sie seitdem wegen ihrer Hüfte, ihres Beines oder ihres Fußes in die Klinik geht, um eines Tages genauso zu gehen, wie die anderen ... übrigens hat sie Fortschritte gemacht, und man hat ihr gesagt, daß sie neue orthopädische Schuhe anziehen könne ...
(Aus: Leïla Sebbar, Gewalt an kleinen Mädchen, 1980)

Die Unterdrückung der Frage, wie Eltern mit ihren Kindern in deren ersten Lebensjahren bewußt und meistens unbewußt umgehen, ist selbstverständlich nicht nur innerhalb der klassischen Psychoanalyse anzutreffen, sondern kennzeichnet alle mir bekannten Humanwissenschaften, auch diejenigen, die zu den entsprechenden Fakten freien und täglichen Zugang haben, nämlich die Psychiatrie, Psychologie und verschiedene Richtungen der Psychotherapie. Warum ich besonderen Wert darauf lege, die Unterdrückung dieser Frage auch innerhalb der Psychoanalyse herauszustellen, mag vor allem gerade damit zusammenhängen, daß meiner Meinung nach die Psychoanalyse den tiefsten und reinsten Einblick in dieses Geschehen hätte, wenn sie sich nicht mit Hilfe ihrer Theorien dagegen abschirmen würde, was ganz automatisch und unbewußt geschieht. Ich muß daher etwas weiter ausholen, um diese Mechanismen zu beschreiben.

Wenn ich z. B. mein Interesse und meine Aufmerksamkeit darauf richte, bei einem Menschen, der zum erstenmal mein Zimmer betritt, herauszufinden, welche Triebwünsche er im Moment unterdrückt, und wenn ich meine Aufgabe darin sehe, ihm das im Laufe des analytischen Prozesses klarzumachen, werde ich zwar freundlich zuhören, wenn er mir von seinen Eltern und von seiner Kindheit erzählt, doch von dem damaligen Geschehen nur das aufnehmen können, was die Triebkonflikte des Patienten erklärt. Die einstige Realität des Kindes, die meinem Patienten seit jeher nicht mehr emotional zugänglich ist, wird auch für mich nicht zugänglich werden. Sie bleibt ein Teil der »Phantasiewelt« des Patienten, an der ich mit meinen Konzepten und Konstruktionen teilnehmen kann, ohne daß die wirklich geschehenen Traumen aufgedeckt werden.

Wenn ich hingegen den Menschen, der mein Zimmer

betritt, von Anfang an mit Fragen konfrontiere, die sich darauf beziehen, was ihm in der Kindheit zugestoßen ist, und wenn ich mich *bewußt mit dem Kind im Patienten identifiziere*, dann wird sich von der ersten Stunde an ein frühkindliches Geschehen vor uns ausbreiten, das unmöglich hätte auftauchen können, wenn statt der bewußten Identifizierung mit dem einstigen Kind *die unbewußte Identifizierung mit den verheimlichenden, erziehenden Eltern* meine Haltung bestimmt hätte. Um dieses Auftauchen zu ermöglichen, genügt es nicht, Fragen nach der Vergangenheit zu stellen; es gibt außerdem Fragen, die besser dazu geeignet sind, zuzudecken, als zu öffnen. Wenn aber das Interesse des Analytikers auf die frühkindlichen Traumen gerichtet ist und er nicht mehr unter dem inneren Zwang steht, die Eltern (die seinen und die des Patienten) schonen zu müssen, wird er in der *gegenwärtigen* Klage des Patienten bereits ohne Schwierigkeiten die Wiederholung einer früheren Situation entdecken. Wenn er z. B. hört, wie der Patient mit unbeteiligtem Gesicht über seine gegenwärtige Partnerbeziehung erzählt, die ihm, dem Analytiker, als äußerst qualvoll vorkommt, wird er sich und den Patienten fragen, welche Qualen er bereits in seiner Kindheit hat aushalten müssen und sie als solche nicht hat erkennen dürfen, um jetzt so ohne jegliche Gemütsbewegung über seine Ohnmacht, Hoffnungslosigkeit, Einsamkeit und die ständigen Demütigungen in dieser Partnerbeziehung sprechen zu können. Es kann aber auch sein, daß der Patient mit starken Affekten kommt, die auf andere, neutrale Personen verschoben sind, und völlig affektlos bzw. idealisierend über seine Eltern spricht. Wenn sich der Analytiker für das frühe Trauma interessiert, wird er in kurzer Zeit anhand dessen, wie der Patient sich selber schädigt, realisieren, wie die Eltern einst mit diesem Kind umgegangen sind. Auch die Art, wie der Patient den Analytiker behandelt, ist voll von Hinweisen darauf, wie die Eltern ihn behandelt haben: verachtend, spöttisch, enttäuscht, oder aber Schuldgefühle machend, beschämend, ängstigend, verführend. Alle einstigen Register der Kinderstube können sich bereits im ersten Interview zeigen, wenn man darauf hören darf. Ist der Analytiker in seinen eigenen Erziehungszwängen befangen, dann wird er seinem Supervisor oder seinem Kollegen erzählen, wie »unmöglich sich sein Patient benimmt«, wieviele unterdrückte Aggressionen in ihm schlummern, welchen Triebwünschen sie entspringen, und er wird sich bei den erfahrenen Kollegen Rat holen, wie man diese Aggressionen deuten bzw. »hervorholen« könne. Kann er aber das Leiden des Patienten spüren, das der Patient selber noch nicht spüren darf, dann wird er sich lediglich an seine Voraussetzung halten, daß die demonstrierten Haltungen des Patienten eine Mitteilung und eine Sprache sind, die über Geschehnisse erzählen, von denen dieser vorläufig noch gar nicht anders als eben nur so, wie er es tut, berichten kann und muß. Er wird auch wissen, daß die unterdrückten oder manifesten Aggressionen Antworten und Reaktionen auf Traumatisierungen sind, die zwar vorläufig im Dunkeln bleiben, aber deren bewußtes, emotionales Erlebnis das Ziel der Analyse sein müßte.

Ich habe hier zwei verschiedene, ja ausgesprochen entgegengesetzte Haltungen des Analytikers geschildert. Nehmen wir an, daß ein Patient oder ein Ausbildungskandidat auf der Suche nach einem Behandlungsplatz mit je einem Analytiker dieser verschiedenen Richtungen spricht; nehmen wir ferner an, daß von diesem Erstinterview, sei es für die Klinik oder zu Händen des Unterrichtsausschusses Berichte erstattet werden müssen. Man kann sich leicht vorstellen, daß die beiden Berichte nicht nur voneinander abweichen, sondern von zwei verschiedenen Menschen sprechen. Das ist an sich nicht sehr wichtig, denn solche Berichte bleiben meistens in den Schubladen. Wichtig aber ist der Umstand, daß sich der Interviewte in diesen Gesprächen entweder als Subjekt oder als Objekt erleben kann. Im ersten Fall sieht er, manchmal überhaupt zum erstenmal, die Chance, sich selber und seinem Leben zu

begegnen und damit seinen unbewußten Traumen näher-
zukommen, was ihn sowohl mit Angst als auch mit Hoffnung erfüllen kann. Im zweiten Fall ist er in der ihm
gewohnten, intellektuellen Selbstentfremdung bereit,
sich als Objekt einer weiteren Erziehungsarbeit zu sehen,
in deren Verlauf er, um mit den Worten von Freuds
Patientin zu sprechen, sich so schlecht machen darf, wie es
für ihn notwendig ist.

Diese Unterschiede in der Haltung des Patienten zu sich
selber scheinen mir von weittragender Bedeutung zu sein,
nicht nur für den einzelnen Menschen, sondern für die
Gesellschaft. Die Art, wie ein Mensch zu sich selber steht,
wirkt sich auch auf seine Umgebung aus, vor allem auf
diejenigen, die von ihm abhängig sind, auf seine Kinder
und auf seine Patienten. Einer, der sein Innenleben vollständig objektiviert, wird auch die andern zu Objekten
machen. Es ist vor allem diese letzte Konsequenz, die
mich dazu bewogen hat, diesen Unterschied in der Haltung deutlich herauszuarbeiten, obwohl ich ja weiß, daß
die der zudeckenden Haltung zugrunde liegenden Motive
(der Schonung der Eltern, der Verleugnung des Traumas)
tiefe, unbewußte Wurzeln haben und kaum mit Büchern
oder Argumenten zu ändern sind.

Darüber hinaus haben mich andere Gründe dazu bewogen, über den Unterschied in der Haltung des Analytikers
nachzudenken: Ich begegne häufig der Meinung, daß die
analytische Arbeit am Selbst, wie ich sie verstehe, nur im
Rahmen einer sehr langen klassischen Analyse geleistet
werden könne; im Rahmen einer kürzeren Psychotherapie
sei dieses Ziel nicht erreichbar. Auch ich war früher davon
überzeugt, bin es aber jetzt nicht mehr, weil ich sehe,
wieviel Zeit der Patient u. U. verliert, wenn er sich gegen
die Theorien seines Analytikers wehren muß, um schließlich nachgeben zu können und sich »sozialisieren« oder
»erziehen« zu lassen. Ähnliches gilt für Gruppen. Wenn
den Mitgliedern der Gruppe zwar das Recht auf ihre
Gefühle verbal zugestanden wird, der Therapeut aber vor

»Ausbrüchen« gegen die Eltern Angst hat, kann er die Gruppenteilnehmer nicht verstehen und wird u. U. ihre Ratlosigkeit, ihre Aggressionen noch verstärken. Er kann dann entweder diese Gefühle im Chaos enden lassen, oder aber zu mehr oder weniger verschleierten erzieherischen Maßnahmen greifen, indem er an die Vernunft, Moral, Versöhnungsbereitschaft usw. appelliert. Oft ist das Bemühen des Therapeuten auf die Versöhnung des Patienten mit seinen Eltern ausgerichtet, weil er bewußt davon überzeugt ist und es auch so gelernt hat, daß nur das Verzeihen und Verstehen den inneren Frieden gibt (was in der Welt des Kindes ja auch tatsächlich stimmt!). Unbewußt aber fürchtet der Therapeut möglicherweise den unterdrückten Zorn auf seine eigenen Eltern, wenn er den Patienten zur Versöhnung führt. So rettet er im Grunde (in der therapeutischen Arbeit) *seine* Eltern vor dem eigenen Zorn, den er – in der Phantasie – für tödlich hält, weil er nie erfahren durfte, daß Gefühle nicht töten. Kann aber der Therapeut seine unbewußte Identifikation mit den erziehenden Eltern ganz aufgeben und sich, als sein Anwalt, mit dem leidenden Kind identifizieren, können dank seines angstfreien Verständnisses in kurzer Zeit Prozesse in Gang kommen, die man früher als Wunder bezeichnet hat, weil ihre Dynamik noch nicht konzeptualisierbar war.

Der Unterschied zwischen den zwei Haltungen könnte auch an einem ganz banalen Beispiel des sogenannten Agierens, das jeder Psychoanalytiker aus seiner Praxis kennt, illustriert werden. Nehmen wir an, ein Patient ruft in einer bestimmten Phase seiner Analyse den Analytiker zu allen möglichen Tages- und Nachtzeiten privat an. Ein unbewußt erziehender Analytiker wird in diesem Verhalten die »mangelnde Frustrationstoleranz« (der Patient kann nicht bis zur nächsten Stunde warten), ein gestörtes Verhältnis zur Realität (der Patient realisiert nicht, daß sein Analytiker, neben den Stunden mit ihm, auch sein eigenes Leben hat) und andere narzißtische »Defekte«

sehen. Da der Analytiker selber ein erzogenes Kind ist, wird er Mühe haben, aus seiner eigenen Freiheit heraus dem Patienten Grenzen zu setzen. Er wird nach Regeln suchen, die ihm erlauben, die durch die häufigen Telefonanrufe erzeugten Störungen zu beseitigen, d. h. eigentlich den Patienten zu erziehen.

Kann aber der Analytiker im Verhalten des Patienten die aktive Inszenierung eines passiv erlittenen Schicksals sehen, wird er sich fragen, wie die Eltern mit diesem Kind umgegangen sind und ob das Verhalten des Patienten nicht möglicherweise die Geschichte der Verfügbarkeit des Kindes erzählt, die so weit zurückliegt, daß der Patient sie nicht mit Worten, sondern nur mit seinem unbewußten Verhalten erzählen kann. Dieses Interesse des Analytikers für die frühere Realität wird praktische Konsequenzen haben: er wird nicht versuchen, »richtige Maßnahmen zu treffen«, wird aber auch nicht in Gefahr sein, dem Patienten die Illusion einer ständigen Verfügbarkeit zu geben, die dieser bei den Eltern nie hatte und die er, in illusionärer Weise, seinen Eltern zu geben versuchte. Sobald er mit dem Patienten die frühere Situation sehen kann, braucht er keine erzieherischen Maßnahmen und kann trotzdem oder gerade deshalb seine private Sphäre und Freizeit ernstnehmen und schützen.

Im Begriff des Agierens, das unter den Analytikern beinahe die Bedeutung des »schlechten Benehmens« hat, spiegelt sich die erzieherische Haltung. Ich ziehe es vor, auf diesen Begriff zu verzichten und spreche lieber von Inszenierungen, denen ich eine zentrale Rolle zuschreibe und die für mich nicht eine Unart bedeuten. Es handelt sich dabei vielmehr um eine notwendige, oft dramatische, unbewußte Mitteilung über die frühe Realität.

In einem mir bekannten Fall stellte es sich heraus, daß eine Patientin, die ihren ersten freundlichen und geduldigen Analytiker und seine Familie mit ihren nächtlichen Anrufen zur Verzweiflung brachte, beim nächsten Analytiker sehr schnell herausfinden konnte, daß sie hier unbewußt

traumatische Erlebnisse aus ihrer frühen Kindheit inszenierte. Ihr Vater, der ein erfolgreicher Künstler war, kam
oft nach Hause, wenn das Kind schon schlief, nahm es
aber dann gerne aus dem Bettchen heraus und spielte mit
ihm schöne und spannende Spiele, bis er selber müde
wurde und dann das Kind wieder in sein Bettchen zurücklegte. Dieses Trauma des plötzlichen Einbruchs in den
ruhigen Schlaf, der starken Stimulierung und des plötzli-
hen Alleingelassenwerdens inszenierte die Patientin unbewußt mit ihrem Analytiker, und erst, nachdem sie dies
beide herausgefunden hatten, konnte sie zum erstenmal
ihre aus der damaligen Situation stammenden Gefühle
erleben: die Empörung über das Gestörtwerden, die An-
strengung, sich als gute Spielpartnerin zu behaupten, damit der Vater nicht weggehe, und schließlich die Wut und
die Trauer über das Verlassenwerden. In der Inszenierung
kam dem Analytiker zuerst die Rolle des geweckten Kindes zu, das sich ja richtig verhalten möchte, um die geliebte Bezugsperson nicht zu verlieren, und zugleich auch
die Rolle des realen Vaters, der mit dem Beenden des
Telefongespräches das Kind wieder alleine läßt und
kränkt. Der erste Analytiker hat dieses sogenannte Agieren nicht in seinem biographischen Sinn verstanden und
daher mitagiert. Der zweite ließ sich in der Inszenierung
eine frühe Geschichte erzählen, die ihm geholfen hat, im
Zuschauerraum mit voller Teilnahme einem Drama bei-
zuwohnen, ohne auf die Bühne zu springen und mitzu-
spielen. Da er sich von hier aus den Blick auf die Kindheit
des Patienten bewahrte, sah er in dessen Übertragungs-
verhalten nicht den »Widerstand«, sondern die szenische
Darstellung des Vaters.

Ich will versuchen, die von mir hier geschilderten zwei verschiedenen Haltungen des Analytikers an drei literarischen Selbstdarstellungen des analytischen Prozesses zu illustrieren: Marie Cardinal: *Les mots pour le dire*; deutsch: *Schattenmund* (1977); Tilmann Moser: *Lehrjahre auf der Couch*, (1974); Dörte von Drigalski: *Blumen auf Granit*, (1980).

Sofern ich orientiert bin, handelt es sich bei allen hier betroffenen vier Analytikern um redlich bemühte Persönlichkeiten, die als gut ausgebildete, geschätzte und anerkannte Mitglieder der Internationalen Psychoanalytischen Vereinigung gelten. Ich kenne nur zwei von ihnen persönlich, aber zu flüchtig, um daraus etwas über ihre Arbeitsweise zu wissen. So beruht alles, was ich im folgenden über ihre Methoden sagen werde, einzig und allein auf der Lektüre der drei Bücher. Da alle drei Autoren nichts anderes wollen, als ihre subjektive Realität darzustellen, erzählen sie die pure Wahrheit. Wie ich mich in meiner analytischen Arbeit von den Gefühlen des Patienten leiten lasse, so tue ich es auch bei der Lektüre dieser drei Bücher.

Ich bekam aus den Berichten den Eindruck, daß sich alle vier Analytiker (D. v. Drigalski hatte zwei) mit vollem Einsatz um diese Patienten bemühten, sie zu verstehen versuchten und ihnen ihr ganzes fachliches Wissen zur Verfügung stellten. Warum sind die Resultate so verschieden? Kann man sich die Erklärung dafür so leicht machen, daß man einen Analysanden als unheilbar bezeichnet, wenn seine Analyse ein vier Jahre währendes Mißverständnis war? Begriffe wie »negative therapeutische Reaktion« oder »Vorwurfspatienten« erinnern mich an das böse, weil »eigensinnige Kind« der Schwarzen Pädagogik, in der das Kind immer schuld war, wenn die Eltern es nicht verstanden haben. Es mag vorkommen, daß wir den

Patienten in ähnlicher Weise beschuldigen und ihn als schwierig bezeichnen, wenn wir ihn nicht verstehen können. An diesem Nichtverstehenkönnen ist aber der Patient ebensowenig schuld wie das Kind an den Schlägen seiner Eltern. Wir verdanken es unserer Ausbildung, die genauso irreführend sein kann wie die »altbewährten Prinzipien« unserer Erziehung, die wir von unseren Eltern übernommen haben.

Der Unterschied zwischen der Analyse von Marie Cardinal auf der einen Seite und denjenigen von Tilman Moser und Dörte von Drigalski auf der andern Seite liegt meiner Meinung nach darin, daß im ersten Fall die sehr schwer kranke, unter Lebensbedrohung stehende Patientin im analytischen Raum herausfinden durfte, was ihr ihre Eltern angetan haben, und die Tragik ihrer Kindheit erleben konnte. Dies ist so stark möglich gewesen, daß der Leser diesen Prozeß mitvollzieht und mitfühlt. Die unbändige Wut und tiefe Trauer über das ihr zugefügte Schicksal führen zur Befreiung von den gefährlichen, chronischen Blutungen in der Gebärmutter, die früher nur chirurgisch und erfolglos behandelt worden waren. Das Aufblühen der vollen Kreativität ist die Folge dieser Trauer. Aus dem Bericht von Marie Cardinal sieht man deutlich, daß hier nicht im Sinne z. B. einer Familientherapie oder einer Transaktionsanalyse gearbeitet wurde, sondern psychoanalytisch, weil sich die Verknüpfungen der tragischen, emotionalen Entdeckungen der kindlichen Realität mit dem Geschehen in der Übertragung für einen fachlich ausgebildeten Leser nachvollziehen lassen.

Auch die andern drei Therapeuten haben sich analytisch verhalten, aber man spürt hier in allen drei Fällen die Bemühung, alles, was der Patient sagt und tut, von der Triebtheorie her zu verstehen. Wenn es in der Ausbildung als Axiom gilt, daß alles, was dem Patienten in der Kindheit geschah, Folge seiner Triebkonflikte war, dann muß der Patient früher oder später dazu erzogen werden, sich als böse, destruktiv, größenwahnsinnig, homosexuell zu erleben, ohne den Grund dafür zu verstehen. Denn die als Erziehung bezeichneten narzißtischen Traumen der Kindheit, die Erniedrigung, Verachtung und Mißhandlung, bleiben unberührt und können vom Patienten nicht erlebt werden. Indessen könnte erst das Einbeziehen dieser konkreten Situationen ihm helfen, seine Gefühle der Wut, des Hasses, der Empörung und schließlich der Trauer anzunehmen.

Es gibt zweifellos viele Analysanden, die die Erziehung in der Therapie »gut« überstehen, weil sie sie gar nicht merken. Sie sind durch die Schwarze Pädagogik so daran gewöhnt, daß man sie nicht versteht und häufig noch für ihr Schicksal beschuldigt – sie werden das gleiche in der neuen Situation nicht merken können und sich dem neuen Erzieher anpassen. Mit einem ausgewechselten Überich verlassen sie die Analyse. Doch darüber, daß Menschen wie Tilmann Moser und Dörte von Drigalski, beide schöpferische Persönlichkeiten, daran verzweifelt sind, muß man sich nicht wundern. Bei Tilman Moser ist die Verzweiflung zwar noch hinter der Idealisierung seines Analytikers verborgen, aber sein nächstes Buch, *Gottesvergiftung*, zeigt, daß die Aggressionen gegen die Eltern in der Analyse nicht erlebt werden konnten, weil offenbar sowohl der Analytiker als auch die Eltern geschont werden mußten. Bei Dörte von Drigalski führt ihre persönliche Enttäuschung an ihren beiden Analysen zur Ablehnung der Psychoanalyse überhaupt, was begreiflich, aber bedauerlich ist. Denn zumindest am Beispiel von Marie Cardinal (und es gibt deren viel mehr, auch in anderen Ländern,) läßt sich zeigen, daß die Psychoanalyse auch zur Entfaltung eines schöpferischen Menschen beitragen kann.

Im Bericht von Dörte von Drigalski sind die tragischen Spuren der Schwarzen Pädagogik besonders deutlich. Abgesehen vom Verhalten der Ausbildungsinstitute, die mancherorts einen wahren Horror vor Originalität zu haben scheinen, stehen wir vor der Tragik der jahrelangen

Bemühungen der beiden Analytiker und der Patientin selber, denen es verwehrt war, zu den narzißtischen Traumen der frühen Kindheit Zugang zu bekommen, weil alle drei Menschen unter dem Gebot der Schonung der Eltern und der Beschuldigung des Kindes standen. Was die Autorin über ihre Kindheit, ihre Eltern und ihre Brüder berichtet, bleibt deshalb schemenhaft, frei von starken Gefühlen, ähnlich wie bei Tilman Moser und im großen Gegensatz zu Marie Cardinal. Ihre ganze Empörung gilt nun der Psychoanalyse und ihrem letzten Analytiker, der sie nicht verstanden hat. Aber hätte diese Frau vermocht, vier Jahre lang gegen ihre Gefühle anzukämpfen und diese Qual zu ertragen, wenn sie nicht dazu erzogen worden wäre, *sich zu überhören* und auf die Zähne zu beißen? Doch die Erzieher ihrer ersten Jahre bleiben von ihrer Wut verschont. Das ist auch die Regel, denn das mehr oder weniger bewußte Ziel der Säuglingserzieher ist: das Kind soll niemals in seinem späteren Leben herausfinden, wie man ihm das Nichtmerken beigebracht hat. Ohne Schwarze Pädagogik gäbe es keine Schwarze Psychoanalyse, denn die Patienten würden von Anfang an darauf reagieren, wenn man sie nicht verstehen, sie übersehen, überhören oder »verkleinern« würde, damit sie endlich in das Prokrustesbett der Theorien passen.

Ohne Schwarze Pädagogik gäbe es auch vieles andere nicht; es wäre z. B. undenkbar, daß phrasendreschende Politiker auf demokratischem Wege höchste Machtpositionen erlangen könnten. Wenn aber den Wählern in ihrer Kindheit, als sie noch dazu befähigt gewesen wären, das Phrasendreschen mit Hilfe ihrer Gefühle zu entlarven, gerade dies verboten wurde, wird ihnen diese Fähigkeit später abhanden kommen. Die Erlebbarkeit der starken Gefühle der Kindheit und Pubertät (die aber so oft durch Prügel, Erziehung oder gar durch Drogen abgetötet werden) könnte dem Einzelnen eine wichtige Orientierungshilfe bieten. Mit dieser Hilfe würde er schneller durchschauen, ob der andere, z. B. der Politiker, aus eigener, erlebter Erfahrung spricht oder nur bewährte Sprüche klopft, um seine Wähler zu manipulieren. Unser Erziehungssystem bietet das fertige Geleise, dem man nur seine Züge anzupassen braucht, um dahin fahren zu können, wohin einen der Machthunger lockt. Man muß nur die Register ziehen, die die einstigen Erzieher eingebaut haben.

Die lähmende Bindung an bestimmte Normen, Bezeichnungen und Etiketten ist auch bei manchen Menschen deutlich zu erkennen, die sich durchaus ehrlich und mit vollem Einsatz im politischen Kampf engagieren. Aber der politische Kampf ist bei ihnen nicht von Partei, Organisation, Ideologie wegzudenken. Da die folgenschwere, unser Leben und den Frieden bedrohende Rolle der Erziehung bisher so lange verborgen geblieben ist, haben die Ideologien diese Tatsache noch nicht aufnehmen bzw. keine intellektuellen Waffen gegen diese Erkenntnis (falls sie sie leugnen müssen) entwickeln können. Der Tatsache der sehr frühen Konditionierung des Menschen zum Gehorsam, zur Abhängigkeit und zur Gefühlsunterdrückung und deren Folgen hat sich meines Wissens nach keine Ideologie »angenommen«. Das ist auch verständlich, denn es würde sie vermutlich das Leben kosten. So halten sich viele Menschen für politisch aktiv, wenn sie mit Hilfe des Lüftens versuchen, den aufsteigenden Rauch zu beseitigen, sich allenfalls mit abstrakten Theorien begnügen, die dessen Herkunft erklären, und in aller Ruhe die Tatsache ignorieren, daß es in ihrer Nähe lichterloh brennt. Und solange für dieses Feuer keine Etikette besteht, wird es in bestimmten Kreisen je nachdem als »apolitisch« oder »unanalytisch« bezeichnet.

Meine Hypothese, daß Adolf Hitler seine große Anhängerschaft den unmenschlichen, grausamen Prinzipien der Säuglings- und Kindererziehung verdankte, die damals in Deutschland herrschte, bestätigt sich auch in Ausnahmen. Ich bin der Frage nachgegangen, wie die beiden jungen Widerstandskämpfer im Dritten Reich, Sophie und Hans

Scholl, aufgewachsen sind. Es hat sich herausgestellt, daß sie es tatsächlich der toleranten und freien Umgebung ihrer Kindheit verdankten, daß sie, bereits in der Hitlerjugend, die Parolen des Führers während des Nürnberger Treffens durchschauten, während ja beinahe alle ihre Altersgenossen vom Führer restlos begeistert waren. Aber die Geschwister Scholl trugen in sich bereits ein anderes, freieres Menschenbild, mit dem sie Hitler vergleichen konnten und das ihren Kameraden fehlte (vgl. A. Miller, 1980). Die Seltenheit dieser Voraussetzung erklärt auch, warum manipulatorische, therapeutische Methoden von den Patienten kaum durchschaut werden können: sie repräsentieren ein System, das dem Patienten ganz selbstverständlich erscheint und daher gar nicht auffallen kann.*

Was wäre mit einer Frau wie Marie Cardinal geschehen, wenn sie zu einem Analytiker gekommen wäre, der ihr ihre Blutungen nur als Abwehr der Weiblichkeit, als Ausdruck des Penisneides, als Wendung der Destruktivität gegen sich selbst gedeutet hätte? Darüber kann man nur spekulieren. Wäre der Analytiker sonst ein netter Mensch gewesen, hätte sie sich vielleicht in ihn verliebt und zunächst die Symptome verloren. Aber wenn sie nicht bis zur Realität ihrer Mutter durchgedrungen wäre, hätte sie ihre unbändige Wut und ihren Haß auf die Mutter niemals in diesem Ausmaß zulassen können, weil sie sich, solange ihr ihre Gefühle nicht als Reaktionen begreiflich geworden wären, wie ein Ungeheuer vorgekommen wäre. Das Ergebnis wäre gewesen, daß sie in ihrer Verzweiflung

---

* Inge Aicher-Scholl berichtet: Als mein Bruder aus Nürnberg zurückkam, erschien er uns völlig verändert: müde, deprimiert und verschlossen. Er sagte nichts, aber jeder spürte, daß etwas passiert sein mußte zwischen ihm und der Hitlerjugend. Nach und nach erfuhren wir es. Der unsinnige Drill, die vormilitärischen Aufmärsche, das dumme Geschwätz, die ordinären Witze – das alles hatte ihn fertiggemacht. Von morgens bis abends Antreten, immer wieder Reden, und dann diese künstliche Begeisterung. Zeit für ein vernünftiges Gespräch blieb nicht.
Was in Nürnberg passiert war, irritierte Sophie wie uns alle. Nürnberg – das war noch nicht der Bruch, wohl aber der erste Riß, der uns von dieser Welt der Hitlerjugend und des BDM trennte (Vinke, 1980, S. 45).

wahrscheinlich die Analyse nach Jahren hätte aufgeben müssen oder mit ihren »unbegründeten«, unverstandenen Haßgefühlen in einer Klinik gelandet wäre. Ihre Falldarstellung hätte nicht sie geschrieben, sondern ihr Analytiker als Beispiel einer unheilbaren Krankheit, einer negativen therapeutischen Reaktion oder so ähnlich. Wenn der Analytiker ihr aber von Anfang an nicht sympathisch gewesen wäre, hätte sich sehr früh eine sado-masochistische Übertragung eingestellt, in deren Verlauf Deutungen immer mehr den Charakter von verkappten Beschuldigungen angenommen hätten. Und doch gibt es immer häufiger Patientinnen in der Art von Marie Cardinal, denen wir mit den üblichen Etiketten nicht mehr beikommen können.

Der Unterschied zwischen den zwei entgegengesetzten Haltungen, die ich hier anhand der drei Beispiele zu illustrieren versucht habe, läßt sich nicht mit dem Begriff »rekonstruktive Deutungen« umschreiben. Wenn der Analytiker unter dem Tabu des Vierten Gebotes steht, wird er sich bei aller Bemühung um Rekonstruktionen mit den verurteilenden Eltern gegen den Patienten verbünden und ihn früher oder später erziehen wollen, indem er an das Verständnis des Patienten für dessen Eltern appelliert. Ohne jeden Zweifel waren unsere Eltern auch Opfer, aber primär nicht die ihrer Kinder, sondern ihrer eigenen Eltern. Es ist notwendig, die ungewollte, aber von der Gesellschaft sanktionierte Verfolgung der Kinder durch ihre Eltern, die man Erziehung nennt, zu sehen, damit der Patient von dem ihm von klein auf anerzogenen Gefühl, daß er am Leiden seiner Eltern schuld sei, frei wird. Das setzt beim Analytiker die Befreiung von Schuldgefühlen den eigenen Eltern gegenüber und die Sensibilisierung für narzißtische Kränkungen im frühen Alter voraus. Wenn ihm das letztere fehlt, wird er das Ausmaß der Verfolgung bagatellisieren. Er wird sich nicht in die Demütigungen eines Kindes einfühlen können, da seine eigenen frühkindlichen Demütigungen niemals aus der Verdrängung aufkommen konnten. Wenn er gelernt hat, sich nach dem Motto »Du bringst mich noch ins Grab« für alles schuldig zu fühlen, um die Eltern zu schonen, wird er die ihm unverständlichen Aggressionen des Patienten so beruhigen wollen, daß er immer wieder die positiven Seiten der Eltern hervorhebt, was man auch als »die Aufrichtung der guten Objekte« im Patienten bezeichnet.

Wenn die Mutter ihren Säugling als böse und destruktiv erlebt, dann muß sie ihn zähmen und erziehen. Wenn sie aber seine Wut und seinen Haß als Reaktionen auf schmerzhafte Erlebnisse bezieht, deren Bedeutung ihr selber noch verschlossen bleiben mag, dann wird sie nicht versuchen, das Kind zu erziehen, sondern es seine Gefühle erleben lassen. Das gilt auch für den analytischen Prozeß. Das Beispiel von Marie Cardinal zeigt, warum es nicht notwendig ist, ein »gutes Objekt im Patienten aufzurichten« und ihm immer wieder zu sagen, daß seine Eltern auch positive Seiten hatten und sich um ihn bemühten. Das ist ja nie von ihm in Frage gestellt worden, im Gegenteil: das Kind braucht das Positive nicht im Dienste des Überlebens zu verdrängen (vgl. A. Miller, 1979). Wenn der Zorn der frühen Kindheit und die spätere Trauer erlebt worden sind, können sich die freundlichen Gefühle, die nicht auf Pflichtgefühl, Schuldgefühlen und Verleugnungen gründen, von selber einstellen, sofern Voraussetzungen dafür vorhanden waren. Sie sind aber auf jeden Fall von der bedingungslosen, abhängigen, alles verzeihenden und daher tragischen Liebe des kleinen Kindes zu seinen Eltern zu unterscheiden.

Wir können Sigmund Freud keinen Vorwurf daraus machen, daß er ein Kind seiner Zeit war und daß er als Schöpfer der Psychoanalyse noch keine Möglichkeit hatte, für sich selber eine Couch zu beanspruchen. Das ist kein Fehler, sondern eine Not. Dies anzuerkennen schließt aber wiederum nicht aus, daß man die Grenzen von Freuds Selbstanalyse sieht. In der verbliebenen Idealisierung der Eltern und in der Zurückführung der Ursache des »neurotischen Elends« auf die Triebkonflikte des Kindes treten diese Grenzen deutlich zu Tage. Die hinter der Idealisierung verborgenen reaktiven Aggressionen als Antworten auf narzißtische Kränkungen konnte Freud mit niemandem erleben. Vielleicht übertrug er sie später auf Anhänger, die ihn nicht gut genug oder, wie er meinte, nicht richtig verstanden, wie Jung und Adler. Begreiflicherweise aber konnte er diese Enttäuschungen nicht im Zusammenhang der frühen Kindheit verarbeiten.

Freuds Situation ist indes nicht die unsere. Wir haben als Analytiker die Möglichkeit, eine Analyse durchzumachen und eine zweite und dritte wenn nötig. Außerdem leben wir mit einer Jugend, die viel offener, ehrlicher und kritischer ihren Eltern gegenübersteht, als es zu Freuds Zeiten je möglich gewesen war. Von dieser Jugend, von unseren Kindern, Schülern und Patienten können wir einiges lernen, sobald wir uns von der ängstlichen Dogmenabhängigkeit freigemacht haben.

Die Trias Elternschonung – Triebdeutung – Zudecken des Traumas ist nicht nur in der klassischen Psychoanalyse zu finden. Das traumatisierende Verhalten der Eltern mit Hilfe von Triebdeutungen (d. h. im Grunde mit der Beschuldigung des Kindes) zudecken zu können, gibt verschiedenen psychologischen Richtungen die Möglichkeit, modern und fortschrittlich zu erscheinen und doch die Gebote der Schwarzen Pädagogik zu erfüllen. Dies ließe sich an unzähligen Beispielen demonstrieren. Ich will es aber nur anhand eines Buches versuchen, weil hier die Aussagen der Patienten nicht durch Interpretationen entstellt, sondern, da in Briefform mitgeteilt, dem Leser in ihrer vollen Unmittelbarkeit zugänglich bleiben. Es handelt sich um ein Buch von Klaus Thomas (1979), der eine Lebensmüden-Klinik in Berlin leitet und sehr viele Adoleszente nach Selbstmordversuchen erfolgreich behandelt. Die große Zeitnot und Überforderung führte ihn zur Ausarbeitung einer neuen Methode der Selbstanalyse, die darauf beruht, daß Patienten tagebuchartige Briefe an den Therapeuten schreiben, aus denen nur einige Probleme in den in großen Abständen stattfindenden Sitzungen herausgegriffen und besprochen werden können. Ich könnte mir vorstellen, daß eine wesentliche therapeutische Wirkung schon in der Möglichkeit besteht, eigene Gefühle zu artikulieren, die Klagen zu formulieren, die Wut auf die Eltern zu erleben, wenn die Voraussetzung dafür da ist, nämlich die Gewißheit, daß jemand alles das aufnimmt, ernstnimmt und nicht urteilt. Aus den von Thomas zitierten Beispielen gewann ich den Eindruck, daß im Schreiben und im nachträglichen Sprechen darüber eine ernsthafte Alternative zur Psychoanalyse, besonders im Jugendalter, liegen könnte. Da die Sitzungen sehr selten stattfinden, kann die Erkenntnis der an sich normalen Grenzen des Verstehens des Therapeuten für eine längere

Zeit hinausgeschoben werden, so daß der Patient, dank dieser Begleitung, inzwischen u. U. besser an seine Traumen herankommt als in einer orthodoxen Psychoanalyse, die ihn durch ihre Konzepte an der Entwicklung der wahren Gefühle leicht hindern kann. Es kann aber auch geschehen, daß die auch dieser Behandlungsform immanente, mehr oder weniger bewußte erzieherische Haltung des Therapeuten in seinem Verhältnis zum Patienten stark wirksam wird und die emotionale Entwicklung letztlich doch noch blockiert. Das schließt nicht aus, daß in vielen Fällen die von allen gewünschte Resozialisierung erreicht wird, nämlich die Anpassung an die Leistungsansprüche der Eltern und der Gesellschaft, denen das wahre Selbst des Patienten, wie einst dasjenige des Kindes, zum Opfer fällt. Gerade bei künstlerisch begabten Menschen kann das nicht ohne Folgen bleiben. Um das zeigen zu können, werde ich längere Passagen aus dem Buch von Thomas zitieren:

Beispiel einer Selbstanalyse mit besonderen Aggressionen gegen die Eltern und mit Beziehungen zu den Geschwistern
Ebenso aufschlußreich für die Möglichkeiten der Selbstanalyse wie für die Bedeutung freigelegter Aggressionen ist die folgende Krankengeschichte, bei der (wegen Schweigepflicht) die Namen, nicht aber die Daten verändert sind.
Die Vorgeschichte: Am 23. November 1965 erscheint erstmals ein 28jähriger Kandidat der Medizin. Er sieht sich in einer Zwangslage, aus der ihn – seiner Meinung nach – nur noch der Selbstmord befreien kann. Seine Eltern, die am Rande des Spessart in einer Kleinstadt wohnen, haben den ältesten Sohn ebenso wie die drei jüngeren Geschwister studieren lassen. Der Vater besitzt die einzige Apotheke des Ortes und genießt auch als Kirchenvorsteher das Ansehen der Bürger. Er legt auf einen raschen Studienabschluß seines Sohnes Wert, da er mit seiner Apotheke zusätzlich noch für zwei eigene ältere Schwestern aufkommen muß.
Bei seinen häuslichen Besuchen – wenigstens einmal im Monat – hat unser Patient – wir nennen ihn Dieter – stets den elterlichen Erwartungen gemäß von den Fortschritten im klinischen Studium in Frankfurt gesprochen und schließlich auch wahrheits-

widrig nach seinem 15. Semester seine Meldung zum Examen mitgeteilt. In Wirklichkeit hatte er während der letzten drei Jahre kaum die Vorlesungen, ein Praktikum oder eine Klinik besucht, sondern untätig grübelnd zu Bett gelegen, gelegentlich mit Freunden zusammengesessen, dem Alkohol zugesprochen oder teilnahmslos ferngesehen. Nunmehr kündigte der Vater seinen Besuch bei dem Professor an, bei dem Dieter angeblich seiner Doktorarbeit wegen die Staatsexamensprüfung immer wieder hinausgeschoben hatte. Das Lügengebäude mußte zusammenbrechen. Der Schande vor den Eltern und der ganzen Gemeinde wollte er durch den Selbstmord entgehen.

Bei dem Streben, sich über die zuverlässigsten Selbstmordmethoden zu unterrichten, war er auf die Bücher der Ärztlichen Lebensmüdenbetreuung Berlin gestoßen und unternahm die Reise, um sich hier beraten zu lassen. Bei der ersten Untersuchung stand das Bild einer eher schweren, gehemmten Depression, ausgelöst und unterhalten durch eine »ekklesiogene Neurose«, im Vordergrund.

. . .

Nach dem ersten Besuch der Eltern faßt die Krankengeschichte den Eindruck zusammen: Vater – selbstgerechter, kleinbürgerlicher Beamtentyp, Mutter – zwangsneurotischer Putzteufel, beide pietistisch und ihrerseits »ekklesiogen« neurotisch.

Am 2. Oktober bringt er seinen ersten aufgezeichneten, äußerst kennzeichnenden Traum:

»Ich lag morgens faul im Bett, halb schlafend, halb wach, da kam mein Vater . . ., schimpfte mit mir und sagte, ich müsse mich jetzt entscheiden, ob ich im Bett bleiben oder mit der Familie frühstücken wolle. Gleichzeitig drehte er das Radio leiser und ging hinaus. Ich stellte es wieder recht laut, um ihn zu provozieren, blieb im Bett und hoffte, daß mein Vater bald wiederkomme, um sich zu ärgern.«

Als Einfälle berichtet er zu diesem Traum ähnliche Erlebnisse aus dem Familienleben.

Schon der nächste Traum aber, drei Tage später, berührt ein tieferes Problem. Er überschreibt ihn:

»Kirchentraum: Ich stand vor dem Schaufenster eines Geschäftes, es hieß, darin sei Gottesdienst, allerdings in Japanisch oder Chinesisch. Durch die Scheiben sah ich einen japanischen Pfarrer im Talar, an der Seite hing ein Anschlag wie ein Börsenbericht bei einer Bank, jedoch mit japanischen Schriftzeichen. Da sagte ich mir, es hat ja keinen Zweck, dort hineinzugehen, denn das verstehe ich ja doch nicht.«

Seine Einfälle zu diesem Traum berichten – zunächst ohne nähere Begründung – von seinen Aggressionen gegen die Kirche im allgemeinen und den noch immer von den Eltern erwarteten sonntäglichen Kirchgängen im besonderen:

»Die denken doch nur an ihr Geschäft, und verstehen tut man das theologische Salbadern doch nicht«, lautet sein hartes Urteil. Am 3. 11. schreibt er nach dem Mittagsschlaf selbstanalytisch die Gedanken auf, die ihn bei dem Versuch bewegen, sich an den Traum zu erinnern:

»Ich denke mir stets Situationen aus, in denen ich gegen jemanden aufbegehren, ja revoltieren kann, aus einer gewaltigen inneren Trotzhaltung heraus, darum arbeite ich auch so langsam. Und wenn mich ein Professor noch etwas fragt, setzt bei mir praktisch jede Denkfähigkeit aus, als ob ich sagen wollte: »Wenn du mich schubst und drängelst, dann tu' ich's gerade nicht«.

»Diese Trotzhaltung habe ich in meiner Kindheit schon häufig eingenommen, zuerst gegen meinen Vater. Mit vier Jahren saß ich einmal auf dem Klo und wurde mit meinem Geschäft nicht fertig, da kam er plötzlich herein, wurde ungeduldig und hat mich furchtbar ausgeschimpft. Ich sehe ihn noch genau vor mir mit dem Abzeichen auf seiner Uniformjacke und seinem strengen Blick, genauso streng wie meine Mutter, die mich manchmal halb schreiend und halb weinend mit einem Stock und einmal sogar mit dem Feuerhaken verprügelte.«

In der anschließenden Besprechung sieht er in diesen – selbstanalytisch niedergeschriebenen – Erinnerungen den Schlüssel zu seiner späteren Lebenshaltung und seiner Erkrankung.

Das Wintersemester bricht er vorzeitig ab; gearbeitet hat er fast nichts; am 11. Februar 1968 schreibt er in einem wilden Affektausbruch den Anfang seines Lebensbekenntnisses nieder:

»Es ist alles so furchtbar zerfahren, nichts geht, nichts kommt vorwärts; ich kann nur noch an Inge denken (seine jüngste Schwester), ich könnte stundenlang mit ihr spielen, ihre V. küssen, mit ihr f . . . furchtbar, furchtbar, furchtbar – ich könnte alles verfluchen, die ganze Welt und sie mit, und doch, sie unendlich lieben und zärtlich mit ihr sein. Diese Vorstellung ist zum Auswachsen. So schön und rund und weich ist alles bei ihr. Und wie schön streichelt sie mir das Glied – ach, wie furchtbar. Was kann ich denn dafür, die anderen Jungen taten es doch auch

– warum denn ich nicht mit meinen Schwestern. Immer wollte ich möglichst im gleichen Zimmer sein wie sie. Ich durfte doch sonst keine Freundin haben. Eine Zeitlang schlief Inge in dem Zimmer neben mir. Dann packte mich nachts oft ein solches Begehren, daß ich heimlich zu ihr hinüberschlich. Es war ganz still, und ich hörte nur mein Herz schlagen, so erregt war ich. Vorsichtig griff ich unter ihre Bettdecke und unter ihr Nachthemd und fuhr auch mit meinem Finger in ihre Scheide, meistens merkte sie es nicht in ihrem festen Schlaf . . .« (?)

In der 80. Stunde, in der er diese Aufzeichnungen mitbringt, erzählt er nun Erinnerungen von außerordentlicher Intensität und Belastung. Bis ins 4. Lebensjahr zurück reichen die *Inzestwünsche und -handlungen* mit beiden jüngeren Schwestern, bis er schließlich mit seiner Inge, als er 16 und sie 13 Jahre alt war, regelmäßigen Geschlechtsverkehr aufnahm. Ein Jahr später drohte eine Katastrophe: sie wurden von der anderen Schwester im Bett überrascht. In der äußersten Angst vor der elterlichen Strafe erhielten Dieter und Inge aber ein Angebot: wenn beide sie, die ältere, jedesmal mit in ihre Spiele und den abschließenden Verkehr einbezogen, sei sie bereit zu schweigen. Die Bedingung wurde angenommen, einerseits zum offenkundigen Vergnügen aller drei Beteiligten, andererseits mit schweren Schuldgefühlen, mindestens für Dieter, der nicht zufällig schon in einem seiner ersten Träume sich mit beiden Schwestern vor den Traualtar gerufen sah.

Nun berichtete er von weiteren Zusammenhängen, die er bisher verborgen hatte: Besonders vor seiner Mutter empfand er eine fast panische Angst, sie könnte ihn entdecken und überraschen, so wie er es bei der Schwester erlebt hatte. In seinen Träumen geht dann das Bild der Schwestern in das der Mutter über: Mit seiner eigenen Mutter übt er da Inzest! Gottes Strafe scheint ihm sicher. Diese Sorge durchzieht auch seine religiösen Gedanken. Auch auf sein eigenes Sexualleben wirken sie sich aus. Wenn er – inzwischen dreißig Jahre alt – einmal die Gelegenheit findet und wahrnimmt, bei einem Mädchen seine Männlichkeit zu beweisen, so versagt er: »Ich bin impotent«, lautet seine bewegte Klage, »immer sehe ich dann meine Mutter hinter mir stehen und spüre ihre Gegenwart, und dann kann ich nicht«.

»Das ist auch so ähnlich, wenn ich arbeiten will, dann denke ich immer, mein Vater steht hinter mir, und dann kann ich einfach nicht anfangen.«

Von daher entwickelt sich bei ihm eine wachsende Aggression gegen beide Eltern.

»Mit beiden Händen möchte ich jetzt schreiben« sagt er und bringt während der folgenden zwei Wochen zu jeder Stunde etwa 20 Seiten mit voller heftigster Affektäußerungen gegen die Eltern:

Zwischen der 85. und 90. Analysestunde ging nun der Patient dazu über, mit starker innerer Affektbeteiligung und Aggressionshaltung endlich einmal seinem Herzen ohne Hemmungen schriftlich Luft zu machen. Nachdem er mit den bereits berichteten Beispielen etwa 60 Seiten in klarer Sprache Kraftausdrücke niedergeschrieben hatte, entfernt sich seine skurrile Wortbildung nun immer weiter von sinnvoller sprachlicher Ausdrucksweise. In der Art des »Dadaismus« schrieb er wochenlang täglich mindestens vier DIN-A 4-Seiten voller scheinbar sinnloser Neologismen. Erst nach diesem täglichen Schreiben fühlte er sich innerlich erleichtert und zum ersten Mal seit über zehn Jahren fähig zum wissenschaftlichen Arbeiten.

Dennoch steigert die offenkundige Besserung seine Arbeitsfähigkeit nicht so nennenswert, daß er ernsthaft an die Prüfung denkt. Immer dringender werden anfangs die Ratschläge, durch systematische Tages- und Arbeitspläne sowie zahlreiche weitere Anweisungen in die Arbeitstechnik, das Lernen zu erleichtern. Die Erfolge bleiben zu begrenzt. Er weicht aus.

Ein letzter ernster Rat wird ihm erteilt: Er erhält keine Bescheinigungen mehr, die die Prüfung hinausschieben. Dem inzwischen 30jährigen »ewigen Studenten« wird eine Stelle in der pharmazeutischen Industrie vermittelt, die er auch ohne abgeschlossenes medizinisches Studium wahrnehmen kann. Er zieht es vor, weiter Studium und Arbeit hinauszuschieben. Daraufhin erhält er keine Termine.

Nun aber erwacht sein Trotz, den er schon gegen den Vater zehn Jahre lang erfolgreich durchgesetzt hatte, der von ihm die Prüfung verlangte. »Nun gerade nicht«, war die innere Einstellung Dieters. Nun waren Eltern und Arzt sich einig: Er muß das Studieren lassen und soll ein akademisches Berufsziel aufgeben. »Nun gerade nicht«, so mag er sich, vielleicht ohne es selbst zu wissen, eingestellt haben. Ein Jahr hindurch ist von ihm nichts mehr zu erfahren.

Da meldet er sich am 2. März 1971, ohne vorgemerkt zu sein. »Gestern habe ich zum Dr. med. promoviert. Auch das Staats-

examen habe ich inzwischen abgelegt! Die Einzelheiten muß ich
Ihnen später noch erzählen; dazu ist heute keine Zeit. Übrigens –
eine Freundin habe ich jetzt auch!«
Von den späteren Jahren ist ein wechselhaftes Befinden nachzu-
tragen: Einerseits blieb Dieter arbeitsfähig, andererseits sind die
Leistungen deutlich geringer als bei seinen Kollegen, auch sind
die Kontaktschwierigkeiten zum anderen Geschlecht nicht be-
friedigend behoben. (K. Thomas, 1976, S. 77-92)

Dieser Mann hatte in seiner Adoleszenz die Kraft, sich
durch seine Passivität gegen die Mauern des Unverständ-
nisses seiner Eltern zur Wehr zu setzen. Sein »Unvermögen«, im Medizinstudium Leistungen zu vollbringen, war
für diesen überdurchschnittlich intelligenten Menschen
offenbar die einzige Oase seiner Würde. Die wenigen
Auszüge aus seinen Briefen, die an dadaistische Gedichte
erinnern, zeigen die unerhörte sprachliche Erfindungs-
gabe und -kraft dieses Mannes, die so lange hinter seiner
gefälligen Anpassung ungelebt geblieben waren.

Aus seinen Aggressionsentladungen: »Alter Saukerl in seinem Sau-
stall, ein Himmelhöllenhund mit seiner Satansziege, ultrarechts-
linkes Sauscheißmistvieh, schizophrener Syphilist, verun-
glimpfter Arschgeier, A.-Ficker, Keimdrüsenabkneifer, Ober-
schleimsch . . ., Kindermordexperte, Kannibalismusexperte,
empfängnisverhütender Frauenmörder, ausgefilztes Suppen-
huhn, Schabenfresser, Karrakatischaer Laienpriester, Kirch-
hofsbetrüger, Idiotenspiegelzimmerer, Inzestficker, Kinderver-
schlinger, verfickter Zinnoberverführer, Auschwitzvertreter,
Kinderverführer, Im-Keim-Ersticker, vernebelter Waldheini,
Heulsusenverbrenner, Schießprügelverenger, drangsalierender
Schwitzkastenhalter, Schilddrüsenzerdrücker, schemenhafter
Affenarschabtrenner, zermürbender Aasgeier, schielendes Ungeheuer, zwielichtige Gestalt, Irrenhausanwärter, saftlatschiger
Hühnerdreck, schweinsköpfiger Schildbürger, schwindelerre-
gender Kuheuter, häutetragendes Mistvieh, stiertötendes Kir-
chenschwein, stieläugiges Braunhemd, saftlatschiger Gemüse-
händler, Tierquäler, stinkendes Eselsaas, Sch.-kerliger Eierver-
krüppler, lahmarschige Krücke, starrköpfiger Grimassenschnei-
der, erfindungssüchtige Waldeule, fischäugiger Gaffer, hunds-

gemeiner Saftarsch, Knochenpeiniger, gerammelt voller Sch.-
Pott, lauter Mist, Scheiße . . .«

Einzelne Abschnitte in den ersten 6o (!) Seiten eng vollgeschrie-
bener Schimpfkanonaden (ohne Wiederholungen) beziehen sich
auch auf seine Mutter:

»Kriegskuh, Schwitzzange, Schließmuskel, Wildbrunnen, grün-
werdende Hexe, Teufelsbrut, Amphibienwesen, Quarkzer-
drücker, Drahthündin, sittsamer Engel . . .

Schakalaffe, Datterratte, Dattelhacke, Katzenjammer . . .«

In äußerster Eile niedergeschrieben, wechseln bald verständliche
Ausdrücke mit scheinbar sinnlosen Wortbildungen, »Neologismen« ab »kaleppo mamaro poente, dringilo untiki intresso, gri-
nizzo putewi malaki, kanindon garku och nich drin . . . tatiwi
meifei geileimairaischmeiß die Eier weg geil nein heiter dein einziger Heinrich Meierdreizehn Schweinereien nein kein einziger
zeigt seine Eier Heinrich Schwein schwänzchen ein meier heißt
meier deizi deizi . . . heck dreck weg meck eck geck zeck schmeck
mal weg du geck keck den zeck mal weg keck keck so'n Gag . . .
Ich möchte mal mit Dir, und du mit mir? Hier, hier. Vielleicht
um vier? So sagen wir. Schmier, schmier! Naja, hier ist mir nicht
vier. Geh'n wir! So ist's dir und ihr? Trink'n wir hier ein
Bier! . . . Dring in sie, sie will nicht viel . . .«

In der Hoffnung auf einen anderen, verstehenden Vater in
der Person des Therapeuten konnte das bisher Unterdrückte zum Leben kommen, und nun wurde der neue
Vater auf die Probe gestellt. Dieser bestand aber wie der
frühere auf der Leistung, die die Krönung seiner therapeutischen Bemühungen sein sollte und auch schließlich
wurde. Denn der junge Mann wollte diesen Vater nicht
verlieren, wie er damals als Kind den seinen nicht verlieren wollte. Aber wenn meine Vermutung stimmt, daß mit
dieser endlich erbrachten Leistung ein Schriftsteller begraben wurde und daß die früheste Vater- bzw. Mutterbeziehung, die auf die Person des Therapeuten übertragen
wurde, ungelöst geblieben ist, dann wird sich das später in
den Depressionen des Patienten zeigen müssen. Damit
werden die sozialen Erfolge der Therapie von Thomas
nicht angezweifelt. Was ich hier versuche, betrifft einen

ganz anderen Aspekt der Persönlichkeitsentwicklung, weil ich weiß, wieviele Menschen mit erfolgreichstem Studienabschluß und dergleichen an schweren Depressionen leiden.

Obwohl Thomas kein orthodoxer Freudianer ist und, Karin Horney bestätigend, schreibt, er hätte bei keinem seiner 5000 Selbstmordgefährdeten den »Todestrieb« gefunden, bleibt er doch vom Freudschen Triebkonzept nicht unbeeinflußt. An einem andern Beispiel aus seinen Therapien kann man sehen, wie sehr dieses Konzept das Vertrauen zum Patienten behindern und dessen Artikulierung des frühen Traumas erschweren bzw. blockieren kann:

Beispiel für eine Selbstanalyse voller Affekte und Ambivalenzen

Beschwerden und Befunde: Eine 25jährige Kunststudentin meldet sich nach einem Selbstmordversuch auf eine Fernsehsendung hin. Zunächst berichtet sie nur von ihren Studienschwierigkeiten: »Ich kann einfach nichts behalten«. Bald aber auch von erheblichen neurotischen Beschwerden: »Ich leide unter einem Zählzwang, – meist muß ich aber nur bis zwei zählen, z. B. beim Laufen, beim Saubermachen usw. fast militärisch ›eins-zwei, eins-zwei, eins-zwei‹.« Ihre Onychophagie, ihr Nägelknabbern, hat extreme Formen angenommen: alle Fingernägel sind seit ihrer Kindheit bis zu teilweise verschorften Stümpfen abgekaut. »Selbst im Zimmer muß ich meist Handschuhe tragen, und selbst an denen kaue ich noch oft die Spitzen ab«, ein nur allzu beredtes Zeichen ihrer heftigen Aggressionen. Mit dieser Form der Selbstverstümmelung erhalten auch ihre in der Kindheit verwurzelten Minderwertigkeitsgefühle ständig neue Nahrung. Obwohl sie weit überdurchschnittlich hübsch und attraktiv aussieht, klagt sie unablässig über ihre Häßlichkeit. Als *früheste Kindheitserinnerungen* schreibt sie darum in der Selbstanalyse auf: »Ich habe ständig abends und nachts gebetet: Lieber Gott, laß mich hübsch werden!«

Diagnose: Aus diesen und vielen anderen Symptomen ergibt sich als erste *Diagnose* das eindeutige Bild einer *Kernneurose mit sekundärer, gehemmter, mittelschwerer Depression, mit vielfältigen anankastisch-phobischen Zuständen (Zwangs- und Angsterscheinungen) mit*

Liebes- und Familienkonflikten sowie mit erheblichen Nikotinabusus (sie raucht über 50 Zigaretten täglich).

Therapieplan: In enger Verbindung mit dem für die Studenten zuständigen Universitätspsychiater, der eine volle Psychoanalyse ebenfalls für erforderlich, aber aus äußeren Gründen für undurchführbar hält, beginnen wir zunächst mit der *Selbstanalyse* sowie unterstützend mit *pharmakopsychiatrischer Behandlung.*

Über zwei Jahre hindurch erscheint sie durchschnittlich alle vierzehn Tage einmal mit meist zwei bis fünf Seiten ihrer Aufzeichnungen zur *Lebensgeschichte*, ihren Beschwerden, ihren Träumen und ihren Tagträumen, aus denen die folgenden Zitate entnommen sind (nur die Personennamen sind verändert). Wie ein roter Faden zieht sich durch diese Berichte die Ambivalenz, d. h. ihr gleichzeitiges Streben in entgegengesetzte Richtungen. Das betrifft besonders den zentralen Lebensbereich der Sexualität, offenbart sich jedoch schon in ihrer Beziehung zu den Eltern:

Eltern: Viele Aufzeichnungen der Patientin tragen den Stempel offenkundiger Wahrhaftigkeit, andere dagegen sind kritisch aufzunehmen, wieder andere sind offenbar ihrer blühenden Phantasie entsprungen und objektiv unrichtig (so berichtet sie mehrfach von den entsetzlichen Vergewaltigungen, denen sie ausgesetzt war, der frauenärztliche Befund jedoch stellte danach fest, daß sie noch immer Virgo intacta, also unberührt, sei). Zunächst sollen ihre eigenen Worte sprechen: 24. 5. 1966: »Als ich sieben Jahre alt war, ließen sich meine Eltern scheiden. Ich blieb bei meiner *Mutter*, sie beschimpfte mich ständig und nannte mich immer ihren ›Sargnagel‹. Sie drohte auch dauernd mit dem Selbstmord, dann käme sie noch schneller unter die Erde, als sie sowieso dorthin brächte. Auf der anderen Seite hat mich meine Mutti schon mit acht Jahren immer geküßt wie ein Mann. Ich schlief mit ihr in einem Bett und mußte sie jeden Abend streicheln, bis sie einen Orgasmus hatte. Das ging jahrelang so. Andere ständig wiederholte Lieblingsausdrücke von ihr waren: »Du Satansbraten, du molches Biest, du doofe Kuh, deinetwegen muß ich mich noch aufhängen.« (K. Thomas, 1976, S. 40-42)

Obwohl bereits die bewußten Erinnerungen das Grundgefühl der Patientin, vergewaltigt worden zu sein, in mehrfacher Weise voll bestätigen (denn was anderes hatte die Mutter mit ihrem Kind getan?) stützt sich der Therapeut auf die gynäkologische Untersuchung, die ihm den Beweis liefert, daß die Patientin »noch Jungfrau« sei, sie demnach gelogen habe und daß ihre Ängste vor neuen Vergewaltigungen paranoiden Charakter hätten, d. h. als Projektionen ihrer eigenen Wünsche angesehen werden können. Mit dieser Einstellung wurden seit Jahrzehnten die sogenannten hysterischen Patientinnen behandelt, die man als theatralisch, dramatisierend, übertreibend darstellte und denen man ihre »Einbildungen« auszureden versuchte.

In der ganzen psychiatrischen und psychoanalytischen Diagnostik ist das Wort »übertrieben« von dem Bild einer Hysterika kaum wegzudenken. Damit ist gemeint, daß bei diesen Patienten das Verhältnis zwischen ihren Klagen und deren Anlaß inadäquat sei. Mit welchem Maßstab aber will man den eigentlichen Anlaß gemessen haben, wenn dieser unbekannt bleibt bzw. wenn dieser vom Therapeuten ignoriert wird, wie z. B. hier im Falle der Patientin von Thomas? Wenn man sich darin übt, die reale einstige Vergewaltigung zu übersehen, wird man die Klage des Patienten als inadäquat bezeichnen und ihn mit seinem Trauma alleinlassen. Da er allein, ohne Begleitung, seinem Trauma nicht begegnen kann, muß er sich gegen das Bewußtwerden des Anlasses wehren. Er tut es, indem er seine Gefühle auf Personen der Gegenwart überträgt, die mit dem ursprünglichen Trauma nichts zu tun haben, und wird damit die von den Eltern verdeckte Situation noch mehr vertuschen. So ist auch dem Wunsche der Patienten Genüge getan, daß die Eltern, trotz der Analyse (oder einer anderen Form von Therapie) um den Preis der Depression oder einer anderen Symptomatik geschont bleiben können. Die Patientin von Thomas versucht, in Neuinszenierungen dem Therapeuten ihr Trauma mitzuteilen und trotzdem die Eltern zu schonen, womit sie es ihm erschwert, sie zu verstehen, und ihm den Eindruck der Unehrlichkeit vermittelt. Thomas schreibt:

Immer wieder berichtet die Patientin von angeblichen Vergewaltigungen, denen sie ausgesetzt war. Am 29. 8. 1966 ist ihre Selbstanalysestunde um 20.00 Uhr beendet. Um 21.00 Uhr erscheint sie wieder und berichtet lebhaft und tränenüberströmt, sie sei soeben in einem nahen Park von drei Männern vergewaltigt worden. Ich rate ihr ab, zur Polizei zu gehen, weil ich an der objektiven Richtigkeit der Aussagen zweifle.

Am 4. 11. 1966 ist sie von einem Herbsturlaub aus Rumänien zurückgekehrt. Als erstes berichtet sie Einzelheiten, wie ein Amerikaner (???) sie dort an der Schwarzmeerküste vergewaltigt habe, daß sie sich schließlich habe befreien können, den Mann angezeigt habe, der inzwischen zu mehreren Jahren Gefängnis verurteilt worden sei (???) (vgl. nochmals den oben angegebenen frauenärztlichen Befund!). An diesem Tag erkennt sie in einer analytischen Besprechung einige tiefere Hintergründe der häufigen ambivalenten Berichte über eine Vergewaltigung.

Doch schon am 25. November erzählt sie aufgeregt von dem neuen Musikprofessor, bei dem sie Gesang studiere:

»Er erklärt mir immer, die Nachtigall singt am schönsten in der Brunstzeit. Auch der Mensch muß vor allem sexuell erregt sein beim Singen. Dafür sorgt er dann während jeder Gesangstunde ausgiebig und am Schluß will er mich vergewaltigen. Öfter bin ich ihm schon fortgelaufen, aber heute hatte er die Türen zugeschlossen. Ich konnte mich nicht mehr wehren«.

Ein letzter Traum vom 9. 2. 1967 soll als Beispiel für diesen in ständigen Variationen behandelten Themenkreis dienen:

»Ich träume, ich gehe die Treppe hinauf und rufe nach meiner Nachbarin. Im gleichen Moment weiß ich, daß ich etwas Verkehrtes getan habe. (Einfall: Beim Onanieren habe ich so oft ein schlechtes Gewissen.) Da kommt sie mit wehendem Nachthemd auf mich zu, stürzt mir liebestrunken in die Arme und versucht, mich in ihr Zimmer zu ziehen. Ich fühle mich dabei entsetzlich schwach und kann mich nicht wehren. Ich habe schreckliche Angst und rufe um Hilfe.« (Einfall: Dasselbe Gefühl der Ohnmacht habe ich immer meiner Mutter gegenüber.)

. . .

Gestern träumte ich: Ich lehnte mich ganz weit aus dem geöffneten Fenster; es regnete und war ganz dunkel. Ich wollte mich hinunterstürzen . . .«

Das Bild vom geöffneten Fenster und dem Wunsch, hinunter zu springen, kehrt mehrfach wieder. Einmal sieht sie aus dem

Fenster im Traum tief unten die Leiche ihres Großvaters liegen, bei dem sie aufgewachsen ist und der in Wahrheit noch lebt – ein deutlicher Hinweis darauf, gegen wen sich ihre Aggressionen richten.

Einige Gründe sind ihr davon erinnerlich, – zugleich als ein letztes Beispiel für ihre Ambivalenz:

»Ich hing sehr an meinem Großvater; aber es sind auch unschöne Dinge passiert. Ich schlief in demselben Zimmer wie die 55jährige Freundin meiner Oma. Nachts kam er manchmal in betrunkenem Zustand an das Bett dieser Frau, die öfter bei uns zu Besuch war, und belästigte sie und berührte ihre Brüste. Auch am Tage hat er ihr öfter unter den Rock gegriffen und hat sie umarmt. Dabei war er doch schon damals 81 Jahre alt.« (K. Thomas, 1980, S. 45-48)

Die Frage, was dieser Großvater mit der kleinen hübschen Enkelin machte, die bei ihm aufwuchs und die »sehr an ihm hing«, wird in dieser Behandlung gar nicht gestellt. Wie bei Freud (nach 1897) wird nach der realen Vorgeschichte der Ambivalenz der Patientin nicht gefragt. Muß man sich wundern, wenn diese ihre Symptome braucht (S. 46), um doch noch etwas zu erzählen, was unbedingt verborgen bleiben muß?

So wie die Pädagogen überzeugt sind, daß ihre erzieherischen Maßnahmen für das Wohl und die Zukunft des Kindes (und nicht für ihre eigenen Bedürfnisse) notwendig seien, so glauben viele Psychotherapeuten ehrlich daran, daß ihre manipulativen Techniken nicht der zuweilen grandiosen Abwehr der eigenen Unsicherheit dienen, sondern für den Patienten lebenserhaltende Bedeutung haben. Jay Hayley schildert nicht ohne Bewunderung, wie es seinem Lehrer, Milton H. Erickson, gelungen ist, mit Hilfe verschiedener raffinierter Tricks und Fallen einen schizophrenen Patienten zum Essen und Trinken zu bringen, der behauptet hatte, er besäße keine Verdauungsorgane. Die Befürworter solcher Methoden werden ihre erzieherischen Einfälle und Maßnahmen sogar als lebensrettend empfinden, wenn sie dazu keine andere Alternative als den Tod (in diesem Fall den Hungertod) des

Patienten sehen. Es wäre aber denkbar, daß ein anderer Psychotherapeut diesem Patienten sagen könnte: »Sie sind überzeugt, Sie hätten keine Verdauungsorgane, und dafür müssen Sie einen Grund haben, den wir beide noch nicht kennen, aber herausfinden könnten. Sie versuchen, mir eine Geschichte zu erzählen, die Sie anders nicht erzählen können und die für Sie sehr tragisch und schmerzhaft war, sonst müßten Sie nicht solche Opfer auf sich nehmen wie das Hungern, um sie den Menschen und sich selber immer wieder mitteilen zu können.« Ich bin überzeugt, daß, wenn der Therapeut dies nicht als Trick anwenden würde, sondern selber an der Vorgeschichte des Symptoms interessiert wäre, auch der Patient ein Interesse an dieser Geschichte bekäme und nicht mehr hungern müßte, sobald er sicher wäre, daß seine unbewußten Mitteilungen jemanden erreicht haben.

Wie wird aber das Leben eines Menschen aussehen, dem man mit Hilfe von Tricks seine letzte Möglichkeit, sich zu artikulieren, genommen hat?

Jay Hayley schreibt:

In der Mitte dieses Jahrhunderts, in den fünfziger Jahren, begann sich eine Anzahl strategischer Therapiemethoden auszubreiten. Verschiedene Arten der Familien- und der Verhaltenstherapien entwickelten sich unter der Voraussetzung, daß der Therapeut planen sollte, was zu tun war. Eine Zeitlang gab es Kontroversen darüber, ob es falsch sei, wenn ein Therapeut die Initiative ergreift, um einen Wechsel herbeizuführen, aber jetzt scheint es klar zu sein, daß wirksame Therapie diese Methode verlangt, und über dieses Thema bestehen keine Meinungsverschiedenheiten mehr. (1978, S. 18).

Die im Dienste des Vierten Gebotes stehende, erzieherische, manipulatorische Haltung ließe sich in sehr vielen Methoden der Psychotheraphie aufzeigen. Ich sehe es aber nicht als meine Aufgabe an, ihr dort nachzugehen, wo sie offen zutage tritt, wie z. B. in den verschiedenen Formen von Hypnose oder auch in den neuen Richtungen der Familientherapie (z. B. von Jay Hayley oder M. Selvini-

Palazzoli). Die paradoxe Methode von M. Selvini-Palazzoli verdankt ihren Erfolg nicht nur kybernetischen Überlegungen, sondern vor allem der Tatsache, daß Patienten erzogene Kinder sind; man muß sich daher kaum wundern, wenn strikte Befehle des Therapeuten bei vielen Menschen mit Begeisterung aufgenommen und ausgeführt werden. Doch wenn die Zielsetzung der Therapie für diese Menschen ausschließlich im Verlust ihrer Symptome und in der besseren Anpassung an die Umgebung besteht, dann ist es ihr gutes Recht, eine Methode zu wählen, die sie so rasch wie möglich diesem Ziel nahebringt. Wenn hingegen ein Mensch seit seiner Kindheit daran verzweifelt, daß er seine ganze Wahrheit nicht leben kann, wie ich es weiter unten am Beispiel von Kafka zeigen möchte, wird er einen Menschen brauchen, der ihm in erster Linie zu sich selber verhelfen möchte und ihn nicht als Objekt der Sozialisierung ansieht. Natürlich sind wir alle erzogene Kinder, und obwohl wir einen freien Markt der Psychotherapieangebote haben, kann man nicht sagen, daß ein Patient wirklich frei ist, die ihm entsprechende Methode zu wählen. Daher versuche ich, die Sensibilität für die feineren Formen der unbewußten Manipulation (wie z. B. mit Hilfe der Triebtheorie) zu wecken, in der Hoffnung, daß dem kritischen Auge dann die gröberen Formen von selber auffallen. Aus diesem Grund habe ich Beispiele von einem verstehenden Therapeuten wie Klaus Thomas genommen, der bewußt nicht manipulieren möchte. Es geht mir nicht darum, Kritik an den einzelnen Therapeuten oder Analytikern zu üben, sondern an der Ideologie, die die unbewußte Haltung des Therapeuten prägt, die in der Ausbildung unbewußt vermittelt wird und deren Wurzeln nicht nur zu den Zeiten Freuds, sondern bis zu den Sprüchen Salomos zurückreichen.

Dort steht nämlich:

»Wer die Rute spart, haßt seinen Sohn, aber wer ihn liebt, sucht ihn heim mit Züchtigung.« Oder: »Züchtige Deinen

Sohn, wenn noch Hoffnung, so wirst Du dich nicht wäh-
nen ihn zu töten« (19, Kap. 18). »Ist Torheit geknüpft an
das Herz des Knaben, muß die Zuchtrute sie daraus entfernen« (22, Kap. 15). »Entziehe nicht dem Knaben
Zucht; wenn Du ihn mit der Rute schlägst, so stirbt er
nicht« (23, Kap. 13).

Diese Sätze schrieb ein Mann, der nicht nur als Weiser
gilt, sondern auch viele Gedanken formulierte, die wirklich weise sind. Wenn wir aber dank Freuds Entdeckung
des Unbewußten wissen, was später mit diesen gezüchtig-
ten Söhnen geschah, dann zwingt uns dieses Wissen zur
Revision der herkömmlichen Ideologie, auch wenn diese
auf jahrtausendealte Anerkennung zurückblicken kann.

Es gibt Formen der Psychotherapie, die sich um die Kindheit gar nicht kümmern. Wenn aber ein Therapeut die
Kindheit seines Patienten ernstnehmen will, wird er früher oder später, vielleicht schon in der nächsten Generation, nicht umhin können, sich mit dem Grundsatz der
Bibel, in dessen Geist wir aufgewachsen sind, auseinanderzusetzen: »Züchtige Dein Kind, damit es Dir (nicht
ihm) wohlergehe.« Damit sich dieses oberste Prinzip der
alten Pädagogik nicht auch noch in unsere psychothera-
peutischen Bemühungen einschleicht (etwa im Sinne:
Therapiere so, daß deine Lehrer mit dir zufrieden sind),
müssen uns die alten Erziehungsprinzipien zunächst überhaupt einmal bewußt werden. Nur dann sind wir ihnen
nicht ausgeliefert.

Mancher Leser wird sich vielleicht fragen, warum ich die zwei Haltungen in der Psychoanalyse, nämlich die triebtheoretische und die pädagogikfreie als Alternativen schildere. Gäbe es nicht eine Möglichkeit, die beiden Haltungen zu verbinden, wenn man zum Beispiel die pädagogischen Zwänge durchschaut und aufgibt und doch die Triebtheorie als Grundlage der Deutungsarbeit beibehält? Kollegen, deren Ausbildung und Eigenanalyse vom Dogma des Ödipuskomplexes geprägt wurden, denen andererseits meine Gedanken unmittelbar einleuchten, bemühen sich um eine solche Synthese bzw. um einen Kompromiß. Ich will versuchen, anhand von zwei Beispielen zu schildern, warum ich der Meinung bin, daß ein solcher Kompromiß den Analytiker daran hindert, seine begleitende Funktion auszuüben.

Ein neunjähriger Junge entwickelt eine Paranoia unmittelbar nach dem Tod seines Vaters, der ihn sehr religiös erzogen hatte und sehr streng mit ihm umgegangen war. Der Junge leidet unter Pavor nocturnus und erwacht nachts mit der Vorstellung, das Zimmer sei voll großer Engel, die mit langen Messern sein Leben bedrohen. Der Analytiker erzählt mir diese Geschichte und sagt: »Oberflächlich gesehen wäre das eine Bestätigung für Ihre Theorie. Aber man muß doch auch berücksichtigen, daß das Kind ödipale Wünsche hat und den Vater beseitigen wollte. Der Tod des Vaters hat seine Wünsche erfüllt und muß dem Kind große Schuldgefühle machen. Deshalb wird man das Symptom erst verstehen, wenn man die drohenden Engel als Projektionen der eigenen Todeswünsche des Kindes interpretiert.«

Diese Interpretation enthält viel Wahres. Man wird kaum bestreiten können, daß dieser Junge seinem Vater gegenüber Todeswünsche hatte und daher die Strafe fürchtet oder daß er sich sogar selber in den Engeln mit den vielfachen Messern erlebt. Es ist aber undenkbar, daß ein Vater, der mit dem Kind spielen konnte, es verstanden und seelisch begleitet hat, eine Paranoia mit diesem Inhalt nach seinem Tod beim Kind auslösen könnte. Dabei hätte auch bei einem respektvollen, toleranten Vater der Junge den Wunsch haben können, ihn einmal von der Mutter zu entfernen, um so mehr, als dieser Vater vermutlich auch der Mutter gegenüber einnehmend gewesen wäre. Und trotzdem wird dieses Kind nach dem Tod seines Vaters nicht strafende Engel mit Messern vor sich sehen, weil es nicht einen strengen, grausamen Vater verinnerlicht hat. Wenn ein Kind nach dem Unterschied zwischen Mann und Frau fragt und zur Antwort bekommt, daß der Mann größere Füße und Hände als die Frau habe, dann ist diese Antwort nicht falsch, aber sie übergeht das Wesentliche (vgl. A. Miller, 1980, S. 51). Ähnlich verhält es sich mit der ödipalen Deutung in diesem Fall. Doch darüber hinaus entsteht etwas viel Wesentlicheres: mit dieser Deutung wird das Kind um seine Wahrnehmungen und damit um den Rest seiner Sicherheit gebracht. Mit dem Pavor nocturnus und dem Verfolgungswahn möchte der Junge seine Geschichte erzählen. Da er kein erwachsener Mensch mit bewußten Erinnerungen ist, kann er nicht sagen: »Ich habe so sehr unter den Demütigungen, der Rigidität und unter dem starren Glauben meines Vaters gelitten.« Er kann nicht einmal wissen, daß er gelitten hat, weil ihm jede Grausamkeit als die von Gott gewollte Erziehung zur Frömmigkeit ausgegeben worden ist. Gerade aus diesem Grund braucht er einen Menschen, der weiß, wie einsam sich ein Kind neben einem solchen Vater fühlen muß. Wenn der Analytiker ihm statt dessen ödipale Deutungen gibt, übergeht er schweigend die eigentliche Hölle des Patienten. Das tut er auch, wenn er die Deutungen nicht explizit ausspricht, aber für sich die ödipalen Schuldgefühle als die Ursache der Paranoia ansieht.

Jahrhundertelang haben Erzieher empfohlen, die Gefühle des Kindes zu unterdrücken, damit es besser funktioniere.

Die charakterzerstörende Funktion solcher Ratschläge ist niemandem aufgefallen, solange die meisten Menschen mehr oder weniger so behandelt worden sind. Viele Leser reagierten mit Entsetzen auf das von mir publizierte pädagogische Material, obwohl dies niemals geheim gewesen war, sondern vermutlich sogar zum Grundstock der Bibliotheken unserer Eltern gehörte. Ähnliches gilt für viele psychoanalytische Schriften. Wenn an der Richtigkeit der Triebtheorie und der Annahme der infantilen Sexualität nicht gerüttelt werden darf, fällt es den so ausgebildeten Analytikern selten auf, wie sehr dieses Dogma ihre begleitende Funktion behindert. Aber es gibt auch Ausnahmen, und von einer solchen möchte ich hier berichten. Dieses Beispiel zeigt, in welche Schwierigkeiten die Triebtheorie einen hellhörigen, empathischen Therapeuten bringen kann.

Ein junger Analytiker in Ausbildung behandelt eine ca. fünfzigjährige schwer depressive Patientin und ist froh, daß er nach einer langen Wartezeit endlich einen Kontrollplatz bei einem der bekanntesten Lehranalytiker gefunden hat. Schon das lange Warten und der Name des Supervisors genügten, um für längere Zeit die Kritikfähigkeit des Ausbildungskandidaten einzudämmen. Aber an einem bestimmten Punkt wurde ihm klar, warum er in den Kontrollbesprechungen bis dahin immer wieder gegen seine Gefühle ankämpfen mußte.

Die Patientin, deren Analyse kontrolliert wurde, war als Jugendliche 1945 in Berlin von zwei Besatzungssoldaten vergewaltigt worden. Sie erwähnte dieses Faktum bereits in den Vorbesprechungen, doch während ihrer Analyse war es ihr unmöglich, sich mit Gefühlen diesem Erlebnis zu nähern. Der Supervisor verstand das Verhalten der Patientin als »Ausdruck ihrer Schuldgefühle infolge der vom Überich verbotenen Lustbefriedigung«. Der Ausbildungskandidat, nennen wir ihn Peter, der die Patientin bisher mit viel Einfühlung begleitet hatte, war über diese Deutung des Lehrers empört. Er selber, erst 1945 geboren, kannte den Krieg nur aus Büchern, aber er konnte sich trotzdem (oder vielleicht daher) besser als sein Supervisor vorstellen, welchen Gefühlen der Ohnmacht, Demütigung, Wut und Verzweiflung ein vergewaltigtes Mädchen ausgesetzt ist. Er brachte den Fall in einer Seminargruppe vor, in der Hoffnung auf Unterstützung, aber sowohl der Dozent als auch die anderen Kollegen bestätigten die Korrektheit der Triebdeutung, die ihm sein Supervisor gegeben hatte. Trotzdem ließ sich Peter nicht beirren. Er las gerade einen Roman, dessen Ereignisse sich in Berlin 1945 abspielten, und dieser half ihm, sich die Situation der Patientin vorzustellen. Da er nicht von Lustgefühlen, sondern vom Trauma sprach und da die Patientin spürte, wie ernst ihr Analytiker dieses Trauma nahm, konnte sie allmählich an ihre Gefühle der furchtbaren Erniedrigung und Hilflosigkeit herankommen. Es folgten Gefühle von Zorn und Haß, die ihr erst den Zugang zu viel früheren Traumatisierungen erschlossen und deren Erlebnis zur Auflösung der Depression führte.

Peters Patientin wurde tatsächlich gesund, und er selber hat sehr viel bei dieser Geschichte gelernt. Seine Lehrer waren mit ihm unzufrieden, wenn er in Seminaren von realen Begebenheiten sprach, die er hinter den Phantasien vermutete und suchte, und mit der Zeit fielen ihm die kinderfeindlichen Elemente der Triebtheorie immer deutlicher auf. Die Gefahr, daß er wegen seiner Differenzen mit den Lehrern nicht als Mitglied der Psychoanalytischen Vereinigung aufgenommen werde, zählte für ihn weniger als die Erfahrung mit der Patientin und mit anderen Patienten, die er nun zu machen wagte und die ihm niemand mehr auszureden vermochte.

Nachdem Peter die Repressionen des Institutes überstanden hatte, sagte er einmal: »Ich kann es noch verstehen, daß man folgsame Kandidaten braucht, wenn man früher selber einer war, und daß man sich mächtiger fühlt, wenn man die weniger erfahrenen, jüngeren Kollegen mit verschleiernden, komplizierten Theorien so verunsichern kann, wie man einst selber verunsichert wurde. Das ist ja fast nicht anders möglich. Aber meine Toleranz wird überstrapaziert, wenn man dafür noch Dankbarkeit von uns erwartet, statt uns dankbar zu sein, daß man das alles mit uns so leicht und so lange machen kann. Den Preis des blinden Gehorsams zahlen wir für das Recht, später der nachkommenden Generation der Analytiker die Verunsicherung heimzahlen zu können«.

Wer an Ausbildungsseminaren und Kongressen der Psychoanalytischen Gesellschaften teilnimmt, wird diesem Beispiel mühelos eine Menge anderer hinzufügen können, die zeigen, daß die Triebtheorie die Sicht des Analytikers vom Trauma des Patienten wegführt und es ihm, wenn er ihr treu bleibt, schwer macht, den Patienten auf einem Wege zu begleiten, der für diesen sehr schmerzhaft, aber unumgänglich ist und den er ohne Begleitung unmöglich gehen kann. Doch in den meisten ähnlichen Fällen wird der Ausbildungskandidat kaum die Möglichkeit haben, die Isolierung, wie Peter sie durchstehen mußte, zu ertragen, die Sanktionen der Ausbildungsinstitute, zu denen Verachtung seitens der Lehrer und Kollegen gehört, nicht zu fürchten und seinen Gefühlen treu zu bleiben. Um diese innere Freiheit zu erlangen, braucht der Analytiker eine tiefgehende Analyse, d. h. eine, in der er seine genuine, vor der Schwarzen Pädagogik gerettete Urteilsfähigkeit entwickeln kann und sie nicht den Theorien seines Lehranalytikers wie einst den Erziehungsprinzipien seiner Eltern opfern muß.

Freud selber scheint daran geglaubt zu haben, daß seine Theorie der infantilen Sexualität und des Ödipuskomplexes die Funde seiner ersten Entdeckung nicht in Frage stellt, und er legt Wert darauf, dies einige Male zu betonen. Z. B. schreibt er im Zusatz von 1924 zu seiner Arbeit aus dem Jahre 1896: »All dies ist richtig [gemeint ist der sexuelle Mißbrauch der Kinder], aber es ist zu bedenken, daß ich mich damals von der Überschätzung der Realität und der Geringschätzung der Phantasie noch nicht frei gemacht hatte« (S. Freud, 1896 c, S. 440). Diese Hoffnung Freuds, die Triebtheorie widerspreche den Tatsachen des sexuellen Mißbrauchs nicht und beides ließe sich verbinden, teilen viele Analytiker. Gegen eine solche Verbindung der Trieb- und Verführungstheorie sprechen meiner Meinung nach sowohl praktische als auch theoretische Überlegungen. Die ersteren habe ich oben am Fall des paranoiden Jungen und des Kandidaten Peter zu schildern versucht. Aber auch theoretisch sehe ich Schwierigkeiten in einem solchen Kompromiß. Denn wenn das Kind tatsächlich in der sogenannten phallischen Phase biologisch bedingte, natürliche sexuelle Bedürfnisse hätte, die sich auf den gegengeschlechtlichen Elternteil richten, müßte die Beantwortung dieser Wünsche keine traumatische Bedeutung haben; das Erlebnis müßte nicht so tief verdrängt werden, daß es später einer vieljährigen Analyse bedürfte, um es aufdecken zu können. Von der Inzestschuld kann ein Kind doch auch gar nicht wissen; es ahnt sie erst durch die Heimlichkeiten der Erwachsenen. Denn nur diesem ist das Inzestverbot bekannt, und nur durch dessen Verhalten lernt das Kind spüren, daß etwas Unerlaubtes mit ihm geschieht. Sein eigenes Verhalten ist im Grunde völlig schuldfrei. Wie soll also der »Triebkonflikt« in ihm entstehen? Das Kind sucht die Liebe der Erwachsenen, weil es ohne sie nicht leben könnte; es beantwortet alle ihre Forderungen im Rahmen seiner Möglichkeiten, im Dienste des Überlebens. Es liebt seine Eltern, braucht ihre Nähe, Zuneigung und Zärtlichkeit und wird seine Bemühungen um diese unerläßlichen Güter nur in dem Bezugsrahmen entwickeln können, der ihm von den Erwachsenen vom Beginn seines Lebens an vermittelt wurde. Ein Kind, das von Anfang an sexuell stimuliert wurde (z. B. das Massieren, Kitzeln oder Saugen am Genitale des Säuglings, das Benützen seiner Öffnungen wie Mund und Anus für koitusähnliche Berührungen), wird unter Umständen diese Art von Zuwendung als Liebe kennenlernen, weil ihm keine andere zur Verfügung stand. Doch diese reaktiven Wünsche als schuldhaft zu bezeichnen, wie es die Triebtheorie impliziert, kann nur auf die Ideologie der Schwarzen Pädagogik zurückgeführt werden. Dort läßt es sich leicht beobachten, wie Erwachsenen ihre Schuldgefühle auf die Kinder delegieren und wie sie das mit Hilfe der verschiedenen Theorien tun können.

Am Beispiel der Theorien von Melanie Klein läßt sich das illustrieren. In den Schriften von Melanie Klein, in der Art, wie das Gefühlsleben des Säuglings beschrieben wird, kommt die Ablehnung des Erwachsenen seinem eigenen Gefühlsleben gegenüber, dem er im Säugling begegnet, indirekt zum Ausdruck. Der »grausame Säugling« der Melanie Klein sowie das Kind mit dem angeblich »angeborenen pathologischen Narzißmus« von Kernberg scheinen mir den sehr frühen, reaktiven Charakter der kindlichen emotionalen Entwicklung zu verkennen und wenig der Tatsache Rechnung zu tragen, daß die Bedürftigkeit und Einstellung der Eltern zu ihrem jeweiligen Kind die Formen seiner Aggressivität, Sexualität und seines sogenannten Narzißmus konstituieren, genauso wie die Haltung des Analytikers letztlich darüber entscheiden kann, ob die Mitteilungen eines Patienten als verständlich und einfühlbar oder als »psychotisch« und »unheilbar« erlebt werden. Ich habe an anderen Orten zu zeigen versucht, wie die Entwicklung einer Perversion oder Zwangsneurose in ihren befremdenden Symptomen die Verständnislosigkeit und das Befremden der ersten Bezugsperson den natürlichsten Regungen des Kindes gegenüber spiegeln (A. Miller, 1979). Auch destruktive Inszenierungen im späteren Leben lassen sich als Antwort darauf verstehen, daß die gesunde Aggressivität des Kindes in der Projektion des Erwachsenen als schuldhaft bekämpft wurde (A. Miller, 1980).

Es gibt Formen des sexuellen Mißbrauchs von Kindern, die für das Kind mit Angst, Demütigungen, Scham, Hilflosigkeit, Ohnmacht und nicht selten mit körperlichen Schmerzen verbunden sind. Vor einem Jahr wurde in der Schweiz ein Mann angeklagt, der alle seine sechs Kinder in deren viertem Lebensjahr (im »ödipalen« Alter!) in den Wald mitnahm und dort anal koitierte. Wahrscheinlich ist ihm selber im gleichen Alter etwas Ähnliches geschehen. Wir können nur hoffen, daß, wenn einer der Söhne dieses Mannes später einmal eine Analyse nötig haben sollte, er nicht vom Analytiker zu hören bekommt, es handle sich bei den Beschreibungen dieser Szenen um homosexuelle Phantasien des Patienten. Genauso unverstanden und alleingelassen kann sich der Patient fühlen, wenn der Analytiker weniger deutlich seinen Unglauben kundtut, indem er z. B. sagt, es sei unwichtig, ob es sich hier um Realitäten oder Phantasien handle, denn der Analytiker habe es nur mit der »psychischen Realität« des Patienten zu tun. Auf diese Art wird der Patient noch einmal und ganz real (nicht nur in der Übertragung) traumatisiert: Er findet keinen Menschen, der seinen Zorn voll begreifen kann und wird ihn deshalb nicht begreifen und nicht zulassen können.

B Die frühkindliche Realität
in der Praxis der Psychoanalyse

der gott meiner kindheit trägt schwarze gewänder, hörner auf dem haupt und eine axt in der hand. wie denn habe ich mich trotzdem an ihm vorbeidrücken können?

ich bin mein leben lang geschlichen. durch meine landschaft, mit dem bisschen leben unter dem arm, von dem ich immer meine, es gestohlen zu haben.

(*Aus: Mariella Mehr, Steinzeit, 1981*)

In den Entbindungsstationen der westlichen Welt besteht kaum Aussicht, von Wölfinnen getröstet zu werden. Das Neugeborene, dessen Haut nach der uralten Berührung durch einen weichen, wärmeausstrahlenden, lebendigen Körper schreit, wird in trockenes, lebloses Tuch gewickelt. Es wird, so sehr es auch schreien mag, in einen Behälter gelegt, und dort einer qualvollen Leere ausgeliefert, in der keinerlei Bewegung ist (zum erstenmal in seiner gesamten Körpererfahrung, während der Jahrmillionen seiner Evolution oder seiner glückseligen Ewigkeit im Uterus). Das einzige Geräusch, das es hören kann, ist das Geschrei anderer Opfer, die die gleiche unaussprechliche Höllenqual leiden. Das Geräusch kann ihm nichts bedeuten. Es schreit und schreit; seine an Luft nicht gewöhnten Lungen werden von der Verzweiflung in seinem Herzen überanstrengt. Keiner kommt. Da es seiner Natur gemäß in die Richtigkeit des Lebens vertraut, tut es das einzige, was es kann: es schreit immer weiter. Schließlich schläft es erschöpft ein – ein zeitloses Leben lang später.

Es erwacht in bewußtloser Angst vor der Stille, der Reglosigkeit. Es schreit. Es flammt von Kopf bis Fuß vor Bedürfnis, vor Sehnsucht, vor unerträglicher Ungeduld. Es schnappt nach Luft und schreit, bis sein Kopf von dem Geräusch angefüllt ist und pulsiert. Es schreit, bis ihm die Brust wehtut, bis seine Kehle wund ist. Es kann den Schmerz nicht länger ertragen; sein Schluchzen wird schwächer und hört auf. Es lauscht. Es öffnet und schließt die Fäuste. Es rollt den Kopf von einer Seite zur anderen. Nichts hilft. Es ist unerträglich. Wieder fängt es zu schreien an, aber seiner überanstrengten Kehle wird das zuviel; es hört bald wieder auf. Es versteift seinen von Sehnsucht gefolterten Körper und erfährt eine Andeutung von Erleichterung. Es wedelt mit den Händen und stößt mit den Füßen. Es hört auf, fähig zu leiden, doch unfähig zu denken, unfähig zu hoffen. Es lauscht. Dann schläft es wieder ein.

Plötzlich wird es emporgehoben; die Erwartungen dessen, was ihm zuteil werden muß, melden sich wieder. Die nasse Windel wird entfernt. Erleichterung. Lebendige Hände berühren seine Haut. Seine Füße werden hochgehoben, und ein neues, knochentrockenes, lebloses Stück Stoff wird ihm um die Lenden gewickelt. Sofort ist es wieder so, als hätte es die Hände nie gegeben, und die nasse Windel auch nicht. Es gibt keine bewußte Erinnerung, keine Spur von Hoffnung. Das Baby befindet sich in unerträglicher Leere, zeitlos, reglos, ruhig, voll endlosen ungestillten Verlangens. Sein Kontinuum probiert seine Notmaßnahmen aus, doch die sind alle nur geeignet, kurze Ausfälle bei ansonsten richtiger Behandlung zu überbrücken oder Erleichterung herbeizurufen durch jemanden, von dem angenommen wird, daß er sie gewähren will. Für den gegebenen Extremfall hat das Kontinuum keine Lösung. Die Situation ist jenseits seiner immensen Erfahrung. Nach nur einigen Stunden Atmens hat das Baby bereits einen Grad von Entfremdung von seiner Natur erreicht, der jenseits der Rettungskräfte des mächtigen Kontinuums liegt. Die Zeit seines Aufenthaltes im Mutterleib war aller Wahrscheinlichkeit nach die letzte in jenem ungebrochenen Wohlgefühl verbrachte, in welchem es der ihm angeborenen Erwartung zufolge das ganze Leben hätte zubringen sollen. Sein Wesen gründet auf der Annahme, daß die Mutter sich angemessen verhält und daß die Motivationen und das darauf abgestimmte Handeln beider einander naturgemäß wechselseitig dienen werden.

Jemand kommt und hebt es sacht in die Höhe. Das Baby lebt auf. Es wird zwar für seinen Geschmack etwas zu zimperlich getragen, aber wenigstens gibt es Bewegung. Jetzt fühlt es sich am richtigen Platz. Alle durchlittene Todesangst ist nicht mehr existent. Es ruht in den umschließenden Armen; und obwohl seine Haut von dem Stoff keine Erleichterungsbotschaft empfängt, keine Nachricht von lebendigem Fleisch dicht an dem seinen, berichten ihm Hände und Mund, daß alles normal sei. Die entschiedene Lebensfreude, die im Kontinuumzustand normal ist, ist fast vollständig. Geschmack und Struktur der Brust sind da, die warme Milch fließt in seinen begierigen Mund, es gibt Herzschlag, welcher ihm ein Bindeglied hätte sein sollen, eine Versicherung des Zusammenhangs mit dem Mutterleib, seine schwache Sehkraft nimmt Bewegung wahr. Auch der Ton der Stimme ist richtig. Einzig der Stoff und der Geruch (seine Mutter gebraucht Cologne) lassen etwas vermissen. Es saugt, und wenn es sich satt und rosig fühlt, schlummert es ein.

Beim Aufwachen befindet es sich in der Hölle. Keine Erinnerung, keine Hoffnung, kein Gedanke kann ihm die tröstliche Erinnerung an seinen Besuch bei der Mutter in die Öde seines Fegefeuers bringen. Stunden vergehen und Tage und Nächte. Es schreit, ermüdet, schläft ein. Es wacht auf und näßt die Windeln. Jetzt verbindet sich damit kein Wohlgefühl mehr. Kaum wurde ihm von seinen inneren Organen die Freude der Erleichterung vermittelt, da wird diese schon wieder von stetig anwachsendem Schmerz abgelöst, wenn der heiße, säurehaltige Urin seinen schon wundgeriebenen Körper angreift. Es schreit. Seine erschöpften Lungen müssen schreien, um das scharfe Brennen zu übertönen. Es schreit, bis der Schmerz und das Schreien es erschöpfen, ehe es wieder einschläft.

In seiner Klinik, die keineswegs ein Ausnahmefall ist, wechseln die fleißigen Schwestern alle Windeln nach Zeitplan, ob sie nun trocken, feucht oder schon ganz durchnäßt sind; und sie schicken die Kinder völlig wund nach Hause, wo jemand, der Zeit hat für solche Dinge, sie gesundpflegen muß.

Wenn es in das Zuhause seiner Mutter gebracht wird (das seine kann man es wohl kaum nennen), ist es bereits wohlvertraut mit dem Wesen des Lebens. Auf einer vorbewußten Ebene, die all seine weiteren Eindrücke bestimmen wird, wie sie ihrerseits von diesen ihre Prägung erfährt, kennt es das Leben als unaussprechlich einsam, ohne Reaktion auf die von ihm ausgesandten Signale und voller Schmerz.

Aber noch hat es nicht aufgegeben. Solange Leben in ihm ist, werden die Kräfte seines Kontinuums immer wieder versuchen, ihr Gleichgewicht zurückzuerlangen.

Das Zuhause ist im wesentlichen von der Entbindungsstation nicht zu unterscheiden, bis auf das Wundsein. Die Stunden, in denen der Säugling wach ist, verbringt er in Sehnsucht, Verlangen und in unablässigem Warten darauf, daß »Richtigkeit« im Sinne des Kontinuums die geräuschlose Leere ersetzen möge. Für wenige Minuten des Tages wird sein Verlangen aufgehoben und sein schreckliches auf der Haut kribbelndes Bedürfnis nach Berührung, Gehalten- und Herumgetragenwerden wird erfüllt. Seine Mutter ist eine, die sich nach viel Überlegung dazu entschlossen hat, ihm

63

Zugang zu ihrer Brust zu gewähren. Sie liebt ihn mit einer bis dahin nicht gekannten Zärtlichkeit. Anfangs fällt es ihr schwer, ihn nach dem Füttern wieder hinzulegen, besonders weil er so verzweifelt dabei schreit. Aber sie ist überzeugt davon, daß sie es tun muß, denn ihre Mutter hat ihr gesagt (und sie muß es ja wissen), daß er später einmal verzogen sein und Schwierigkeiten machen wird, wenn sie ihm jetzt nachgibt. Sie will alles richtig machen; einen Augenblick lang fühlt sie, daß das kleine Leben, das sie in den Armen hält, wichtiger ist als alles andere auf Erden.

Sie seufzt und legt ihn sanft in sein Bettchen, das mit gelben Entchen verziert und auf sein ganzes Zimmer abgestimmt ist. Sie hat viel Arbeit hineingesteckt und es mit flauschigen Vorhängen, einem Teppich in der Form eines Riesenpanda, einem weißen Toilettentisch, Badewanne und Wickelkommode eingerichtet. Dazu gehören auch Puder, Öl, Seife, Haarwaschmittel und Haarbürste – alles versehen mit und eingewickelt in besonderen Baby-Farben. An der Wand hängen Bilder von Tierkindern, die als Menschen angezogen sind. Die Kommode ist voll kleiner Unterhemdchen, Strampelanzüge, Schühchen, Mützchen, Handschuhe und Windeln. In ansprechendem Winkel steht oben drauf ein wollenes Spielzeugschaf und eine Vase mit Blumen – die von ihren Wurzeln abgeschnitten wurden, denn die Mutter »liebt« auch Blumen.

Sie glättet dem Baby das Hemdchen und bedeckt es mit einem bestickten Laken und einer Decke, die seine Initialen trägt. Sie nimmt sie mit Befriedigung wahr. Nichts ist ausgelassen worden, um das Babyzimmer perfekt auszustatten, wenngleich sie und ihr junger Ehemann sich all die Möbel, die sie für die anderen Zimmer des Hauses planen, noch nicht leisten können. Sie beugt sich über den Säugling und küßt ihn auf die seidige Wange; dann geht sie zur Tür, während der erste qualvolle Schrei seinen Körper durchschüttelt.

Sacht schließt sie die Tür. Sie hat ihm den Krieg erklärt. Ihr Wille muß über den seinen die Oberhand behalten. Durch die Tür hört sie Töne, als würde jemand gefoltert. Ihr Kontinuum erkennt sie als solche. Die Natur gibt kein eindeutiges Zeichen von sich, daß jemand gefoltert wird, wenn dies nicht wirklich der Fall ist.

Es ist genau so ernst, wie es sich anhört.

Sie zögert. Ihr Herz wird zu ihm hingezogen, doch sie widersteht und geht weiter. Er ist soeben frisch gewickelt und gefüttert worden. Deshalb ist sie sicher, daß ihm in Wirklichkeit *nichts fehlt; und sie läßt ihn weinen, bis er erschöpft ist.*

Er wacht auf und schreit wieder. Seine Mutter blickt kurz durch die Tür, um sich zu vergewissern, daß er richtig liegt; leise, um keine falsche Hoffnung auf ihre Aufmerksamkeit in ihm zu erwecken, schließt sie die Tür wieder. Sie läuft rasch in die Küche zu ihrer Arbeit und läßt diese Tür offen, damit sie das Baby hören kann, falls »ihm irgend etwas zustößt«.

Die Schreie des Säuglings gehen in zitterndes Wimmern über. Da niemand antwortet, verliert sich die Antriebskraft seiner Signale in der Verwirrung lebloser Leere, wo schon lange Erleichterung hätte eintreten müssen. Er blickt um sich. Jenseits der Stäbe seines Gitterbettchens gibt es eine Wand. Das Licht ist trüb. Er kann sich nicht umdrehen. Er sieht nur die Gitterstäbchen, unbeweglich, und die Wand. Aus einer fernen Welt hört er sinnlose Geräusche. In seiner Nähe ist alles still. Er sieht auf die Wand, bis ihm die Augen zufallen. Wenn sie sich später wieder öffnen, sind Gitterstäbe und Wand genau wie vorher, doch das Licht ist noch trüber. (Aus: J. Liedloff, Auf der Suche nach dem verlorenen Glück, 1980.)

Ich sehe mich zuweilen sowohl von außen als auch in meinem Innern mit der Frage konfrontiert, wie ich eigentlich meine Zugehörigkeit zur psychoanalytischen Bewegung verstehe. Als ich das *Drama* geschrieben habe, meinte ich noch, daß sich Freuds Triebtheorie mit meinen Erfahrungen verbinden ließe, und sah meinen Beitrag zur Behandlung narzißtischer Störungen als eine in vielen Fällen notwendige Vorarbeit für die Behandlung von »Konfliktneurosen«. Je intensiver ich mich aber mit den theoretischen Konsequenzen meiner Erfahrungen befasse, je genauer und unvoreingenommener ich andererseits die überlieferten, theoretischen Konzepte auf ihren Erfahrungsgehalt prüfe, je deutlicher mir ihre Funktion im ganzen Gefüge der gesellschaftlichen Verdrängung hervorzutreten scheint, um so mehr zerbröckelt für mich die Gültigkeit der Freudschen Triebtheorie und um so dringlicher wird mein Bedürfnis nach Abgrenzung.

Ich verdanke der Methode Freuds Einblicke in die menschliche Seele, die über all das hinausgehen, was mir das Studium der Philosophie je geboten hat. Aber gerade die konsequente Anwendung seiner Methode konfrontierte mich mit Wahrheiten, die für mich einen Teil seiner Theorien widerlegen. Diese von mir erfahrenen Wahrheiten kann ich nicht aufgeben, ohne mich selbst aufzugeben. So bin ich also genötigt, ihnen treu zu bleiben, auch in denjenigen Punkten, in denen sie sich von den Wahrheiten meiner Lehrer entfernen. Ich will im folgenden aufzuzeigen versuchen, wo ich meine, daß ich mit der Psychoanalyse als Theorie einen gemeinsamen Boden noch finde und wo ich diesen Boden nicht mehr sehen kann.

Ich betrachte mich als Psychoanalytikerin, sofern ich folgende Prämissen anerkenne:

1. Jeder Mensch ist durch seine Kindheit geprägt (das bedeutet nicht: determiniert).

2. Die neurotische Entwicklung wurzelt in der Kindheit.

3. Die Methode der freien Assoziation und des analytischen Settings (Grundregel, Couch, Abstinenzregel) ermöglichen die Inszenierung des Kindheitdramas in der Übertragung und das Einsetzen eines Reifungsprozesses, der in der Neurose blockiert war.

4. Die Persönlichkeitsveränderung im analytischen Prozeß beruht nicht auf korrektiven Erfahrungen, sondern auf den Einsichten, die sich durch Wiederholen, Erinnern und Durcharbeiten formen.

Diese vier Punkte mögen entscheidend dabei mitwirken, wenn ich meine Lehrer nicht bei C. G. Jung, Adler und den unzähligen anderen Schulen sehe. Das für mich entscheidende Erlebnis der Bedeutung der frühen Kindheit scheint mir in der analytischen Psychologie von C. G. Jung und seinen Nachfolgern keinen gebührenden Platz zu haben. Auch bei Alfred Adler, der zwar das Ohnmacht-Macht-Problem wie wohl kein anderer gesehen hat, können die vielfältigen Momente eines Kinderschicksals vielleicht nicht ihre volle Würdigung finden, solange sich seine Anhänger mit ihrer Schematisierung (wie z. B. organische Minderwertigkeit) begnügen und vor allem den teleologischen Gesichtspunkt betonen. In der Logotherapie von Frankl z. B., die auf die »Sinnfindung« ausgerichtet ist, geht es vorwiegend darum, daß der Mensch den auf ihn wartenden Sinn erkennt und danach lebt. Es ist zweifellos richtig, daß ein Mensch Depressionen bekommt, wenn er sein Leben als sinnlos empfindet, aber die Frage, *warum* ein Mensch sein Leben als sinnlos erfährt, wird in der Logotherapie kaum eine Antwort finden, wenn ihr die Kindheitsdimension fehlt.

Doch trotz dieser gemeinsamen Basis mit der Psychoanalyse Sigmund Freuds sehe ich zwischen ihr und meinen Erkenntnissen entscheidende Unterschiede.

1. Der Ursprung einer Neurose liegt meiner Meinung nach nicht in der Verdrängung des Triebkonfliktes, wie es bei Freud hieß, sondern in der Unmöglichkeit, früh erfah-

rene Traumatisierungen zu artikulieren, und in der Notwendigkeit, diese Erlebnisse zu verdrängen.

2. Die Eltern meiner Analysanden sind für mich nicht nur Objekte deren aggressiver und libidinöser Wünsche, sondern auch reale Personen, die ihm, sehr oft ohne es zu wissen und zu wollen, reale und nicht nur phantasierte Schmerzen zugefügt haben.

3. Die Eigenschaften und Handlungen dieser Eltern und die einst ausgebliebene emotionale Antwort darauf finden zu dürfen, führt zu größerer Integrationsfähigkeit des Patienten.

4. Dieses Finden innerhalb der Übertragung und Gegenübertragung und mit Hilfe der Phantasien, Gefühle und Inszenierungen ist nur dann möglich, wenn der Analytiker beim Zuhören des Patienten keine erzieherischen Ziele verfolgt, d. h. wenn er

a) die Eltern des Patienten nicht vor dessen Vorwurf verteidigt, weil er seine eigenen Eltern nicht mehr schonen muß;

b) das Wissen über die Rechtlosigkeit des Kindes in unserer Kulturgeschichte integriert hat;

c) die reaktive Bedeutung der Destruktionswünsche nicht mit unverbindlichen Theorien über den Todestrieb zudeckt;

d) bei seiner Anwaltsfunktion bleibt und sich weder vom Patienten noch von seinen eigenen anerzogenen Maßstäben zum Richter machen läßt.

5. Ich kann das Problem der infantilen Sexualität nicht isoliert betrachten, sondern sehe es im Zusammenhang mit meinem Wissen darüber, für was alles Kinder von ihren Eltern gebraucht werden können (siehe Teil C). Was Freud unter libidinösen Wünschen versteht, kann ich auch kaum von den narzißtischen Bedürfnissen des Kindes nach Echo, Respekt, Achtung, Spiegelung, Angenommen- und Verstandenwerden trennen.

6. Die Situation des Kindes zwischen Vater und Mutter führt zweifellos zu verschiedenartigen Gefühlen, Affek-

ten, Ängsten, Konflikten und Problemen, die man als ödipal bezeichnen kann, die ich aber anders als Freud verstehe (siehe Teil C 3). Den »ödipalen Konflikt« und die Notwendigkeit seiner Verarbeitung halte ich bei weitem nicht für die einzige Quelle neurotischer Entwicklung.

7. Der Heilungsprozeß setzt ein, wenn die einst ausgebliebenen, unterdrückten Reaktionen auf Traumatisierungen (wie Angst, Wut, Zorn, Verzweiflung, Entsetzen, Schmerz, Trauer) in der Analyse artikuliert werden können. Damit verschwinden die Symptome, deren Funktion darin bestand, das unbewußte Trauma in einer verschlüsselten, entfremdeten und sowohl für den Betreffenden als auch für die Umgebung unverständlichen Sprache auszudrücken. – Dieser Satz widerspricht zwar der Praxis vieler Psychoanalytiker, deren Bemühungen darauf zielen, bei ihren Patienten Einsicht oft nur intellektueller Art in die eigenen Triebkonflikte zu bewirken. Er widerspricht aber nicht dem Vorgehen Sigmund Freuds in der Zeit vor seiner Entdeckung der angeblichen Allgegenwart des Ödipuskomplexes. Wenn ich mich also in diesem Buch von Sigmund Freud abgrenze, so meine ich damit seine Schriften nach 1897. In seiner Arbeit *Zur Ätiologie der Hysterie* (1896) hingegen sehe ich eine Bestätigung meiner eigenen Erfahrungen.

Aus den oben geschilderten Differenzen zwischen meiner Theorie und Praxis und derjenigen der klassischen Psychoanalyse ergibt sich für mich nicht die Notwendigkeit, das Setting der Psychoanalyse zu ändern, obwohl ich jetzt nicht sagen kann, daß sich diese Frage nicht in einigen Jahren für mich neu stellen könnte. Ich könnte mir vorstellen, daß sich kürzere und effizientere Behandlungen ergeben könnten, als dies jetzt der Fall ist und als dies auch mir in meiner langjährigen Praxis möglich war, wenn der Analytiker die Traumatisierungen der frühen Kindheit ernstzunehmen vermag, ohne die Eltern schonen zu müssen. Die theoretischen Gesichtspunkte, die ich jetzt im

Schreiben entwickeln konnte, müßten erst in der Praxis ausprobiert werden. In einigen wenigen Kontrollen mit jüngeren Kollegen, denen es möglich war, die nichtpädagogische Haltung konsequent einzunehmen, drängte sich mir mehrmals die Frage auf, ob mit der radikalen Befreiung der Psychoanalyse von ihren pädagogischen Spuren nicht eine viel wirksamere Behandlungsmöglichkeit erreicht werden könnte.

Wie ich meine Alternative zur orthodoxen, auf Deutungen der »Triebkonflikte« beruhenden Analyse verstehe, ließe sich von den vielen im *Drama* beschriebenen Beispielen ableiten. Da ich aber immer wieder um eine noch genauere theoretische Konzeptualisierung gebeten werde, möchte ich dies in aller Kürze versuchen.

1. Der Analytiker ist bestrebt, vollständig und unter allen Umständen, zu seinem Patienten zu stehen, nicht zu urteilen, ihn in allem, was er sagt und tut, zu respektieren, ihn ernstzunehmen und ihn, so weit wie möglich, zu verstehehen.

2. Diese Haltung ist nicht mit »Liebe« zu verwechseln. Zunächst muß man sagen, daß Liebenkönnen ein Geschenk ist, dessen wir nicht durch einen Entschluß oder einen Willensakt teilhaftig werden. Dann aber ist Liebe mit der Beziehung des Therapeuten zum Patienten vielleicht sogar unvereinbar, weil sie die so notwendige Abstinenzregel verletzen müßte und die ganze Behandlung damit zerstören würde. Lieben kann ich, wenn ich mich frei fühle, meine Gefühle zu zeigen, und zugleich meine relative Abhängigkeit vom geliebten Menschen akzeptieren kann. Beides schließt die Abstinenzregel aus, die darin besteht, daß die analytische Situation nicht der Tummelplatz für die Gefühle des Analytikers, sondern lediglich für die des Patienten ist – nur dieser hat hier das Recht, *alle* seine Gefühle zu artikulieren.*

3. Der Analytiker übernimmt nicht real die Rolle der autoritären Eltern, auch wenn er, in der Übertragung, zu

* Ich habe mich bei diesem für mich selbstverständlichen Punkt länger aufgehalten, weil ich auch schon der Auffassung begegnet bin, der Analytiker könne doch nicht acht Stunden am Tag »Liebe geben« und müsse daher eine Technik »zur Hand haben«. Obwohl ich das Wort Technik bewußt nicht gebrauche, ist mir eine Konservenvorstellung der Liebe oder »Mutterliebe« ebenso fremd. Sie enthält die Anmaßung und Verlogenheit der Schwarzen Pädagogik und ist in das Vokabular einiger Therapieformen eingedrungen, nicht aber, soviel ich weiß, in dasjenige der klassischen Psychoanalyse, das sich viel lieber an das Wort »Technik« hält.

ihnen gemacht wird, d. h. er kränkt den Patienten nicht mit Schweigen, mit autoritären, einseitigen Abmachungen, mit unempathischen, versachlichenden Deutungen, die seine Überlegenheit demonstrieren. Er stellt Fragen und zeigt damit, daß er nicht alles weiß. Wenn der Patient ihn mit Fehlern konfrontiert, gibt er sie zu; er muß nicht die Fehlerlosigkeit der Autoritätspersonen verteidigen.

4. Der Patient erfährt, a) daß der Analytiker an der Geschichte seiner Kindheit interessiert ist und in allem, was in der Gegenwart und in der Übertragung geschieht, die Mitteilungen und *Inszenierungen* der verdrängten Traumen sucht, und b) daß er mit dem Patienten die Sprache seines Wiederholungszwanges erlernen möchte.

All das führt beim Patienten zu folgenden Schritten:

1. Er macht, oft zum erstenmal in seinem Leben, die Erfahrung einer *begleitenden Person,* eines Anwalts. Damit wird ihm nicht eine »korrektive Erfahrung« vermittelt (denn nichts kann die Vergangenheit korrigieren), sondern der *Durchbruch zur eigenen Realität* und zur Trauer ermöglicht. Ein Mensch, der diese Begleitung nie erfahren hat, kann ja von seiner früheren Situation kaum berichten, weil er nicht weiß, daß es etwas anderes überhaupt geben kann.

2. Die gegenwärtige und vergangene Realität bekommen immer deutlichere Konturen. Erst durch das Verständnis des Analytikers erfährt er seine Einsamkeit und sein Nie-verstanden-worden-sein, erst durch dessen Redlichkeit entdeckt er die Lüge in seinem Leben, durch dessen Respekt die eigene Selbstverachtung. Erst jetzt, dank des Gegenteils des Gewohnten, fällt ihm das Gewohnte in seiner Zwanghaftigkeit auf. Ohne Begleitung könnte der Patient kaum an die verdrängten Traumen herankommen, und er würde sie auch niemals allein aushalten.

3. Ein *empathisches inneres Objekt* wird aufgerichtet, das Trauer, aber auch Neugier auf die eigene Kindheit ermöglicht.

4. Der Patient interessiert sich zunehmend für seine Ver-

gangenheit, und spätestens hier verliert er die Depression und die Suizidgedanken.

5. Er kann die Auseinandersetzung mit Partnern und mit den Eltern als reale Personen und als Introjekte auf sich nehmen, wobei sich der Analytiker hier für alle diese Personen stellvertretend gebrauchen und verwenden lassen muß.

6. Dank der Begleitung wird es dem Patienten möglich, seine Aggressionen zu äußern; er tut es aber zunächst so, wie er es als Kind erfahren hat. Er wird den Analytiker u. U. so bedrohen, wie man es mit ihm als Kind gemacht hat, ohne daß er dies erinnern kann (vgl. A. Miller, 1979). Und weil er es nicht erinnern kann, inszeniert er das Trauma und gibt dem Therapeuten die Rolle des Kindes, das er einst war. Das stellt jeden Analytiker auf die Probe, vor allem seine Toleranz für eigene Gefühle der Ohnmacht. Doch diese steigen seltener auf, wenn das »Agieren« als Inszenierung von einst realen Situationen des Patienten verstanden wird (vgl. Kapitel B 4). Wird es aber als Ausdruck des »Penisneides«, des »pathologischen Narzißmus« o. ä. interpretiert, können sich leicht Ohnmachtsgefühle beim Analytiker einstellen, die um so mehr mit dem Gewicht des mächtigen theoretischen Vokabulars abgewehrt werden müssen.

Die zahlreichen Inszenierungen machen oft das Kernstück der Analyse aus. Ich habe aber die einleitenden Phasen genauer beschrieben, weil ich hier u.a. aufgrund der Unterscheidung zwischen der triebtheoretischen und der pädagogikfreien Haltung meinen Ort in der Psychoanalyse zu bestimmen versuche. Ich distanziere mich also von der *unbewußten Identifizierung mit dem Erzieher* und gehe eine *bewußte Identifizierung mit dem stummen Kind im Patienten ein.* Dies tue ich nicht aus »Sentimentalität«, sondern um mit ihm anhand des Wiederholungszwanges, der Träume, der Phantasien, der Übertragung und Gegenübertragung seine verdrängten Traumen, die er sein Leben lang inszeniert und die ihn an der Lebendigkeit hindern, auf dem Wege des Bewußtwerdens finden zu können.

Die Heilwirkung dieses Bewußtwerdens setzt eine emotionale Entwicklung voraus, wie ich sie in meinen Ausführungen über das wahre und falsche Selbst im *Drama des begabten Kindes* (1979) beschrieben habe. Wenn ich die Erlebbarkeit und Artikulierbarkeit der frühen Traumen als therapeutisches Ziel ansehe, muß ich dem Patienten helfen, die »via regia« zu beschreiten, d. h. seine verlorene Fähigkeit zu fühlen wiederzugewinnen, denn nur auf dem Wege der Gefühle kann er seine Wahrheit finden. Ob dieser Weg immer gangbar ist, kann ich nicht sagen. In vielen Fällen, in denen die Mutter aus erzieherischen Gründen bestrebt war, im Kind von seinem ersten Lebenstag an die Angst vor dem Fühlen zu statuieren, sind solche Bemühungen so erfolgreich gewesen, daß sie jahrzehntelang wirksam waren. So früh und so erfolgreich erzogene Menschen werden ihr ganzes Leben lang Gefühle vermeiden müssen und diese notfalls ihre Umgebung (vielleicht ihre eigenen Kinder) erleben lassen. Ihre Angst, selber Gefühle erleben zu müssen, die so früh lebensgefährlich waren, wird sie indessen kaum in das Sprechzimmer eines Psychoanalytikers führen, außer wenn sie sich aus irgendwelchen Gründen entschlossen haben, selber diesen Beruf ausüben zu wollen. Dies kommt weniger selten vor, als man meint, denn gerade unser Beruf gibt uns die Gelegenheit, eigene Gefühle auf andere, die Patienten, zu delegieren.

Wenn ein Mensch, der von den eigenen Gefühlen nichts wissen darf, eine Lehranalyse machen muß, wird er sich dankbar mit allen möglichen Theorien eindecken, um ja nicht in die für ihn gefährlichen emotionalen Zonen zu geraten. Seine Hilflosigkeit, Angst, Ohnmacht, möglicherweise auch seinen Zorn wird dafür sein Analytiker zu spüren haben, dem er unter Umständen die grauenhaftesten Schicksalsschläge seiner Kindheit so gleichgültig schildert, als ob es sich um ein Thema seiner Dissertation handeln würde. Nach dem Abschluß der Ausbildung können diese unerwünschten Gefühle beim eigenen Analysanden untergebracht und dort mit Hilfe des intellektuellen Vokabulars in ungefährliche, aber auch wirkungslose Bahnen gebracht werden. Das ist eine Situation, der ich häufig begegnet bin und deren Tragik die zahlreichen Vorschriften der Unterrichtsausschüsse kaum ändern können. Diese Einsicht u. a. hat mich dazu bewogen, meine Praxis aufzugeben und in meinen Schriften auf die Schäden der Erziehung hinzuweisen, die möglicherweise in schweren Fällen irreversibel bleiben, weil sie so früh verursacht wurden.

Je mehr Distanz ich von den Zwängen der psychoanalytischen Theorie bekomme, um so mehr fällt es mir auf, wie häufig Analytiker moralische Urteile abgeben und wie leicht und unbemerkt es ihnen geschieht, daß sie sich zu Richtern ihrer Patienten machen. In einer Diskussionsgruppe über *Das Drama des begabten Kindes* hat viele Kollegen die Frage beschäftigt, wem ich eigentlich die Schuld zuschreibe und wen ich für das Leiden des Kindes verantwortlich mache. Sie kamen nicht damit klar, daß ich weder das Kind noch die Eltern beschuldige. Man könne doch nicht, sagten einige, die Eltern von jeder Verantwortung freisprechen, irgend jemand müsse doch für das Elend verantwortlich sein. Gleichzeitig wurde ich darauf hingewiesen, wie schwer es manche Kinder den Eltern machen, sie zu lieben, mit ihnen nett zu sein und sie zu verstehen. Deshalb könnten doch die Eltern nicht an allem schuld sein, man müsse da gerecht sein und die Schuld auf beide Seiten verteilen.

Alle Gedankengänge, die sich in diesem Kreis drehen, zeigen die Spuren der Schwarzen Pädagogik. Daß die Pädagogen um die Jahrhundertwende so dachten, muß uns nicht wundern, denn sie hatten noch keine Ahnung von den unbewußten Zwängen. Wenn sich aber Psychoanalytiker von heute darum bemühen herauszufinden, wer schuld war, dann lassen sie sich freiwillig etwas nehmen, was im Grunde ihr größter Besitz ist: die Kenntnis des Unbewußten und der dem menschlichen Dasein innewohnenden Tragik. Sigmund Freud hat diese Tragik gespürt; und vielleicht war er auch deshalb so beglückt, als er den Ödipuskomplex »entdeckte«, weil er hoffte, damit einer allgemein menschlichen Tragik Ausdruck geben zu können, ohne die je individuellen Eltern zu beschuldigen. Doch diese Theorie ist leider eher dazu geeignet, die

Entstehung einer neurotischen Entwicklung zu vernebeln, als sie zu erklären. Da wir alle die Denkkategorien der Schwarzen Pädagogik verinnerlicht haben, geistert in der Psychoanalyse, von allem Fortschritt unbehindert, die Vorstellung des bösen Kindes herum, das lernen muß, seine wilden und bösen Triebe (Libido- und Todestrieb) zu beherrschen bzw. zu sublimieren.

Die Einsicht, daß der Zorn des Kindes eine Antwort auf narzißtische Versagungen und Kränkungen ist (wie das Nichtverstehen, das Verachten, Demütigen, Mißbrauchen, das wiederum unbewußte Gründe hat), ist erst späteren Datums. Die Weichenstellung scheint zwischen Melanie Klein und Winnicott zu liegen. Die »Grausamkeit« des kleinen Kindes entspringt bei Melanie Klein noch der Triebstruktur des Menschen, bei Winnicott und Kohut nicht mehr (vgl. Winnicott, 1949). Diese Analytiker haben viel mehr Verständnis dafür entwickelt, was das Kind in seiner Umwelt vorfindet. Wenn ich auf dieser Linie konsequent weiter fortfahre zu fragen, wie das emotionale Umfeld des Kindes von ihm aus erlebt wird, dann weckt das bei vielen die Angst, ich könnte die Eltern beschuldigen und ihre Schwierigkeiten übersehen. Da ich das aber nicht tue, weckt meine Haltung manchmal Ratlosigkeit, die, wenn nicht verarbeitet, zur Verstärkung der erzieherischen Überzeugungen führen kann.

Deshalb versuche ich immer wieder, mit Hilfe verschiedener Bilder und Begriffe meine analytische Haltung zu erklären: ich verstehe mich *immer* als Anwalt des Kindes im Patienten. Was er mir auch erzählen mag, ich stehe ganz auf seiner Seite und identifiziere mich vollständig mit dem Kind in ihm, das seine Gefühle meist noch nicht erleben kann und sie auf mich delegiert. Es geschieht sehr selten, daß ein Patient seinen Eltern Vorwürfe macht, er ist ja gerade daran erkrankt, daß er das als Kind nicht machen durfte. Wenn er im Anfangsstadium seiner Analyse seinen Eltern Vorwürfe macht, dann nimmt er das schnell wieder zurück, hat quälende Schuldgefühle und versucht, die Eltern zu verteidigen. Falls Aggressionen überhaupt erlebt werden können, dann sind es erwachsene Formen von Aggression (Verachtung, Ironie, intellektuelle Kritik); sie stammen aus einer viel späteren Zeit, denn die Wut des ganz *kleinen* Kindes (die ambivalente, ohnmächtige Wut) ist *immer zunächst nicht erlebbar*. Auch bei Jugendlichen, die ein sehr trotziges oder sogar destruktives Verhalten zur Schau tragen, verhält es sich nicht anders. Die frühkindlichen Gefühle sind am Anfang einer Analyse immer unbewußt.

Wenn man sich das vor Augen hält, begreift man, wie wichtig es ist, daß der Analytiker keine Richterfunktion übernimmt, nicht an die Vernunft des Patienten appelliert, keine Objektivität sucht, sondern sich einfach von dem Kind führen läßt, das noch nicht sprechen kann. Es kann auch nicht die Aufgabe des Analytikers sein, dem Patienten zu einer Versöhnung mit den Eltern zu verhelfen. Wenn der Analytiker selber erlebt hat, daß seine Wut seine Eltern nicht getötet hat, steht er nicht mehr unter dem Zwang, die Eltern des Patienten vor der (eigenen ungelebten) Wut zu schützen, indem er auf Versöhnung hinarbeitet. In den meisten Fällen ist der Analytiker die erste Person im Leben des Patienten, der dieser sich anvertrauen kann, und es ist wichtig, daß diese Person das Vertrauen nicht mißbraucht, daß sie nicht erzieht, nicht beschuldigt, nicht befremdet ist, sondern bereit ist, mit dem Patienten über sein Leben Unbekanntes zu erfahren. Denn auch dieser wird hier zum erstenmal sein Leben kennenlernen.

Ich meine, daß die Einbeziehung der Erziehungsideologie, der Machtstrukturen in der Familie und der sich daraus ergebenden Realität des Kindes zu einem tieferen Verständnis für die Agressionen des Patienten führt als die Annahme des Todestriebes, wie ihn auch die Schule von Melanie Klein postuliert. In Melanie Kleins Beschreibungen der früheren Phasen des kindlichen Gefühlslebens begegnen wir einem bösen Säugling, dessen heftige Gefühle wie Haß, Neid, Gier sowohl den Zusammenhang mit den Demütigungen, Mißhandlungen und narzißtischen Kränkungen durch die Eltern als auch den Bezug zum Unbewußten der Eltern vermissen lassen.

Das hat Folgen für die Haltung des Analytikers zum Patienten, die man z. B. an Falldarstellungen von Hanna Segal beobachten kann. Wenn ein Patient eine übertriebene Angst vor dem Neid der Umgebung hat, so ist es für sie *immer* die Projektion seiner eigenen Neidgefühle auf die andern. Daß der Patient aber einst dem Neid eines gewalttätigen Elternteils ausgesetzt gewesen sein konnte, der ihm immer noch Angst macht, wird hier seltsamerweise nicht in Betracht gezogen.

Und doch könnte man sich fragen: Kann es sein, daß nur das Kind (bzw. der Patient) projiziert? Warum sollte *nur das Kind* neidisch sein und der Erwachsene nicht? Was hat er mit seinem Neid gemacht? Und wenn dieser in der Analyse der Erwachsenen auffindbar ist (wie z.B. in zahlreichen Beispielen von Hanna Segal), warum nimmt man an, daß sich dieser Neid nie auf die eigenen Kinder richtet? Und wenn ja, warum wird dieser *reale* Faktor (der Neid der Eltern auf das Kind, auf seine größere Freiheit, Spontaneität, kleinere Verantwortung, viel Freizeit, Sorglosigkeit) in der Psychoanalyse übergangen und in die Rekonstruktionen nicht mit einbezogen? Der Zorn des Säuglings ist adäquat, frei von Übertragung (d. h. auf den Menschen gerichtet, der dem Kind wehtut, und nicht auf Ersatzobjekte, wie der Haß des Erwachsenen), weil er (außer der pränatalen) keine oder auf jeden Fall eine kürzere und durchsichtigere Geschichte hat. Im Gegensatz dazu wird der Haß des Erwachsenen aus seiner Kindheit genährt, ist deshalb schon immer verschoben, trifft meistens die Unschuldigen, sucht sich Ventile und Opfer. Und diese findet er am leichtesten im eigenen Kind, das von Rechts wegen sein Eigentum ist.

Es ist bedauerlich, daß solche Überlegungen in der klassischen Psychoanalyse als »nicht psychoanalytisch« gelten. Nachdem wir nämlich durch die neuesten Kindheitsgeschichten erfahren haben, was Kindern schon immer angetan wurde, wird es uns eher befremden, wenn jemand den kleinkindlichen Haß als Ausdruck des Todestriebes sieht – so richtig und adäquat wird uns dieser Haß angesichts der erfahrenen Grausamkeit und Brutalität vorkommen.

Wenn wir einmal als Analytiker *die reaktive Bedeutung* dieses Hasses begriffen haben, so fällt ein großer Ballast von uns ab, und wir gewinnen das Entscheidende:

1. Wir können den Patienten besser verstehen und seine Aggressionen besser tolerieren.

2. Wir brauchen die erzieherische Haltung nicht mehr.

3. Wir gewinnen das Vertrauen, daß sich die destruktive narzißtische Wut von allein in einen gesunden, konstruktiven Selbstschutz wandeln wird, wenn der Patient seine Wut nicht als sinnlos erlebt, sondern sie als adäquate Reaktion auf Grausamkeit verstanden hat. Damit diese Wandlung eintreten kann, braucht der Patient einen Analytiker, der voll und ganz zu ihm steht.

Lange glaubte ich, in meiner Erfahrung die psychoanalytische Theorie bestätigt gefunden zu haben, daß nämlich die Grausamkeit des Überichs des Patienten meistens die Grausamkeiten des elterlichen Verhaltens übersteigt, weil sie durch eigene Aggressionen (das Es) angereichert wird. Seit ich aber den Zugang zu den frühkindlichen Gefühlen bekommen habe, sind mir in dieser Frage ernsthafte Zweifel aufgekommen. Grausamkeit läßt sich objektiv nicht messen. Was dem einen wehtut, läßt den andern kalt. Wie ein Verhalten der Eltern bei einem Kind angekommen ist, läßt sich von außen nicht erkennen, und es selber weiß dies später oft auch nicht. *Aber die Strenge seines Überichs kann darüber Auskunft geben,* wie sehr das Kind seine Eltern *damals* fürchten mußte, auch wenn der Erwachsene es bezweifelt und die gegenwärtigen Eltern nach außen gesehen überhaupt keine Angst einzuflößen scheinen. Auch die Selbstzerstörung eines Süchtigen oder Suizidalen berichtet ja nicht über die gegenwärtige Lage, sondern erzählt längst vergangene Geschichten. Erst wenn man fühlen darf, wie ohnmächtig ein Kind dem ausgesetzt ist, was man von ihm erwartet (an Triebbeherrschung, an Gefühlsunterdrückung, an Rücksicht auf die Abwehr der Erwachsenen, an Toleranz für ihre Ausbrüche), erst dann kann man begreifen, daß es eine Grausamkeit ist, Unmögliches unter der Drohung von Liebesentzug vom Kind zu verlangen. Und *diese Grausamkeit* wird im Kind konserviert. Sie braucht gar nicht mehr übersteigert zu werden. Sie zeigt sich auch in den vielfachen *Sicherungen zur Geheimhaltung* der elterlichen Macht- und Gewaltausübung. Nach dem überlieferten Erziehungsmuster muß das Kind die Eltern als fehlerlos erleben, muß in ihnen ein Vorbild sehen. Das Ergebnis ist, daß Kinder wirklich überzeugt sind, *nur sie* hätten das Bedürfnis zu lügen, die Erwachsenen nicht; nur sie müßten gegen Haßgefühle ankämpfen, nicht aber die Eltern.

Weil ein Kind seine Gefühle intensiver erlebt als der Erwachsene, kann es manchmal sein (muß es aber nicht), daß die sadistischen Phantasien eines Kindes viel grausamer sind, als es von den auslösenden Ursachen her zunächst begreiflich scheint. Es kann z. B. vorkommen, daß eine Mutter das Kind immer wieder »einfach« übersieht und daß sich deshalb eine unbändige, narzißtische Wut im Kind aufgestaut hat, die später um so mehr wucherte, je weniger sie zum Ausdruck gebracht werden konnte. Da kann sogar Sadismus die Antwort auf etwas sein, was sich nicht als sadistisch bezeichnen läßt. Aber die subjektive Bedeutung dieses Übersehens, die narzißtische Kränkung und Demütigung des Kindes kann erst ermessen werden, wenn die narzißtischen Bedürfnisse des Kindes nach Achtung, Anerkennung, Ernstgenommenwerden neben den Triebwünschen überhaupt in Rechnung gezogen werden.

Erst wenn das Bewußtsein des Analytikers dafür geschärft ist, daß die Rechtslage in unserer Gesellschaft immer zuungunsten des Kindes ist, wird er seinem Patienten voll beistehen können. Es ist nicht Sache des Analytikers zu beurteilen, ob der Patient seinen Eltern gerecht wird oder nicht. Dieser wird es von selber tun, *sobald er es kann*, sobald er seine kindlichen Vorwürfe voll erlebt hat und von ihnen freigeworden ist. Noch so gut gemeinte »Winke« können diesen Prozeß nicht beschleunigen, sondern ihn höchstens behindern. Es ist nicht die Aufgabe des Therapeuten, sich zum Richter des Patienten zu machen, obwohl dieser das in der Übertragung provozieren mag. Ich habe noch nie erlebt, daß ein Patient seine Eltern schlechter darstellt, als er sie in der Kinderzeit wirklich erlebt hat, sondern immer besser, weil er die Idealisierung der Eltern und nicht die kindliche Kritik und Auflehnung zum Überleben brauchte. Diese kann er erst zulassen, wenn er im Analytiker den Begleiter findet, der *ganz zu ihm steht*. Sonst wagt er nie, seine Gefühle voll zu erleben, und kann seine Wahrheit (die kindliche Realität) nicht entdecken.

Es kommt zwar häufig vor, daß auch positive Seiten eines Elternteils erst spät im Laufe der Behandlung auftauchen, nachdem zuerst alles nur negativ an ihm gesehen wurde. Aber diese Änderung bedeutet nur, daß sich z. B. das eingefrorene Bild einer »Hexe« oder eines »Tyrannen« in ein menschliches Wesen mit verschiedenen Seiten verwandeln konnte, weil nun der Patient fühlen und auch beide Seiten in sich leben kann.

Zum Prozeß der Analyse gehört auch das vorübergehende Aufleben der ersten bedingungslosen, alles verzeihenden »Liebe« des kleinen Kindes zu seinen Eltern, die jeder Auflehnung noch vorausgeht. Erst dieses Erlebnis macht die Tiefe der schmerzhaften Enttäuschungen an den Elternfiguren sichtbar und damit auch die Ambivalenz verständlich. Denn Kränkungen, Demütigungen, Schläge und andere Mißhandlungen kamen gerade von den Menschen, an denen das kleine Kind am meisten hing. Ob sich die frühkindliche Verklärung der Eltern nach den Stürmen der Analyse in eine reife Liebe oder in eine ruhige, haßfreie Distanz wandeln wird, hängt von unzähligen Faktoren ab, u. a. auch von der Entwicklungsfähigkeit der noch lebenden Eltern.

Wo das Kindliche leben und sich entfalten darf, bedarf es keiner Fremdsteuerung und keiner Erziehung. Diese ist nämlich auch noch in dem Satz »Wo Es war, soll Ich werden« enthalten. Das Strukturmodell (Ich, Es, Überich) erinnert an das überlieferte Familiensystem, in dem die Erwachsenen dem wilden, bösen Kind Lebensweisheit, Beherrschung oder bestenfalls »Zähmung« der bösen Triebe beibringen sollten.

Die Frage, wie sich ein Analytiker zur frühkindlichen
Realität seines Patienten einstellt, ist nicht nur von theo-
retischer Bedeutung, sondern bestimmt seine Haltung in
der Behandlung und seine Fähigkeit, sich als Anwalt des
Patienten gebrauchen zu lassen. Er wird anders mit dem
Widerstand umgehen, das Geschehen in der Übertragung
und Gegenübertragung anders verstehen, je nachdem, ob
er die Aggressionen, Ängste und Werbungen des Patienten als Mitteilungen über eine ehemalige, verborgen ge-
bliebene reale Situation oder als Ausdruck seiner libidinösen und aggressiven Triebe deutet. Im letzteren Falle
erscheinen ihm die gleichen Äußerungen des Patienten als
destruktiv, narzißtisch, neurotisch, seine Ängste als übertrieben, gar paranoid, weil der jetzigen Realität, vor allem
den Bemühungen des wohlwollenden Therapeuten, unangemessen.
Eine Frau, deren Analyse ich kontrollierte, hatte vorher
jahrelang versucht, sich die Meinung ihres ersten Analytikers über ihren Penisneid und ihre kastrierende Haltung
zu eigen zu machen, in der Hoffnung, dies würde ihr
helfen, eines Tages netter, weiblicher, d. h. den Männern
gegenüber weniger mißtrauisch und kritisch zu werden.
Aber alle ihre Bemühungen halfen nichts. Sie litt zwar
darunter, daß sie sich alle Beziehungen mit Männern ständig verdarb, indem sie sie beinahe zwanghaft sofort auf
ihre Schwächen hin durchschaute, aber es gelang ihr
nicht, dies zu ändern. Schließlich tat sie es auch mit ihrem
Analytiker, der durch die sehr intelligente Patientin noch
mehr verunsichert wurde und die Therapie nicht weiter-
führen wollte.
In ihrer zweiten Analyse, von der ich einen großen Teil
mitverfolgen konnte, entwickelte sich die Übertragung
zunächst nach dem gleichen Muster. Aber da sich der

zweite Analytiker nicht damit begnügte, die Angriffe der Patientin als Ausdruck ihres Todestriebes bzw. Penisneides zu sehen, sondern nach deren Gründen suchte, da er seine Regungen der Kränkung und Verunsicherung als Signale der Gegenübertragung und als Hinweise auf die Person des Vaters der Patientin verstand, gelangen ihm Rekonstruktionen, die durch neue Erinnerungen der Patientin und die spontane Änderung ihrer Einstellung zu Männern bestätigt wurden.

Ihr Vater war, wie es sich herausstellte, ein unsicherer und schwacher Mann gewesen, seiner Tochter intellektuell nicht gewachsen, seinen Eltern gegenüber hörig, von der Ehefrau nach seiner Rückkehr von der Front verachtet. In der Pubertät teilte die Patientin diese Verachtung der Mutter und kritisierte öfters den Vater, den sie damals als feige erlebte. Das alles war ihr bewußt. Warum war sie dann aber auf diese Haltung fixiert, und warum übertrug sie sie auf andere Männer, so daß sie trotz ihres Wunsches nicht heiraten konnte und sich das Kinderhaben versagen mußte? Der Haß auf ihren Vater war ja nicht unbewußt, so konnte man meinen.

Dank des Interesses des zweiten Analytikers für die Realität der frühen Kindheit stellte es sich heraus, daß es für diesen schwachen, hypochondrischen und kränklichen Vater einmal doch einen einzigen Menschen gegeben hatte, der ihm keine Angst gemacht, ihn nicht verachtet hatte und an dem er sich für all seine Erniedrigungen im Krieg, in der Gefangenschaft und schließlich in der Ehe hatte rächen können: das war seine älteste Tochter, die Patientin, als sie noch ganz klein war. Er konnte zwar mit niemandem über die Erlebnisse in Krieg und Gefangenschaft sprechen, war sehr verschlossen, aber mit dem kleinen Mädchen konnte er manchmal spielen, dann es auch plötzlich anschreien, schlagen, es bloßstellen und demütigen. Er konnte es liebhaben, an sich drücken, wenn er jemanden brauchte, aber es auch wie eine Puppe oder ein Tierchen abstellen, ohne ihm ein Wort der Erklärung zu geben, und sich anderen Dingen und Menschen zuwenden. Die Rekonstruktion dieser Zeit wurde durch Inszenierungen in der Übertragung ermöglicht und durch Träume bestätigt; außerdem fing die Patientin an, von Angehörigen Dinge erfahren zu wollen, von denen sie früher nichts hatte wissen wollen. Zum erstenmal konnte sie jetzt Näheres über ihres Vaters Zugehörigkeit zur SA hören, ohne dabei wie früher weglaufen zu müssen. Sie suchte nun ihren Vater als den Menschen, der er wirklich war, und begriff, daß die SA-Binde für sie nichts Neues mehr bedeutete, weil sie ihren Vater (seine tiefe Unsicherheit und die damit zusammenhängenden Entgeltungswünsche) bereits in ihrer eigenen Analyse mit Hilfe der Übertragung entdeckt hatte.

Eine Zeit schwerer Trauer begleitete dieses Wissen; die Patientin erlebte sich immer wieder als liebendes Kind, von einem Vater abhängig, der unberechenbar, manchmal lieb und manchmal grausam war. Sie konnte nun die Unreife ihres Vaters spüren, ihn seinerseits als verletzt und narzißtisch extrem bedürftig erleben, als jemanden, der kein Gefühl dafür hat, was sich in einem anderen abspielt, als einen Vater, der sie als Spielzeug und Ventil gebrauchte, keinen Respekt für ihre Seele und keine Ahnung von ihrem wahren Wesen hatte. *Diesen* Vater verachtete die Patientin in allen Männern, denen sie begegnete, die sie fürchtete und liebte, die sie aber zugleich immer wieder in ihren Schwächen entlarven mußte, solange der Vater der frühen Kindheit ihrem Bewußtsein unzugänglich war. Im Wiederholungszwang inszenierte sie unaufhörlich das Drama ihrer Kindheit, teilweise mit umgekehrten Rollen, indem nun *sie* diejenige war, die den Männern überlegen war, sie kränkte und verließ. Zugleich hoffte sie, in diesen Begegnungen endlich ihren Vater für seine Grausamkeit bestrafen zu können. Nachdem sie in der Analyse ihre kindlichen Rachewünsche erlebt und zu begreifen begonnen hatte, daß diese Rache mit Ersatzpersonen und in der Gegenwart den *damaligen*

Wunsch niemals wird befriedigen können, ergaben sich für sie ganz neue, früher nie geahnte Formen von Beziehungen mit Männern.

Das alles geschah ohne Erziehung, ohne Mühe, ohne Anstrengungen, »vernünftig« zu sein. Ihre anfängliche unermeßliche Wut auf den ersten Therapeuten, von dem sie sich so stark mißverstanden gefühlt hatte, verwandelte sich allmählich in Trauer über die Grenzen seiner Verstehensmöglichkeiten, die sie mit der Zeit auch, obzwar an anderen Stellen, bei ihrem neuen Therapeuten entdeckte und akzeptierte. Zugleich wurde es dieser im Grunde einfühlsamen und sensiblen Frau möglich, die Vorgeschichte ihres Vaters zu akzeptieren. Sie begriff, jetzt emotional und ohne Verachtung, daß ihr Vater schon als Kind Spielball seiner geschiedenen Eltern gewesen war (die ihn immer wieder holten und abstellten), bevor er im Dritten Reich zum Spielball des Staates und der Partei wurde. Aber das wahre Verstehen und Verzeihen der erwachsenen Frau wurde erst möglich, nachdem die Wut und die Rachephantasien des kleinen gedemütigten Mädchens vom Analytiker ernstgenommen und nicht als Ausdruck ihres Penisneides gedeutet worden waren.

Einen Patienten nicht zu verstehen ist keine Grausamkeit, sondern Schicksal, das eng mit der eigenen Lehranalyse zusammenhängt, daher kann es für beide hilfreich sein, wenn der Analytiker seine Grenzen zugeben kann. Der Patient bekommt aber einen schwierigen Stand, wenn er vom Analytiker hört, daß dieser ihn zwar gut verstünde, doch der Patient »sich weigere«, die Deutungen des Analytikers anzunehmen, weil er gescheiter, größer, mächtiger sein wolle und alle anderen klein und dumm machen möchte. Solche Deutungen führen zu sado-masochistischen Übertragungen oder sind bereits ihr Ausdruck; sie werden mit noch stärkeren Angriffen quittiert, die sich auch in stundenlangem Schweigen ausdrücken können und den Analytiker vollends »die Geduld verlieren« lassen, was sicher seine Einfühlung nicht fördert.

Was spielt sich hier ab? Ein kleines Kind, das mißbraucht wird, darf es nicht merken und darf es nicht sagen, und gerade dieses Verbot, sich zu erleben und zu artikulieren, nimmt ihm seine Sicherheit. Wenn später der Erwachsene zum Analytiker kommt und hört, daß er »nur meine«, er werde nicht verstanden, werde es in Wirklichkeit aber doch, was geht dann in ihm vor? Wurde gar keine Grundlage für eigene Gefühle aufgebaut, dann bleibt es bei einer perfekten Anpassung, und der Patient wird seinen Analytiker mit Etiketten über sein Verhalten verlassen wie seinerzeit seine Eltern. Besteht aber bereits ein eigener Boden, ein lebendiges, wahres Selbst, dann wird ihm eine solche Versicherung des Analytikers, die im krassen Gegensatz zu seinen eigenen Gefühlen des Nichtverstandenwordenseins steht, große Schwierigkeiten bereiten, ihn verunsichern, ärgern, ja vielleicht – im besten Fall! – empören. Im Schutze der Analyse wird er aber zum erstenmal wagen, sich gegen das Besserwissen und Rechthabenwollen seiner Eltern im Analytiker aufzulehnen und seine Autonomie zu verteidigen. Das Schicksal dieses Patienten kann nun davon abhängen, ob der Analytiker bereit ist, seine bisher gut verkäufliche Ware als überholt und unbrauchbar wegzuwerfen und sich von den Gefühlen des Patienten leiten zu lassen, oder ob er weiter darauf besteht, ihm seine »Ware« aufzuzwingen. Ein sich daraus entwickelnder Machtkampf ist nicht das Schlimmste; er ist immerhin ein Zeichen, daß der Patient noch am Leben ist und seine Autonomie sucht.

Wie die Methoden der Eltern, so können auch die Methoden der Therapeuten (verschiedener Schulen) ganz besonders raffiniert sein. Manche begnügen sich nicht damit, dem Patienten sein Gefühl, nicht verstanden worden zu sein, auszureden und ihm mit Deutungen zu zeigen, daß dies nur Ausdruck seines »Eigensinns«, seiner »Halsstarrigkeit« usw. sei. Es gibt noch ein anderes, durchaus »legales« und wirkungsvolles Mittel, ihn zu verunsichern und gefügig zu machen: dieses Mittel beruht auf der Theorie, daß z. B. die sogenannten paranoiden Ängste, d. h. das Mißtrauen des Patienten seinen Mitmenschen gegenüber nur die Abwehr, nur die Projektion seiner eigenen Wünsche, die anderen zu mißbrauchen, zu betrügen, zu verführen oder zu ermorden, seien. Solche Deutungen können Wahres enthalten, weil dieser Mechanismus der Projektion tatsächlich oft vorzufinden ist. Wenn wir z. B. von einem Menschen enttäuscht sind und unsere Wut nicht zulassen dürfen, erleben wir zunächst nicht uns als wütend, sondern diesen Menschen als böse. Aber da solche Deutungen *nur das Endstück einer langen Geschichte erfassen*, sind sie, da das Hauptstück der Tragödie von ihnen unberührt bleibt, in den meisten Fällen unwirksam und kränkend. Es ist schon tragisch genug, daß die Anfänge jedes menschlichen Lebens, die in die frühen Generationen reichen, unzugänglich bleiben müssen. Aber wenn die Realität der frühen Kindheit des Patienten, die sich aus dem Wiederholungszwang und dem Spiel von Übertragung und Gegenübertragung eruieren ließe, als Projektion seiner Phantasien gedeutet wird, dann wird eine neue Tragödie geschaffen.

Was hier am Beispiel der »kastrierenden Frau« und ihres »Penisneides« illustriert wurde, ließe sich an unzähligen, oft recht grausamen Geschichten aufzeigen. Begreiflicherweise werden Frauen, die von ihren Vätern früh gedemütigt und wie Puppen behandelt worden sind, als Erwachsene dazu neigen, die Männer, wenn möglich, ihre Überlegenheit spüren zu lassen und sich zugleich von ihnen hoffnungslos abhängig zu machen. Auch Männer werden sich an den Frauen (und kleinen Mädchen) rächen, wenn ihre Mütter sie nicht respektiert haben. Aber der lebensgeschichtliche Ursprung dieses Verhaltens macht es erst wirklich verständlich, und um diesen Ursprung bemüht sich ja – so müßte man meinen – die Psychoanalyse. Das erzieherische Moralisieren müßte ihr dann fremd bleiben.

Henry Miller saß einst, damals fünfzigjährig, am Sterbe-
bett seiner Mutter und hoffte von ganzem Herzen, sie
würde ihm vor dem Tod sagen, daß sie doch noch etwas
von ihm gelesen hätte. Aber seine Mutter starb, ohne ihm
das sagen zu können, denn sie hatte offenbar nie etwas
von ihm gelesen. Muß man sich wundern, daß er, wie
Anaïs Nin schreibt, »Frauen, die er liebt, unter einem
hurenhaften Aspekt (zeigt), um sie dann anzuklagen«?
(vgl. A. Nin 1979, Seite 56).
Eine ähnliche Konstellation fand sich bei Beaudelaire,
dem seine Haßliebe für die Mutter vielleicht bewußtseins-
näher war. Als Kind erlebt er sie in ihrer zweiten Ehe als
seinem verstorbenen Vater und ihm untreu, und deshalb
»hurenhaft«, zugleich aber verführend und begehrenswert. Sein Gedicht »Der Lethe« drückt die Tiefe seiner
Ambivalenz aus, in der sich viele Menschen begegnen
können.

Der Lethe

Komm an mein Herz, du grausam taube Seele,
Geliebte, mitleidlose Tigerin;
Ich will, daß meine Hand mit Zittern in
Dein aufgelöstes schweres Haar sich stehle;

Und daß in deiner Kleider dunklen Duft
Dann meine gramzerfurchte Stirne tauche,
Die atmend, gleich der Blume welkem Hauche,
Verlorner Liebe süßes Sterben ruft.

Und schlafen will ich! Schlafen und nicht leben!
In einem Schlummer süßer als der Tod
Verstreu ich Küsse ohn Gewissensnot
Auf deines Leibes kupferdunkles Beben.

Für den, der stille Tränen tilgen muß,
Wird einzig deines Bettes Abgrund taugen;
Von deinem Mund darf ich Vergessen saugen,
Der Trank des Lethe rinnt aus deinem Kuß.

Dem Schicksal, das mich so gesegnet,
Gehorche ich, ergeben seiner Huld;
Als Märtyrer verurteilt ohne Schuld,
Der voller Inbrunst seinem Tod begegnet,

Will ich, auf daß mein Haßgefühl sich legt,
Nepenthes und den holden Schierling trinken
Aus steilen Brüsten, die mir zärtlich winken,
In denen niemals sich ein Herz geregt.

Zwei Briefe Baudelaires an seine Mutter zeigen die Tragik seiner Mutterbeziehung und die Redlichkeit, aus der die »Blumen des Bösen« hervorgegangen sind.

Wer weiß, ob ich Dir noch einmal meine ganze Seele öffnen kann, die Du niemals weder ermessen noch erkannt hast! Ich schreibe das, ohne zu zögern, so sehr weiß ich, daß es wahr ist.
In meiner Kindheit habe ich eine Zeit leidenschaftlicher Liebe zu Dir gekannt; höre und lies ohne Furcht. Niemals habe ich es Dir so offen gesagt. Ich besinne mich auf eine Spazierfahrt im Fiaker; du kamst gerade aus einer Klinik, in der Du einige Zeit hattest verbringen müssen, und um mir zu beweisen, daß Du an Deinen Sohn gedacht hattest, zeigtest Du mir Federzeichnungen, die Du für mich gemacht hattest. Glaubst Du, daß ich ein entsetzliches Gedächtnis habe? Später der Platz Saint-André-des Arts und Neuilly. Lange Spaziergänge, endlose Zärtlichkeiten! Ich besinne mich auf die Kaianlagen, die abends so traurig aussahen. Ah! das war für mich die gute Zeit mütterlicher Zärtlichkeit. Ich bitte Dich um Verzeihung, weil ich eine Zeit gut nenne, die für Dich zweifellos schlecht war. Aber ich war immer lebendig in Dir; Du gehörtest ausschließlich mir. Du warst gleichzeitig ein Idol und ein Kamerad. Vielleicht wirst Du erstaunt sein, daß ich mit Leidenschaft von einer Zeit sprechen kann, die so weit zurückliegt. Ich bin selbst erstaunt darüber. Vielleicht zeichnen sich die vergangenen Dinge so lebhaft in meinem Geist ab, weil ich wieder Sehnsucht nach dem Tode empfinde. (6. Mai 1861)

Und 17 Jahre früher, als seine Mutter ihm einen Vormund geben wollte (und später auch gab), schrieb Baudelaire:

Ich bitte Dich, diesen Brief sehr aufmerksam zu lesen, denn er ist sehr ernst und ein höchster Appell an Deine Klugheit wie an Deine große Zärtlichkeit, die Du für mich zu haben behauptest. Vor allen Dingen schreibe ich Dir diesen Brief unter dem Siegel der Verschwiegenheit und bitte Dich, ihn niemandem zu zeigen.

Zum anderen bitte ich Dich, um Gottes Willen nichts Pathetisches darin sehen zu wollen und auch mit nichts anderem als mit Vernunftsgründen darauf einzugehen. Da unsere Diskussionen die merkwürdige Gewohnheit angenommen haben, sich in Bitterkeiten zu bewegen, an denen auf meiner Seite häufig nichts Wahres ist, da ich mich in einem Zustand der Unruhe befinde und Du Dich darauf versteifst, mich nicht mehr anzuhören, sehe ich mich gezwungen, zu einer Briefform zu greifen, die Dich davon überzeugen soll, wie sehr Du trotz Deiner Zärtlichkeit im Unrecht sein kannst.

Ich schreibe Dir dies alles mit ausgeruhtem Kopf, und wenn ich an den Krankheitszustand denke, in dem ich mich seit mehreren Tagen befinde, der durch Zorn und Staunen hervorgerufen ist, dann frage ich mich, wie und durch welches Mittel ich das Angerichtete ertragen werde! Um mich die Pille schlucken zu lassen, hören sie nicht auf, mir zu wiederholen, daß das alles ganz natürlich und keineswegs entehrend sei. Das ist möglich und ich glaube es; aber was wirklich zählt, ist, daß das, was für die meisten Leute richtig ist, für mich etwas ganz anderes ist. Du hast mir gesagt, daß mein Zorn und mein Kummer bald vorüber gehen werden; Du nimmst an, daß Du mir nur zu meinem Wohle ein Kinder-Wehweh verursacht hast. Aber überzeuge Dich doch bitte von einer Sache, die Du fortwährend zu ignorieren scheinst: ich bin, wirklich zu meinem Unglück, nicht wie andere Menschen gemacht. Was in Deinen Augen eine Notwendigkeit und ein durch die Umstände hervorgerufener Schmerz ist, das kann ich nicht, das kann ich nicht ertragen. Das läßt sich sehr gut erklären. Du kannst mich so behandeln, wie Du willst, wenn wir alleine sind, aber ich lehne alles wild ab, was meine Freiheit verletzt. Liegt nicht eine unglaubliche Grausamkeit darin, daß ich mich dem Schiedsspruch irgendwelcher Menschen unterwerfen soll, die das ungern tun und die mich gar nicht kennen? Unter uns: wer kann sich brüsten, mich zu kennen, zu wissen, wohin ich gehen will, was ich tun will und zu welcher Dosis von Geduld ich fähig bin? Ich glaube aufrichtig, daß Du in einen schweren Irrtum verfällst. Ich sage Dir das ganz kalt, weil ich mich als einen von Dir Verdammten betrachte, und ich bin sicher, daß Du mich gar nicht hören wirst; aber halte vor allem folgendes fest: du tust mir bewußt und willentlich eine unendliche Qual an, deren ganzen durchbohrenden Schmerz Du nicht kennst. (Undatiert, 1844; Zit. nach P. Pascal, 1972, S. 32f.)

Dieses Flehen um Verständnis blieb erfolglos, aber der Brief gibt einen Einblick in die Realität, die hinter den *Blumen des Bösen* stand. Durch die Kenntnis des Früheren wird das Spätere, auch wenn es zunächst noch so verworren erscheint, oft mühelos verständlich. Die Triebtheorie läßt diese Tatsache außer acht.

Sigmund Freuds Beschreibung des Falles Schreber zeigt dies sehr eindrücklich. Freud deutet die Wahnvorstellungen und Verfolgungsängste des Patienten als Ausdruck seiner abgewehrten homosexuellen Liebe zum Vater, ohne sich darum zu kümmern, was dieser Vater früher mit seinem Kind gemacht hatte. Nachdem Morton Schatzmann dieser Geschichte und der Persönlichkeit des Vaters nachgegangen ist, läßt sich der Verfolgungswahn des Sohnes als eine nur leicht verschlüsselte Geschichte seiner Kindheitstragödie verstehen (vgl. Schatzmann, 1973). So hat auch Freud im »Fall Schreber« eigentlich nur den letzten Akt eines ihm völlig verborgenen Dramas beschrieben.

Aus dem, was ich als Anwaltsfunktion des Analytikers bezeichne, ergeben sich weitverzweigte Konsequenzen, wenn man diese Bezeichnung nicht nur oberflächlich versteht. Auch im juristischen Bereich erwarten wir von einem Anwalt, daß er sich nicht darauf beschränkt, das, was ihm sein Klient berichtet, in eine vom Gericht geforderte Sprache zu übersetzen und dorthin weiterzuleiten. Wir erwarten von ihm mehr, nämlich, daß er die ihm angebotenen Fakten in einem Zusammenhang sieht, der seinem Klienten noch verborgen bleibt, daß ihm daher neue, bisher unbemerkte Tatsachen auffallen und er so in die Lage kommt, die Interessen seines Klienten besser wahrzunehmen als dieser selber. Ähnliches bedingt die Anwaltsfunktion des Analytikers, doch mit dem entscheidenden Unterschied, daß sein Wissen einer emotionalen Grundlage bedarf, die ihm die Erfahrung seiner eigenen Lehranalyse vermittelt. Mit diesem Sensorium ausgestattet, wird der Analytiker nicht nur theoretisch wissen, daß die Kindheit eine entscheidende Rolle im Leben seines Patienten spielt, sondern er wird auch spüren dürfen, was es für ein kleines Kind heißt, den Bedürfnissen und Ansprüchen der Erwachsenen vollständig ausgeliefert zu sein. Da ihm Gefühle der Hilflosigkeit und Ohnmacht nicht mehr fremd sind, ist seine Phantasietätigkeit nicht gehemmt; er wird die frühkindliche Situation des Patienten auch da schon erfassen, wo dieser sie noch mit Hilfe von Allmachtsphantasien oder grandiosem Verhalten, das mit Verachtung sich selber gegenüber gepaart sein kann, abwehren muß.

Die Phantasie des Analytikers kann dem blockierten Wissen des Patienten vorangehen, ohne daß die Gefahr einer Suggestion, wie bei der Vermittlung des intellektuellen Wissens, besteht. Denn die Vermutungen des Analytikers sind durchaus überprüfbar, solange sie sich auf Konkretes beziehen. Die spontane Änderung im Verhalten des Patienten kann ihren Wahrheitsgehalt bestätigen oder widerlegen.

Dies könnte durch eine Geschichte verdeutlicht werden, deren Kenntnis ich einer in der Frauenbewegung engagierten Kollegin namens Gisela verdanke. Gisela hatte seinerzeit intensive Kontakte mit antipsychiatrischen Gruppen vor allem in Italien, die ihr zunächst persönlich eine große Befreiung bedeuteten. Sie fühlte sich stärker, bewußter, weniger manipulierbar und hatte begreiflicherweise den Wunsch, dies auch anderen Menschen zu vermitteln. Sie arbeitete in Gruppen mit Prostituierten und gefangenen Frauen und sah überall das Unrecht, das Frauen von der Männergesellschaft zugefügt wird. Sie kämpfte gegen die Erniedrigung, Mißhandlung, Ausnützung der Frau, versuchte andere Frauen für einen Kampf zu gewinnen, der ihnen, so hoffte sie, das Bewußtsein ihrer eigenen Kraft und Würde geben könnte. Bis zu einem gewissen Grad konnte dieses Ziel dank der Gruppenarbeit auch erreicht werden, aber die hellhörige und redliche Psychiaterin Gisela sah sich immer wieder mit Phänomenen konfrontiert, die sie zur Verzweiflung brachten. Jahrelang setzte sie sich dafür ein, daß sich Prostituierte organisierten, um nicht mehr der Diskriminierung in der Gesellschaft und der Bedrohung durch die Zuhälter ausgesetzt zu sein. Nachdem früher eine Prostituierte mit der Rache einer Zuhälter-Mafia zu rechnen hatte, wenn sie sich durch eine Anklage vor Gericht von einer quälenden und bedrohlichen Beziehung befreien wollte, so stand ihr dies nun dank der Gruppenarbeit der Frauen mehr oder weniger offen. Doch kaum eine dieser Frauen, die in den Gruppensitzungen ihren unbändigen Haß auf die Unterdrücker unverhüllt äußerten, war dazu imstande, die ihr nun gebotene Chance der Befreiung zu nutzen. Immer dann, wenn es ernst wurde, wenn das Verlassen des brutalen Mannes keine Gefahr mehr in sich schloß, kamen bei den Frauen Gefühle und Verhaltensweisen zum Vorschein, denen mit der normalen Logik, mit dem gesunden Menschenverstand und mit den besten Vorsätzen der Sozialpsychologie nicht mehr beizukommen war. Es genügte, daß der verhaßte Zuhälter, dessen Tod man sich so sehnlichst wünschte, den man auch mehrmals umbringen wollte, um endlich aufatmen zu können – es genügte, daß dieser Mann hilflos war, z. B. weinte oder ins Gefängnis kam, damit sein Opfer alle erdenklichen Anstrengungen machte, um dem Verfolger helfen zu können, ihn im Gefängnis zu besuchen und ähnliches mehr. Gisela war verzweifelt. Die Sklavennatur der Frau, meinte sie, gehe auf Jahrtausende ihrer Unterdrückung zurück und werde kaum je geändert werden können.

Dann aber geschah es, daß Gisela im Rahmen ihrer psychoanalytischen Ausbildung, in ihrer Lehranalyse, der eigenen Kindheit begegnete. Je genauer sie hier den frühkindlichen Ursprung ihrer ambivalenten Vaterbeziehung entdecken konnte, um so deutlicher sah sie den Wiederholungszwang der Frauen, mit denen sie in den Gruppen gearbeitet hatte. Eine dieser Frauen, nennen wir sie Anita, nahm sie in Behandlung, nachdem diese von einem Selbstmordversuch in der Klinik gerettet worden war.

Anita arbeitete 15 Jahre lang als Prostituierte, ohne psychische Symptome, hielt ihre Gefühle hinter der Maske der Milieuanpassung auf Sparflamme, funktionierte also recht gut und bot der männlichen Gesellschaft damit gute Leistungen, ohne mit Schwierigkeiten aufzufallen. Erst nachdem sie in der Gruppe ihre Haßgefühle hatte artikulieren können, kam das Gebäude ins Wanken. Zwei Selbstmordversuche begleiteten dieses Erwachen. Das konnte Gisela zunächst nicht verstehen. Warum gerade jetzt? Jetzt, da Anita endlich spüren konnte, daß sie auch als Prostituierte, zumindest in ihrer Gruppe, geachtet wurde; jetzt, da sie um ihre Rechte kämpfen, ihren Haß zulassen konnte, ausgerechnet jetzt fing sie an, wie die Fachleute sagen, zu »dekompensieren«; in kurzer Zeit wurde sie zweimal mit einer Überdosis von Tabletten in ihrem Zimmer aufgefunden. Dieses Verhalten paßte in keine Theorie, und die Frage, warum und warum gerade jetzt, ließ Gisela nicht in Ruhe. Sie benutzte viele ihrer analytischen Stunden, um über Anita zu sprechen, was ihrem Analytiker zunächst den Eindruck von Ausfluchten, Ausreden, Widerständen vermittelte. Aber mit der Zeit wurde es auch ihm klar, daß Gisela im Begriffe war, etwas Wichtiges über das Frauenschicksal zu entdecken, etwas, das ihr zwar an der Grenzsituation von Anita besonders deutlich wurde, für sie selber aber ebenfalls Geltung hatte. Die Entdeckung begann damit, daß Gisela Anita eine psychoanalytische Behandlung anbot, in der Anita zum ersten Mal an die Schmerzen ihrer Kindheit herankam, die sie ihr ganzes Leben erfolgreich von sich hatte fernhalten können. Doch gerade die partielle Befreiung ihrer erwachsenen Gefühle von berechtigtem Zorn und Empörung in der Gruppe lösten sie von der Erstarrung und bedrohten die Abwehr gegen die frühkindlichen, aufgestauten Wutgefühle, die nie hatten leben dürfen und in denen andere Gefühle gebunden blieben, die eigentlich den wahren Menschen Anita ausmachten. Folgendes Schicksal stellte sich heraus:

Während der Geburt Anitas im Jahre 1944 galt ihr Vater als tot, eine Meldung, die sich später als unwahr erwies. Die Mutter lebte zu dieser Zeit mit einem Freund zusammen, der selber zwei Söhne hatte und mit Anita abwechselnd brutal oder zärtlich war. Anita erzählte zu Beginn ihrer Behandlung, wie sie unter ihrem Stiefvater gelitten habe; daß ihre Mutter, die damals schwer arbeiten mußte, um Nahrung zu beschaffen, sie nie vor ihm in Schutz genommen habe; daß sie als kleines Mädchen oft davongelaufen sei, um bei fremden Leuten ein anderes Heim zu finden und daß sie bei dieser Gelegenheit als Vierjährige von einem Mann sexuell mißbraucht und mißhandelt worden sei. Die ganze Vorgeschichte ihres Daseins als Prostituierte schien offen dazuliegen. Und doch, alles, was hier erzählt wurde, war zwar dem Bewußtsein zugänglich, aber nur in der Qualität von sachlichen Informationen, wie man sie in der Zeitung lesen kann. Anita erzählte von ihrer Kindheit ohne jegliche Erregung, manchmal lachend – die gleiche Frau, die in der Gruppe in eine unbändige Wut geraten konnte, wenn sie von ihren Mordgedanken den Zuhältern gegenüber sprach. Doch diese nun freigewordenen Gefühle waren immer noch getrennt von den Erlebnissen der Kindheit. Die Meinung ihrer Eltern, daß man dem Kind alles straflos zufügen dürfe, war in ihr so stark verinnerlicht, daß sie zunächst gar keinen Sinn darin sah, ihre kindlichen Gefühle erleben zu dürfen. Nachdem dies aber in der Analyse geschehen konnte, nachdem Anita während vieler Stunden auf der Couch über ihre Kindheit geweint hatte, kam in ihren Erinnerungen etwas Neues zum Vorschein: ihr leiblicher Vater.

Sie hatte zwar ihrer Analytikerin schon früher erzählt, daß der Vater in ihrem fünften Lebensjahr unerwartet aus der Gefangenschaft heimkehrte, nachdem er so lange als gestorben gegolten hatte, daß er zwar schwach und kränklich, aber mit der Tochter zärtlich gewesen sei, ihr schöne Lieder gesungen und Handharmonika gespielt habe, daß das Glück aber nur zwei Jahre dauerte, weil der Vater dann an Krebs gestorben sei. Diese idealisierte Version des leiblichen Vaters blieb in der Analyse sehr lange unangetastet. Auch sie tönte wie eine sachliche Information, die lediglich das Gefühl einer vagen Schwärmerei zuließ. Doch mit der Zeit wurde dieses ideale Gebäude durch echte Gefühle unterminiert. Anita fing an zu spüren, wie sie auf ihren Vater in all diesen Jahren gewartet, sich von ihm Rettung erhofft hatte, wie sie immer phantasiert hatte: »Wenn mein Papi kommt, wird er mit Mutti und dem Stiefvater schon fertig werden, er wird meine Rechte verteidigen, er wird mich beschützen, er wird nicht erlauben, daß mir Menschen so wehtun«. Und nun fühlte Anita in der Analyse den Schmerz ihrer Enttäuschung: der Vater hatte sie nicht beschützt, das war nur ein schönes Märchen. Der Vater, von der Mutter verachtet, hat sich mit dem Stiefvater – mit Anitas größtem Feind – arrangiert, und auch er schlug Anita, wenn sie nicht brav war, wenn sie nicht als Püppchen funktionierte. Diese Erinnerungen kamen sehr zaghaft, Anita mußte gegen den größten Widerstand ankämpfen, und es schien zuerst, als ob sie mit dieser Illusion das Teuerste, das sie im Leben besaß, hätte aufgeben müssen. Sie zweifelte, ob sie das je würde verkraften können. Aber gerade der Abbau der Illusionen gab ihr ihre volle Kraft zurück und ermöglichte ihr schließlich, die tief verdrängte Wahrheit zuzulassen: daß nämlich auch der Vater nicht nur daran interessiert war, ihr Zärtlichkeit zu geben, sondern gelegentlich masturbierte, wenn er sie auf dem Schoß hatte und ihren Körper für seine Bedürfnisse gebrauchte. Dieses letzte Geheimnis hütete Anita vor ihrem eigenen Bewußtsein, um den idealisierten Vater nicht zu verlieren, aber als die Träume ihr unmißverständlich ihr Wissen von diesen Erlebnissen und die Gefühle der Empörung, Trauer und Angst vermittelten, erlebte sie eine wirkliche Befreiung von ihrem Wiederholungszwang und verstand von daher ihr ganzes Leben.

Der Prostituiertenberuf erwies sich nun bei dieser Frau als eine zwanghaft wiederholte Inszenierung ihres frühen Kindheitstraumas, in der alle unbewußten Elemente nachträglich zu finden waren: da war zunächst die Hoffnung auf die Umkehr der Rollen, auf die Rache an dem »geilen Mann«. Anita bot sich zwar, wie in der Situation des Kindes, als Spielobjekt des Mannes an, aber nun hatte *sie* es in der Hand, die Kontrolle über das Geschehen zu behalten, den Mann zu enttäuschen oder zu befriedigen, ihn fortzuschicken oder ihm die Gunst zu erweisen, ihn zu demütigen oder gelegentlich als einen Menschen zu behandeln. Sie verachtete die »Masochisten« unter ihren Kunden, doch – oder gerade daher – machte es ihr keine Mühe, den sadistischen Gegenpart im perversen Spiel zu übernehmen und hier ihre Macht auszukosten. Bewußt dachte sie: jetzt ist alles anders, ihr könnt euch das Vergnügen bei mir holen, aber dafür müßt ihr zahlen, mich kann man nicht mehr ohne Gegenleistung haben. Aber unbewußt setzte sich die frühe Tragödie an einem andern Ort fort, denn Anita hat die Hoffnung auf den beschützenden Vater ihrer ersten Jahre nie aufgeben können. Je grauenhafter die Gegenwart sich zuspitzte, je perfider sie von ihren Zuhältern belogen, je brutaler sie geschlagen wurde, um so weniger konnte sie die Hoffnung aufgeben, daß ihre Liebe diesen Mann verändern könnte oder daß der nächste der erwartete Erlöser sein werde.

Man kann nur bewußte Erwartungen aufgeben, aber Haltungen, die so tief in unbewußten Gefühlen der frühen Kindheit wurzeln, kann man erst aufgeben, wenn man sie bewußt und nicht nur in der Gegenwart, sondern im Zusammenhang mit der Vergangenheit erlebt hat. Das ist in Anitas Analyse insofern gelungen, als es ihr möglich war, mit Hilfe der Übertragung die intensiven Gefühle der ohnmächtigen Wut, des totalen, hoffnungslosen Ausgeliefertseins an die gehaßten und geliebten Zuhälter im Zusammenhang mit ihrem leiblichen Vater zu erleben. Dazu kam die Trauer über die Unerfüllbarkeit der einstigen Rachewünsche, die trotz der fünfzehnjährigen Triumphe über die Männer niemals befriedigt werden konnten, weil das kleine Mädchen von damals und ihre damalige Situation nicht mehr existierten.

Erst diese Trauerarbeit ermöglichte Anita den Verzicht auf die ihr Leben durchziehende Hoffnung, die Hoffnung auf einen sie beschützenden Mann. Und erst dieser Verzicht hatte eine angstfreie, nicht selbstdestruktive Loslösung von der sado-masochistischen Beziehung mit dem letzten Zuhälter zur Folge. In diesem Stadium wurde es Anita zur Gewißheit, was in den Selbstmordversuchen nur eine schwache Ahnung gewesen war: daß die Befreiung ihrer echten Gefühle mit ihrem Beruf für sie nicht mehr vereinbar war. Das bewußte Motiv der Selbstmordversuche war: »ich kann nicht mehr arbeiten, bin lebens-untüchtig«; das unbewußte aber war die Ahnung, daß mit dem Befreien des wahren Selbst Gefühle von Demüti-gung nicht mehr zu vermeiden waren, daß sie sich natür-licherweise einstellen, wenn man sich als Objekt der Se-xualspiele des andern bzw. als Manipulator seiner Not und nicht als gleichwertiger Partner erlebt. Es ist nicht er-staunlich, daß Anita am Ende dieser Entwicklung nicht vor einem beruflichen Vakuum stand, sondern sogar Mühe hatte, zwischen verschiedenen beruflichen Mög-lichkeiten zu wählen. Nachdem sie eine Weile mit dem Gedanken an Sozialarbeit gespielt hatte, entschloß sie sich schließlich für den »egoistischen« Beruf der Dekorateu-rin, in dem sie ihre kreativen Möglichkeiten ausgiebiger leben konnte. Schon als kleines Kind wollte sie immer ein schönes Heim haben, hatte immer sehr viel Geschmack im Einrichten gehabt, und nun durfte sie ihr Hobby zum Beruf ausbauen.

Gisela, ihre Analytikerin, fragte sich nach dem Abschluß dieser Behandlung: Was geschieht eigentlich, wenn wir so tun, als ob es sich bei der Prostitution um einen Beruf wie jeden anderen handele? Helfen wir nicht in gutem Glau-ben eine ganze Menge gesellschaftlicher Verleugnungen aufrechtzuerhalten? Was ist das für ein Beruf? Ist er über-haupt ohne Erniedrigung der Frau möglich? Und beruht der ehrlich gemeinte Kampf um die soziale Anerkennung dieses Berufes nicht auf der Verleugnung der natürlich-sten menschlichen Gefühle und Bedürfnisse von Würde, sexueller Gleichberechtigung und Partnerschaft? Sind Ideale wie Gleichberechtigung der Geschlechter und se-xuelle Freiheit mit der Prostitution vereinbar? Ist der Kampf um den sozialen Status einer Prostituierten nicht eine Vernebelung der eigentlichen sozialen Ungerechtig-keit? Und was steht hinter dem Schicksal eines Zuhälters? Was bewegt einen Mann dazu, sich Frauen gefügig zu machen, von ihrer Sexualität mit anderen Männern zu profitieren, sie zu erniedrigen, zu belügen, zu bedrohen?

Welche Rache an der Mutter muß der Zuhälter mit Hilfe seiner weiblichen Opfer vollziehen? Ein Mann, der von seiner Mutter als Kind ausgebeutet wurde, kann verschiedene Wege finden, um diese Ausbeutung mit umgekehrten Vorzeichen unbewußt neu zu inszenieren. Es hängt von seiner Persönlichkeit und seinem Bildungsgrad ab, ob er ein charmanter Verführer wird oder ein brutaler Zuhälter, in beiden Fällen bleibt er heimatlos. Er kennt keine Partnerschaft, weil er das Vertrauen nicht kennt. Er hält sich an das Manipulieren, weil für ihn nur die Alternative des Manipuliertwerdens existiert. Um diesem Horror zu entrinnen, muß er der Herr sein und bleiben.

Was geschieht, wenn ein Mensch nicht das Glück hatte, seine sehr frühe Abhängigkeit von den Eltern und die dazu gehörenden Trennungsängste zu erleben, um sich von den Ansprüchen der verinnerlichten Eltern trennen zu können – sei es, weil er keine Analyse machte, sei es, weil sein Analytiker dieses Glück nicht hatte und es daher auch seinem Analysanden nicht ermöglichen konnte? Diese Menschen bleiben meistens auf Neuinszenierungen der alten Verhältnisse in der passiven oder aktiven Rolle angewiesen. Das ist eine tragische Situation, für die wir allzuschnell moralische Urteile zur Hand haben, und wir werfen sehr leicht diesen Menschen Mangel an Zivilcourage oder gar Feigheit vor. Solche Urteile tragen der Tatsache kaum Rechnung, daß die Ursachen dieser »Feigheit« manchmal in den ersten Wochen oder Tagen eines Lebens wurzeln. An der Problematik des Verführers ließe sich das aufzeigen.

Die Gestalt des Don Juan übt auf Dichter, Musiker und bildende Künstler eine große Faszination aus, und dies mag an der Tatsache liegen, daß sie etwas von ihrem Leben verkörpert. Es handelt sich um die Geschichte und die Motivation des Verführers, der immer wieder eine neue Frau braucht, um in ihr Hoffnungen zu wecken, die er enttäuschen muß. Dieser Mann kann von außen, gewissermaßen von der Perspektive des Opfers, der enttäuschten Frau, erlebt und geschildert werden oder von innen, falls der Künstler die Scheu überwunden hat, sich mit diesem Mann zu identifizieren. Fellinis *Casanova* könnte als Beispiel für das erste und *La città delle donne* für das zweite dienen. Die Fähigkeit zur offenen Identifikation mit der Gestalt des Don Juans zeigt sich nicht unbedingt im Gebrauch der Ichform. Der Verführer von Sören Kierkegaard schreibt zwar in der ersten Person, wird aber mit moralisierender Distanz geschildert. Andererseits ist z. B. Frédéric Moreau in der *Education sentimentale* von Flaubert eine erfundene Romanfigur, und doch spürt man, daß Gustave Flaubert hier – wie auch in der Madame Bovary – z. T. die Qualen seiner eigenen Seele beschreibt.

Der Verführer wird von vielen Frauen geliebt, bewundert, gesucht, weil er mit seiner Haltung in ihnen Hoffnungen und Erwartungen weckt. Es sind die Hoffnungen, daß die in ihnen seit der frühen Kindheit aufgespeicherten, weil unerfüllten Bedürfnisse nach Spiegelung, Echo, Achtung, Respekt, Zuwendung, Verständnis und Austausch nun, durch ihn, erfüllbar sein könnten. Aber der Verführer wird von den Frauen nicht nur geliebt, er wird von ihnen auch gehaßt, weil er ihre Bedürfnisse nicht erfüllen kann und schließlich die Frau verläßt. Sie empfindet diese Enttäuschung als Betrug und als Entwertung ihrer Person, weil sie seine Gründe höchstens spüren, aber nicht verstehen kann, denn er selbst versteht sich nicht. Könnte er das, müßte er nicht die gleiche Inszenierung immer neu wiederholen.

Was ich über das Schicksal des Verführers von meinen Patienten aus ihrer Perspektive gelernt habe, kann ich nur anhand des Flaubertschen Romans anzudeuten versuchen. In allen diesen Fällen war das Damoklesschwert der frühen Kindheit die Zerbrechlichkeit der Mutter, d. h. die Gewißheit, daß jede Weigerung des Kindes eine totale Ablehnung seitens der Mutter, also ihren Verlust zur Folge gehabt hätte. Diese erste Abhängigkeit versucht der Verführer als erwachsener Mann mit seinen Partnerinnen aufzuheben und durch das Verlassen der Frau das Verlassenwerdenkönnen durch die Mutter beim »Nein« des Kindes ungeschehen zu machen. Er schenkt ihr die Bewunderung und die affektive Zuwendung, die er einst auch bekam, und läßt sie dann plötzlich fallen.

Aber diese Umkehrung des passiv Erlittenen in aktives Verhalten schöpft die Problematik nicht aus. Das Besondere, das mir bisher nur bei Flaubert begegnet ist, liegt in dessen wohl unbewußter Einsicht, daß hinter dem, was sich als Freiheit geben möchte, eine tiefe, sehr frühe Abhängigkeit verborgen bleibt. Es ist die Abhängigkeit eines Menschen, der nicht »nein« sagen darf, weil seine Mutter es nicht ertrug und der sich zugleich sein Leben lang verweigert, in der Hoffnung, das nachholen zu können, was ihm bei der Mutter nie möglich war, nämlich sagen zu können: »Ich bin Dein Kind, aber Du hast keinen Anspruch auf meine ganze Person und mein ganzes Leben.« Da der Verführer diese Haltung erst als erwachsener Mann mit Frauen annehmen kann, nicht aber in der frühen Mutterbeziehung, können diese Siege die erste Niederlage nicht ungeschehen machen; und da die Siege den Schmerz der ersten Kindheit zudecken, können die alten Wunden nicht heilen. Der Wiederholungszwang wird perpetuiert.

In Frédéric Moreau hat Flaubert einen Menschen geschaffen, den man wohl leicht als feige bezeichnen könnte – einen Mann, dem es nicht gelingen will, sich den Wünschen der Frauen zu entziehen und der sich daher in die Lüge rettet. Die Mutter Frédérics erscheint zwar nur am Rande der Handlung, aber ihre Charakteristik genügt, um zu sehen, daß die verschiedenen Frauen des Romans verschiedene Seiten der Mutter verkörpern. Madame Arnoux ist die idealisierte, aber unzugängliche, Rosanette die naive und anspruchsvolle und Madame Dambreuse schließlich die grausame, demütigende und zugleich verführende, verliebte Mutter. Die Feigheit von Frédéric Moreau ist die Tragik eines narzißtisch mißbrauchten Kindes, er kann sich nicht wehren, außer wenn man ihn offen sadistisch behandelt. In allen anderen Situationen, besonders wenn die Frau schwach und abhängig ist, ist er ihr völlig ausgeliefert. Er kann sich ihr nicht entziehen, er bringt das Geld, das sie braucht, er gibt ihr die Versprechen, auf die sie wartet, auch wenn er sie nicht einlösen wird. Das Interesse der Frau geht dem seiner Bedürfnisse immer vor. Das muß natürlich zu einer Lebenslüge führen, denn man muß seine Wahrhaftigkeit verlieren, wenn man in den entscheidenden Momenten des Lebens nicht »nein« sagen darf.

Möglicherweise spiegelt sich in der Person Frédéric Moreaus die Situation vieler Männer, die als Verführer bezeichnet werden. Die Sehnsucht nach Liebe und Verständnis, nach Verstehen und Verstandenwerden führt den Verführer, den klassischen Don Juan, zu den verschiedenen Frauen, mit denen er aber seine Enttäuschungen nicht offen austragen kann, weil er eine Mutter hatte, die Offenheit nicht ertrug, und er damit keine Erfahrungen machen konnte. So muß er die Frauen, wie einst seine Mutter, mit Hilfe der Lüge schonen, und er flüchtet von einer zur anderen. Da er sich nicht abgrenzen kann, solange die Frau hilflos ist, muß er sie dazu provozieren, mit ihm grausam zu werden, damit er wieder ein Stück Freiheit gewinnen kann. Doch auch diese Provokation kann nicht offen geschehen, sie entsteht gegen seinen Willen und ist ihm selber peinlich, sie ist nun einmal von selber da, in dem Moment, in dem die Frau seine Unaufrichtigkeit entdeckt. Verhält sich die Frau liebevoll, so ist er zerknirscht und voller Schuldgefühle, wird sie aber bei der nächsten Gelegenheit wieder betrügen müssen, um sich ein Stück Illusion der Freiheit, d. h. der Abgrenzung von der Mutter, zu verschaffen. Diese Gelegenheit bekommt er, wenn die Frau mit Rache und Grausamkeit auf seine Unehrlichkeit reagiert. Dann kann er sie verlassen, u. U. für immer, und wird sich einer anderen Frau zuwenden, die zunächst wie alle früheren handelt, von seiner Empfindsamkeit, Einfühlungsgabe, Anpassungsfähigkeit und Hilfsbereitschaft so bezaubert ist, daß sie bereit ist, die anfänglichen Unaufrichtigkeiten um jeden Preis zu übersehen. Aber der Preis steigt immer mehr, sofern die Geliebte im Unbewußten des Verführers ein Substitut der einstigen Mutter ist, die vom kleinen Kind unbedingte Anpassung forderte. Dann wird auch das subtilste Verständnis der Partnerin das Vergangene nicht ungeschehen machen können, und die neue Partnerin wird mit allen unbewußten Mitteln dazu gezwungen werden, grausam und verständnislos zu werden, denn sie kann tatsächlich nicht verstehen, was vor sich geht und warum sie immer wieder belogen wird.

Die Feigheit Frédéric Moreaus ist eine Tragödie, wie wahrscheinlich jede Feigheit. Ob ein Mensch ehrlich werden durfte, hängt vermutlich davon ab, wieviel Wahrheit seine Eltern ertragen konnten und welche Sanktionen sie dem Kind dafür aufgebürdet haben. Gerade anhand der Geschichte Frédéric Moreaus ist es mir aufgegangen, wie untauglich die moralischen Kategorien von Feigheit und Tapferkeit sind und wieviel mehr der Mut im Grunde mit dem Kinderschicksal des Einzelnen zu tun hat.

Wo es darum ging, seine politischen Zweifel zu äußern, auch wenn diese in krassem Gegensatz zu den herrschenden Ansichten standen, durfte z. B. Gustave Flaubert sehr viel Mut entwickeln. Die Schärfe seiner Beobachtungen ist beinahe unübertrefflich, und seine Analyse der Anpassung im politischen, kulturellen und gesellschaftlichen Leben spiegelt seine Verachtung für jede Form der Lüge. Hinter dieser Verachtung verbirgt sich aber möglicherweise der unbewußte Schmerz des Kindes, das einst seine scharfen Beobachtungen im Dienste der notwendigen Anpassung verleugnen mußte und für das daher die letzte Ehrlichkeit, nämlich die Offenheit mit dem nächsten Menschen, im Grunde das höchste, aber unerfüllbare Ideal geblieben ist. Denn dieses Ideal zu verwirklichen hätte einst zur Voraussetzung gehabt, vor der eigenen Mutter ehrlich sein zu können und sie verlassen zu dürfen, als die Zeit dafür reif war. Es hätte auch bedeutet, ihr den echten Grund seiner Tränen nicht verheimlichen zu müssen (vgl. G. Flaubert, 1971, S. 656), nicht immer zuerst auf ihre Hilfsbedürftigkeit und ihre Depressionen Rücksicht nehmen und nicht mit der Krankheit für die Freiheit zum Schreiben bezahlen zu müssen. Um zu verstehen, warum all dies Flaubert verwehrt blieb, genügte es Jean Paul

Sartres Charakteristik der Mutter Flauberts zu lesen (vgl. J. P. Sartre, 1977, Band I) oder sich die ehrgeizige, materialistische, bigotte Mutter Frédéric Moreaus vorzustellen. Der Leser des Romans wird sich nicht wundern, daß der Sohn seine Gefühle von ihr fernhalten und sie weder lieben noch hassen kann. Die intensiven Gefühle seiner frühen Kindheit sind ihm nur in der Transposition auf die späteren geliebten und gehaßten Partnerinnen zugänglich. Dieses traurige Schicksal teilt mit Frédéric Moreau nicht nur Gustave Flaubert, sondern eine große Anzahl von Männern.

Frédéric Moreau erzählt am Schluß des Romans, daß er einst als Halbwüchsiger einen großen Blumenstrauß im Garten seiner Mutter pflückte, um ihn »anderen Frauen« zu bringen, den Frauen, die »für Geld Liebe verkauften«, aber im letzten Moment floh er vor ihnen aus Angst, »weil er glaubte, daß sie sich über ihn lustig machten« (G. Flaubert, 1971, S. 684/5). Diese Jugenderinnerung, mit ihrem ganzen symbolischen Gehalt verstanden, gibt den Schlüssel nicht nur zur psychologischen Interpretation der *Education sentimentale*, sondern auch zum Verständnis des Lebens von Gustave Flaubert: Die Blumen aus dem Garten seiner Mutter, die Gesamtheit der Gefühle, die Flaubert mit seiner Mutter verbanden: die Liebe und der Haß, die Sehnsucht nach Zärtlichkeit und die Auflehnung, die Intensität der inneren Welt und die Wut auf das Mißbrauchtwerden, die Bindung und das Bedürfnis nach Freiheit, alles das mußte zurückgehalten werden, durfte nur in Romangestalten leben, führte zu großer Vorsicht den Frauen gegenüber, zu quälenden körperlichen Symptomen und zu einer lebenslangen, aber gefühlsarmen Bindung an die Mutter.

Der Weg von der kindlichen Idealisierung der Eltern zur wirklichen, reifen Eigenständigkeit ist ein langer Prozeß und führt gewöhnlich durch tiefe Auseinandersetzungen mit den Eltern der ersten Lebensjahre, die an Gruppen, theoretischen Schulen, Ideologien, Partnern, an eigenen Kindern und schließlich gegebenenfalls an der Person des Analytikers zum erstenmal mit Gefühlen erlebt werden, deren Heftigkeit zwar aus der Kindheit stammt, die aber niemals in der Kindheit haben gelebt werden dürfen (vgl. A. Miller, 1979).

Schauen wir uns die Inszenierungen der ersten Abhängigkeit noch genauer an.

Wenn wir in der Pubertät oder Adoleszenz die Gedankenwelt unserer Eltern verlassen, so tun wir das nicht, um allein zu bleiben. Wir schließen uns Gruppen an, wir finden andere Ideen, neue Vorbilder, deren Gedanken uns mehr einleuchten als diejenigen unserer Eltern. Bei diesen Vorbildern kann es sich um Menschen handeln, die wir kennen und bei denen wir überzeugt sind, daß sie klüger und erfahrener als wir selber sind. Es kann sich auch um Zeitgenossen handeln, die wir nicht kennen und von weitem verehren und schließlich auch um Träger von sehr berühmten Namen, um Gründer von politischen Bewegungen, Schöpfer großer Theorien und dergleichen. Oft gibt uns erst die geistige Trennung vom Elternhaus die Möglichkeit, von dieser neuen Bereicherung zu profitieren, d. h. uns eine Horizonterweiterung zu verschaffen, ohne auf die Geborgenheit der vorgefundenen Theorien verzichten zu müssen. Denn ein solcher Verzicht ist im Adoleszenzalter kaum möglich.

Es hängt nun von der Art der frühesten Eltern-Kind-Beziehung ab, welche Formen die ursprüngliche Befreiung der Adoleszenzzeit im späteren Leben annehmen wird und ob sich die neue Geborgenheit nicht zu einem zweiten, diesmal endgültigen Gefängnis entwickelt. Da es den meisten Menschen nicht wie Goethe geschenkt wird, »mehrere Pubertäten zu erleben«, wird in der Postadoleszenz die Geborgenheit höher bewertet als die Freiheit. Vor allem wird es aber von den frühesten Erfahrungen eines Menschen abhängen, ob er mit den neuen Theorien kreativ umgehen darf, um schließlich seinen eigenen

Standpunkt zu finden, oder ob er sich an die Orthodoxie einer Schule ängstlich klammern muß. Wenn der Betreffende als Kind zum unbedingten Gehorsam erzogen wurde, ohne je dem Auge des Erziehers entkommen zu können, wird er in Gefahr sein, als Erwachsener Theorien zu verabsolutieren, ihnen hörig zu bleiben, auch wenn die Inhalte dieser Theorien von Worten wie Freiheit, Autonomie, Fortschritt geradezu strotzen. Jede Theorie verträgt sich ohne weiteres mit einem hörigen Verhalten ihr gegenüber, weil der emotionale Bereich des Menschen auch von den richtigsten Gedanken unberührt bleiben kann. Die Verfechtung freiheitlicher Gedanken mit autoritären, orthodoxen Mitteln, das Heranzüchten von Hörigkeit und Konformismus im Namen des geistigen Fortschritts gehören bereits so stark zu unserem normalen Leben, daß uns der Widerspruch kaum mehr auffällt.

Wie ist es aber psychologisch zu erklären, daß der gleiche Mensch, der den vermeintlichen und realen Feinden gegenüber viel Scharfsinn und Kritikfähigkeit an den Tag legt, zugleich eine rührende, kleinkindliche Treue und Hörigkeit bewahrt hat, wenn es sich um Diktate seiner eigenen Gruppe handelt? Jeder, der Gruppenerfahrung hat, weiß, wie lebenswichtig ihm zuweilen eine solche Zugehörigkeit erscheinen kann. Schon ein ganz kurzer Aufenthalt in einer Gruppe kann einem das Gefühl des mütterlichen Bodens, der guten, nie gehabten Symbiose mit der Mutter verschaffen, in der man sich nicht nur geborgen, sondern auch frei und wohl fühlt und sich adäquat artikulieren kann. So wäre es tatsächlich gewesen, wenn man die gute Symbiose mit der Mutter gehabt hätte. Da die Gruppe aber ein Ersatz ist, kann sie die Suche nach dem Vermißten nie zum Abschluß bringen, weil hier die Trauerarbeit notwendig wäre. Jede Sucht schafft die alte Sehnsucht nicht ab, sondern perpetuiert in der Wiederholung die ehemalige Tragik. Die Alkoholflasche oder die Zigarette, die man in der Hand halten kann, bei Nichtbedarf abstellen und bei Bedarf sofort holen, schafft das

Wohlbefinden, das eine verfügbare Mutter geben kann. Da die reale Mutter aber nicht verfügbar war (sonst wäre das einstige Kind nicht süchtig geworden), durfte das Kind weder eine gute Symbiose noch eine befreiende Trennung erfahren und bleibt sein Leben lang von der nie gehabten Wunschmutter abhängig. Das Suchtmittel verschafft deshalb nicht nur das Wohlbefinden, sondern die Qualen des Abhängigseins.

Wenn die Gruppe diese Ersatzfunktion übernommen hat, dann schafft sie zwar die Illusion einer besseren Mutter, fordert aber gnadenlos Anpassung wie einst die reale. Da sich die Vorgeschichte dieser Situation sehr früh im Leben abgespielt hat, ist diese für den Betreffenden kaum durchschaubar. Seine Anpassung fällt ihm gar nicht auf, weil er die Fähigkeit zur Kritik *nicht vollständig* eingebüßt hat und sie außerhalb der Gruppe, auch den gegenwärtigen Eltern gegenüber, frei ausüben kann. Nur die eigene Gruppe, die einst in der Adoleszenz frei gewählte und so viel versprechende Gruppe, übt inzwischen den gleichen, nicht verbalisierten Terror aus, wie es die Erwartungen der Mutter im ersten Lebensjahr taten. Der Gedanke, Meinungen zu haben, die ganz von den in der Gruppe herrschenden abweichen, kann so starke Existenzängste hervorrufen, daß sich solche Meinungen erst gar nicht bilden können. Diese Ängste sind meistens real nicht begründet, stammen aber aus einer Zeit, in der es tatsächlich für den Säugling lebensgefährlich gewesen wäre, mit seinem unangepaßten Verhalten den Liebesverlust, d. h. den Verlust der Mutter zu riskieren. Sie sind es, die einen Menschen mit einer solchen Vorgeschichte, auch bei hervorragenden intellektuellen Fähigkeiten, hindern können, sich von der Diktatur der Gruppe zu befreien. Diese Gruppe muß nicht räumlich überschaubar sein, es kann sich auch um eine gewählte Ideologie, Partei oder bestimmte Theorien vertretende Schule handeln.

Ich habe immer wieder die Erfahrung gemacht, daß die Analysanden tiefste Verlassenheits-, ja sogar Todesängste ausstehen müssen, wenn sie innerhalb der Gruppe, zu der sie sich zugehörig fühlen, Ansichten vertreten müssen, die von denen in der Gruppe herrschenden divergieren. Dieses Bedürfnis, sich in der eigenen Gruppe echt artikulieren, also auch kritisch sein zu können, kann aber noch größer werden als die Angst davor und taucht regelmäßig auf, wenn man in der Analyse voll realisiert hat, wie stark man sich als kleines Kind hat anpassen müssen. Häufig, aber nicht immer, reagiert die Gruppe ähnlich wie die Eltern der frühen Kindheit mit Ablehnung und Feindseligkeit, weil die Abwehrmechanismen der anderen Mitglieder in Gefahr geraten, wenn einer aus der Konformität aussteigt. Doch auch in solchen Fällen kann es geschehen, daß der Analysand glücklich in die Stunde kommt und erzählt: »Jetzt verstehe ich meine Angst, es war nicht Feigheit, die Angst war begründet. Sie haben mich alle voll Haß angeschaut und über mich gespottet, nur weil ich das sagte, was ich empfand und dachte und was einige von ihnen auch empfinden, davon bin ich überzeugt, aber es nicht formulieren können oder dürfen. Obwohl es sehr schmerzhaft war zu sehen, daß ich auf einmal alle Sympathien verloren habe, ahnte ich vage, daß ich nicht nur der Verlierer war.«

Doch der Gewinn kommt erst viel später. Zunächst leidet der Patient sehr unter der Erkenntnis, daß er für das, was er als Zuwendung hielt, sein ganzes Leben lang mit Anpassung bezahlte. Er realisiert das Ausmaß seiner Vereinsamung erst, als es ihm klar wird, daß er sich bisher an das Lächeln einer Maske geklammert hatte. Nun, da die Masken auf beiden Seiten gefallen sind, braucht er sich nicht mehr anzustrengen und gewinnt zunehmend an Freiheit. Die Anerkennung der Gruppe aufs Spiel zu setzen, kann sehr frühe Verlassenheitsängste mobilisieren und hat oft den Sinn, diese Ängste im Schutz der Analyse zu erleben. Der Patient kann auch in der Neuinszenierung mit dem Analytiker das Trauma des Ausgestoßenseins als Strafe für die Treue zu sich selbst erleben, die zu vermeiden er als

Kind erlernt hat. Diese Erfahrung gibt ihm schließlich die Kraft, die letzte Einsamkeit in der Auflehnung gegen den Analytiker durchzustehen und zu überleben – nun begleitet vom empathischen inneren Objekt, das inzwischen stark genug wurde, um das Kind im Patienten zu begleiten und zu beschützen.

Diese Entwicklung bleibt sehr oft auf halbem Wege stecken, dann nämlich, wenn sich der Analysand von den in der Jugend idealisierten Systemen, Schulen, Parteien, Ideologien distanzieren kann, aber in ihnen immer noch die eigenen Eltern bekämpft, die ihn enttäuscht haben. Solange diese Enttäuschung, das Gefühl von Mißbraucht-, Ausgenutzt-, Irregeleitetwordensein nicht im Zusammenhang mit der eigenen frühen Kindheit erlebt worden ist, ist die Analyse nicht abgeschlossen, und die Verfügbarkeit für Ideologien bleibt bestehen. Ich möchte mit Hilfe einer Stelle von C. G. Jung aus dem Jahre 1934 diesen Gedanken illustrieren:

Das arische Unbewußte . . . enthält Spannkräfte und schöpferische Keime von noch zu füllender Zukunft . . . Die noch jungen, germanischen Völker sind durchaus imstande, neue Kulturformen zu schaffen, und diese Zukunft liegt noch im Dunkeln des Unbewußten in jedem Einzelnen als energiegeladene Keime, fähig zu gewaltiger Flamme. Der Jude als relativer Nomade hat nie und wird voraussichtlich auch nie eine eigene Kulturform schaffen, da alle seine Instinkte und Begabungen ein mehr oder weniger zivilisiertes Wirtsvolk zu ihrer Entfaltung voraussetzen . . . Das arische Unbewußte hat ein höheres Potential als das jüdische . . . Meines Erachtens ist es ein schwerer Fehler der bisherigen medizinischen Psychologie gewesen, daß sie jüdische Kategorien, die nicht einmal für alle Juden verbindlich sind, unbesehen auf den christlichen Germanen oder Sklaven verwandte. Damit hat sie nämlich das kostbarste Geheimnis des germanischen Menschen, seinen schöpferischen ahnungsvollen Seelengrund, als kindisch-banalen Sumpf erklärt, während meine warnende Stimme durch Jahrzehnte des Antisemitismus verdächtigt wurde. Diese Verdächtigung ist von Freud ausgegangen. Er kannte die germanische Seele nicht, so wenig wie alle seine germanischen Nachbeter sie kannten. Hat sie die gewaltige Erscheinung des Nationalsozialismus, auf die eine ganze Welt mit erstaunten Augen blickt, eines Besseren belehrt? Wo war die unerhörte Spannung und Wucht, als es noch keinen Nationalsozialismus gab? Sie lag verborgen in der germanischen Seele, in jenem tiefen Grund, der alles andere ist, als der Kehrichtkübel unerfüllter Kinderwünsche und unerledigter Familienressentiments; eine Bewegung, die ein ganzes Volk ergreift, ist auch in jedem einzelnen reif geworden. (C. G. Jung, G. W. X, 1974, S. 190/191)

Von einer notwendigen Anpassung an das Naziregime kann hier keine Rede sein, weil C. G. Jung ein Schweizer war und diese Sätze aus eigener Überzeugung schrieb. Auch die affektive, persönliche Beteiligung ist hier unüberhörbar und gibt dem, was man als ideologischen Unsinn ansehen könnte, den eigentlichen, weil aus der Kindheit stammenden und dem Schreiber selber unbewußten Sinn. Damit meine ich nicht Jungs Empörung über den Juden Freud, von dem er sich in seiner schöpferischen Potenz nicht verstanden fühlte und dessen Grenzen als Vaterersatz er schmerzlich erlebte. Ich kann mir kaum vorstellen, daß Jung über den Zusammenhang dieser verworrenen Stelle mit seiner Ambivalenz Freud gegenüber, die ihm ja nicht unbewußt war, nichts geahnt hat. Doch wie sehr hier seine frühkindlichen Gefühle dem eigenen Vater gegenüber durchbrechen, hat er vermutlich nicht geahnt, sonst hätte er diese Stelle nicht so geschrieben. Freud war die Vaterfigur der Adoleszenz, und dessen Triebtheorie erlebte Jung vielleicht wie die Einschränkungen der religiösen Erziehung seines Vaters. Aus der oben zitierten Stelle kann ich die Klage eines Kindes herauslesen, das ruft: »Du hast meine Seele nie verstanden, auf meine Kräfte nie vertraut, wolltest mich in die Enge Deiner Vorschriften und Deines Weltbildes einsperren. Das habe ich immer vage gespürt, ohne es sagen zu können; jetzt endlich sagen es auch die andern, jetzt endlich kommt die Befreiung.«

Hätte Jung diese Gefühle in einer eigenen Analyse erleben und akzeptieren dürfen, wären sie nicht in dieser unkontrollierten und für den Leser von heute so peinlichen Form zum Ausdruck gekommen. Aber moralisierende Urteile führen auch hier nicht weiter. Es scheint mir aufschlußreicher, in diesem Text durch die Enttäuschung des jungen Mannes an seinem bewunderten Lehrer Freud hindurch bis zur kindlichen Verzweiflung des hochbegabten, lebendigen Kindes an seinem Vater vorzudringen. Dann läßt sich die Stelle anders verstehen, z. B. so: »Meines Erachtens ist es ein schwerer Fehler der bisherigen religiösen Erziehung (= medizinischen Psychologie) gewesen, daß sie protestantische (= jüdische) Kategorien, die nicht einmal für alle Pfarrer verbindlich sind, unbesehen auf das Kind (= christliche Germanen und Sklaven) verwandte. Damit hat sie nämlich das kostbarste Geheimnis des Menschen (= germanischen Menschen), seinen schöpferisch ahnungsvollen Seelengrund, als kindisch-banalen Sumpf erklärt, während meine warnende Stimme durch Jahrzehnte der Sünde (= des Antisemitismus) verdächtigt wurde. Diese Verdächtigung ist vom Vater (= Freud) ausgegangen.«

Wenn man bedenkt, daß die durch die Bekanntschaft mit Freud und durch die Berührung mit dem Unbewußten ausgelösten Gedanken C. G. Jungs in seiner Umwelt nur als äußerst fremd und bedrohlich erlebt werden konnten, bekommt man einen zusätzlichen Einblick in den Wiederholungszwang. Auf seine Begeisterung für den Nationalsozialismus dürften viele Menschen, die er schätzte, vermutlich mit dem gleichen Unwillen, zumindest innerlich, reagiert haben wie früher seine Umgebung auf die Ideen seiner Jugend. Aber nun mußte er nicht das Ausgestoßensein fürchten, weil er sich Ideen anschloß, die gerade an die Herrschaft kamen.

Die nie gelebte und daher nicht gelöste frühkindliche qualvolle Abhängigkeit muß nicht unbedingt in der Hörigkeit von Gruppen und Ideologien, die das Abreagieren der früh verdrängten Wut auf die äußeren Feinde ermöglicht, perpetuiert werden. Der Kompromiß zwischen der Notwendigkeit, die Eltern zu schonen, und dem Bedürfnis, seine wahren Gefühle auszudrücken, kann sich verschiedener Abwehrmechanismen bedienen. So konnte z. B. eine streng pietistisch erzogene Patientin ihre Eltern schonen, indem sie zunächst ihre erwachte Wut auf Gott richtete. In Gott, an den ihre Eltern glaubten, hoffte Inge zunächst den starken Vater gefunden zu haben, der ihre Gefühle ertragen könnte, der nicht wie ihr eigener Vater unsicher, kränkbar und kränklich war, dem man Enttäuschungen, Verzweiflung und Vorwürfe zumuten konnte, ohne Angst haben zu müssen, ihn dabei zu töten. Sie las Nietzsche, genoß den Satz »Gott ist tot« und schrie einmal auf der Couch auf: »Die Geschichte der Eva im Paradies ist eine Gemeinheit, warum hat Gott ihr den Baum der Erkenntnis vor die Nase gestellt und ihr verboten, davon zu essen?« Sie brachte mir einmal Grimms Märchen »Marienkind«, das ihr ihre Mutter öfters erzählt und das sie selber als Kind so sehr gemocht hatte.

Der Text dieses Märchens:

Vor einem großen Walde lebte ein Holzhacker mit seiner Frau, der hatte nur ein einziges Kind, das war ein Mädchen von drei Jahren. Sie waren aber so arm, daß sie nicht mehr das tägliche Brot hatten und nicht wußten, was sie ihm sollten zu essen geben. Eines Morgens ging der Holzhacker voller Sorgen hinaus in den Wald an seine Arbeit, und wie er da Holz hackte, stand auf einmal eine schöne große Frau vor ihm, die hatte eine Krone von leuchtenden Sternen auf dem Haupt und sprach zu ihm »ich bin die Jungfrau Maria, die Mutter des Christkindleins: du bist arm und dürftig, bring mir dein Kind, ich will es mit mir nehmen, seine Mutter sein und für es sorgen.« Der Holzhacker gehorchte, holte sein Kind und übergab es der Jungfrau Maria, die nahm es mit sich hinauf in den Himmel. Da ging es ihm wohl, es aß Zuckerbrot und trank süße Milch, und seine Kleider waren von Gold, und die Englein spielten mit ihm. Als es nun vierzehn

Jahr alt geworden war, rief es einmal die Jungfrau Maria zu sich und sprach »liebes Kind, ich habe eine große Reise vor, da nimm die Schlüssel zu den dreizehn Türen des Himmelreichs in Verwahrung: zwölf davon darfst du aufschließen und die Herrlichkeiten darin betrachten, aber die dreizehnte, wozu dieser kleine Schlüssel gehört, die ist dir verboten: hüte dich, daß du sie nicht aufschließest, sonst wirst du unglücklich.« Das Mädchen versprach, gehorsam zu sein, und als nun die Jungfrau Maria weg war, fing es an und besah die Wohnungen des Himmelreichs: jeden Tag schloß es eine auf, bis die zwölfe herum waren. In jeder aber saß ein Apostel und war von großem Glanz umgeben, und es freute sich über all die Pracht und Herrlichkeit, und die Englein, die es immer begleiteten, freuten sich mit ihm. Nun war die verbotene Tür allein noch übrig; da empfand es eine große Lust zu wissen, was dahinter verborgen wäre, und sprach zu den Englein »ganz aufmachen will ich sie nicht und will auch nicht hineingehen, aber ich will sie aufschließen, damit wir ein wenig durch den Ritz sehen.« – »Ach nein«, sagten die Englein, »das wäre Sünde: die Jungfrau Maria hat's verboten, und es könnte leicht dein Unglück werden.« Da schwieg es still, aber die Begierde in seinem Herzen schwieg nicht still, sondern nagte und pickte ordentlich daran und ließ ihm keine Ruhe. Und als die Englein einmal alle hinausgegangen waren, dachte es »nun bin ich ganz allein und könnte hineingucken; es weiß es ja niemand, wenn ich's tue.« Es suchte den Schlüssel heraus, und als es ihn in der Hand hielt, steckte es ihn auch in das Schloß, und als es ihn hineingesteckt hatte, drehte es auch um. Da sprang die Türe auf, und es sah da die Dreieinigkeit im Feuer und Glanz sitzen. Es blieb ein Weilchen stehen und betrachtete alles mit Erstaunen, dann rührte es ein wenig mit dem Finger an den Glanz, da ward der Finger ganz golden. Alsbald empfand es eine gewaltige Angst, schlug die Türe heftig zu und lief fort. Die Angst wollte auch nicht wieder weichen, es mochte anfangen, was es wollte, und das Herz klopfte in einem fort und wollte nicht ruhig werden: auch das Gold blieb an dem Finger und ging nicht ab, es mochte waschen und reiben, soviel es wollte.

Gar nicht lange, so kam die Jungfrau Maria von ihrer Reise zurück. Sie rief das Mädchen zu sich und forderte ihm die Himmelsschlüssel wieder ab. Als es den Bund hinreichte, blickte ihm die Jungfrau in die Augen und sprach »hast du auch nicht die dreizehnte Türe geöffnet?« – »Nein«, antwortete es. Da legte sie ihre Hand auf sein Herz, fühlte, wie es klopfte, und merkte wohl, daß es ihr Gebot übertreten und die Türe aufgeschlossen hatte. Da sprach sie noch einmal »hast du es gewiß nicht getan?« – »Nein«, sagte das Mädchen zum zweitenmal. Da erblickte sie den Finger, der von der Berührung des himmlischen Feuers golden geworden war, und wußte nun gewiß, daß es schuldig war, und sprach zum drittenmal »hast du es nicht getan?« – »Nein«, sagte das Mädchen zum drittenmal. Da sprach die Jungfrau Maria »du hast mir nicht gehorcht und hast noch dazu gelogen, du bist nicht mehr würdig, im Himmel zu sein.«

Da versank das Mädchen in einen tiefen Schlaf, und als es erwachte, lag es unten auf der Erde, mitten in einer Wildnis. Es wollte rufen, aber es konnte keinen Laut hervorbringen. Es sprang auf und wollte fortlaufen, aber wo es sich hinwendete, immer ward es von dichtem Gebüsch zurückgehalten, das es nicht durchbrechen konnte. In der Einöde, in welche es eingeschlossen war, stand ein alter hohler Baum, der mußte ihm als Wohnung dienen. Darin schlief es nachts, und wenn es stürmte und regnete, fand es darin Schutz. Wurzeln und Waldbeeren waren seine einzige Nahrung, die suchte es sich, so weit es kommen konnte. Im Herbst sammelte es die Blätter des Baumes und trug sie in die Höhle, und wenn es dann im Winter schneite und fror, bedeckte es sich damit. Auch verdarben seine Kleider und fielen vom Leib herab. Sobald dann die Sonne wieder warm schien, ging es heraus und setzte sich vor den Baum, und seine langen Haare bedeckten es von allen Seiten wie ein Mantel. So saß es lange Zeit und fühlte den Jammer und das Elend der Welt.

Einmal, als die Bäume wieder in frischem Grün standen, jagte der König des Landes in dem Wald und verfolgte Wild, und als es in das Gebüsch geflohen war, das den Waldplatz einschloß, stieg er ab, riß das Gestrüpp auseinander und hieb sich mit seinem Schwert einen Weg. Als er endlich hindurchgedrungen war, sah er unter dem Baum ein wunderschönes Mädchen sitzen, das von seinem goldenen Haar bis zu den Fußzehen bedeckt war. Er stand still und betrachtete es voll Erstaunen, dann redete er es an und sprach »wie bist du in die Einöde gekommen?« Es schwieg aber still, denn es konnte seinen Mund nicht auftun. Der König sprach weiter »willst du mit mir auf mein Schloß gehen?« Da nickte es bloß ein wenig mit dem Kopf. Der König nahm es auf seinen Arm, trug es auf sein Pferd und führte es heim, wo er ihm schöne Kleider anziehen ließ und ihm alles im Überfluß gab. Und ob es gleich nicht sprechen konnte, so war es doch schön und freundlich, daß er es von Herzen lieb gewann, und es dauerte nicht lange, da vermählte er sich mit ihm.

Als etwa ein Jahr verflossen war, brachte die Königin einen Sohn zur Welt. Darauf in der Nacht, wo sie allein in ihrem Bette lag, erschien ihr die Jungfrau Maria und sprach »willst du die Wahrheit sagen und gestehen, daß du die verbotene Tür aufgeschlossen hast, so will ich deinen Mund öffnen und dir die Sprache wiedergeben: verharrst du aber in der Sünde und leugnest hartnäckig, so nehm ich dein neugeborenes Kind mit mir.« Da war der Königin verliehen zu antworten, sie blieb aber verstockt und sprach »nein, ich habe die verbotene Tür nicht aufgemacht«, und die Jungfrau Maria nahm das neugeborne Kind ihr aus dem Arme und verschwand damit. Am andern Morgen, als das Kind nicht zu finden war, ging ein Gemurmel unter den Leuten, die Königin wäre eine Menschenfresserin und hätte ihr eigenes Kind umgebracht. Sie hörte alles und konnte nichts dagegen sagen, der König aber wollte es nicht glauben, weil er sie so lieb hatte.

Nach einem Jahr gebar die Königin wieder einen Sohn. In der Nacht trat auch wieder die Jungfrau Maria zu ihr herein und sprach »willst du gestehen, daß du die verbotene Türe geöffnet hast, so will ich dir dein Kind wiedergeben und deine Zunge lösen: verharrst du aber in der Sünde und leugnest, so nehme ich auch dieses neugeborne mit mir.« Da sprach die Königin wiederum »nein, ich habe die verbotene Tür nicht geöffnet«, und die Jungfrau nahm ihr das Kind aus den Armen weg und mit sich in den Himmel. Am Morgen, als das Kind abermals verschwunden war, sagten die Leute ganz laut, die Königin hätte es verschlungen, und des Königs Räte verlangten, daß sie sollte gerichtet werden. Der König aber hatte sie so lieb, daß er es nicht glauben wollte, und befahl den Räten bei Leibes- und Lebensstrafe, nichts mehr darüber zu sprechen.

Im nächsten Jahr gebar die Königin ein schönes Töchterlein, da erschien ihr zum drittenmal nachts die Jungfrau Maria und sprach »folge mir.« Sie nahm sie bei der Hand und führte sie in den Himmel und zeigte ihr da ihre beiden ältesten Kinder, die lachten sie an und spielten mit der Weltkugel. Als sich die

Königin darüber freute, sprach die Jungfrau Maria »ist dein Herz noch nicht erweicht? Wenn du eingestehst, daß du die verbotene Tür geöffnet hast, so will ich dir deine beiden Söhnlein zurückgeben.« Aber die Königin antwortete zum drittenmal »nein, ich habe die verbotene Tür nicht geöffnet.« Da ließ sie die Jungfrau wieder zur Erde hinabsinken und nahm ihr auch das dritte Kind.

Am andern Morgen, als es ruchbar ward, riefen alle Leute laut »die Königin ist eine Menschenfresserin, sie muß verurteilt werden«, und der König konnte seine Räte nicht mehr zurückweisen. Es ward ein Gericht über sie gehalten, und weil sie nicht antworten und sich nicht verteidigen konnte, ward sie verurteilt, auf dem Scheiterhaufen zu sterben. Das Holz wurde zusammengetragen, und als sie an einen Pfahl festgebunden war und das Feuer ringsumher zu brennen anfing, da schmolz das harte Eis des Stolzes und ihr Herz ward von Reue bewegt, und sie dachte »könnte ich nur noch vor meinem Tode gestehen, daß ich die Tür geöffnet habe«, da kam ihr die Stimme, daß sie laut ausrief »ja, Maria, ich habe es getan!« Und alsbald fing der Himmel an zu regnen und löschte die Feuerflammen, und über ihr brach ein Licht hervor, und die Jungfrau Maria kam herab und hatte die beiden Söhnlein zu ihren Seiten und das neugeborene Töchterlein auf dem Arm. Sie sprach freundlich zu ihr »wer seine Sünde bereut und eingesteht, dem ist sie vergeben«, und reichte ihr die drei Kinder, löste ihr die Zunge und gab ihr Glück für das ganze Leben.

Als mir Inge auf der Couch dieses Märchen vorlas, bekam sie plötzlich einen Wutanfall und schrie: »Sie haben das Kind immer wieder in Versuchung gebracht, um es kleinzukriegen und zu bestrafen. Genau wie die Jungfrau Maria! Was für ein grausames Spiel treibt sie da eigentlich mit ihrem Pflegekind!« Es stellte sich heraus, daß diese Methode zu den bevorzugten Erziehungsmustern ihrer Eltern gehört hatte, wie es ein von mir zitierter Pädagoge empfahl (A. Miller, 1980, S. 41). Ihre eifrigen Erzieher haben Inge immer wieder bewußt in Versuchungssituationen gebracht, um ihr ihre Schwächen zu beweisen. Nachdem wir allmählich den Zugang zu der ganzen Palette der Erziehungsprinzipien ihrer Eltern bekamen, schwächte sich der Affekt gegen Gott ab, und die bisher in ihrem Gottesbegriff eingefrorenen eigenen Eltern wurden lebendig, zuerst im Zorn und dann in der tiefen Trauer.

Aber die Kritikfähigkeit der Patientin blieb ihr erhalten, auch im theologischen Bereich. Sie konnte dann, allerdings mit viel mehr Ruhe, Fragen stellen wie z. B.: »Es steht in der Bibel, man solle sich kein Bild machen. Warum eigentlich nicht? Warum darf Gott alle unsere Schwächen sehen, ungehindert in unseren geheimsten Gedanken lesen, uns dafür strafen und verfolgen, nur seine Schwächen müssen unsichtbar bleiben? Hat er denn keine Schwächen? Wenn Gott Liebe ist, wie ich gelernt habe, dann könnte er sich doch ruhig zeigen. Wir würden von seiner Liebe lernen. Versteckt er sich selber, oder verstecken ihn die, die sich nach den Mustern ihrer Väter ein Bild von ihm machten und es uns weitervermittelt haben? Denn die Bibel gibt doch ein ganz klar ausgeprägtes Gottesbild, wenn man nur wagt, genauer hinzuschauen. Dieses Bild kann man aus den Taten ablesen, es ist das Bild eines kränkbaren, empfindlichen, erzieherischen, autoritären Vaters. Die Bibel spricht von der Allmacht Gottes, aber die göttlichen Taten, die sie beschreibt, widersprechen diesem Attribut. Denn jemand, der die Allmacht besäße, wäre nicht auf den Gehorsam seiner Kinder angewiesen, ließe sich nicht durch deren Götzen verunsichern und müßte sein Volk deswegen nicht verfolgen. Aber vielleicht sind die Theologen nicht in der Lage, ein Idealbild der wahren Güte und Allmacht zu schaffen, das im Gegensatz zur Realität ihrer Väter steht, solange sie diese Realität nicht durchschauen. So schaffen sie sich ein Gottesbild nach dem erfahrenen Muster. Ihr Gott ist wie ihre Väter: unsicher, autoritär, machthungrig, rachsüchtig, egozentrisch. Man könnte sich vielleicht andere, auch antropomorphe Gottesbilder vorstellen, wenn man eine andere Kindheit gehabt hätte.« Die ethnologisch interessierte Patientin entwickelte Phantasien von einem Gott, der vielleicht einmal die Macht besessen hatte, die Welt zu erschaffen, nun aber den Leiden des Menschen ebenfalls leidend und ohnmächtig gegenübersteht, ohne diese Ohnmacht mit Autorität und Gesetzen zudecken zu müssen. Wenn Gott wirklich Liebe ist, sagte Inge, müßte es ihm gelingen, Liebe zu schenken, ohne dafür einen Preis zu erwarten, keine Gewalt im Namen dieser Liebe anzuwenden und von seinen Kindern Unmögliches nicht zu verlangen. Vielleicht haben andere Völker ein solches Gottesbild. Es ist unwahrscheinlich, daß friedliche Völker einen Gott anbeten würden, der die Züge des alttestamentarischen Gottes hätte.

Inge hatte schon vor Beginn ihrer Analyse viele ethnologische Bücher gelesen, aber diese Fragen waren bei ihr früher nie aufgetaucht, nicht einmal in der Periode ihres Gotteshasses. Erst das Erleben ihrer Eltern der frühen Kindheit ermöglichte die Verknüpfung ihres Wissens mit ihren Gefühlen und das Zulassen von Fragen, die früher Todesängste in ihr ausgelöst hätten. Das Kind, das in der frommen Familie keine Fragen stellen durfte, konnte es zunächst nicht glauben, daß die Welt durch seine ketzerischen Gedanken nicht einstürzte. Es genoß diese Erfahrung immer wieder von neuem und lange Zeit, bis es voll und ganz glauben konnte, daß seine Gedanken weder Gott noch die Eltern umbrachten.

Inges Entwicklung hat auch bei mir einen Prozeß ausgelöst. Ich mußte mich fragen: Könnte es sein, daß die Sanktionen der Schwarzen Pädagogik weniger Macht über uns hätten, wenn sie nicht in unserer Kultur mit Hilfe der jüdisch-christlichen Religion verankert wären? Es sind immer die Isaaks, deren Opferung Gott von den Abrahams verlangt und nie umgekehrt. Es ist die Tochter Eva, die dafür bestraft wird, daß sie der Versuchung nicht widersteht und ihre Neugier nicht dem Gehorsam unterwirft. Es ist der fromme und treue Sohn Hiob, dem Gott Vater immer noch mißtraut, solange er nicht unter größten Qualen seine Treue und Unterwürfigkeit bewiesen hat. Es ist Jesus, der für die Gültigkeit der väterlichen Worte am Kreuze stirbt. Auch die Psalmisten werden nicht müde, die Bedeutung des Gehorsams als Bedingung jeglicher Existenz zu preisen. Mit diesem Kulturgut sind wir aufgewachsen, aber dieses Kulturgut hätte sich nicht so lange erhalten können, wenn wir nicht durch Erziehung gelernt hätten, uns nicht darüber zu wundern, daß ein liebender Vater es nötig hat, seinen Sohn zu quälen, daß er dessen Liebe nicht spürt und wie bei Hiob Beweise dafür braucht.

Was ist das aber für ein Paradies, in dem es unter Sanktionen des Liebesverlustes und des Verlassenwerdens, des sich Schuldig- und sich Beschämtfühlens verboten ist, vom Baum der Erkenntnis zu essen, d. h. neugierig zu sein?

Wer war dieser widerspruchsvolle Gott-Vater, der es nötig hatte, eine neugierige Eva zu erschaffen und ihr gleichzeitig zu verbieten, ihr wahres Wesen zu leben?

Es ist denkbar, daß die entfremdete, perverse und destruktive Seite unseres heutigen Wissenschaftsbetriebes eine Spätfolge dieses Verbotes ist. Wenn Adam nicht sehen darf, was sich täglich vor seinen Augen ereignet, wird er seine Neugier auf Ziele richten, die so weit wie möglich von ihm entfernt sind. Er wird Forschungen im Weltall betreiben, mit Maschinen, Computern, Affengehirnen oder Menschenleben spielen, um so seine Neugierde zu befriedigen, wird aber immer ängstlich darauf bedacht sein, ja nicht »den Baum der Erkenntnis« anzublicken, der ihm vor seine Augen gepflanzt wurde.

Das Gebot der Pädagogik »Du sollst nicht merken« geht also den Zehn Geboten zeitlich weit voraus. In unserer Kultur wird es bereits im Zusammenhang mit der Weltschöpfung gesehen. Muß man sich denn wundern, daß wir lieber die Hölle der Blindheit, der Entfremdung, des Mißbrauchtwerdens, der Täuschung, der Unterwerfung und des Selbstverlustes auf uns nehmen, um ja nicht den

Ort zu verlieren, der sich Paradies nennt und für dessen Geborgenheit wir so viel bezahlen müssen?

Mit der Vertreibung aus dem Paradies soll die Leidensgeschichte der Menschheit begonnen haben. Aber müssen wir diesen phantasierten Anfang nicht noch weiter zurückversetzen? Können wir uns heute nach einem Paradies zurücksehnen, in dem es dem Menschen geboten wurde, Widersprüche fraglos und gehorsam hinzunehmen, d. h. eigentlich immer im Säuglingsstadium zu bleiben? Da jeder in seiner Kindheit gelernt hat, die Widersprüchlichkeit seiner Eltern zu übersehen, fallen ihm ähnliche Dinge später kaum mehr auf. Wenn ja, dann versucht er, sie in philosophische oder theologische Systeme einzubauen. Die Geschichte vom verlorenen Paradies verdichtet die Sehnsucht des Menschen, sich am Ursprung seines Daseins in leidenslosem Zustand zu sehen, mit der unbewußt gebliebenen, aber doch registrierten Erfahrung, daß dieser doch nicht ganz vollkommen gewesen sein konnte, wenn dafür der Preis des Selbstverlustes zu bezahlen war.

Was unsere leiblichen Väter betrifft, so sind sie selber um so unsicherere Kinder, je massiver, je autoritärer sie auftreten. Aber einen solchen Gott aus Angst zu verehren, käme wieder den Folgen der Schwarzen Pädagogik gleich. Wenn es wirklich einen liebenden Gott geben sollte, dann wird er uns nicht unter Sanktionen stellen. Er wird uns lieben, wie wir sind, wird nicht Gehorsam von uns verlangen, wird sich nicht verunsichern lassen durch Kritik, wird uns nicht mit der Hölle drohen, uns nicht Angst machen, unsere Treue nicht auf die Probe stellen, wird uns nicht mißtrauen, wird uns unsere Gefühle und Triebe leben lassen – im Vertrauen darauf, daß wir gerade auf diesem Boden fähig sein werden, starke und echte Liebe zu lernen, eine Liebe, die das Gegenteil ist von Pflichterfüllung und Gehorsam und nur aus der Erfahrung des Geliebtwerdens wächst. Zur Liebe kann man ein Kind nicht erziehen, weder mit Schlägen noch mit gutmeinenden Worten; keine Ermahnungen, Predigten, Erklärungen, Vorbilder, Drohungen, Sanktionen können ein Kind liebesfähig machen. Ein Kind, dem man predigt, lernt nur predigen, und ein Kind das man schlägt, lernt schlagen. Erziehen kann man einen Menschen zu einem guten Bürger, zu einem tapferen Soldaten, zu einem frommen Juden, Katholiken, Protestanten, Atheisten, ja sogar zu einem frommen Psychoanalytiker, nicht aber zu einem lebendigen und freien Menschen. Und nur das letztere, Lebendigkeit und Freiheit, nicht aber erzieherische Zwänge, öffnet die Quelle der echten Liebesfähigkeit.

Vieles, was Jesus in seinem ganzen Leben gesagt, aber vor allem getan hat, zeigt, daß er nicht nur diesen einen Vater (Gott) hatte, den fordernden, auf Gesetzen bestehenden, auf Opfer angewiesenen, fernen, unsichtbaren, unbeirrbaren, den Vater, »dessen Wille geschehen muß«. Aus seiner frühen Erfahrung kannte Jesus auch einen anderen Vater, nämlich Josef, der sich nirgends in den Vordergrund drängte, der Maria und das Kind beschützte und liebte, der es förderte, in den Mittelpunkt stellte, es *bediente*. Es muß dieser wirklich bescheidene Josef gewesen sein, der dem Kinde ein Maß für Wahrheit und die Erfahrung der Liebe vermittelt hat. Deshalb konnte Jesus die Verlogenheit seiner Zeitgenossen durchschauen. Ein nach den herkömmlichen Prinzipien erzogenes Kind, das von Anfang an nichts anderes kennt, kann Verlogenheit nicht durchschauen; es fehlt ihm eine Vergleichsmöglichkeit. Ein Mensch, der nur diese Atmosphäre von Kind auf kennt, wird sie überall als das Normale empfinden und vielleicht darunter leiden, aber sie nicht in ihren Konturen fassen können. Falls er als Kind keine Liebe erfahren hat, wird er sich danach sehnen, aber nicht wissen, was Liebe sein kann. Jesus hat es gewußt.

Es gäbe zweifellos mehr liebesfähige Menschen, wenn die Kirche, statt an den Gehorsam für die Obrigkeit zu appellieren und von daher die Gefolgschaft Christi zu erwarten, die entscheidende Bedeutung der Haltung Josefs einsehen würde. Er diente seinem Kind, weil er es als Kind Gottes angesehen hat. Wie wäre es denn, wenn wir alle unsere Kinder als Kinder Gottes ansehen würden, was man ja auch tun könnte? In seiner Weihnachtsansprache 1979 sagte Johannes Paul II. zum Jahr des Kindes, daß man dem Kinde Ideale vermitteln sollte. Dieser Satz ist im Munde eines liebesfähigen Menschen zweifellos gut gemeint. Wenn aber kirchliche und weltliche Pädagogen sich anschicken, dem Kind vorgeschriebene Ideale vermitteln zu wollen, greifen sie zu den Mitteln der Schwarzen Pädagogik und erziehen Kinder höchstens *zu erziehenden Erwachsenen*, aber nicht zu liebenden Menschen.

Kinder, die man respektiert, lernen Respekt. Kinder, die man bedient, lernen dienen, lernen dem Schwächeren dienen. Kinder, die man so liebt, wie sie sind, lernen auch Toleranz. *Auf diesem Boden* entstehen ihre *eigenen Ideale*, die gar nicht anders als menschenfreundlich sein können, weil sie *aus der Erfahrung der Liebe* hervorgehen.

Ich bin mehr als einmal mit dem Gedanken konfrontiert worden, daß ein Mensch, dem es möglich gewesen wäre, in der Kindheit sein wahres Selbst zu entwickeln, in unserer Gesellschaft ein Martyrium auszustehen hätte, weil er ihr die Anpassung an einige ihrer Normen verweigern würde. Es spricht einiges für diesen Gedanken, den man oft als Argument für die Notwendigkeit der Erziehung gebraucht. Die Eltern möchten ihr Kind, wie sie sagen, so früh wie möglich anpassungsfähig machen, damit es später in der Schule und im Berufsleben nicht zu sehr leiden müsse. Da das Leiden der Kindheit und dessen Auswirkungen auf die Charakterbildung bisher noch wenig bekannt sind, behält diese Argumentation scheinbar ihr Gewicht. Die Beispiele aus der Geschichte scheinen ihr sogar recht zu geben, denn viele Menschen, die sich den herrschenden Normen ihrer Gesellschaft verweigert hatten und der Wahrheit, d. h. auch sich selbst treu geblieben waren, mußten als Märtyrer sterben.

Doch wer ist es eigentlich, der eifrig dafür sorgt, daß die

Normen der Gesellschaft eingehalten werden, der die Andersdenkenden verfolgt, ans Kreuz schlägt – wenn nicht die »richtig« erzogenen Menschen? Es sind Menschen, die ihren seelischen Tod schon in ihrer Kindheit zu akzeptieren lernten und ihn erst spüren, wenn sie in den Kindern oder Jugendlichen dem Leben begegnen. Dann muß dieses Lebendige umgebracht werden, damit es sie nicht an ihren eigenen Verlust erinnert.

In Kunstwerken verschiedener Zeiten sind immer wieder Massenmorde von Kindern dargestellt. Nehmen wir als Beispiel den Befehl König Herodes, die kleinen Kinder in seinem Land umzubringen. Er fühlt sich von ihnen bedroht, weil sich unter ihnen der neue König befinden könnte, der ihm einmal seinen Thron streitig machen würde, und richtet in Bethlehem ein Blutbad an: er läßt »alle Knäblein töten, die zweijährig und darunter« sind. Der Tod der Kinder gehörte damals so sehr zum normalen Leben, daß der Überlieferung zufolge außer Maria und Josef kein anderes Ehepaar die Heimat verließ, um sein Kind zu retten. Die Liebe seiner Eltern rettet Jesus nicht nur das nackte Leben, sondern ermöglicht ihm auch, den Reichtum seiner Seele zu entwickeln, was letztlich zum frühen Tod führt. Nun könnte man mit Recht sagen, daß Jesus gerade seiner Wahrhaftigkeit den frühen Tod verdankte, vor dem ihn das falsche, angepaßte Selbst gerettet hätte. Aber läßt sich ein sinnerfülltes Leben mit quantitativen Maßstäben messen? Wäre Jesus glücklicher gewesen, wenn seine Eltern, statt ihm Liebe und Verehrung zu geben, ihn sehr früh dazu erzogen hätten, ein treuer Untertan von Herodes zu werden oder als alter Schriftgelehrter zu sterben?

Die Tatsache, daß Jesus bei Eltern aufgewachsen ist, die nichts anderes mit ihm vorhatten, als ihm Liebe und Achtung zu erweisen, wird auch von gläubigen Christen, die in Jesus den Gottessohn sehen und an die Überlieferung glauben, kaum bestritten werden können. Gerade dieses Ereignis der Verehrung des Kindes wird ja in der ganzen christlichen Welt alljährlich zu Weihnachten gefeiert. Trotzdem hat sich die christlich-religiöse Pädagogik niemals an dieser Tatsache orientiert. Auch wenn man annimmt, daß Jesus seine Liebesfähigkeit, Wahrhaftigkeit und Güte nicht der außergewöhnlich liebevollen Haltung von Maria und Josef, sondern der Gnade seines göttlichen Vaters verdankte, könnte man sich fragen, warum Gott gerade diesen irdischen Eltern die Aufgabe anvertraute, die Kindheit seines Sohnes zu betreuen. Es ist eigentlich erstaunlich, daß in der ganzen Nachfolge Christi diese Frage, die den Pädagogen neue Impulse hätte geben können, niemals aufgetaucht ist. Die dienenden Eltern des Jesuskindes sind niemals zum Vorbild gemacht worden, es werden im Gegenteil in den religiösen Büchern Maßnahmen zur Beherrschung des Kindes bereits im Säuglingsalter empfohlen. Sobald es aber kein Geheimnis mehr ist, daß sich dieses Vorbild mit einer psychologischen Gesetzmäßigkeit deckt, sobald mehrere Eltern merken, daß nicht das Predigen der Liebe, sondern Achtung und Verstehenwollen des Kindes seine Liebesfähigkeit unterstützen, werden Menschen, die so aufwachsen durften, keine Ausnahme mehr bilden und nicht den Märtyrertod sterben müssen.

Wenn wir Herodes als ein Symbol der Gesellschaft auf unsere heutige Gesellschaft übertragen können, dann lassen sich in der Geschichte Jesu Elemente finden, die wir (je nach der gemachten Erfahrung) als Argumente sowohl für als auch gegen die Erziehung gebrauchen können: einerseits der Kindermord und die Normen der Gesellschaft und andererseits ungewöhnliche Eltern, *Diener ihres Kindes*, die dem Glauben der Pädagogen zufolge einen Tyrannen hätten heranziehen müssen. Die in Herodes personifizierte Gesellschaft fürchtet die Lebendigkeit und Wahrhaftigkeit der Kinder und versucht, sie zu vernichten, aber die gelebte Wahrheit ist nicht umzubringen, auch wenn die staatlichen und kirchlichen Funktionäre der Gesellschaft sich der Verwaltung der Wahrheit »annehmen«, um sie zu beseitigen. Die stets wiederkehrende Auferstehung der Wahrheit läßt sich nicht unterdrücken, sie wird immer wieder von einzelnen Menschen gelebt und bezeugt werden. Die Kirche als gesellschaftliche Institution hat mehrmals versucht, diese Auferstehung zu verhindern, indem sie z. B. im Namen Christi zu Kriegen aufrief und den Eltern das Abtöten der kindlichen Seele (der kindlichen Gefühle) im Namen der heiligen Erziehungswerte (Gehorsam, Unterwerfung, Selbstverleugnung) mit Hilfe strenger Sanktionen eindeutig geboten hat (vgl. z. B. M. Mehr, 1981).

In dem angeblich gottgewollten Kampf der Kirche mit dem lebendigen Kind, der sich täglich in der Erziehung zum Gehorsam, zur Blindheit gegenüber Respektpersonen, zum Gefühl der eigenen Schlechtigkeit abspielt, spiegelt sich eher das Erbe von Herodes (die Angst vor der Auferstehung der Wahrheit im Kind) als das von Jesus gelebte Vertrauen in die menschlichen Möglichkeiten. Der in der frühkindlichen Reaktion auf eine solche Erziehung wurzelnde Haß breitet sich aus ins Unermeßliche, und die Kirche unterstützt (teilweise unbewußt) diese Ausbreitung des Bösen, das sie bewußt zu bekämpfen glaubt (vgl. A. Miller, 1980).

Es bedarf keiner großen Anstrengungen mehr, um in unserem Jahrhundert apokalyptische Züge zu entdecken: Weltkriege, Massenmorde, das Gespenst der Atombombe, die Versklavung des Menschen durch Technik und totalitäre Herrschaftsregime, Bedrohung des biologischen Gleichgewichts, Versiegen der Energiequellen, Zunahme der Drogensucht – die Liste ließe sich noch verlängern. Aber das gleiche Jahrhundert brachte uns auch eine Erkenntnis, die in der Menschheitsgeschichte völlig neu ist und die eine entscheidende Wende in unser Leben bringen könnte, wenn sie in ihrer vollen Tragweite in die Öffentlichkeit durchdringen würde. Ich meine Freuds Entdeckung, daß die Zeit der frühen Kindheit von entscheidender Bedeutung für die emotionale Entwicklung eines Menschen ist. Je deutlicher wir sehen müssen, daß die verhängnisvollsten Ereignisse unserer jüngsten Vergangenheit und Gegenwart nicht das Werk der reifen Vernunft sind, je klarer uns die Absurdität und die Unberechenbarkeit des Rüstungswettrennens vor Augen treten, um so dringlicher stellt sich die Frage nach der Entstehung und dem Wesen dieses gefährlichen menschlichen Potentials, dem wir so ohnmächtig ausgeliefert sind.

Das ganze Ausmaß an Destruktivität, von der wir täglich in den Zeitungen lesen, ist eigentlich immer der letzte Teil langer Geschichten, die uns meistens unbekannt bleiben. Wir sind Opfer, Beobachter, Berichterstatter oder stumme Zeugen einer Gewalttätigkeit, deren Wurzeln wir nicht kennen, die uns oft überrascht, überfällt, empört oder einfach nachdenklich macht, ohne daß wir die inneren Möglichkeiten (d. h. die elterliche, bzw. die göttliche Erlaubnis) haben, die einfachsten, naheliegendsten und bereits erschlossenen Erklärungen wahr- und ernstzunehmen.

Dann sprach Gott: »Lasset uns Menschen machen nach unserem Abbild, uns ähnlich; sie sollen herrschen über des Meeres Fische, über die Vögel des Himmels, über das Vieh, über alle Landtiere und über alle Kriechtiere am Boden!« So schuf Gott den Menschen nach seinem Abbild, nach Gottes Bild schuf er ihn, als Mann und Weib erschuf er sie. Gott segnete sie und sprach zu ihnen: »Seid fruchtbar und mehret euch, füllet die Erde und machet sie untertan und herrschet über des Meeres Fische, die Vögel des Himmels und über alles Getier, das sich auf Erden regt.« Gott sprach weiter: »Seht, ich gebe euch alles Grünkraut, das auf der ganzen Erde Samen trägt, und alle Bäume mit samentragenden Früchten; dies diene euch als Nahrung! Da bildete Gott der Herr den Menschen aus dem Staub der Ackerscholle und blies in seine Nase den Odem des Lebens; so ward der Mensch zu einem lebendigen Wesen. Darauf pflanzte Gott der Herr einen Garten in Eden gen Osten und versetzte dorthin den Menschen, den er gebildet hatte. Und Gott der Herr ließ aus dem Erdboden allerlei Bäume aufsprießen, lieblich zum Anschauen und gut zur Nahrung, den Lebensbaum aber mitten im Garten und auch den Baum der Erkenntnis von Gut und Böse . . .

Gott der Herr nahm den Menschen und setzte ihn in den Garten Eden, daß er ihn bebaue und erhalte . . .

Gott der Herr gebot dem Menschen: »Von allen Bäumen des Gartens darfst du essen, nur vom Baum der Erkenntnis von Gut und Böse darfst du nicht essen; denn am Tage, da du davon issest, mußt du sterben.« Gott der Herr sprach: »Es ist nicht gut, daß der Mensch allein sei; ich will ihm eine Hilfe machen als sein Gegenstück.« . . .

Da ließ Gott der Herr einen Tiefschlaf auf den Menschen (= Adam) fallen, so daß er einschlief, nahm ihm eine seiner Rippen und verschloß deren Stelle mit Fleisch. Gott der Herr baute die Rippe, die er dem Menschen entnommen hatte, zu einem Weibe aus und führte es ihm zu. Da sprach der Mensch: »Das ist nun endlich Bein von meinem Gebein und Fleisch von meinem Fleisch. Diese soll man Männin heißen; denn vom Manne ist sie genommen.« Darum wird ein Mann seinen Vater und seine Mutter verlassen und seinem Weibe anhangen, und beide werden zu einem

Fleisch. Beide aber, der Mann und sein Weib, waren nackt; aber sie schämten sich nicht voreinander . . .

Die Schlange aber war listiger als alle anderen Tiere des Feldes, die Gott der Herr gebildet hatte. Sie sprach zum Weibe: »Hat Gott wirklich gesagt: ›Ihr dürft von keinem Baum des Gartens essen?‹« Da sprach das Weib zur Schlange: »Von den Früchten der Gartenbäume dürfen wir essen. Nur von den Früchten des Baumes in der Mitte des Gartens hat Gott gesagt: ›Esset nicht davon, ja rühret sie nicht an, sonst müßt ihr sterben!‹« Die Schlange sprach zum Weibe: »O nein, auf keinen Fall werdet ihr sterben! Vielmehr weiß Gott, daß euch, sobald ihr davon esset, die Augen aufgehen, und ihr wie Gott sein werdet, indem ihr Gutes und Böses erkennt.« Da sah die Frau, daß der Baum gut sei zum Essen und eine Lust zum Anschauen und begehrenswert, um weise zu werden. Sie nahm von seiner Frucht, aß und gab auch ihrem Manne neben ihr, und auch er aß. Da gingen beider Augen auf, und sie erkannten, daß sie nackt waren. Sie hefteten Feigenlaub zusammen und machten sich Schürzen daraus. Da vernahmen sie das Geräusch Gottes des Herrn, der im Garten beim Windhauch des Tages einherging. Und es versteckte sich der Mann und sein Weib vor dem Angesichte Gottes des Herrn mitten unter den Bäumen des Gartens. Gott der Herr aber rief dem Menschen zu und sprach zu ihm: »Wo bist du?« Er antwortete: »Dein Geräusch hörte ich im Garten; ich hatte Scheu; denn nackt bin ich ja; daher versteckte ich mich.« Er sprach: »Wer tat dir kund, daß du nackt bist? Hast du etwa von jenem Baume gegessen, von dem zu essen ich dir verboten habe?« Der Mensch entgegnete: »Das Weib, das du mir als Gefährtin gegeben, hat mir vom Baume gereicht, und ich aß.« Da sprach Gott der Herr zum Weibe: »Was hast du getan?« Das Weib erwiderte: »Die Schlange hat mich betört, und ich aß!« Da sprach Gott der Herr zur Schlange: »Weil du dies getan hast, sei verflucht aus allem Vieh und allem Getier des Feldes! Auf deinem Bauche sollst du kriechen und Staub fressen dein Leben lang! Feindschaft will ich stiften zwischen dir und der Frau, zwischen deinem Samen und ihrem Samen; er wird dir den Kopf zertreten, und du wirst nach seiner Ferse schnappen.« Zum Weibe sprach er: »Zahlreich will ich deine Beschwerden machen und deine Schwangerschaften: unter Schmerzen sollst du Kinder gebären. Und doch steht dein Begehren nach deinem Manne, er aber soll herrschen über dich.« Zum Manne sprach er: »Du hast auf deines Weibes Stimme gehört und vom Baume gegessen, von dem zu essen ich dir streng verboten habe; darum soll der Ackerboden verflucht sein um deinetwillen; mühsam sollst du dich von ihm nähren alle Tage deines Lebens! Dornen und Gestrüpp soll er dir sprießen, und Kraut des Feldes sollst du essen! Im Schweiße deines Angesichtes sollst du dein Brot verzehren, bis du zum Ackerboden wiederkehrst, von dem du genommen bist. Denn Staub bist du, und zum Staube sollst du heimkehren!« Adam nannte seine Frau Eva, denn sie ward zur Mutter aller Lebendigen. Gott der Herr machte Adam und seinem Weibe Fellröcke und bekleidete sie. Dann sprach er: »Ja, der Mensch ist jetzt wie einer von uns geworden, da er Gutes und Böses erkennt. Nun geht es darum, daß er nicht noch seine Hand ausstrecke, sich am Baume des Lebens vergreife, davon esse und ewig lebe!« So wies Gott der Herr ihn aus dem Garten Eden fort, daß er den Ackerboden bearbeite, von dem er genommen war. Er vertrieb den Menschen, ließ ihn östlich vom Garten Eden wohnen und stellte die Kerubim und die flammende Schwertklinge auf, den Weg zum Baum des Lebens zu behüten . . .

Der Mensch erkannte seine Frau Eva; sie empfing und gebar den Kain. Sie sprach: »Ich habe einen Sohn erworben mit Hilfe des Herrn.« Weiter gebar sie seinen Bruder Abel. Abel ward Kleinviehhirt, Kain ein Ackerbauer. Nach geraumer Zeit begab es sich, daß Kain von den Früchten des Bodens dem Herrn ein Opfer darbrachte. Aber auch Abel opferte von den Erstlingen seiner Herde und ihrem Fett. Der Herr blickte auf Abel und seine Opfergabe, aber auf Kain und sein Opfer sah er nicht. Da ward Kain sehr zornig, und sein Angesicht verfinsterte sich. Da sprach der Herr zu Kain: »Warum bist du zornig, und warum ist dein Angesicht finster? Ist es nicht so: Wenn du gut bist, so kannst du es frei erheben, bist du aber nicht gut, so lauert die Sünde vor der Türe. Nach dir steht ihr Begehren; du aber sollst herrschen über sie!« Kain sprach zu seinem Bruder Abel: »Komm, wir wollen aufs Feld gehen!« Als sie auf dem Felde waren, stürzte sich Kain *auf seinen Bruder Abel und erschlug ihn. Der Herr sprach zu Kain: »Wo ist dein Bruder Abel?« Er antwortete: »Ich weiß es nicht. Bin ich denn meines Bruders Hüter?« Er aber sprach: »Was hast du getan? Die Stimme des Blutes deines Bruders schreit zu mir vom Erdboden empor. Und nun sollst du verflucht sein vom Erdboden her, der seinen Rachen aufgerissen hat, deines Bruders Blut aus deiner Hand aufzunehmen! Wenn du den Ackerboden bebaust, wird er dir fortan seine Frucht nicht mehr bringen; ziel- und heimatlos sollst du sein auf Erden!«*

(Aus dem Buche Genesis)

C Warum wird die Wahrheit zum Skandal?

Galilei Galileo, italienischer Naturforscher, geboren in Pisa 15. 2. 1564, gestorben in Arcetri bei Florenz 8. 1. 1642, wurde 1589 Professor der Mathematik in Pisa, 1592 in Padua; 1619 nach Pisa zurückberufen, wurde er zugleich Mathematiker am großherzoglichen Hof zu Florenz. Galileis Begabung lag vor allem auf dem Gebiet der praktischen Physik und angewandten Mathematik.

Wissenschaftsgeschichtlich ist er (. . .) dadurch bedeutsam, daß er grundsätzlich und völlig die bis dahin herrschende Verkettung der Physik mit vorgegebenen philosophischen Grundsätzen sprengte und sie auf Beobachtung statt auf Spekulation gründete; ebenso erklärte er die Naturvorgänge nicht philosophisch oder theologisch durch das Wirken Gottes, sondern aus Naturgesetzen. Damit brach er der modernen Naturwissenschaft als einer Erfahrungswissenschaft Bahn, geriet aber zugleich in einen scharfen Gegensatz zur herrschenden kirchlichen Lehre, der sich an der Frage des kopernikanischen Weltsystems zu offenem Konflikt entzündete. Galilei vertrat dieses, nachdem er es schon 1597 in einem Brief an Kepler anerkannt hatte, in seiner Schrift über die Sonnenflecken (1613) auch öffentlich und zog sich damit einen ersten Prozeß vor dem Heiligen Offizium zu. Dieser endete 1616 mit der Verurteilung der beiden Sätze, daß die Sonne der Mittelpunkt der Welt sei und daß die Erde sich bewege, als absurd, philosophisch falsch, theologisch häretisch und irrig; Galilei wurde Schweigen auferlegt. Als er 1632 in seiner Schrift über das ptolemäische und kopernikanische Weltsystem seine Lehre wiederholte, wurde er in einem zweiten Prozeß 1633 unter Androhung der Folter zum Widerruf gezwungen; die ihm zugeschriebene Äußerung »eppur si muove« (sie bewegt sich doch) ist legendär. Außerdem wurde er zu kirchlicher Haft verurteilt, die er zuerst beim Erzbischof von Siena, später in seiner Villa zu Arcetri verbüßte, seit 1637 erblindet. Die kirchliche Verurteilung der kopernikanischen Schriften wurde erst 1835 zurückgezogen.

(Aus: Der große Brockhaus, 16. Auflage, 1954.)

In der 1896 publizierten Arbeit *Zur Ätiologie der Hysterie*, deren große Klarheit, Direktheit und unmittelbare Überzeugungskraft (zumindest für einen Leser von heute) nicht zu verkennen sind, berichtet Sigmund Freud, daß in allen von ihm behandelten 18 Fällen hysterischer Erkrankungen (6 Männer und 12 Frauen) in sämtlichen Fällen während der analytischen Arbeit die Verdrängung eines sexuellen Mißbrauchs durch Erwachsene oder ältere Geschwister, die ihrerseits früher von Erwachsenen mißbraucht worden waren, vorlag. Alle 18 Patienten wußten nichts über diese Tatsachen, als sie in die Behandlung kamen, und Freud meint, sie hätten ihre Symptome gar nicht entwickeln können, wenn diese frühen Erinnerungen bewußt geblieben wären. Freud beschreibt hier Tatsachen, deren Auftauchen ihn selber überrascht hat, deren Evidenz er sich aber als redlicher und neugieriger Forscher kaum entziehen konnte, und er wirbt beim Leser um Verständnis, trotz der moralischen Entrüstung, die er selber empfindet. Man hat manchmal den Eindruck, daß er in diesem Leser auch sich selbst noch überzeugen möchte, weil ihm die Tatsachen so ungeheuerlich vorkommen. Wie soll ein Mensch der Jahrhundertwende, der gelernt hat, alle Erwachsenen als Respektpersonen anzusehen und noch nicht unser heutiges Wissen von der Zwiespältigkeit, der verhängnisvollen Kindheitsprägung, der Gewalt des Wiederholungszwanges im Unbewußten des Erwachsenen ahnen konnte, mit einer solchen Entdeckung fertig werden können? Begreiflicherweise empfand er Entsetzen und neigte zu moralischer Verurteilung, die wir vielleicht erst aufgeben können, wenn wir selber als Analytiker eines Erwachsenen, der seine Kinder mißhandelt, die Not und die Tat dieses Menschen von innen heraus miterleben durften. Doch Freud stand erst *vor* dieser Entwicklung, und so blieb ihm nichts anderes übrig, als diese Erwachsenen als pervers zu bezeichnen. Da aber diese Menschen Eltern waren, die es auf jeden Fall zu achten galt, war Freud immer wieder versucht, das bei den Patienten Vorgefundene nicht zu glauben.

In der Studie *Zur Ätiologie der Hysterie* spürt man dieses Ringen des genialen Entdeckers mit den Geboten seiner eigenen Erziehung. Der imaginäre Leser, an den sich Freud wendet und der zum Teil er selber ist, möchte sagen: »Es kann nicht sein, was nicht sein darf«. Und der Wissenschaftler sagt: »Aber ich habe es gefunden«. Er weiß, daß man ihm alles Mögliche entgegenhalten wird. Man wird sagen, sexuelle Verführungen sind *so selten*, sie können unmöglich die Ursache von hysterischen Erkrankungen sein, die so oft vorkommen. Oder man wird umgekehrt behaupten, der sexuelle Mißbrauch sei, besonders in den untersten sozialen Schichten, *so häufig* anzutreffen, daß noch viel mehr und gerade dort hysterische Erkrankungen auftreten müßten. Bekanntlich ist das aber nicht der Fall, denn es sind gerade die privilegierten Schichten, die einen viel höheren Prozentsatz dieser Erkrankungen aufweisen. Auf diesen imaginären Einwand antwortet Freud mit einer Überlegung, die mir noch heute richtig zu sein scheint: daß nämlich die sozial höheren Schichten dank ihrer Bildung und der oft einseitig intellektuellen Entwicklung mehr Abwehrmöglichkeiten gegen das Trauma haben, und es ist ja gerade *die Abwehr des Traumas* (wie z. B. Verdrängung, Abspaltung des Gefühls vom erinnerten Inhalt, Verleugnung mit Hilfe der Idealisierung), die die Neurose verursacht. Den 1896 von Freud formulierten Widerständen gegen seine Verführungstheorie kann man noch heute in der gleichen widerspruchsvollen Form begegnen; doch läßt sich die narzißtische Besetzung des Kindes durch den Erwachsenen, in der auch der sexuelle und agressive Mißbrauch eine große Rolle spielen, bei allem, was wir heute wissen, kaum mehr ernsthaft leugnen. Bevor Sigmund Freud seine Funde mit der Triebtheorie zudecken mußte, schrieb er die folgenden Sätze:

Alle die seltsamen Bedingungen, unter denen das ungleiche Paar sein Liebesverhältnis fortführt: der Erwachsene, der sich seinem Anteil an der gegenseitigen Abhängigkeit nicht entziehen kann, wie sie aus einer sexuellen Beziehung notwendig hervorgeht, der dabei doch mit aller Autorität und dem Rechte der Züchtigung ausgerüstet ist und zur ungehemmten Befriedigung seiner Launen die eine Rolle mit der anderen vertauscht; das Kind, dieser Willkür in seiner Hilflosigkeit preisgegeben, vorzeitig zu allen Empfindlichkeiten erweckt und allen Enttäuschungen ausgesetzt, häufig in der Ausübung der ihm zugewiesenen sexuellen Leistungen durch seine unvollkommene Beherrschung der natürlichen Bedürfnisse unterbrochen – alle diese grotesken und doch tragischen Mißverhältnisse prägen sich in der ferneren Entwicklung des Individuums und seiner Neurose in einer Unzahl von Dauereffekten aus, die der eingehendsten Verfolgung würdig wären.

Wo sich das Verhältnis zwischen zwei Kindern abspielt, bleibt der Charakter der Sexualszenen doch der nämliche abstoßende, da ja jedes Kinderverhältnis eine vorausgegangene Verführung des einen Kindes durch einen Erwachsenen postuliert. Die psychischen Folgen eines solchen Kinderverhältnisses sind ganz außerordentlich tiefgreifende; die beiden Personen bleiben für ihre ganze Lebenszeit durch ein unsichtbares Band miteinander verknüpft.

Gelegentlich sind es Nebenumstände dieser infantilen Sexualszenen, welche in späteren Jahren zu determinierender Macht für die Symptome der Neurose gelangen. So hat in einem meiner Fälle der Umstand, daß das Kind abgerichtet wurde, mit seinem Fuß die Genitalien der Erwachsenen zu erregen, hingereicht, um Jahre hindurch die neurotische Aufmerksamkeit auf die Beine und deren Funktion zu fixieren und schließlich eine hysterische Paraplegie zu erzeugen. (S. Freud, 1896c, S. 452 f.)

Mit diesen wenigen Worten hat Freud die Situation des Kindes beschrieben, wie sie zumindest in unserer Kultur seit Jahrtausenden unverändert besteht. *Die Verknüpfung der Bedürftigkeit der Eltern nach Liebe mit ihrem Recht auf den Gebrauch und zugleich auf die Züchtigung des Kindes* ist ein in unserer Kultur so stark integrierter Faktor, daß seine Berechtigung bisher nur von ganz wenigen Menschen in Frage gestellt wurde.

Nun hat uns aber die psychoanalytische Methode mit den Folgen dieses Faktors konfrontiert: mit dem Phänomen der Verdrängung und dem damit in Zusammenhang stehenden Verlust der Lebendigkeit in der Neurose. Diese Enthüllung hat die Aufnahmefähigkeit der Menschen offenbar sehr stark überfordert. Die Erschütterung, Verwirrung und Ratlosigkeit, die sie hervorrief, konnte nur durch das Negieren der Tatsachen oder, sofern dies nicht mehr möglich war, durch den Aufbau von verschiedenen Theorien bewältigt (abgewehrt) werden. Je komplizierter, unverständlicher und rigider diese Theorien waren, desto besser konnten sie garantieren, daß der an sich klare, aber schmerzliche Sachverhalt verborgen blieb.

Es besteht in der Öffentlichkeit eine seltsame Diskrepanz in der Verträglichkeit von Nachrichten und Informationen. So kann ein Mensch allerlei Seltsames in seiner Zeitung an einem Abend finden, ohne daß ihn das aus seiner gewohnten Ruhe bringen würde. Da steht z. B. etwas von einem Vater, der seine Frau und drei kleine Kinder erstochen hat und sich dann selber das Leben nahm. Dieser Mann galt bisher als ein gewissenhafter Angestellter und fiel durch sein Verhalten kaum auf. Möglicherweise wird unser Zeitungsleser je nach Bildungsgrad und Ideologie denken: »Dieser Mann war eben doch ein geborener Psychopath, auch wenn er das bisher verheimlichen konnte.« Oder: »Die Wohnungsnot und die Überforderung am Arbeitsplatz haben den Mann dazu getrieben, seine drei Kinder und die Frau umzubringen.« In der gleichen Zeitung kann man einen Bericht aus einem Terroristenprozeß lesen, in dem der des mehrfachen Mordes beschuldigte junge Mann einen einstündigen ideologischen Vortrag hält, sowie ein Interview mit seiner Mutter, die in sehr überzeugender Weise berichtet, daß dieser ihr Sohn, in seiner ganzen Kindheit und Jugend bis zur Universitätszeit niemals Schwierigkeiten gemacht hätte. So kommt der Leser auf die »naheliegende« Erklärung, daß der »schlechte Einfluß« der anderen Studenten diesen

Mann zum Terroristen gemacht habe. Beim weiteren Blättern findet sich noch eine Nachricht über die Zunahme der Selbstmordrate in einem Luxusgefängnis, in dem die Gefangenen in Einzelzellen isoliert sind, die dem Leser den Ausruf entlocken könnte: »Da sieht man ja, wie die Menschen heutzutage verwöhnt sind. Der Wohlstand und der materielle Überfluß macht sie noch unzufriedener, und an allen Gewaltakten der heutigen Jugend ist möglicherweise die antiautoritäre Erziehung schuld.« Solche Erklärungen beruhigen den Leser und bestätigen sein Wertsystem. Das Geschehen bleibt außerhalb von ihm selber. Er möchte im Grunde *lieber nicht wissen*, wie es dazu kommen kann, daß ein liebender Vater plötzlich seine drei Kinder umbringt, daß ein gehorsamer Sohn zum Terroristen wird, ein Gefangener zum Selbstmörder. Wenn er sich diese Fragen stellen würde, wäre seine Ruhe dahin. Denn wer kann ihm garantieren, daß seine bisher erfolgreiche Anpassung nicht auch eine gefährliche Kehrseite hat und daß es ihm immer gelingen wird, diese von sich fernzuhalten?

Ein wirkliches Verstehenwollen schließt diese Garantie aus, weil das Verständnis für das fremde Unbewußte eine Vertrautheit mit dem eigenen voraussetzt. Wie soll der Ausbruch einer Geisteskrankheit, der Drogensucht oder Delinquenz verstanden werden, wenn der unbewußte Teil der eigenen und fremden Seele ignoriert wird?

Mit diesem Widerstand der Öffentlichkeit ringt Freud in seiner Studie *Zur Ätiologie der Hysterie*. Er weiß, daß er auf eine Wahrheit gestoßen ist, die alle Menschen betrifft, nämlich auf die Folgen der Kindheitstraumen im späteren Leben des Menschen (was nicht mit kausaler Determinierung identisch ist), und er weiß zugleich, daß die überwiegende Mehrheit der Menschen gegen ihn sein wird, gerade weil er die Wahrheit sagt.

Der Gehalt der Freudschen Entdeckung kann von vielen bestritten werden, weil die meisten Menschen ihr Unbewußtes ignorieren, auch gerade wenn sie von ihm in verhängnisvoller Weise beherrscht werden. Und doch ist es das gute Recht eines jeden Menschen, seine Träume als Schäume zu bezeichnen und sein Unbewußtes zu leugnen. So kommt es zu der paradoxen Situation, daß der oben beschriebene Zeitungsleser auch die unverständlichsten, seltsamsten menschlichen Handlungen ohne Verwunderung hinnehmen kann, die absurdesten Erklärungen dafür ohne Gemütsbewegung und bereitwillig gelten läßt, sofern sie ihn selber draußen lassen. Gleichzeitig wird er aber mit Wut oder Spott reagieren, wenn jemand ihn auf unbewußte Gründe der unverständlichen Handlungen aufmerksam macht, weil diese Erklärungen auf Möglichkeiten hinweisen, deren Wahrnehmung seine notwendigen, komplizierten Abwehrmechanismen bedroht.

Die Triebtheorie kommt diesen Abwehrmechanismen entgegen, wenn sie in den infantilen, sexuellen Phantasien und Konflikten den Ursprung der Neurose sieht, weil so die geforderte Idealisierung der Eltern erhalten bleiben kann. Das kann man verstehen und – im Hinblick auf die Herrschaft der Schwarzen Pädagogik im Jahre 1897 – auch akzeptieren. Nur kann man die empirischen Funde, die Freud zur Verführungstheorie geführt haben und die er 1896 dargelegt hat, nicht mehr in diese Theorie einbauen, auch wenn sich Freud darum, wie es scheint, sein Leben lang immer wieder bemüht hat. Das 1896 beschriebene und 1897 wieder verlassene, sexuell (und nichtsexuell) mißhandelte Kind ist in der Triebtheorie logischerweise nicht mehr auffindbar, denn das Vokabular der Schwarzen Pädagogik und der Blick für die Realität des geopferten Kindes schließen einander notwendigerweise aus. Ein Analytiker, der weiß, was Kindern unbewußt angetan werden kann, wird nicht wie ein Erzieher versuchen, die Realität des Machtmißbrauchs damit zuzudecken, daß er die vagen, zaghaften Erinnerungen des Patienten auf seine infantilen Phantasien zurückführt. Selbstverständlich kann das Kind ein reiches Phantasieleben haben, aber dieses dient immer der Bewältigung der

Realität, d. h. meistens der Beschönigung im Dienste der Abwehr (des Überlebens) und niemals der Anschwärzung der geliebten Bezugspersonen.

Der Mann, der als Entdecker des Ödipuskomplexes in die Geschichte einging, schrieb 1896 die folgenden Sätze:

Die allgemeinen Bedenken gegen die Verläßlichkeit der psychoanalytischen Methode können erst gewürdigt und beseitigt werden, wenn eine vollständige Darstellung ihrer Technik und ihrer Resultate vorliegen wird; die Bedenken gegen die Echtheit der infantilen Sexualszenen aber kann man bereits heute durch mehr als ein Argument entkräften. Zunächst ist das Benehmen der Kranken, während sie diese infantilen Erlebnisse reproduzieren, nach allen Richtungen hin unvereinbar mit der Annahme, die Szenen seien etwas anderes als peinlich empfundene und höchst ungern erinnerte Realität. Die Kranken wissen vor Anwendung der Analyse nichts von diesen Szenen, sie pflegen sich zu empören, wenn man ihnen etwa das Auftauchen derselben ankündigt; sie können nur durch den stärksten Zwang der Behandlung bewogen werden, sich in deren Reproduktion einzulassen, sie leiden unter den heftigsten Sensationen, deren sie sich schämen und die sie zu verbergen trachten, während sie sich diese infantilen Erlebnisse ins Bewußtsein rufen, und noch, nachdem sie dieselben in so überzeugender Weise wieder durchgemacht haben, versuchen sie es, ihnen den Glauben zu versagen, indem sie betonen, daß sich hiefür nicht wie bei anderem Vergessen ein Erinnerungsgefühl eingestellt hat.

Letzteres Verhalten scheint nun absolut beweiskräftig zu sein. Wozu sollten die Kranken mich so entschieden ihres Unglaubens versichern, wenn sie aus irgend einem Motiv die Dinge, die sie entwerten wollen, selbst erfunden haben?

Daß der Arzt dem Kranken derartige Reminiszenzen aufdränge, ihn zu ihrer Vorstellung und Wiedergabe suggeriere, ist weniger bequem zu widerlegen, erscheint mir aber ebenso unhaltbar. Mir ist es noch nie gelungen, einem Kranken eine Szene, die ich erwartete, derart aufzudrängen, daß er sie mit allen zu ihr gehörigen Empfindungen zu durchleben schien; vielleicht treffen es andere besser.

Es gibt aber noch eine ganze Reihe anderer Bürgschaften für die Realität der infantilen Sexualszenen. Zunächst deren Uniformität in gewissen Einzelheiten, wie sie sich aus den gleichartig wiederkehrenden Voraussetzungen dieser Erlebnisse ergeben muß, während man sonst geheime Verabredungen zwischen den einzelnen Kranken für glaubhaft halten müßte. Sodann, daß die Kranken gelegentlich wie harmlos Vorgänge beschreiben, deren Bedeutung sie offenbar nicht verstehen, weil sie sonst entsetzt sein müßten, oder daß sie, ohne Wert darauf zu legen, Einzelheiten berühren, die nur ein Lebenserfahrener kennt und als feine Charakterzüge des Realen zu schätzen versteht (S. Freud, 1896c, S. 440 f.).

War es Freuds »Naivität«, wie er selber später meinte, oder war es seine geniale Intuition, die ihn diese einfachen und klaren Zeilen schreiben ließ?

Jede Religion hat ihre Tabus, die von ihren Angehörigen akzeptiert werden müssen, wenn sie nicht aus der Glaubensgemeinde ausgestoßen werden wollen. Das schließt zwar eine immanente Entwicklung aus, kann aber nicht verhindern, daß es immer wieder Menschen gibt, die einzelne Tabus angreifen, damit den vertrauten Boden verlassen und so zu Gründern neuer Bekenntnisse werden. Doch den alten Glauben zu verändern oder zu bereichern vermögen sie nicht. Immerhin bekommt der Einzelne dann noch die Möglichkeit, zwischen verschiedenen Glaubensbekenntnissen zu wählen, falls er nicht als Kind für ein bestimmtes streng konditioniert wurde.
Was geschieht aber, wenn eine große, wissenschaftliche Entdeckung, die für jeden Menschen Geltung hat, für eine Schule usurpiert und mit Dogmen und Tabus belegt wird? Dann entsteht die paradoxe Situation, daß die ursprüngliche Entdeckung, die den Anfang neuer Entdeckungen und einer grundlegenden Bewußtseinsvertiefung hätte werden können, dieser Möglichkeit beraubt wird, weil die inzwischen aufgestellten Dogmen durch neue Entdeckungen gefährdet wären.
In dieser Situation scheint sich mir die Psychoanalyse zu befinden. Freuds Berührung mit dem frühkindlichen Leiden im Unbewußten des Erwachsenen ist von noch lange

nicht voll erkannter, unausschöpflicher Bedeutung. Doch schon die erste naheliegende Konsequenz dieser Entdeckung zog mit sich die Gefahr einer gefährlichen Tabu-Überschreitung. Die von Freud zunächst mit Hypnose und dann mit der Methode der freien Assoziation behandelten Patienten schienen durchwegs darauf hinzuweisen, daß diese Menschen als Kinder von ihren Eltern, Erziehern oder ihren weiteren Familienangehörigen sexuell mißbraucht worden waren. Diese Mitteilungen der Patienten trotz des Widerstandes der Öffentlichkeit voll und ganz ernstzunehmen, hätte zur Voraussetzung gehabt, daß Freud nicht im patriarchalischen Familienbild gefangen, nicht unter dem Zwang des Vierten Gebotes gestanden und frei von Schuldgefühle machenden Elternintrojekten gewesen wäre. Da diese Freiheit in jener Zeit völlig unmöglich war, mußte sich Freud dazu entscheiden, die Berichte seiner Patienten als Phantasien zu betrachten und eine Theorie aufzubauen, die es erlaubte, die Erwachsenen zu schonen und die Symptome der Kranken auf die Verdrängung ihrer eigenen infantilen sexuellen Wünsche zurückzuführen.

In einem Brief an Fließ vom 21. 9. 1897 zählt Freud die Gründe auf, die ihn bewogen haben, die Verführungstheorie aufzugeben. Unter anderem heißt es dort:

. . . die Einsicht in die nicht erwartete Häufigkeit der Hysterie, wo jedesmal dieselbe Bedingung erhalten bleibt, während doch solche Verbreitung der Perversion gegen Kinder wenig wahrscheinlich ist. (Die Perversion muß unermeßlich häufiger sein als die Hysterie, da ja Erkrankung nur eintritt, wo sich die Ereignisse gehäuft haben und ein die Abwehr schwächender Faktor hinzugetreten ist).« (S. Freud, 1950a, S. 230.)

Das Schicksal wollte es, daß wir gerade dank der Methode, die Sigmund Freud entwickelt und der Menschheit als Instrument der Erkenntnis gegeben hat, eine Vielzahl von Tatsachen feststellen können, die ihm seinerzeit noch unwahrscheinlich vorkamen. Seit der oben zitierte Satz geschrieben wurde, sind nun 84 Jahre vergangen. In dieser Zeit wurden in zahlreichen Ländern sehr verschieden geartete Patienten analysiert und bekamen die Gelegenheit, ihre Wünsche, Phantasien und Gedanken in der Analyse offen auszusprechen. Aus diesen Analysen wissen wir, wie oft die eigenen Kinder das Objekt sexueller Erregung sein können und daß es gerade da nicht zu verstecktem Mißbrauch kommt, wo diese Wünsche zugelassen und ausgesprochen werden können. Die Tendenz, das Kind für alle seine Bedürfnisse optimal zu benützen, ist so verbreitet und in der ganzen Weltgeschichte so selbstverständlich, daß ich auch beim sexuellen Mißbrauch nicht von einer Perversion sprechen möchte, sondern von einer der vielen Formen von Machtausübung des Erwachsenen über das Kind.

Es gab mehrere, auch persönliche, Motive, die Sigmund Freud dazu bewogen haben, seine Verführungstheorie aufzugeben. Im genannten Brief an Fließ zählte er sie alle auf, soweit sie ihm bewußt waren, und später hat die Entdeckung seines Ödipuskomplexes eine große Rolle dabei gespielt. Diese Entwicklung hat der Menschheit geholfen, die für sie wohl unbequemste und sehr kränkende Wahrheit nicht zu sehen oder nicht ernstzunehmen, wie es die Kirche auch angesichts der Entdeckungen von Galilei und Kopernikus lange Zeit vermochte. Doch eine einmal ausgesprochene Wahrheit kann nicht vollständig verschwinden, sie wird sich früher oder später durchsetzen, auch wenn ihr Entdecker seine Mitteilung zurückziehen sollte.

Sigmund Freud hat sein Leben lang versucht, das, was er vorgefunden hat, nämlich den sexuellen Hintergrund der damaligen Neurosen, den er für den einzig möglichen hielt, zu retten, indem er diese Tatsache mit Theorien verkleidete, die die Aufmerksamkeit vom Tun des Erwachsenen auf die Phantasien des Kindes ablenkten und die damit der von der Schwarzen Pädagogik geprägten Generation entgegenkamen. Selbstverständlich halte ich diesen Schritt nicht für die Folge einer bewußten Überlegung, sondern vielmehr für einen unbewußten, ja vielleicht sogar kreativen Versuch, die Wahrheit um jeden Preis zu retten. Auch wenn der Preis dieser Rettung hoch war, so konnte er doch nicht verhindern, daß *dank der Ausübung der Psychoanalyse* in den letzten 80 Jahren Menschen immer wieder auf Zusammenhänge gestoßen sind (nämlich u. a. in der Familientherapie, in der Kinderanalyse, in der Schizophreniebehandlung und in der Psychohistorie), die zumindest die partielle Gültigkeit der ersten Freudschen Funde empirisch bestätigen, auch wenn oder gerade weil bis jetzt keine Theorie darüber ausgearbeitet wurde. Im Jahre 1896 schrieb Sigmund Freud:

Wenn wir die Ausdauer haben, mit der Analyse bis in die frühe Kindheit vorzudringen, so weit zurück nur das Erinnerungsvermögen eines Menschen reichen kann, so veranlassen wir in allen Fällen den Kranken zur Reproduktion von Erlebnissen, die infolge ihrer Besonderheiten sowie ihrer Beziehungen zu den späteren Krankheitssymptomen als die gesuchte Ätiologie der Neurose betrachtet werden müssen. Diese *infantilen* Erlebnisse sind wiederum *sexuellen* Inhalts, aber weit gleichförmigerer Art als die letztgefundenen Pubertätsszenen; es handelt sich bei ihnen nicht mehr um die Erweckung des sexuellen Themas durch einen beliebigen Sinneseindruck, sondern um sexuelle Erfahrungen am eigenen Leib, um *geschlechtlichen* Verkehr (im weiteren Sinne). Sie gestehen mir zu, daß die *Bedeutsamkeit* solcher Szenen keiner weiteren Begründung bedarf; fügen Sie nun noch hinzu, daß Sie in den Details derselben jedesmal die *determinierenden* Momente auffinden können, die Sie etwa in den anderen, später erfolgten und früher reproduzierten Szenen noch vermißt hätten.
Ich stelle also die Behauptung auf, zugrunde jedes Falles von Hysterie befinden sich – durch die analytische Arbeit reproduzierbar, trotz des Dezennien umfassenden Zeitintervalles – *ein oder mehrere Erlebnisse von vorzeitiger sexueller Erfahrung*, die der frühesten Jugend angehören. Ich halte dies für eine wichtige Enthüllung, für die Auffindung eines *caput Nili* der Neuropathologie (S. Freud, 1896c, S. 438 f.).

Und einige Seiten weiter lesen wir:

Schließlich sind die Ergebnisse meiner Analyse imstande, für sich selbst zu sprechen. In sämtlichen achtzehn Fällen (von reiner Hysterie und Hysterie mit Zwangsvorstellungen kombiniert, sechs Männer und zwölf Frauen) bin ich, wie erwähnt, zur Kenntnis solcher sexueller Erlebnisse des Kindesalters gelangt. Ich kann meine Fälle in drei Gruppen bringen, je nach der Herkunft der sexuellen Reizung. In der ersten Gruppe handelt es sich um Attentate, einmaligen oder doch vereinzelten Mißbrauch meist weiblicher Kinder von seiten erwachsener, fremder Individuen (die dabei groben, mechanischen Insult zu vermeiden verstanden), wobei die Einwilligung der Kinder nicht in Frage kam und als nächste Folge des Erlebnisses der Schreck überwog. Eine zweite Gruppe bilden jene weit zahlreicheren Fälle, in denen eine das Kind wartende erwachsene Person – Kindermädchen, Kindsfrau, Gouvernante, Lehrer, leider auch allzuhäufig ein naher Verwandter – das Kind in den sexuellen Verkehr einführte und ein – auch nach der seelischen Richtung ausgebildetes – förmliches Liebesverhältnis, oft durch Jahre, mit ihm unterhielt. In die dritte Gruppe endlich gehören die eigentlichen Kinderverhältnisse, sexuelle Beziehungen zwischen zwei Kindern verschiedenen Geschlechtes, zumeist zwischen Geschwistern, die oft über die Pubertät hinaus fortgesetzt werden, und die nachhaltigsten Folgen für das betreffende Paar mit sich bringen. In den meisten meiner Fälle ergab sich kombinierte Wirkung von zwei oder mehreren solcher Ätiologien; in einzelnen war die Häufung der sexuellen Erlebnisse von verschiedenen Seiten her geradezu erstaunlich. Sie verstehen aber diese Eigentümlichkeit meiner Beobachtungen leicht, wenn Sie in Betracht ziehen, daß ich durchwegs Fälle von schwerer neurotischer Erkrankung, die mit Existenzunfähigkeit drohte, zu behandeln hatte.

Wo ein Verhältnis zwischen zwei Kindern vorlag, gelang nun einige Male der Nachweis, daß der Knabe – der auch hier die aggressive Rolle spielt – vorher von einer erwachsenen weiblichen Person verführt worden war, und daß er dann unter dem Drucke seiner vorzeitig geweckten Libido und infolge des Erinnerungszwanges an dem kleinen Mädchen genau die nämlichen Praktiken zu wiederholen suchte, die er bei der Erwachsenen erlernt hatte, ohne daß er selbständig eine Modifikation in der Art der sexuellen Betätigung vorgenommen hätte.

Ich bin daher geneigt anzunehmen, daß ohne vorherige Verführung Kinder den Weg zu Akten sexueller Aggression nicht zu finden vermögen. Der Grund zur Neurose würde demnach im Kindesalter immer von seiten Erwachsener gelegt, und die Kinder selbst übertragen einander die Disposition, später an Hysterie zu erkranken (S. Freud, 1896c, S. 444 f.).

Was hätte das praktisch bedeutet, wenn Freud dieser Erkenntnis treu geblieben wäre? Wenn wir uns die Frauen des damaligen Bürgertums in den knöchelbedeckenden, eleganten Roben und die Männer mit ihren steifen, weißen Kragen und tadellos geschnittenen Anzügen als Freuds Leser vorstellen (denn es ist kaum anzunehmen, daß seine Bücher in Arbeiterkreisen verbreitet waren), dann können wir uns unschwer ausmalen, welches Potential an Empörung und Entrüstung den hier dargestellten Tatsachen entgegengebracht worden wäre. Die Entrüstung hätte sich nicht gegen den Mißbrauch der Kinder gerichtet, sondern gegen den, der es wagte, darüber zu sprechen. Denn die meisten dieser eleganten Leute waren von klein auf fest davon überzeugt, daß man nur von schönen, edlen, mutigen und erbaulichen Taten (Dingen) in der Öffentlichkeit reden dürfe, daß aber niemals das, was sie selber unter den Bettdecken ihrer eleganten Schlafzimmer als Erwachsene taten, in gedruckte Bücher gehöre. Sich sexuelle Lustbefriedigungen mit den Kindern zu verschaffen, konnte in ihren Augen nichts Böses sein, solange darüber geschwiegen wurde, denn sie waren davon überzeugt, daß das Kind keinen Schaden daran nehmen würde, ausgenommen, man würde über diese Handlungen mit ihm sprechen. So vollzogen sich diese Handlungen sprachlos, wie an Puppen, in der festen Überzeugung, daß eine Puppe niemals wird wissen und erzählen können, was man mit ihr gespielt hat. Um diese Diskretion zu garantieren, hat man Kinder auch nicht aufgeklärt und ihnen ihre eigenen erotischen Aktivitäten, die Berührungen des Genitale, das Onanieren und jedes Interesse für sexuelle Thematik verboten. Zugleich wurden die

Kinder im Vierten Gebot erzogen, und alles in ihrem Leben mußte vom höchsten Prinzip der Achtung für die Eltern durchdrungen sein. Das Kind mußte also ohne jede Hilfe mit dem unauflösbaren Widerspruch fertig werden, daß es schmutzig und verdorben sei, wenn es sein eigenes Genitale berühre, daß es aber gleichzeitig böse wäre, das Spiel mit seinem Körper dem Erwachsenen zu verweigern. Schon Fragen darüber zu stellen, war gefährlich. Freuds Fall »Dora« zeigt, welche unendlichen Hindernisse eine in dieser Atmosphäre aufgewachsene Frau zu überwinden hat, wenn sie die Kluft zwischen dem, was man ihr bewußt mitgegeben, und dem, was sie halbbewußt wahrgenommen hat, aufheben möchte, weil sie mit dieser Kluft nicht mehr leben kann. Weil die ersten Traumen nicht in bewußten Erinnerungen, sondern höchstens in unbewußten Rückständen, Symptomen und Träumen, existieren, weil sie im Widerspruch stehen zu dem idealisierten Bild der Eltern, das aus inneren und äußeren Gründen (z. B. denen der Schwarzen Pädagogik) erhalten bleiben muß, wehren sich diese Menschen mit allen Mitteln gegen das Bewußtwerden des Traumas. Freud beschreibt in einem Brief an Fließ vom 28. 4. 1897, wie eine seiner neuen Patientinnen diesen Konflikt formuliert.

Ich habe gestern eine neue Kur mit einer jungen Frau begonnen, die ich aus Zeitmangel eher abschrecken möchte. Sie hatte einen Bruder, der geisteskrank gestorben ist, und ihr Hauptsymptom – Schlaflosigkeit – trat zuerst auf, als sie den Wagen mit dem Kranken aus dem Haustor in die Anstalt wegfahren hörte. Seither Angst vor Wagenfahren, Überzeugung, daß ein Wagenunglück geschehen werde. Jahre später scheuten während einer Spazierfahrt die Pferde, sie benutzte die Gelegenheit, aus dem Wagen zu springen und sich einen Fuß zu brechen. Heute kommt sie und berichtet, daß sie viel an die Kur gedacht und ein Hindernis gefunden habe. Welches? – Mich selbst kann ich so schlecht machen, als es sein muß, aber andere Personen muß ich schonen. Sie müssen mir gestatten, keinen Namen zu nennen. – An Namen liegt es wohl nicht. Sie meinen die Beziehung zu Ihnen. Da wird sich wohl nichts verschweigen lassen. – Ich meine überhaupt, ich wäre früher leichter zu kurieren gewesen als heute. Früher war ich arglos, seither ist mir die kriminelle Bedeutung mancher Dinge klar geworden, ich kann mich nicht entschließen, davon zu sprechen. – Ich glaube umgekehrt, das reife Weib wird toleranter in sexuellen Dingen. – Ja, da haben Sie Recht. Wenn ich mir sage, daß es ausgezeichnet edle Menschen sind, die sich solcher Dinge schuldig machen, muß ich denken, es ist eine Krankheit, eine Art Wahnsinn und muß ich entschuldigen. – Also sprechen wir deutlich. In meinen Analysen sind es die Nächststehenden, Vater oder Bruder, die die Schuldigen sind. – Ich habe nichts mit meinem Bruder. – Also mit dem Vater.

Und nun kommt heraus, daß der angeblich sonst edle und achtenswerte Vater sie von 8-12 Jahren regelmäßig ins Bett genommen und äußerlich gebraucht (»naß gemacht«, nächtliche Besuche). Sie empfand dabei bereits Angst. Eine sechs Jahre ältere Schwester, mit der sie sich Jahre später ausgesprochen, gestand ihr, daß sie mit dem Vater die gleichen Erlebnisse gehabt. Eine Kusine erzählte ihr, daß sie mit 15 Jahren sich der Umarmung des Großvaters zu erwehren hatte. Natürlich konnte sie es nicht unglaublich finden, als ich ihr sagte, daß im frühesten Kindesalter ähnliche und ärgere Dinge vorgefallen sein müssen. Es ist sonst eine ganz gemeine Hysterie mit gewöhnlichen Symptomen (S. Freud, 1950a, S. 207 f.).

Nur wenige Monate später, im September 1897, distanzierte sich Sigmund Freud von seiner Verführungstheorie, die niemand, nicht einmal Breuer mit ihm teilen konnte, und fand dann »die Lösung« in der infantilen Sexualität und dem Ödipuskomplex, mit anderen Worten: in seiner Triebtheorie.

Ich mußte einen langen Weg zurücklegen, um meine seit meiner Ausbildungszeit immer wieder auftauchenden Zweifel an der Triebtheorie endlich ernstzunehmen und mich von dem Zwang, sie als Kernstück der Psychoanalyse zu sehen, zu befreien. Aber ich mußte diesen Weg gehen, wenn ich meinen Grundsatz nicht aufgeben wollte, von den Patienten zu lernen und sie nicht meinen Theorien anpassen zu wollen. Was ich in den von mir durchgeführten und kontrollierten Analysen über »infantile Sexualität« gelernt habe, ließe sich in den folgenden Thesen umschreiben:

1. *Sexuelle Ängste, Verwirrungen und Unsicherheiten* waren tatsächlich in der Kindheit jedes Patienten zu finden, wenn auch keineswegs ausschließlich diese. Aber ich verstehe jetzt die sexuellen Schwierigkeiten nicht, wie ich es gelernt hatte, als Abwehr der eigenen, kindlichen Sexualwünsche, sondern u. a. als Reaktionen auf die Sexualwünsche der Erwachsenen, deren Objekt das Kind selbst war. Wie ich schon sagte, braucht das kleine Kind, um zu überleben, die Liebe, Zuwendung, Aufmerksamkeit und Zärtlichkeit des Erwachsenen. Es wird alles tun, um sie zu bekommen und sie nicht zu verlieren. Wenn es bei seinen nächsten, wichtigsten Bezugspersonen spürt, daß ihr Interesse an ihm bewußt oder unbewußt sexuellen Charakter trägt, was oft vorkommt, weil die Eltern unserer Patienten häufig ein sexuell unbefriedigendes Leben führen, dann wird es zwar verunsichert, manchmal verängstigt und in krassen Fällen völlig desorientiert, aber es wird alle seine Fähigkeiten einsetzen, um diese Wünsche zu befriedigen, sie zumindest nicht allzusehr zu frustrieren, den Erwachsenen nicht zu verärgern, um keinen Preis seine Abwendung zu riskieren.

2. *Was die Eltern vom Kind brauchen*, gehört zum bestimmenden Gesetz seiner Existenz, dem es sich nie entziehen

kann, und darin bildet die Sexualität keine Ausnahme. Das Kind wird in sich pseudosexuelle Empfindungen produzieren, um dem bedürftigen Elternteil ein würdiger Partner zu sein und seine Aufmerksamkeit nicht zu verlieren. Pierre Bourdier hat in einer sehr aufschlußreichen Studie dieses Problem bei Kindern von psychotischen Müttern untersucht (vgl. Bourdier, 1972).

3. Die eigene, genuine Geschlechtsreife erwacht mit der körperlichen Reifung in der Pubertät. Was Sigmund Freud als »infantile Sexualität« vom ersten bis zum fünften Lebensjahr beschreibt, setzt sich nach meiner Auffassung aus verschiedenen Elementen zusammen, denen ich hier im einzelnen nachgehen möchte:

a) *die Autoerotik* – das Interesse am eigenen Körper und am eigenen Selbst;

b) die gesunde, intensive, noch nicht durch falsche und ausweichende Auskünfte verdrängte *Neugier* eines kleinen Kindes, das an allem, was es umgibt, interessiert ist und das auch auf Geschlechtsunterschiede und die »Urszene« (den elterlichen Geschlechtsverkehr) lebhaft reagiert;

c) die intensive *Eifersucht* auf die Gemeinsamkeiten der beiden erwachsenen Eltern, an denen man nicht teilnehmen kann (ödipales Dreieck);

d) die Freude an der *Manipulierbarkeit des eigenen Gliedes* und *die Angst*, die Erwachsenen würden dieser Freude ein Ende machen (Kastrationsangst);

e) *der Neid des kleinen Mädchens* auf diese Möglichkeit, besonders wenn die Erwachsenen bei der Aufklärung über die Geschlechtsmerkmale vom »Haben« und »Nichthaben« sprechen und die Bedeutung der Männlichkeit überbewerten (Penisneid);

f) die Intensität und *Heftigkeit der sinnlichen Erlebnisse* im Kindesalter im allgemeinen, zu denen auch Sensationen im oralen und analen Bereich gehören; (doch die Verknüpfung dieser Bereiche mit sexuellen Sensationen wird an das Kind von außen herangetragen);

g) der in der Reinlichkeitserziehung übliche (Macht-)
   Kampf um die Ausscheidungen des Kindes, die zu sog.
   analen Fixierungen führen und mehr von der Ent-
   machtung des Kindes als von triebhaft-sinnlichen
   Wünschen erzählen;

h) die ständige *Ausrichtung auf die Wünsche der Erwachsenen*,
   die in ihrer negativen Form auch im Trotz zu finden
   ist, und die volle Bereitschaft, sie zu beantworten.

Die Abnahme des Interesses für die Sexualität in der
Latenzzeit führt Freud auf die Verdrängung des Ödipuskomplexes zurück. Es gibt aber möglicherweise auch andere Gründe für diese Wendung. Wenn man das kleine
Kind nicht als Subjekt, nicht als den Träger, sondern als
das Objekt der Sexualwünsche des Erwachsenen sieht,
dann drängen sich nämlich noch andere Überlegungen
auf: Das kleine Kind ist den Berührungen des Erwachsenen viel mehr ausgesetzt als das größere. Es lebt viel
näher mit den Eltern zusammen, oft teilt es mit ihnen
das Schlafzimmer. Es ist auch in der ersten Lebenszeit
viel anziehender und erregender als zur Zeit des Zahn-
wechsels und in der Schulzeit. Außerdem kann man sich
besser auf die Diskretion eines kleinen als auf die eines
größeren Kindes verlassen, und man war ja bis vor kurzem bzw. man ist heute noch davon überzeugt, daß das,
was den ganz kleinen Kindern geschieht, überhaupt
keine Folgen habe und niemals Drittpersonen bekannt
werden könnte.

4. Es ist ganz natürlich, daß das Kind im Erwachsenen
Sexualbedürfnisse weckt, weil es schön, anschmiegsam,
zärtlich ist und weil es den Erwachsenen so bewundert
wie wohl niemand sonst in dessen ganzer Umgebung.
Wenn ein Erwachsener mit seinem gleichaltrigen Partner
ein befriedigendes Sexualleben führt, wird er sich die
Befriedigung seiner beim Kind aufgetauchten Wünsche
versagen können, ohne sie abzuwehren. Wenn er sich aber
bei seinem Partner erniedrigt und nicht ernstgenommen
fühlt, wenn sich seine eigenen Bedürfnisse nie entfalten,

wenn sie nie reifen durften, oder wenn er selber ein verführtes, ein vergewaltigtes Kind war, dann wird dieser Erwachsene besonders stark dazu neigen, an sein Kind seine sexuellen Bedürfnisse heranzutragen, bevor das Kind die Möglichkeit hat, mit ihnen umzugehen.

5. Die *als sexuell erlebten Wünsche* des Erwachsenen haben *oft narzißtischen Charakter*. Ich bin in einem anderen Zusammenhang (vgl. A. Miller, 1979) auf den narzißtischen Ursprung sexueller Perversionen näher eingegangen. Es würde mich nicht wundern, wenn in den krassesten Fällen von ausgesprochen pädophilen Annäherungen ganz andere als sexuelle Hintergründe, nämlich u. a. Macht-Ohnmachtprobleme, zu entdecken wären.

6. Ich habe die Erfahrung gemacht, daß ich therapeutisch viel weiter komme, wenn ich die sexuelle Verwirrtheit der Patienten als Ausdruck des sexuellen Mißbrauchs durch Erwachsene zu verstehen versuche. Das Verführungsverhalten einer sog. hysterischen Patientin verstehe ich nicht als Ausdruck ihrer sexuellen Wünsche, sondern als eine *unbewußte Mitteilung über eine Geschichte, an die jede andere Erinnerung fehlt* und an die nur der Weg dieser Inszenierung heranführen kann. Ich meine, daß die Patientin in der aktiven Rolle immer wieder darstellt, was ihr einmal oder mehrmals geschehen ist, was sie aber nicht erinnern kann, weil dies zu traumatisch war, um es ohne eine einfühlende Begleitperson in Erinnerung zu behalten. Sie inszeniert also das unbewußte Trauma ihrer Kindheit, an dem sie krank geworden ist (vgl. die Geschichte von Anita und den Fall von Thomas, oben S. 43 f.).

Die Geschichte des frühen traumatischen Mißbrauchs muß nicht in der hysterischen, verführenden Form erzählt werden. Die Umkehr des passiv Erlittenen in aktives Verhalten ist ein häufig vorkommender, aber nicht der einzige Abwehrmechanismus. Frigidität, Schlaflosigkeit, Ruhelosigkeit, Sucht können den gleichen Ursprung haben, ohne die für die Hysterie als typisch bezeichnete theatralische Note mitzutragen, in der der sexuelle Mißbrauch – wenn auch unter anderen Vorzeichen – unmittelbarer zur Inszenierung kommt.

Die sechs angeführten Thesen, die in krassem Gegensatz zu Freuds Theorie über die infantile Sexualität stehen, gehören nicht zum theoretischen Rüstzeug, mit dem ich schon immer gearbeitet habe. Sie ergaben sich vielmehr als Folge meiner praktischen Arbeit mit Patienten, unzähliger Beobachtungen, Träume und schließlich aus den Erfahrungen, daß diese Sicht dem Patienten mehr hilft, sich selbst und sein Schicksal zu verstehen, als die Suche nach seiner infantilen Sexualität, der er meistens bereitwillig zustimmt, in der er sich aber nicht wirklich verstanden fühlen kann. Wenn ich diese meine neugewonnene Sicht unter Psychoanalytikern äußere, stoße ich oft auf die bereits erwähnte Frage, warum dies so radikal anders zu sehen sei und warum man nicht beides gelten lassen könne, nämlich sowohl die sexuellen Traumatisierungen als auch die kindlichen sexuellen Wünsche. Wenn meine Thesen nur auf abstrakten, theoretischen Überlegungen beruhten, ließe sich vermutlich leicht alles verbinden und auseinandernehmen, denn der »psychische Apparat« als Denkmodell ist ja beliebig formbar. Doch eine solche Abstraktion liegt mir fern. Die hier entwickelten Überlegungen beruhen auf konkreten Erfahrungen, die nicht neu sind, die aber für mich erst einen Sinn bekamen, als ich sie im Zusammenhang mit der verborgenen, aber ubiquitären Machtausübung des Erwachsenen über das Kind zu sehen lernte. Von daher verstehe ich die Vorstellung von der »infantilen Sexualität« als Ausdruck einer pädagogischen Gedankenwelt, die die realen Machtverhältnisse zudeckt. So ist es begreiflich, daß ich nicht versuche, Brücken zwischen dem Verleugnenden und dem Verleugneten herzustellen, sondern vielmehr das Phänomen des kollektiven Verleugnens sichtbar zu machen und es, soweit es mir möglich ist, zu erklären.

Da das Kind zum Überleben die Idealisierung der Eltern braucht und da ihm die Erziehung verbietet, das ihm zugefügte Unrecht überhaupt zu merken, wahrzunehmen und zu artikulieren, andererseits aber die Gefühle des Kindes sehr heftig und intensiv sind, muß man sich nicht wundern, daß die Theorie der infantilen Sexualität so lange überdauerte. Und doch kann man sich wundern, daß es uns keine Mühe mehr macht anzunehmen, ein Kind wolle mit einem erwachsenen Menschen Sexualverkehr haben, während in der ganzen psychoanalytischen Theorie äußerst selten davon die Rede ist, wie das Kind auf die sexuell bedürftigen Eltern wirkt. Es wird auch selten gefragt, was es für ein kleines Kind bedeutet, wenn es mitten in der Zärtlichkeit in den Augen seiner Mutter oder seines Vaters die sexuellen Bedürfnisse spürt, die es beantworten möchte, aber nicht beantworten kann.

Die Begegnung mit diesem Blick ist aber die sanfteste Form der Desorientierung. Eine ganze Skala von unverständlichen und beängstigenden Berührungen bis zu Vergewaltigungen ist viel öfter anzutreffen als man gewöhnlich anzunehmen geneigt ist (vgl. L. Sebbar, 1980).

Der Unterschied zwischen dem Neurosenbild unserer Zeit und demjenigen Sigmund Freuds wird von Heinz Kohut (1979) darauf zurückgeführt, daß die heutigen Patienten überhaupt keine Nähe zu den Eltern erfahren durften, während die frühere Generation unter sexueller Überstimulierung gelitten habe. Eine solche Unterscheidung verkennt die Aussagekraft des klinischen Materials, von dem auch Kohuts Beispiele keine Ausnahme bilden und in dem man immer wieder beobachtet, wie sexuelle Stimulierung je nachdem von Wutausbrüchen oder Gleichgültigkeit abgelöst werden kann. Gerade der Kohutsche Begriff des Selbstobjektes hilft, diese Kombination zu verstehen, wenn man die ubiquitäre Tatsache ernstnehmen kann, daß Kinder sehr oft von ihren Eltern als Ersatz der einst vermißten Selbstobjekte benutzt werden.

Es ist bekannt, daß Väter manchmal ihre Töchter vergewaltigen, und in der letzten Zeit sind solche Berichte zugänglicher, weil die Töchter mehr Chancen haben, Verborgenes preiszugeben, sofern sich das Trauma im späteren, erinnerbaren Alter abspielt (vgl. L. Sebbar, 1980). Das hat oft nichts mit der sogenannten »Inzestliebe« zu tun, es ist für die Väter, wie es in einer italienischen Zeitung einmal stand, »die billigste Form, sich Lust zu verschaffen«.

Wenn ich vom unbewußten Trauma spreche, so meine ich nicht, daß ein bestimmtes Ereignis die Ursache der neurotischen Entwicklung sein muß. Es handelt sich vielmehr um die ganze Atmosphäre der frühen Kindheit, die in der Übertragung und Gegenübertragung zum Vorschein kommt. Was zu einer gestörten psychischen Entwicklung führt, sind nicht erlittene Entbehrungen, sondern narzißtische Kränkungen – zu denen auch sexueller Mißbrauch gehört – zur Zeit der größten Hilflosigkeit des Kindes und im Schutze seiner Verdrängung, die dem Erwachsenen die Diskretion sichert, aber dem Kind mit der Auflage des Nichtwissens den Zugang zu seinen Gefühlen und seiner Lebendigkeit versperrt. Es ist dieses Nichtsagen- und *Nichtwissendürfen*, das später zu krankhaften Entwicklungen führt.

Von der bekannten Schriftstellerin Virginia Woolf, die von ihrem dreizehnten Lebensjahr an immer wieder an psychotischen Schüben litt und sich im reifen Alter das Leben nahm, berichtet ihr Biograph, Quentin Bell, sie hätte an »einer krebsartigen Zersetzung des Geistes« gelitten und »Stimmen des Wahnsinns« gehört. Er schreibt: »Ich weiß nicht genug über Virginias psychische Erkrankungen, um sagen zu können, ob ihnen ein psychisches Trauma zugrunde lag« (S. 69). Doch zwei Seiten früher berichtet Bell ausführlich, daß der viel ältere Halbbruder George die kleinen Mädchen Vanessa und Virginia jahrelang für seine sexuellen Spiele benutzt hatte (S. 67).

Nicht ohne Einfühlung erzählt er:

Den Schwestern kam das Ganze vor, als verwandle sich George vor ihren Augen in ein Ungeheuer, einen Tyrannen, gegen den es keine Verteidigung gab; denn wie hätten sie über den heimlichen, dem Verräter selbst halb unbewußten Verrat sprechen oder etwas dagegen unternehmen können? Dazu erzogen, im Zustand unwissender Reinheit zu verharren, werden sie zuerst gar nicht begriffen haben, daß aus Zuneigung Begierde wurde, und erst ihr wachsender Ekel brachte sie wohl darauf. Dem und ihrer großen Schüchternheit ist es zuzuschreiben, daß Vanessa und Virginia so lange schwiegen. George war betont gefühlvoll und verschwenderisch mit seinen Liebkosungen und Zärtlichkeiten; zu sehen, daß sie vielleicht weitergingen, als selbst dem liebevollsten Bruder erlaubt ist, hätte es schon eines wissenden Blicks bedurft; die Gutenachtfummeleien konnten durchaus als normale Fortsetzung seiner auch tagsüber bewiesenen Anhänglichkeit gelten. Jedenfalls war es schwer für die Schwestern, zu entscheiden, wo sie hätten die Grenze ziehen, Protest anmelden und einen Skandal riskieren sollen; noch schwerer, überhaupt jemanden zu finden, mit dem sie darüber hätten sprechen können. Stella, Leslie, die Tanten – alle würden mit Entsetzen, Entrüstung und Ungläubigkeit reagiert haben. Der einzige Ausweg schien demnach die *stumme* (AM) Flucht; aber auch der blieb ihnen versagt: sie mußten in das Lob ihres Verfolgers einstimmen; denn seine Avancen wurden mit begeistertem Applaus quittiert, und immer wieder bekamen sie zu hören, man hoffe, »der liebe George« werde sie nicht undankbar finden. (Qu. Bell, 1978, S. 67).

Diese Spiele dauerten mehrere Jahre an, bis zu Virginias zwölftem Lebensjahr.

In der ganzen liebevollen Umgebung gab es also keinen Menschen, dem sich Virginia hätte anvertrauen können, ohne Angst haben zu müssen, daß sie selber beschuldigt werde, weil ihr Halbbruder schon erwachsen war und im Schutz der andern Erwachsenen stand. Ihre Unsicherheit wäre vielleicht weniger groß gewesen, wenn nicht schon früher, im Alter von vier und fünf Jahren, ein anderer Halbbruder ähnliches mit ihr gemacht hätte.

In einem Brief an Ethel Smith vom 12. Januar 1941 (das Todesjahr!) schreibt Virginia: »Ich zittere noch immer vor Scham, wenn ich daran denke, wie mich mein Halbbruder, als ich sechs war, auf ein Sims stellte und meine

Geschlechtsteile untersuchte« (Qu. Bell, 1978, S. 84). Aus einem erst später entdeckten Dokument (Monk's House Papers, A 5 a) geht hervor, daß der hier erwähnte Halbbruder nicht George, sondern Gerald war. Ich habe die Erfahrung gemacht, daß in späteren Stadien der Analysen oft Erinnerungen auftauchen, in denen die Patientin als Kind von einem Onkel oder einem fremden Mann, nicht selten Priester, betastet wurde und weder gewagt hat, sich zu wehren, noch, irgend jemandem von diesem Erlebnis zu erzählen. Auf dem Boden der Triebtheorie wäre es naheliegend, die Patientin auf ihre damaligen angeblichen Lustgefühle anzusprechen. Solche Deutungen werden oft widerstandslos hingenommen, weil die Patientinnen an das Nichtverstandensein längst gewöhnt sind. Das Beispiel von Virginia Woolf zeigt indessen, wie sehr solche Triebdeutungen an der eigentlichen Not und Einsamkeit des Kindes vorbeigehen können. Häufig zeigt sich auch, daß die Erinnerung mit dem »Onkel« eine Deckerinnerung war. Und erst wenn diese erlebt und vom Analytiker einfühlend aufgenommen wurde, kann die noch frühere Erinnerung mit dem Vater oder dem größeren Bruder aus der Verdrängung auftauchen. Sie wird oft mit zahlreichen Träumen ähnlichen Inhalts und mit Erlebnissen in der Übertragung einhergehen. Immer wieder taucht dann in der Übertragung und in den Beziehungen mit aktuellen Partnern das Bedürfnis auf, *sich abzugrenzen, einen eigenen Raum zu haben*, den man beschützt*, sich *nicht mehr* für alles mögliche *gebrauchen zu lassen, nein sagen zu können, sich als getrennte Person zu erleben*. Auch Mißtrauen taucht auf, über das, was der andere mit einem vorhat, gepaart mit einer großen Angst, daß man die geliebte Person verliere, wenn man nicht vollständig zu ihrer Verfügung steht. In dieser Zeit der Analyse träumen z. B. Patientinnen oft, daß sie endlich zum erstenmal die Badezimmertüre zumachen konnten. Es stellt sich heraus, daß sie dies auch in der

---

* Vgl. den Titel eines Buches von Virginia Woolf: *Ein Zimmer für sich allein*.

Pubertät nie gewagt hätten und daß es dem Vater immer freistand, in das Badezimmer zu kommen, wann es ihm paßte. Sich abzuschließen hätte Mißtrauen bedeutet, und das hätte geheißen, den Vater zu kränken. Ein Patient träumt z. B., daß er wieder die engen Durchgänge seiner früheren Träume gesehen hat, aber diesmal nicht mehr Lust hatte, sich durch die engen Löcher durchzuzwängen und sich zu bücken, um in den nächsten Raum zu kommen, sondern auf diese Wege verzichtete und neue große Räume entdeckte. Eine Patientin träumt, daß sie in ihrer Wohnung ein Zimmer entdeckt hat, das gut abschließbar war und das von jetzt an *nur ihr allein gehörte*. Solche Träume haben symbolischen Charakter, weil es um die Befreiung des Selbst aus der fremden Gewalt geht, aber sehr oft bringen sie auch frühe reale Situationen zum Vorschein (wie im Falle des Badezimmers z. B.), die natürlich bereits in der Realität eine in bezug auf das Selbst eminente Bedeutung hatten.

Dieses Bedürfnis, aus der Verwobenheit mit den Wünschen des Anderen herauszutreten und sich als getrennte Person zu erleben, steht oft (wenn auch nicht immer) im Zusammenhang mit dem Bewußtwerden und dem emotionalen Erlebnis des sexuellen Mißbrauchs in der Kindheit. Das Entdecken der eigenen inneren Räume im Traum entspricht dem Entdecken des Selbst, das nicht mehr Instrument des Anderen ist und erst jetzt wirklich frei wird, sich dem Anderen zuzuwenden. Sehr oft verschwindet zu diesem Zeitpunkt eine chronische Schlaflosigkeit oder Frigidität. Obwohl der Biograph von Virginia Woolf zu berichten weiß, sie hätte »das Gefühl gehabt, George habe ihr Leben verdorben, noch bevor es überhaupt richtig begonnen hatte«, bleibt ihm der Zusammenhang dieser Tatsache mit der »rätselhaften« Psychose verborgen. Virginias Mann war der große Verleger Freuds in London, der Besitzer von Hogarth Press. Vielleicht hätte diese Bekanntschaft das Leben seiner Frau, der begabten Schriftstellerin, retten können, wenn Freud damals noch voll zu seiner Verführungstheorie hätte stehen können. Vielleicht hätte diese Frau Verständnis und daher Hilfe von ihm bzw. von seinen Schülern bekommen?

Serge Lebovici erzählte einmal in einem Vortrag über drei Fälle von Schlaflosigkeit bei Kleinkindern, die alle auf Verführungen durch die Mütter zurückzuführen waren. Die Kinder schliefen bei ihm in der Sprechstunde ein, sobald es ihm gelungen war, die Situation mit der Mutter und dem Kind so zu gestalten, daß das Kind keine Angst mehr haben mußte, die geliebte Person zu verlieren, wenn es sorglos in Schlaf versinken und sich nicht weiter um die Mutter kümmern würde. Um sich dem Schlaf anvertrauen zu können, muß der Säugling in der symbiotischen Phase seiner guten Symbiose sicher sein, und ein Kind in der späteren Zeit muß sich darauf verlassen können, daß sein Selbst ihm während des Schlafs nicht verlorengeht. Sexuell stimulierte Kinder können dieses wichtige Vertrauen nicht entwickeln, sie sind außenzentriert, immer bereit mitzumachen, wenn etwas von ihnen erwartet wird, unruhig, übererregt, irgendwie heimatlos und ohne das Recht auf »das eigene innere Zimmer.«

Der psychoanalytische Sprachgebrauch bedient sich des Wortes »Verführung« für recht verschiedene Phänomene, die ich aber hier auseinanderhalten möchte. Daher spreche ich eher vom sexuellen Mißbrauch des Kindes, der grobe und feine Formen der Mißhandlungen einschließt. Im Wort »Verführung« schwingt das Wunschdenken des Erwachsenen mit, der annimmt, daß das Kind seine Bedürfnisse teilt, im Wort »Mißbrauch« fallen solche Projektionen weg. Franz Kafka schildert in der Erzählung *Der Heizer* den Mißbrauch des kindlichen Körpers, wie er in der Perspektive des Kindes erlebt und nicht in der Theorie des Erwachsenen verstanden wird:

Einmal aber sagte sie »Karl« und führte ihn, der noch über die unerwartete Ansprache staunte, unter Grimassen seufzend in ihr Zimmerchen, das sie zusperrte. Würgend umarmte sie seinen Hals, und während sie ihn bat, sie zu entkleiden, entkleidete sie in Wirklichkeit ihn und legte ihn in ihr Bett, als wolle sie ihn von jetzt niemandem mehr lassen und ihn streicheln und pflegen bis zum Ende der Welt. »Karl, o du mein Karl!« rief sie, als sähe sie ihn und bestätige sich seinen Besitz, während er nicht das geringste sah und sich unbehaglich in dem vielen warmen Bettzeug fühlte, das sie eigens für ihn aufgehäuft zu haben schien. Dann legte sie sich auch zu ihm und wollte irgendwelche Geheimnisse von ihm erfahren, aber er konnte ihr keine sagen, und sie ärgerte sich im Scherz oder Ernst, schüttelte ihn, horchte sein Herz ab, bot ihre Brust zum gleichen Abhorchen hin, wozu sie Karl aber nicht bringen konnte, drückte ihren nackten Bauch an seinen Leib, suchte mit der Hand, so widerlich, daß Karl Kopf und Hals aus den Kissen herausschüttelte, zwischen seinen Beinen, stieß dann den Bauch einige Male gegen ihn – ihm war, als sei sie ein Teil seiner selbst, und vielleicht aus diesem Grunde hatte ihn eine entsetzliche Hilfsbedürftigkeit ergriffen (F. Kafka, 1954, S. 37; vgl. hierzu auch M. Mehr, 1981).

Wir verdanken der Psychoanalyse die Entdeckung der Abwehrmechanismen, darunter auch des Mechanismus der Projektion. Ohne seine Kenntnis wäre die Arbeit an der Übertragung, die für uns eine zentrale Bedeutung hat, ganz unmöglich. Aber wir haben noch nicht alle Konsequenzen aus dieser Entdeckung gezogen. Aus der Gegenübertragung wissen wir, wie schwer es sogar für einen erfahrenen Analytiker sein kann, als Träger der Projektionen zu fungieren. Wenn wir also keine Schwarzen Pädagogen sind und die »Sünde« der Projektion nicht nur dem Kind ankreiden, dann müssen wir uns doch vorstellen können, daß auch die Eltern auf das Kind projizieren; und zwar je jünger es ist, um so stärker, weil es ihnen dann noch nicht die Absurdität dieser Projektionen nachweisen kann. Schlagende Eltern sehen sehr oft eigene Elternfiguren in den Säuglingen, die sie schlagen.

Was geschieht aber in einem Kleinkind, vielleicht in einem Säugling, wenn es zum Träger von Projektionen wird, die sogar dem erfahrenen Analytiker das Leben schwer machen können? Gerade wenn die Eltern latent oder manifest psychotisch sind, muß das fürs ganze Leben des Kindes eine schwere Hypothek sein. Vielleicht liegt es auch an der Tragik dieser unabänderlichen Situation, daß Freud sich darüber keine Gedanken mehr machte, sondern auf dem Boden der Trieb- und Strukturtheorie eine Behandlungstechnik entwickelte, die sich darauf beschränkt, die Projektionen des Kindes und des Patienten zu sehen, die, sofern sie da sind, in einer Behandlung tatsächlich aufgehoben werden können. Aber die eigentliche Wurzel der Störung wird damit nicht tangiert.

Heroard, der Arzt am französischen Hof zur Zeit, als Ludwig XIII. noch ein kleines Kind war, berichtet in seinen Memoiren über die Spiele der Erwachsenen mit diesem Kind. Was in der viktorianischen Epoche verborgen werden mußte, geschah hier noch in völliger, leutseliger Offenheit. Ich zitiere ein langes Stück aus dem Bericht von Ariès, der auf diesen Memoiren gründet:

Eines der ungeschriebenen Gesetze unserer heutigen Moral, ein kategorisches und allgemein beachtetes, verlangt, daß die Erwachsenen sich vor Kindern jeglicher Anspielung, insbesondere jeglicher scherzhaften, auf sexuelle Dinge enthalten. Diese Einstellung war der alten Gesellschaft ziemlich fremd. Der moderne Leser von Heroards Tagebuch, worin die kleinen Begebenheiten aus dem Leben des jungen Ludwig XIII. verzeichnet sind, ist seltsam berührt von der Freizügigkeit, mit der man die Kinder behandelte, von der Grobheit der Scherze, der Unschicklichkeit der Gesten, deren Anblick niemanden schockierte und die natürlich erschienen. Nichts könnte uns eine bessere Vorstellung davon vermitteln, daß die moderne Einstellung zur Kindheit in den letzten Jahren des 16. und am Beginn des 17. Jahrhunderts gänzlich unbekannt war.

Ludwig XIII. ist noch kein Jahr alt: »Er lacht aus vollem Halse, als die Kinderfrau mit den Fingerspitzen seinen Piephahn hin und her bewegt.« Ein reizender Scherz, den das Kind sich unverzüglich zunutze macht: »Mit einem Heh! (macht er einen Pagen auf sich aufmerksam), hebt seinen Rock hoch und zeigt ihm seinen Piephahn.«

Er ist ein Jahr alt: »Sehr lustig«, notiert Heroard, »übermütig; läßt jeden seinen Piephahn küssen.« Er ist sich sicher, daß das jedem Freude macht. So hat man denn auch großen Spaß an seinem Auftritt vor zwei Besuchern, dem Herrn de Bonières und seiner Tochter: »Er hat ihn aus vollem Halse angelacht, hebt seinen Rock hoch, zeigt ihm seinen Piephahn, vor allem aber seiner Tochter, denn als er ihn ihr vorzeigt und dazu sein kleines Lachen lacht, schüttelt es ihn am ganzen Leibe.« Man fand das so drollig, daß das Kind sich dazu ermuntert fühlte, die Geste zu wiederholen, die ihm soviel Erfolg eingebracht hatte. Vor »einem kleinen Fräulein . . . hat er seinen Rock hochgehoben, und ihr mit einem solchen Eifer seinen Piephahn gezeigt, daß er darüber außer sich geriet. Er legte sich auf den Rücken, um ihn ihr zu zeigen.«

Er ist gerade ein Jahr alt, da ist er schon mit der Infantin von Spanien verlobt; seine Umgebung macht ihm begreiflich, was das bedeutet, und er versteht sie recht gut. Man sagt zu ihm: »Wo ist der Liebling der Infantin?« Da legt er die Hand auf seinen Piephahn.

Während der ersten drei Jahre seines Lebens findet niemand etwas dabei, zum Scherz das Geschlechtsteil dieses Kindes zu berühren: »Die Marquise (de Verneuil) steckt oft die Hand unter sein Kleid; er läßt sich auf das Bett seiner Amme legen, wo sie mit ihm schäkert, indem sie die Hand unter sein Kleid steckt . . . Madame de Verneuil will mit ihm schäkern und nimmt seine Hoden in die Hand; er stößt sie zurück und sagt: Weg, weg, lassen Sie das, gehen Sie weg. Er will um keinen Preis zulassen, daß die Marquise seine Hoden berührt; seine Amme hatte ihm das eingeschärft: Monsieur, lassen Sie nur niemanden Ihre Hoden anrühren, auch Ihren Piephahn nicht, sonst wird er Ihnen abgeschnitten. Er vergaß diese Worte nicht.«

»Als er aufgestanden ist, will er sein Hemd nicht nehmen und sagt: nicht mein Hemd [Heroard gibt gerne den Jargon und selbst den Akzent des Kindes wieder, das der Sprache noch nicht recht mächtig ist], ich will erst noch Milch aus meinem Piephahn geben; man streckt die Hand aus, er macht, als wenn er daran zöge, mit dem Mund macht er ›pss, pss‹, gibt dann jedoch allen davon, dann läßt er sich sein Hemd geben.«

Ein klassischer, oft wiederholter Scherz besteht darin, daß man zu ihm sagt: » ›Monsieur, Sie haben keinen Piephahn‹: er antwortet heiter, indem er ihn mit dem Finger hochhebt: ›Heh, siehst Du ihn denn nicht.‹« Diese Scherze waren nicht etwa der

Dienerschaft, einfältigen Jugendlichen oder leichtlebigen Frauen wie der Maitresse des Königs vorbehalten. So heißt es über die Königin, seine Mutter: »Die Königin legt ihre Hand auf seinen Piephahn und sagt: ›Mein Sohn, ich habe Ihren Schnabel weggenommen.‹ « Erstaunlicher noch ist folgender Abschnitt: »Entblößt sich ebenso wie Madame [seine Schwester]; sie werden nackt zum König ins Bett gelegt, wo sie sich küssen, miteinander flüstern und dem König großes Vergnügen bereiten. Der König fragt ihn: ›Mein Sohn, wo ist das Paket für die Infantin?‹ Er zeigt es vor und sagt: ›Es hat keinen Knochen, Papa.‹ Da es ein wenig steif ist, sagt er dann: ›Jetzt hat es gerade einen, das ist manchmal so.‹ «

Tatsächlich vergnügt man sich damit, seine ersten Erektionen zu beobachten: »Als er um acht Uhr aufwacht, ruft er Mlle. Bethouzay und sagt zu ihr: ›Zezai, mein Piephahn spielt Zugbrücke; jetzt steht er hoch, jetzt hat er sich wieder gesenkt.‹ Und er hob und senkte ihn.«

Als er vier Jahre alt ist, ist seine sexuelle Aufklärung so gut wie abgeschlossen: »Ist zur Königin geführt worden; Madame de Guise zeigt ihm das Bett der Königin und sagt zu ihm: ›Sehen Sie, Monsieur, da sind Sie gemacht worden.‹ Er antwortet: ›Mit Maman?‹ . . . Er fragt den Gatten seiner Amme: ›Was ist das?‹ ›Das ist mein Seidenstrumpf‹, sagt er. ›Und das?‹ [wie es bei Gesellschaftsspielen gemacht wird]. ›Das sind meine Kniehosen.‹ ›Woraus sind sie?‹ ›Aus Samt.‹ ›Und das?‹ ›Das ist mein Hosenlatz.‹ ›Und was ist da drin?‹ ›Ich weiß nicht, Monsieur.‹ ›Na, das ist ein Piephahn. Wozu ist der?‹ ›Ich weiß nicht, Monsieur.‹ ›Na, er ist für Madame Doundoun [seine Amme].‹ «

»Er stellt sich zwischen die Beine Madame de Montglats [seiner Gouvernante, einer sehr würdigen, hochgeachteten Frau, die sich – wie Heroard – über diese ganzen Scherze, die wir heute für untragbar halten, nicht aufzuregen scheint]. Der König sagt zu ihm: ›Da haben wir ja den Sohn von Madame de Montglat, sie kommt grade nieder.‹ Da macht er sich plötzlich los und drängt sich zwischen die Beine der Königin.«

Als er dann fünf, sechs Jahre alt ist, macht man keine Scherze mehr über sein Geschlechtsteil; dafür fängt er an, sich über die Geschlechtsteile anderer zu amüsieren. Mlle. Mercier, eine seiner Kammerfrauen, die über Nacht bei ihm gewacht hatte, lag noch im Bett, das dicht bei seinem stand (seine Diener, die manchmal verheiratet waren, schliefen in demselben Zimmer wie er, und seine Gegenwart brauchte sie nicht sehr zu genieren). »Er treibt seine Späße mit ihr«, läßt sie die Zehen bewegen, die Beine hochheben, »sagt seiner Amme, sie solle Ruten holen, um sie durchzuhauen, läßt diesen Auftrag ausführen … Seine Amme fragt ihn: ›Monsieur, was haben Sie bei der Mercier gesehen?‹ Er antwortet ungerührt: ›Ich habe ihren Hintern gesehen.‹ ›Was haben Sie noch gesehen?‹ Er antwortet ebenso ungerührt und ohne zu lachen, daß er ihr Loch gesehen habe.« Ein anderes Mal, so Heroard, »treibt er seine Späße mit Mlle. Mercier, ruft mich und erklärt mir, das sei die Mercier, die ein so großes (zeigt seine zwei Fäuste) Loch habe, und daß darin Wasser sei«.

Ab 1608 kommen solche Scherze nicht mehr vor; er wird ein kleiner Mann – er befindet sich im entscheidenden Alter von sieben Jahren –, und da ist es an der Zeit, daß man ihm anständiges Betragen und eine manierliche Sprache beibringt. So antwortet er, wenn man ihn fragt, wo die Kinder herkommen, von nun an wie Molières Agnès, daß sie aus dem Ohr kämen. Madame de Montglat tadelt ihn, als er »der kleinen Ventelet seinen Piephahn zeigt«. Und als man fortfährt, ihn morgens nach dem Aufwachen ins Bett Madame de Montglats, seiner Gouvernante, d. h. zwischen sie und ihren Gatten zu legen, entrüstet sich Heroard und bemerkt am Rande: »*insignis impudentia.*«

Man forderte dem zehnjährigen Jungen eine Zurückhaltung ab, die von dem fünfjährigen Kind zu verlangen einem nicht eingefallen wäre. Die Erziehung begann kaum vor dem siebten Geburtstag. Auch diese verspätete Besorgnis um die Schicklichkeit ist wieder den ersten Anfängen einer Sittenreform zuzuschreiben, erstes Anzeichen der religiösen und moralischen Erneuerung des 17. Jahrhunderts. Es war, als habe man eine Erziehung erst angesichts des herannahenden Mannesalters für sinnvoll gehalten. Als er vierzehn wurde, brauchte Ludwig XIII. gleichwohl nichts mehr hinzuzulernen, denn bereits mit vierzehn Jahren und zwei Monaten drängte man ihn nahezu gewaltsam ins Bett seiner Frau. Nach der Trauungszeremonie »legt er sich hin und ißt um dreiviertel sieben zu Abend. M. de Gramont und einige junge Herren erzählen ihm deftige Geschichten, um ihm Selbstvertrauen einzuflößen. Er läßt sich seine Pantoffeln geben, nimmt seinen Hausmantel und geht um acht Uhr in das Zimmer der Königin, wo er in Gegenwart der Königinmutter zur Königin, seiner Gemahlin, ins Bett gebracht wird; um viertel nach zehn kommt er zurück, nachdem er ungefähr eine Stunde geschlafen und es, so teilt er uns mit, zweimal gemacht hat; es schien zu stimmen, sein P . . . war rot.«

Mag sein, daß die Heirat von vierzehnjährigen Jungen seltener zu werden begann. Die Heirat dreizehnjähriger Mädchen war immer noch an der Tagesordnung.

Wir haben keinen Anlaß anzunehmen, daß das moralische Klima in anderen adligen oder in nichtadligen Familien anders war: diese familiäre Art, die Kinder in die sexuellen Späße der Erwachsenen einzubeziehen, war allgemein üblich, und die öffentliche Meinung fand daran nichts Anstößiges. Auch in der Familie Pascal dürfte es nicht anders zugegangen sein: Jacqueline Pascal schrieb mit zwölf Jahren Verse über die Schwangerschaft der Königin.

Thomas Platter d. J. berichtet in seinen Erinnerungen an seine Medizinstudentenzeit in Montpellier am Ende des 16. Jahrhunderts: »Die Zauberei [des Nestelknüpfens] wird inzwischen . . . auch von kleinen Knaben verrichtet, wie ich einen gekannt habe, der seines Vaters Dienstmagd diesen Schalk getan [bei der Hochzeit ihren Mann mit Impotenz zu schlagen] und auf der Magd dringliches Bitten [den Nestel] wieder aufgelöst hat, so daß ihr Mann alsbald wieder zurecht gekommen und kuriert worden ist.«

Pater de Dainville, Historiker der Jesuiten und der humanistischen Pädagogik, stellt ebenfalls fest: »Der schuldige Respekt gegenüber dem Kinde war damals [im 16. Jahrhundert] etwas gänzlich Unbekanntes. Ihm gegenüber erlaubte man sich alles: rohe Redensarten, schmutzige Handlungen und Situationen; sie hatten bald alles gehört, alles gesehen.«

Dieser Mangel an Zurückhaltung gegenüber den Kindern, die Art, sie in Späße einzubeziehen, die sich um sexuelle Themen drehten, überrascht uns; zügellose Reden, mehr noch, gewagte Gesten, Berührungen – es fällt einem nicht schwer, sich vorzustellen, was der moderne Psychoanalytiker dazu sagen würde! Doch hätte dieser Psychoanalytiker unrecht. Die Einstellung zur Sexualität und zweifellos auch die Sexualität selbst ist von Milieu zu Milieu und infolgedessen auch von Epoche zu Epoche und von Mentalität zu Mentalität verschieden. Heute scheinen uns

Berührungen, wie Heroard sie uns beschrieben hat, hart an sexuelle Anomalie zu grenzen, und niemand würde sie öffentlich wagen. Zu Beginn des 17. Jahrhunderts sah das noch anders aus. Ein Stich von Baldung Grien aus dem Jahre 1511 stellt eine heilige Familie dar. Die Geste der hl. Anna erscheint uns merkwürdig: sie öffnet die Schenkel des Kindes, als wolle sie sein Geschlecht entblößen und kitzeln. Zu Unrecht würde man darin eine recht kecke Anspielung erblicken wollen.

Diese Sitte, mit dem Geschlechtsteil des Kindes zu spielen, gehörte zu einer weitverbreiteten Tradition, die man heute noch in mohammedanischen Gesellschaften findet. Ebenso wie die naturwissenschaftlichen Techniken so ist auch die große Sittenreform an ihnen vorbeigegangen, die, anfänglich christlich, später dann weltlich, die verbürgerlichte Gesellschaft des 18. und insbesondere des 19. Jahrhunderts in England oder auch in Frankreich Disziplin gelehrt hat. So findet man in diesen mohammedanischen Gesellschaften Merkmale, die uns befremdlich erscheinen, den trefflichen Heroard jedoch nicht überrascht hätten. Sehen wir uns beispielsweise einen Auszug aus dem Roman *La Statue de sel* an. Verfasser ist der tunesische Jude Albert Memmi, und sein Buch ist ein merkwürdiges Zeugnis für die traditionale tunesische Gesellschaft und die Mentalität der halbverwestlichten jungen Generation. Der Held des Romans schildert eine Szene in der Straßenbahn, die zur Oberschule in Tunis fährt: »Vor mir ein Mohammedaner und sein Sohn, ein winziges Bürschlein mit der Miniaturausgabe einer rotgefärbten *chechia* in der Hand; zu meiner Linken, den Korb zwischen den Beinen und den Bleistift hinter dem Ohr, ein djerbischer Krämer, der unterwegs war, um Vorräte zu beschaffen. Die brütende Stille innerhalb des Wagens ließ den Djerben unruhig werden. Er lächelte dem Kind zu, das mit den Augen zurücklächelte und seinen Vater ansah. Der dankbare und geschmeichelte Vater ermunterte den Jungen und lächelte den Djerben an. ›Wie alt bist du?‹ fragte der Krämer das Kind. ›Zweieinhalb Jahre‹ antwortete der Vater [das Alter des kleinen Ludwig XIII.]. ›Hat die Katze ihn Dir schon abgebissen?‹ fragte der Krämer das Kind. ›Nein‹ antwortete der Vater, ›er ist noch nicht beschnitten, aber bald ist es soweit.‹ ›Sieh an, sieh an‹, sagte der andere. Er hatte ein Gesprächsthema gefunden. ›Verkaufst Du's mir, Dein Tierchen?‹ ›Nein!‹ sagte das Kind heftig. Offensicht-

lich kannte es die Szene; es war nicht das erstemal, daß ihm jemand diesen Vorschlag machte. Auch ich [das jüdische Kind] kannte sie, hatte sie früher, von anderen Provokateuren attackiert, mit demselben Gemisch aus Scham und Begehrlichkeit, Auflehnung und komplizenhafter Neugier mitgespielt. Dem Kind strahlte die Freude über die aufkeimende Männlichkeit [Memmi zeigt hier die moderne Einstellung des aufgeklärten Menschen, dem die Erkenntnisse der Forschung hinsichtlich des frühzeitigen Erwachens der kindlichen Sexualität geläufig sind; früher glaubten die Menschen dagegen, daß das Kind vor der Geschlechtsreife keine Sexualität kenne] und die Auflehnung gegen diesen unerhörten Angriff aus den Augen. Es sah seinen Vater an. Sein Vater lächelte, *es war ein altbekanntes Spiel* [Hervorhebung vom Verf.]. Unsere Nachbarn verfolgten die *traditionelle Szene* mit wohlwollendem, billigendem Interesse. ›Ich gebe Dir zehn Francs dafür‹, schlug der Djerbe vor. ›Nein‹, sagte das Kind. ›Na los, komm schon, verkauf mir Deinen kleinen Schw . . .‹, fing der Djerber wieder an. ›Nein, nein!‹ ›Ich biete Dir fünfzig Francs dafür.‹ ›Nein!‹ ›Ich will mich nicht lumpen lassen: tausend Francs!‹ ›Nein!‹ Der Djerbe setzte eine gespielt genießerische Miene auf: ›Und obendrein noch einen Sack Bonbons!‹ ›Nein! Nein!‹ ›Du sagst nein? Ist das Dein letztes Wort?‹ schrie der Djerbe und spielte den Wütenden, ›Zum letzten Mal: Du sagst nein?‹ ›Nein!‹ Da sprang der Erwachsene unvermittelt mit schreckenerregendem Gesichtsausdruck auf das Kind zu und machte sich in brutaler Weise an dessen kleinem Hosenlatz zu schaffen. Das Kind verteidigte sich mit Fausthieben. Der Vater schüttelte sich vor Lachen, der Djerbe wich nach Kräften aus, unsere Nachbarn lächelten breit.«
Hilft uns diese Szene des zwanzigsten Jahrhunderts nicht, das 17. Jahrhundert vor der Reform der Sitten besser zu verstehen? (Ph. Ariès, 1975, S. 175-180)

Es scheint sich niemand daran gestoßen zu haben, daß das Sexualorgan des Kindes von seiner ganzen Umgebung als Spielzeug der Erwachsenen benutzt wird. Wir dürfen nicht vergessen, daß es derjenige Körperteil ist, auf dessen Schutz und Intimität jeder dieser Erwachsenen ein Recht beansprucht. Es ist in unserer Kultur nicht üblich, daß man das Sexualorgan entblößt und es dem Zugriff anderer

Leute in der Öffentlichkeit freistellt. Nur mit dem Kind kann man das machen. Wenn das einem König geschieht, wird es einem Bürger- oder einem Bauernkind nicht anders ergangen sein, aber darüber haben Ärzte keine Memoiren geschrieben. Auf jeden Fall hat sich keiner darüber Gedanken gemacht, was sich in der Seele eines kleinen Kindes ereignet, das auf diese Art mißbraucht wird, dem in eben dem Bereich der Respekt verweigert wird, in dem die Erwachsenen ganz besonders auf diesen Respekt pochen. Wahrscheinlich wird dieses Kind später kaum eine andere Form der Verarbeitung finden, als diese Mißhandlung weiterzugeben. Wird aber ein kleines Kind mit den Maleraugen eines Hieronymus Bosch zum Spielzeug der zahlreichen Angestellten und des herumziehenden Volkes, dann finden sich diese Geschichten später in seinen Bildern.

Wenn man annimmt, daß die Kindheitsgeschichte Ludwigs XIII. keine Ausnahme bildet, daß aber solche Spiele in der viktorianischen Epoche vielmehr im Dunkeln und Verborgenen stattfanden, dann wird man verstehen, welcher Thematik Freud in erster Linie begegnen mußte, als er anfing, sich dem Unbewußten zu nähern. Es ist auch begreiflich, daß er angesichts seiner Entdeckungen die Linie von Jung und Adler als ein Ausweichen vor den unbequemsten, verborgensten Wahrheiten empfand, die natürlich die größte Abwehr der Öffentlichkeit zu Tage förderten. Nur Freud hat den Mut gehabt, im tiefsten Dunkel der vergessenen, abgewehrten Kindheit die Bedeutung der sexuellen Thematik zu erkennen. Aber nachdem er den sexuellen Mißbrauch des Kindes entdeckt hatte, distanzierte er sich von dieser Erkenntnis und sah später das Kind als Subjekt der sexuellen (und aggressiven) Wünsche, die auf den Erwachsenen gerichtet werden. Damit konnten die sexuellen Spiele der Erwachsenen mit ihren Kindern weiterhin im Dunkeln verborgen bleiben.

Die auf Triebkonflikte des Patienten spezialisierte Psychoanalyse bleibt mit dem letzten Akt eines längeren Dramas beschäftigt, dessen ganze Kenntnis sich nicht mit dem Vierten Gebot vereinbaren läßt. Die Kindheit von Laios, also auch die Vorgeschichte der Kindheit von Ödipus, blieb ihr daher verborgen bzw. weckte nicht ihr Interesse.

Laios, Sohn des Labdakos, aus dem Stamme des Kadmos, war König von Theben und lebte mit Iokaste, der Tochter eines vornehmen Thebaners, Menokeus, lange in kinderloser Ehe. Da ihn nun sehnlich nach einem Erben verlangte und er darüber den delphischen Apollon um Aufschluß befragte, wurde ihm ein Orakelspruch des folgenden Inhalts zuteil: »Laios, Sohn des Labdakos! Du begehrst Kindersegen. Wohl, dir soll ein Sohn gewährt werden. Aber wisse, daß dir vom Geschicke bestimmt ist, durch die Hand deines eigenen Kindes das Leben zu verlieren. Dies ist das Gebot des Kroniden Zeus, der den Fluch des Pelops erhört hat, dem du einst den Sohn geraubt.« Laios war nämlich in seiner Jugend landesflüchtig und im Peloponnes am Hofe des Königs als Gast aufgenommen worden. Er hatte aber seinem Wohltäter mit Undank gelohnt und Chrysippos, den schönen Sohn des Pelops, bei den nemeischen Spielen entführt.

Im Bewußtsein dieser Schuld glaubte Laios dem Orakel und lebte lange von seiner Gattin getrennt. Doch führte die herzliche Liebe, mit welcher sie einander zugetan waren, trotz der Warnung des Schicksals beide wieder zusammen, und Iokaste gebar endlich ihrem Gemahl einen Sohn. Als das Kind zur Welt gekommen war, fiel den Eltern der Orakelspruch wieder ein, und um dem Spruch des Gottes auszuweichen, ließen sie den neugeborenen Knaben nach drei Tagen mit durchstochenen und zusammengebundenen Füßen in das wilde Gebirge Kithäron werfen. Aber der Hirte, welcher den grausamen Auftrag erhalten hatte, empfand Mitleid mit dem unschuldigen Kind und übergab es einem anderen Hirten, der in demselben Gebirge die Herden Königs Polybos von Korinth weidete. Dann kehrte er wieder heim und stellte sich vor dem Könige und seiner Gemahlin Iokaste, als hätte er den Auftrag erfüllt. Diese glaubten das Kind verschmachtet oder von wilden Tieren zerrissen und die Erfüllung des Orakelspruches dadurch unmöglich gemacht. Sie beruhigten ihr Gewissen mit dem Gedanken, daß sie das Kind durch die Aufopferung vor Vatermord behütet hätten, und lebten jetzt erst recht mit erleichtertem Herzen.

Der Hirte des Polybos löste indessen dem Kinde, das ihm übergeben worden war, ohne daß er wußte, woher es kam, die ganz durchbohrten Fersen der Füße und nannte es nach seinen Wunden Ödipus, das heißt Schwellfuß. So brachte er den Knaben nach Korinth zu seinem Herrn, dem König Polybos. Dieser erbarmte sich des Findlings, übergab ihn seiner Gemahlin Merope und zog ihn als seinen eigenen Sohn auf, für den er auch am Hofe und im ganzen Lande galt. Zum Jünglinge herangereift, wurde er dort stets für den höchsten Bürger gehalten und lebte selbst in der glücklichen Überzeugung, Sohn und Erbe des Königs Polybos zu sein, der keine andern Kinder hatte. Da ereignete sich der Zufall, der ihn aus dieser Zuversicht plötzlich in den Abgrund der Verzweiflung stürzte. Ein Korinther, der ihm schon längere Zeit aus Neid abhold war, rief bei einem Festmahl, von Wein berauscht, dem ihm gegenüber gelagerten Ödipus zu, er sei seines Vaters echter Sohn nicht. Von diesem Vorwurfe schwer getroffen, konnte der Jüngling das Ende des Mahles kaum erwarten; doch verhehlte er zunächst seinen Zweifel.

Am andern Morgen aber trat er vor seine Eltern, die freilich nur seine Pflegeeltern waren, und verlangte von ihnen Auskunft. Polybos und seine Gattin waren über den Schmäher, dem diese Rede entfallen war, sehr aufgebracht und suchten ihrem Sohn seine Zweifel auszureden, ohne ihm jedoch diese durch eine klare Antwort zu beheben. Die Liebe, die er in ihrer Äußerung erkannte, tat ihm zwar wohl, aber jenes Mißtrauen nagte doch seitdem an seinem Herzen; denn die Worte seines Feindes waren zu tief eingedrungen. Schließlich griff er heimlich zum Wanderstab, und ohne seinen Eltern ein Wort zu sagen, suchte er das Orakel zu Delphi auf und hoffte von ihm eine Widerlegung der ehrenrührigen Beschuldigung zu vernehmen. Aber Phöbos Apollon würdigte ihn dort keiner Antwort auf seine Frage, sondern deckte ihm nur ein neues, weit grauenvolleres Unglück auf, das ihm drohte.

»Du wirst«, sprach das Orakel, »deines eigenen Vaters Leib ermorden, deine Mutter heiraten und den Menschen eine Nachkommenschaft von verabscheuungswürdiger Art hinterlassen.« Als Ödipus dies vernommen hatte, ergriff ihn unaussprechliche Angst, und da ihm das Herz doch immer noch sagte, daß so liebevolle Eltern wie Polybos und Merope seine rechten Eltern sein müßten, so wagte er es nicht, in seine Heimat zurückzukehren aus Furcht, er könnte, vom Verhängnisse getrieben, Hand an seinen geliebten Vater Polybos legen und, von den Göttern mit unwiderstehlichem Wahnsinne geschlagen, ein verruchtes Ehebündnis mit seiner Mutter Merope eingehen. Von Delphi aufbrechend, schlug er den Weg nach Böotien ein. Er befand sich noch auf der Straße zwischen Delphi und der Stadt Daulia, als er, an einen Kreuzweg angelangt, einen Wagen entgegenkommen sah, auf dem ein ihm unbekannter alter Mann mit einem Herold, einem Wagenlenker und zwei Dienern saß. Der Rosselenker mitsamt dem Alten trieb den Fußgänger, der ihnen in den schmalen Pfad gekommen war, ungestüm aus dem Wege; Ödipus, von Natur jähzornig, versetzte dem trotzigen Wagenführer einen Schlag. Der Greis aber, der den Jüngling so keck auf den Wagen zueilen sah, zielte scharf mit seinem doppelten Stachelstabe, den er zur Hand hatte, und versetzte ihm einen schweren Streich auf den Scheitel. Jetzt war Ödipus aufs höchste erregt, zum erstenmal bediente er sich der Heldenstärke, die ihm die Götter verliehen hatten, erhob seinen Reisestock und stieß den Alten mit solcher Wucht, daß er rücklings vom Wagensitz kollerte. Ein Handgemenge entstand; Ödipus mußte sich gegen ihrer drei seines Lebens erwehren; aber seine Jugendstärke siegte, er schlug sie alle, bis auf einen, der entrann, und zog davon.

Er hatte nicht die Empfindung, daß er etwas anderes getan habe, als sich aus Notwehr an einem gemeinen Phokäer oder Böotier mit seinen Knechten, die ihm allesamt ans Leben wollten, zu rächen. Denn der Greis, der ihm begegnet, trug kein Zeichen höherer Würde an sich. Aber der Ermordete war Laios, König von Theben, der Vater des Mörders, gewesen, der auf einer Reise nach dem pythischen Orakel dieses Weges zog; und so war die zweifache Weissagung, die Vater und Sohn erhalten und der sie beide entgehen wollten, an beiden vom Geschick erfüllt worden. Der König von Platää, mit Namen Damasistratos, fand die Leichen der Erschlagenen am Kreuzwege liegen, erbarmte sich ihrer und ließ sie begraben. Ihr Denkmal aus angehäuften Steinen mitten im Kreuzwege sah der Wanderer noch nach vielen Jahren.

Bald nach dieser Tat war vor den Toren der Stadt Theben in Böotien die Sphinx erschienen, ein geflügeltes Ungeheuer, vorne wie eine Jungfrau, hinten wie ein Löwe gestaltet. Sie war eine Tochter des Typhon und der Echidna, der schlangengestalteten Nymphe, der fruchtbaren Mutter vieler Ungeheuer, und eine Schwester des Höllenhundes Zerberus, der Hydra von Lerna und der feuerspeienden Chimära. Dieses Ungeheuer hatte sich auf einen Felsen gelagert und legte dort den Bewohnern von Theben allerlei Rätsel vor, die sie von den Musen erlernt hatte. Erfolgte die Auflösung nicht, so ergriff sie jeden, der es übernommen hatte, das Rätsel zu lösen, zerriß ihn und fraß ihn auf. Dieser Jammer kam über die Stadt, als sie eben um ihren König trauerte, der – niemand wußte von wem – auf einer Reise erschlagen worden war und an dessen Stelle Kreon, Bruder der Königin Iokaste, die Zügel der Herrschaft ergriffen hatte. Es kam zuletzt so weit, daß Kreons eigener Sohn, dem die Sphinx auch ein Rätsel aufgegeben und der es nicht gelöst hatte, ergriffen und verschlungen wurde. Diese Not bewog den Fürsten Kreon, öffentlich bekanntzumachen, daß demjenigen, der die Stadt von der Würgerin befreien würde, das Reich und seine Schwester Iokaste als Gemahlin zuteil werden sollten.

Eben als jene Bekanntmachung öffentlich verkündet wurde, betrat Ödipus mit seinem Wanderstab die Stadt Theben. Die Gefahr wie ihr Preis reizten ihn, zumal da er das Leben wegen der drohenden Weissagungen, die über ihm schwebten, nicht hoch genug anschlug. Er begab sich daher nach dem Felsen, auf dem die Sphinx ihren Sitz genommen hatte, und ließ sich von ihr ein Rätsel vorlegen. Das Ungeheuer dachte dem kühnen Fremdling ein völlig unauflösliches aufzugeben, und ihr Spruch lautete: »Es ist am Morgen vierfüßig, am Mittag zweifüßig, am Abend dreifüßig. Unter allen Geschöpfen wechselt es allein die Zahl seiner Füße; aber eben wenn es die meisten Füße bewegt, sind Kraft und Schnelligkeit seiner Glieder am geringsten.« Ödipus lächelte, als er das Rätsel vernahm, das ihm selbst gar nicht schwierig erschien. »Dein Rätsel ist der Mensch«, sagte er, »der am Morgen seines Lebens, solang er ein schwaches und kraftloses Kind ist, auf seinen zwei Füßen und seinen zwei Händen geht; ist er erstarkt, so geht er am Mittag seines Lebens nur auf den zwei Füßen; ist er endlich am Abend seines Lebens als Greis angekommen und der Stütze bedürftig, so nimmt er den Stab als dritten Fuß zur Hilfe.« Das Rätsel war glücklich gelöst, und aus Scham und Verzweiflung stürzte sich die Sphinx selbst vom Felsen in den Tod. Ödipus trug zum Lohn das Königreich Theben und die Hand der Witwe davon, die seine eigene Mutter war. Iokaste gebar ihm nach und nach vier Kinder, zuerst die männlichen Zwillinge Eteokles und Polynikes, dann zwei Töchter, die ältere Antigone, die jüngere Ismene. Aber diese vier waren zugleich sowohl seine Kinder als auch seine Geschwister.

Lange Zeit schlief das grauenhafte Geheimnis, und Ödipus, bei manchen Gemütsfehlern ein guter und gerechter König, herrschte glücklich und geliebt an Iokastes Seite über Theben. Im Laufe der Zeit sandten die Götter eine Pest ins Land, die unter dem Volk grausam zu wüten begann und gegen die kein Heilmittel fruchten wollte. Die Thebaner suchten gegen das fürchterliche Übel, in dem sie eine von den Göttern gesandte Geißel erblickten, Schutz bei ihrem Herrscher, den sie für einen Günstling des Himmels hielten. Männer und Frauen, Greise und Kinder, die Priester mit Ölzweigen an der Spitze erschienen vor dem königlichen Palast, setzten sich um und auf die Stufen des Altars, der vor ihnen stand, und harrten auf das Erscheinen ihres Gebieters. Als Ödipus, durch den Zusammenlauf herausgerufen, aus seiner Königsburg trat und nach der Ursache fragte, warum die ganze Stadt von Opferrauch und Klagelaut erfüllt sei, antwortete ihm im Namen aller der älteste Priester: »Du siehst selbst, o Herr, welches Elend auf uns lastet: Triften und Felder versengt unerträgliche Hitze, in unsern Häusern wütet die verzehrende Seuche, umsonst strebt die Stadt, ihr Haupt aus den blutigen Wogen des Verderbens emporzutauchen. In dieser Not nehmen wir unsere Zuflucht zu dir, geliebter Herrscher. Du hast uns schon einmal von dem tödlichen Zins erlöst, mit dem uns die grimmige Rätselsagerin knechtete. Gewiß ist dies nicht ohne Götterhilfe geschehen. Und darum vertrauen wir auf dich, daß du, sei es bei Göttern oder Menschen, uns auch diesmal Hilfe finden werdest.«

»Arme Kinder«, erwiderte Ödipus, »wohl ist mir die Ursache eures Flehens bekannt. Ich weiß, daß ihr leidet, aber niemand krankt im Herzen so wie ich. Denn mein Gemüt betrauert nicht nur einzelne, sondern die ganze Stadt! Darum erweckt ihr mich nicht wie einen Entschlummerten aus dem Schlaf, sondern ich habe im Geist hin und her nach Rettungsmitteln geforscht, und endlich glaube ich eines gefunden zu haben. Denn mein eigner Schwager Kreon ist von mir zum pythischen Apollon nach Delphi abgesandt worden, damit er frage, welch Werk oder welche Tat die Stadt befreien kann.«

Noch sprach der König, als auch Kreon unter die Menge trat und dem Könige vor den Ohren des Volkes den Bescheid des Orakels mitteilte. Dieser lautete freilich nicht tröstlich: Der Gott befahl, einen Frevel, den das Land beherberge, hinauszuwerfen und nicht das zu pflegen, was keine Säuberung zu sühnen vermöge; denn der Mord des Königs Laios laste als eine schwere Blutschuld auf dem Lande. Ödipus, ganz ohne Ahnung, daß jener von ihm erschlagene Greis derselbe sei, um dessentwillen der Zorn der Götter sein Volk heimsuche, ließ sich die Ermordung des Königs erzählen; aber noch immer blieb sein Geist mit Blindheit geschlagen. Er erklärte sich berufen, für jenen Toten Sorge zu tragen, und entließ das versammelte Volk. Sodann ließ er im ganzen Lande bekannt-machen, wem irgendeine Kunde von dem Mörder des Laios zugehe, der solle alles anzeigen; auch wer in fremdem Lande davon wüßte, dem sollte für seine Angabe der Lohn und Dank der Stadt zuteil werden. Der dagegen, der aus Sorge für einen Freund schweigen und die Schuld der Mitwisserschaft von sich abwälzen wollte, der sollte von allem Götterdienst, von Opfermahlen, ja von Umgang und Verkehr mit seinen Mitbürgern ausgeschlossen werden. Den Täter selbst endlich verfluchte er unter schauerlichen Schwüren, kündete ihm Not und Plage durch das ganze Leben und zuletzt das Verderben an. Und das sollte ihm widerfahren, selbst wenn er am Hofe des Königs verborgen lebte. Zu allem dem sandte er zwei Boten an den blinden Seher Tiresias, dessen Einsicht und Blick ins Verborgene fast dem wahrsagenden Apollon selber glich. Dieser erschien auch bald, von der Hand eines leitenden Knaben geführt, vor dem Könige und in der Volksversammlung. Ödipus trug ihm die Sorge vor, die ihn und das ganze Land quälte. Er bat ihn, seine Seherkunst anzuwenden und ihnen auf die Spur des Mordes zu verhelfen.

Aber Tiresias brach in einen Weheruf aus und sprach, indem er seine Hände abwehrend gegen den König ausstreckte: »Entsetzlich ist das Wissen, das dem Wissenden nur Unheil bringt! Laß mich heimkehren, König; trag du das Deine und laß mich das Meine tragen!« Ödipus drang jetzt um so mehr in den Seher, und das Volk, das ihn umringte, warf sich flehend vor ihm auf die Knie. Als er aber trotzdem keine weiteren Aufschlüsse geben wollte, da entbrannte der Jähzorn des Königs Ödipus, und er schalt den Tiresias als Mitwisser oder gar Handlanger bei der Ermordung des Laios. Ja, wenn er nur sehend wäre, so traute er ihm allein die Untat zu. Diese Beschuldigung löste dem blinden Propheten die Zunge. »Ödipus«, sprach er, »du hast dein eigenes Urteil gesprochen. Rede nicht, rede keinen aus dem Volk an, denn du selbst bist der Greuel, der diese Stadt besudelt! Ja, du bist der Königsmörder, du bist derjenige, der mit dem Teuersten in fluchwürdigem Verhältnisse lebt.«

Ödipus war nun einmal verblendet: er schalt den Seher einen Zauberer, einen ränkevollen Gaukler; er warf Verdacht auch auf seinen Schwager Kreon und beschuldigte beide der Verschwörung gegen den Thron, von welchem sie durch ihre Lügengespinste ihn, den Erretter der Stadt, stürzen wollten. Aber nur noch näher bezeichnete ihn jetzt Tiresias als Vatermörder und Gatten der Mutter, weissagte ihm sein nahe bevorstehendes Elend und entfernte sich zürnend an der Hand seines kleinen Führers. Auf die Beschuldigung des Königs war indessen auch Fürst Kreon herbeigeeilt, und es hatte sich ein heftiger Wortwechsel zwischen beiden entsponnen, den Iokaste, die sich zwischen die Streitenden warf, vergeblich zu beschwichtigen suchte. Kreon schied unversöhnt und im Zorn von seinem Schwager.

Noch blinder als der König selbst war seine Gemahlin Iokaste. Sie hatte kaum aus dem Munde des Gatten erfahren, daß Tiresias ihn den Mörder des Laios genannt, als sie in laute Verwünschungen gegen Seher und Seherweisheit ausbrach. »Sieh nur, Gemahl«, rief sie, »wie wenig die Seher wissen; sieh es an einem Beispiel! Mein

erster Gatte Laios hatte auch ein Orakel erhalten, daß er durch
Sohneshand sterben werde. Nun erschlug aber den Laios eine
Räuberschar am Kreuzweg, und unser einziger Sohn wurde, an den
Füßen gebunden, ins öde Gebirge geworfen und wurde nicht über
drei Tage alt. So erfüllen sich die Sprüche der Seher.«
Diese Worte, die die Königin mit Hohnlachen sprach, machten
auf Ödipus einen ganz andern Eindruck, als sie erwartet hatte.
»Am Kreuzweg«, fragte er in höchster Gemütsangst, »ist Laios
gefallen? O sprich, wie war seine Gestalt, sein Alter?« – »Er
war groß«, antwortete Iokaste, ohne die Aufregung ihres Gatten
zu begreifen, »die ersten Greisenlocken schmückten sein Haupt;
er war dir selbst, mein Gemahl, von Gestalt und Ansehen gar
nicht unähnlich.« – »Tiresias ist nicht blind. Tiresias ist sehend!«
rief jetzt Ödipus entsetzt; denn die Nacht seines Geistes wurde
plötzlich wie durch einen Blitzstrahl erleuchtet. Doch trieb ihn
das Gräßliche selber, weiter danach zu forschen, als müßten auf
seine Fragen Antworten kommen, die die schreckliche Entdeckung auf einmal als Irrtum darstellen könnten. Aber alle
Umstände trafen zusammen, und zuletzt erfuhr er, daß ein
entronnener Diener den ganzen Mord gemeldet habe. Dieser
Knecht aber habe, sobald er den Ödipus auf dem Throne sah,
flehentlich gebeten, ihn so weit als möglich von der Stadt weg auf
die Weiden des Königs zu schicken. Ödipus wollte ihn sehen, und
der Sklave wurde vom Lande hereinbeschieden. Ehe er jedoch noch
ankam, erschien ein Bote aus Korinth, meldete dem Ödipus den
Tod seines Vaters Polybos und rief ihn auf den erledigten Thron
des Landes.
Bei dieser Botschaft sprach die Königin abermals triumphierend:
»Hohe Göttersprüche, wo seid ihr? Der Vater, den Ödipus
umbringen sollte, ist sanft an Altersschwäche verschieden!« Anders wirkte die Nachricht auf den frömmeren König Ödipus, der
zwar noch immer gerne geneigt war, den Polybos für seinen Vater
zu halten, aber doch nicht begreifen konnte, wie ein Orakel
unerfüllt bleiben sollte. Auch wollte er nicht nach Korinth gehen,
weil seine Mutter Merope dort noch lebte und der andere Teil des
Orakels, seine Heirat mit der Mutter, immer noch erfüllt werden
konnte. Diesen Zweifel redete ihm freilich der Bote bald aus. Er

war derselbe Mann, der vor vielen Jahren das neugeborene Kind von einem Diener des Laios auf dem Berge Kithäron empfangen und ihm die durchbohrten und gebundenen Fersen gelöst hatte. Er bewies dem Könige gleich, daß er zwar der Erbe, aber doch nur ein Pflegesohn des Königs Polybos von Korinth sei. Ein dunkler Trieb nach Wahrheit ließ den Ödipus nach jenem Diener des Laios verlangen, der ihn als Kind dem Korinther übergeben hatte. Von seinem Gesinde erfuhr er, daß dies derselbe Hirt sei, der, dem Morde an Laios entronnen, jetzt an der Grenze das Vieh des Königs weide.

Als Iokaste das hörte, verließ sie ihren Gemahl und das versammelte Volk mit einem lauten Wehruf. Ödipus, der sein Auge absichtlich mit Nacht zu bedecken suchte, mißdeutete ihre Entfernung. »Gewiß befürchtet sie«, sprach er zu dem Volke, »als ein Weib voll Hochmut die Feststellung, daß ich unedlen Stammes sei. Ich aber halte mich für einen Sohn des Glückes und schäme mich dieser Abkunft nicht!« Jetzt erschien der greise Hirte, der aus der Ferne herbeigeholt worden war und von dem Korinther sogleich als derjenige erkannt wurde, der ihm einst den Knaben auf dem Kithäron übergeben hatte. Der alte Hirt aber war ganz blaß vor Schrecken und wollte alles leugnen; nur auf die zornigen Drohungen des Ödipus, der ihn mit Stricken zu binden befahl, sagte er endlich die Wahrheit: daß Ödipus der Sohn des Laios und der Iokaste sei, daß der furchtbare Götterspruch, er werde den Vater ermorden, ihn in seine Hände geliefert, er aber ihn aus Mitleid damals am Leben gelassen habe.

Aller Zweifel war nun gehoben und das Entsetzliche enthüllt. Mit einem wahnsinnigen Schrei stürzte Ödipus davon, irrte in dem Palast umher und verlangte nach einem Schwert, um das Ungeheuer, das seine Mutter und Gattin sei, von der Erde zu vertilgen. Da ihm in seiner Raserei alles aus dem Wege ging, suchte er gräßlich heulend sein Schlafgemach auf, sprengte die verschlossene Doppeltür und brach ein. Ein grauenhafter Anblick hemmte seinen Lauf. Mit fliegendem und zerrauftem Haupthaar erblickte er hier, hoch über dem Lager schwebend, Iokaste, die sich mit einem Strang die Kehle zugeschnürt und sich erhängt hatte.

Lange starrte Ödipus auf die Tote hin, dann trat er mit lautem Aufstöhnen heran, ließ das hochaufgezogene Seil zur Erde herab, daß sich die Leiche auf den Boden senkte, und wie sie nun vor ihm ausgestreckt lag, riß er die goldgetriebenen Brustspangen aus dem Gewande der Frau. Mit der Rechten die Spangen hoch aufhebend, verfluchte er seine Augen, daß sie nimmer schauen sollten, was er tat und duldete, und wühlte mit dem spitzen Gold in ihnen, bis die Augäpfel durchbohrt waren und ein Blutstrom aus den Höhlen drang. Dann verlangte er, daß ihm, dem Geblendeten, das Tor geöffnet werde, daß man ihn hinausführe, ihn dem ganzen Thebanervolk als den Vatermörder, als den Muttergatten, als einen Fluch des Himmels und ein Scheusal der Erde vorstelle. Die Diener erfüllten sein Verlangen, aber das Volk empfing den einst so geliebten und verehrten Herrscher nicht mit Abscheu, sondern mit innigem Mitleid. Kreon selbst, sein Schwager, den sein ungerechter Verdacht gekränkt hatte, eilte herbei, nicht um ihn zu verspotten, wohl aber um den fluchbeladenen Mann dem Sonnenlicht und dem Auge des Volkes zu entziehen und ihn dem Kreise seiner Kinder anzuempfehlen. Den gebeugten Ödipus rührte so viel Güte. Er übergab seinem Schwager den Thron, den er seinen jungen Söhnen aufbewahren sollte, und erbat sich für seine unselige Mutter ein Grab, für seine verwaisten Töchter den Schutz des neuen Herrschers; für sich selbst aber begehrte er Ausstoßung aus dem Lande, das er mit doppeltem Frevel besudelt, und Verbannung auf den Berg Kithäron, den ihm schon die Eltern zum Grabe bestimmt hatten, und wo er jetzt leben oder sterben wollte, je nach der Götter Willen. Dann verlangte er nach seinen Töchtern, deren Stimme er noch einmal hören wollte, und legte eine Hand auf ihre unschuldigen Häupter. Den Kreon segnete er für alle Liebe, die er von ihm erfahren, obwohl er es nicht um ihn verdient hätte, und wünschte ihm und allem Volke bessern Schutz der Götter, als er selbst erfahren hatte.

Darauf führte ihn Kreon in das Haus zurück, und der jüngst noch verherrlichte Retter Thebens, der mächtige Herrscher, dem viele Tausende gehorchten, der Ödipus, der so tiefe Rätsel erforscht und so spät erst das eigene furchtbare Rätsel seines Lebens gelöst hatte,

sollte, einem blinden Bettler gleich, durch die Tore seiner Vater-
stadt und an die Grenzen seines Königreichs wandern.
(Aus: Gustav Schwab, Die schönsten Sagen des klassischen
Altertums, Wien-Heidelberg ⁹1955.)

In der Tragödie von Sophokles bestraft sich Ödipus mit Blindheit, indem er sich die Augen aussticht. Obwohl er in Laios seinen Vater nicht erkennen konnte, obwohl Laios für dieses Nichterkennen verantwortlich war, obwohl dieser ihn bei ihrer Begegnung zum Zorn provoziert hatte, obwohl er Jokaste gar nicht begehrte, sondern dank seiner Klugheit, die ihm half, den Orakelspruch zu lösen und Theben zu retten, zu ihrem Mann bestimmt wurde, obwohl Jokaste, seine Mutter, ihren Sohn an den Schwellfüßen hätte erkennen können, scheint bis heute niemand an der Beschuldigung des Ödipus Anstoß genommen zu haben. Es war schon immer selbstverständlich, daß Kinder für das, was man ihnen antat, die Verantwortung zu tragen hatten; und es war wichtig, daß diese Kinder auch noch im Erwachsenenalter nichts von diesen Zusammenhängen merken durften. Dafür bekamen sie das Recht, mit ihren Kindern das gleiche zu tun. Es ist eigentlich logisch, daß Ödipus sich die Augen ausstach, als er zu ahnen begann, welch grausames Spiel die Götter mit ihm getrieben hatten. Die Götter fürchten die sehenden Menschen, daher muß Ödipus seine Sehkraft opfern, um nicht von den Göttern und den Menschen ausgestoßen oder vernichtet zu werden. Seine Blindheit rettet ihm das Leben, weil sie dazu dient, die Götter zu beruhigen und zu versöhnen.

Die Grenzen des *Ödipuskomplexes* werden auch innerhalb der psychoanalytischen Literatur immer deutlicher gesehen und mit zunehmender Offenheit diskutiert. Folgenden Tatsachen gegenüber kann man sich nicht länger verschließen:

1. Der einleuchtendste Teil dieser Theorie (der Kampf um das Primärobjekt, die Mutter, mit dem Rivalen, dem Vater) ist so offensichtlich auf die *männliche* Entwicklung zugeschnitten, daß vieles, was auf diesem Boden über die

weibliche Sexualität geschrieben wurde, künstlich klingt und zum Mißverstehen und Mißdeuten der weiblichen Entwicklung führen muß.

2. Das sich verändernde Bild der heutigen Familie und die Erweiterung unserer Kenntnis über verschiedene, sehr von den unsrigen abweichende Formen von Kinderaufzucht, lassen die Verknüpfung der Ödipustheorie mit dem *patriarchalischen* System immer deutlicher werden.

3. Die erwachte und zunehmende Aufmerksamkeit des Analytikers für die *narzißtischen* Bedürfnisse wie Achtung, Spiegelung, Verstanden- und Ernstgenommenwerden, läßt erkennen, daß ein großer Teil der bisher als triebhaft bezeichneten Wünsche in anderen Zusammenhängen tiefer und adäquater verstanden werden kann. Traumatisierungen, die sich aus der Frustrierung der narzißtischen Bedürfnisse ergeben, führen oft zu Gefühlen, die jetzt viel differenzierter als mit dem Wort »ödipal« verstanden und beschrieben werden können.

4. Man kann sich nicht länger der Tatsache verschließen, daß viele Menschen, darunter auch zahlreiche Analytiker, erst in ihrer zweiten Analyse eine wirkliche Besserung, bzw. Befreiung von Symptomen erfahren haben. Möglicherweise durften sie sich ihrem Selbst erst widmen, nachdem sie in der ersten Analyse die Freudsche Theorie »absolviert« hatten.

5. Mochten sich die meisten Psychoanalytiker noch so gründlich gegen die *Realität der Eltern* verschließen, die jüngeren unter ihnen erfuhren früher oder später von den Psychose- und Familientherapeuten entscheidende Tatsachen über Verführungen, Überführungen und Vergewaltigungen der Kinder, gegen die sie nicht länger mit dem ödipalen Konzept der phantasierten Eltern ankämpfen konnten.

Angesichts dieser, unter Analytikern wohlbekannten, Tatsachen könnte man sich fragen, warum das Freudsche Konzept des Ödipuskomplexes so lange überdauert hat und warum dieses Thema nicht nur bei der Ausbildung eine *zentrale Rolle* spielt, sondern auch auf Kongressen und in Publikationen als unentbehrlicher Bestandteil des analytischen Denkens gilt oder während langer Zeit zumindest galt. Dafür gibt es einige wichtige Gründe:

1. Als Freud am Ende des letzten Jahrhunderts das Konzept des Ödipuskomplexes entwickelte, war er damit *seiner Zeit weit voraus.* Die Entdeckung, daß ein vier- bis fünfjähriges Kind von starken Gefühlen hin- und hergerissen werde, unter Eifersucht, Ambivalenz und Angst vor dem Liebesverlust leiden kann und daß die Verdrängung all dieser Gefühle zur Entwicklung einer Neurose führt, diese Entdeckung, das darf man nicht vergessen, war damals wirklich eine Revolution. Wenn man bedenkt, daß der Reichtum der kindlichen Innenwelt heute, 80 Jahre später, noch vielen Menschen verborgen bleibt, daß es sehr wenige Biographien gibt, die nicht erst mit dem Gymnasialalter beginnen, dann kann man ermessen, wie neu und bahnbrechend die Freud'sche Theorie damals war. Da sie begreiflicherweise sehr viele Widerstände, die immer gegen unbewußte Inhalte auftauchen, mobilisierte, kann man wiederum verstehen, daß Psychoanalytiker lange Zeit jede Kritik am Ödipuskomplex als einen Ausdruck von Abwehr und Widerstand gedeutet haben.

2. Solche Deutungen halfen zwar, die wertvolle Entdeckung *vor den »ahnungslosen Angreifern« zu retten*, führten aber mit der Zeit zu ihrer Erstarrung, indem sie der zeitbedingten Verknüpfung von Irrtum und Wahrheit absolute Geltung verliehen und sie zu einem Machtinstrument machten. Wenn ein Adept der Psychoanalyse mit dem besten Willen den Wunsch, mit seiner Mutter sexuell zu verkehren, nicht in sich entdecken konnte, so mußte er die Erklärung hinnehmen, daß er diesen Wunsch eben deshalb so tief verdrängt habe, weil er verboten gewesen sei. Man muß sich nicht wundern, daß sich viele Kandidaten einiges einzureden versuchten, um die Hoffnung auf die Befreiung durch die Psychoanalyse und die so

wichtige Gruppenzugehörigkeit ja nicht zu verlieren. Wenn aber ein Mensch seine eigene Wahrheit zugunsten einer Ideologie aufgegeben hat, so wird er, unabhängig davon, aus welchen Gründen dies geschehen ist, diese Ideologie der nächsten Generation gegenüber mit allen Mitteln verteidigen. Täte er es nicht, so müßte er ja die Tragik seines eigenen Verlustes erfahren. Doch im Jahre 1981 läßt sich die Reduktion des kindlichen Gefühlslebens und der verdrängten Inhalte auf die Triebthematik nicht mehr ohne schwere Verleugnungen aufrechterhalten. Auch die Erfahrung von der Ambivalenz des Kindes *beiden* Eltern gegenüber ist im ödipalen Schema schwer unterzubringen, obwohl dies immer wieder versucht wird.

3. Ein zusätzlich stabilisierender Faktor zur Erhaltung der Theorie des Ödipuskomplexes ist *das Gebot der Schwarzen Pädagogik*. Es war von jeher das Ziel der Erzieher, die Aufmerksamkeit des Kindes von den Motiven ihres Tuns auf die angeblich schlechten und sündhaften Motive der kindlichen Wünsche zu lenken und ihm diese Behandlung als eine Wohltat anzupreisen. Die unbewußte Abhängigkeit von diesem Gebot muß eine große Rolle gespielt haben, als Freud aus der Not seiner Isolierung, die ihm 1896 seine Entdeckungen bescherten, die Rettung in der Ödipustheorie fand. So sehr die Idee eines sexuell begehrenden Kindes für die Menschen damals schockierend war, sie fügte sich immer noch leichter in die durch Pädagogik verdeckten und geschützten Machtstrukturen als die volle Wahrheit darüber, was Erwachsene mit den Kindern, auch auf sexuellem Gebiet, machen. Das sexuell begehrende Kind blieb weiterhin das Objekt erzieherischer (bzw. therapeutischer) Bemühungen des Erwachsenen.

4. Wie die Erziehung zum »Nicht-Merken«, so hilft auch eine auf die Verarbeitung des Ödipuskomplexes ausgerichtete Analyse zur *Verschleierung des Mißbrauchs* und der Mißhandlungen der das Kind beherrschenden Erwachse-

nen. Sobald die Schuld des Kindes oder der Konflikt des Ödipus im Zentrum der Aufmerksamkeit steht, kommt niemand auf den Gedanken, danach zu fragen, *warum* eigentlich Ödipus' Vater, der König Laios, seinem Sohn unmittelbar nach dessen Geburt die Füße durchstechen und ihn aussetzen ließ. Es gehörte zur guten Erziehung in Freuds Zeiten, *nicht nach den Motiven der Eltern zu fragen*, und seine Theorie trägt dieser guten Erziehung von damals Rechnung.

5. Die Lockerung der Erziehungsprinzipien in der Generation nach dem Zweiten Weltkrieg führte dazu, daß die Eltern nicht mehr die Privilegien einer totalitären Herrschaft besitzen und daß die etwas freier aufgewachsenen Kinder die Manipulationen ihrer Eltern leichter durchschauen können. Manche Lehranalytiker, die selber Opfer der Schwarzen Pädagogik waren, ohne das je bemerkt zu haben, könnten sich von der relativ größeren *Freiheit dieser Jugend bedroht fühlen* und meinen, die Festung ihres theoretischen Glaubensbekenntnisses noch weiter ausbauen zu müssen. Zu diesem Bollwerk der psychoanalytischen Ausbildung gehört die Theorie des Ödipuskomplexes, dessen Anzweifeln einem Kandidaten ebensowenig ansteht wie einem Jesuitenzögling das Zweifeln am Credo. Erst im hohen Alter darf man sich solche Fragen stellen. Heinz Kohut z. B. gesteht, daß bei vielen seiner geheilten Patienten keine ödipale Problematik auftauchte, und J. Bastiaans, der langjährige Präsident der Holländischen Psychoanalytischen Vereinigung, stellte bei seinen LSD-Versuchen fest, daß beim Aufleben der frühkindlichen Traumatisierungen unter der Wirkung von LSD regelmäßig das Verlassensein, schwere Demütigungen und Kränkungen auftauchen, niemals aber die Qualen des ödipalen Konfliktes. Nach den Erfahrungen mit meinen Patienten scheinen auch zahlreiche sexuelle Stimulierungen zu diesen Traumen zu gehören. Die Gefühle des Kindes, die Freud als Ödipuskomplex beschrieb, lassen sich heute, wie ich oben bereits sagte, dank unserer besse-

ren Kenntnis der narzißtischen Bedürfnisse viel präziser als zu Freuds Zeiten konzeptualisieren. Wenn die Einschränkung auf die Triebebene trotzdem noch als obligatorisch gilt, dann verdankt der Ödipus seine Zähigkeit nicht der Erfahrung, sondern der Machtstruktur der psychoanalytischen Gesellschaften, die die Abwehr der Väter und Großväter schützen müssen.

Mit dem Wort »ödipal« sind verschiedene Assoziationen verbunden. Wenn man den Wunsch des vierjährigen Knaben, mit seiner Mutter zu koitieren, in Frage stellt, heißt es deshalb noch nicht, daß man auch die aus der Dreiecksituation stammenden Gefühle nicht anerkennt. Die Eifersucht, die Ohnmacht, die aussichtslose Rivalität mit dem Großen, der einen die Machtunterschiede spüren läßt, Insuffizienzgefühle, die Hoffnung auf Bündnis, Verwirrung durch Stimulierung, alles das gehört zur sog. »ödipalen Phase«, im Alter von drei bis fünf Jahren, zu einer Zeit, in der das Kind in der Blüte seiner Schönheit steht und oft das bevorzugte sexuelle Objekt des Erwachsenen und älterer Geschwister ist. Es hat gerade gelernt, deutlich zu sprechen, bewegt sich mit Grazie, bewundert seine Eltern, ist ihnen ergeben, zeigt noch kein Mißtrauen, keine Kritik, ist ein ideales, verfügbares Objekt. Wenn das Gefühlsleben der Eltern verkümmert ist, weil einst die Wurzeln zu ihrer eigenen Kindheit abgeschnitten worden sind, werden die Eltern Mühe haben, die reichen und intensiven Gefühle ihres Kindes zu verstehen und zu beantworten. Für viele ist außer der Wut die sexuelle Erregung die einzig mögliche Form einer affektiven Beteiligung. Zahlreiche Eltern zeigen unumwunden ihre sexuelle Bedürftigkeit ihren Kindern gegenüber und holen sich bei ihnen die Ersatzbefriedigungen, die sie brauchen. Zwischen diesen offenen Vergewaltigungen und unbewußten, weil verdrängten Erwartungen der Eltern liegt eine ganze Skala von elterlichen Haltungen, die aus der Einschrumpfung des Gefühlslebens auf die Sexualität verständlich sind, aber beim Kind zu Ratlosigkeit, Insuffizienzgefühlen, Desorientierung, Überforderung, Ohnmacht, Überstimulierung führen müssen.

Diese Tatsachen werden mit der Annahme eines ubiquitären Ödipuskomplexes *verschleiert* und krasse Verführungen als Beantwortung der kindlichen sexuellen Wünsche ausgegeben.

Die unter dem Einfluß von Wilhelm Reich stehenden Eltern waren wirklich davon überzeugt, daß sie den Kindern helfen müßten, ihre infantile Sexualität, die genital verstanden wurde, zu befriedigen. Die Überzeugung, daß das Kind sehr früh Gehorsam zu lernen habe und daß sein Wille schon in der Windelzeit gebrochen werden müsse, half unseren Eltern und Großeltern, ihre Herrschaftsansprüche vor sich selber zu verbergen. Die Theorie des Ödipuskomplexes ist dazu geeignet, ähnliche Dienste der jüngeren Generation zu bieten, die auf dem gleichen Mechanismus, nämlich der Abspaltung der eigenen Regungen und ihrer Projektion auf das Kind, beruhen. Leider werden gerade Eltern guten Willens damit verunsichert. Das Kind wird dann zum Träger des Sexuellen, des einst Verbotenen, Tabuisierten und daher »Schmutzigen«, auch wenn solche aus der eigenen frühen Kindheit stammenden Wertungen hinter einer intellektuellen Toleranz verborgen d. h. unbewußt bleiben.

Was ich damit meine, will ich anhand eines Beispiels erläutern. In einem Buch über Sexualerziehung wird aus der »Kommune 2« der Bericht eines Vaters abgedruckt:

Abends, beide Kinder liegen im Bett. Ich streichle Nessim, streichle dabei auch seinen Penis. Grischa: ›Ich will auch einen Penis haben‹. Ich versuche ihr zu sagen, daß sie doch eine Vagina habe, die man streicheln könne. Grischa wehrt ab: ›Ich will auch 'nen Penis zum Pinkeln haben‹. Mir fällt ein Gespräch mit dem Psychoanalytiker Hans Kilian ein, in dem wir hypothetisch über die Möglichkeit gesprochen hatten, daß der Penis nicht mehr von Männern als ihr ausschließliches Eigentum betrachtet zu werden brauchte. Ich sagte: ›Grischa, du kannst doch Nassers

[= Nessims] Penis haben. Du kannst doch seinen Penis streicheln!‹ Grischa geht sofort darauf ein, will Nassers Penis streicheln. Nessim wehrt erst ab, fürchtet wohl einen aggressiven Angriff auf seinen Penis durch Grischa. Ich sage, daß man den Penis ganz lieb streicheln müsse. Nasser ist jetzt einverstanden, will aber dafür Grischas Vagina streicheln. Grischa wehrt ab, ähnlich wie Nasser vorher. Ich sage, daß man die Vagina auch lieb streicheln müsse. Beide sind jetzt einverstanden, streiten sich aber, wer zuerst darf. Nasser ist einverstanden, daß Grischa zuerst seinen Penis streichelt. Disput darüber, wie oft Grischa ihn streicheln darf. Sie will ›ganz viel Mal‹, zählt an den Fingern ab. Nasser will nur einmal zulassen. Ich sage irgend etwas Vermittelndes. Grischa streichelt ganz zart mit einem Finger Nassers Penis, darauf Nasser ebenso zärtlich Grischas Vagina. Dann versuchen beide zu koitieren. (Zit. n. H. Kentler, 1970, S. 137)

In diesem Bericht spürt man zumindest zwei verschiedene Haltungen des Autors. Die vordergründige, bewußte Haltung spiegelt die zweifellos ehrliche und gut gemeinte Bemühung des Erwachsenen, seinem Kind die sexualfeindliche Repression zu ersparen, die in den früheren Generationen soviel Unheil angerichtet hat. Sein Wissen darüber verdankt der Erwachsene der Lektüre psychoanalytischer Schriften und seiner Jugenderfahrung. Aber noch viel früher, in den ersten Jahren seines Lebens, verinnerlichte er den Mangel an Vertrauen in die schöpferischen Kräfte des Kindes und die Überzeugung, daß dem Kind alles (sogar sinnliche Freude) durch den Erwachsenen beigebracht werden müsse. So konnte sich die Leidenschaft zur Belehrung der einstigen Schwarzen Pädagogen in die Haltung mancher Eltern von heute einschleichen, die zuweilen wie ihre eigenen Eltern unter dem Zwang stehen, dem Kind die »richtigen Gefühle« beibringen zu wollen und es zu dessen Wohle zu manipulieren. Die bewußten und unbewußten Motive, die einen Erwachsenen dazu bewegen, sein Kind in Namen einer antirepressiven Erziehung sexuell zu manipulieren, so daß die zwei Kinder im zitierten Beispiel schließlich einen

Koitusversuch machen, mögen sehr verschieden sein, und sind ohne die Kenntnis der Kindheitsgeschichte der Eltern kaum aufzuschlüsseln. Aber die oben geschilderte Szene wird einen für die pädagogische Sprache bereits sensibilisierten Leser hellhörig machen. Er wird sich fragen: Weshalb sollen Kinder zu einem Koitus animiert werden? Müssen sie sich dann nicht für fremde Bedürfnisse mißbraucht erleben? Warum sollte ein Kind, das die zärtliche Liebe seiner Eltern in der Kindheit erfahren hat, nicht in der Pubertät selber diese Zärtlichkeit und *seine* erwachte Sexualität leben und seine Formen des Genusses entdecken können? Verhindern wir nicht diese Entdeckungen, wenn wir paradoxerweise meinen, gerade wir könnten und müßten unsere Kinder belehren, wie die Sexualität zu genießen sei? Solange die in uns agierenden Introjekte unbewußt bleiben, reproduzieren wir das alte Erziehungsschema mit veränderten Vorzeichen. Weil man uns das »Nichtmerken« sehr früh beigebracht hat und die Erziehung allgegenwärtig war, können wir erst aufhören, selber manipulatorisch zu erziehen, wenn wir uns für diese unbewußten Haltungen in uns sensibilisiert haben. Im Unterschied zur streng autoritären Erziehung (zum unbedingten Gehorsam, zur Härte, Gefühllosigkeit usw.), in der sowohl die Inhalte als auch die Methoden eine zerstörerische Wirkung auf die Seele des Kindes ausüben, sind die Inhalte der sogenannten antiautoritären Erziehung durchaus human und menschenfreundlich. Die kinderfeindliche Seite, die sich in den überlieferten, unbewußten Zwängen eingenistet hat, ist weniger deutlich durchschaubar. Sie lebt aber weiter im Eifer eines Erziehers, dem seine Ideologie nähersteht und bekannter ist als das lebendige Kind. Nur so kann ich es verstehen, daß jemand darüber schreibt, man müsse die Kinder zum Widerstand, zur antiautoritären Haltung und zum sexuellen Genuß »erziehen«. War das Kind von Anfang an daran gewöhnt, daß seine Welt geachtet wurde, wird es später jede Form von Mißachtung seiner Person (also auch das autoritäre Verhalten) mühelos durchschauen und darauf mit Widerstand reagieren. Wurde es aber auf eine bestimmte Haltung ideologisch gedrillt, wird es später nicht merken, wenn es im Namen einer anderen Ideologie wieder gedrillt wird. Und ein Kind, das Zärtlichkeit erfahren hat, braucht nicht zur zärtlichen Sexualität erzogen zu werden, sie wird ihm selbstverständlich sein.

Wenn ich richtig orientiert bin, ist die in der oben angeführten Stelle propagierte Sexualerziehung bereits aus der Mode gekommen, weil die Eltern mit der Zeit gemerkt haben, daß sie sich selber als Opfer von Ideologien hatten manipulieren lassen. Es erscheint mir aber aufschlußreich, mich anhand von Beispielen mit der Verwirrung der Eltern zu befassen, die zuweilen ähnlich wie ihre Kinder dem Erziehungswahn der Ideologen und Theoretiker ausgesetzt sind. Der Wahncharakter der Schreberschen Erziehungsprinzipien ist seiner Generation gar nicht (ja nicht einmal Sigmund Freud) aufgefallen. Ähnlich können uns heute u. U. die aus der Triebtheorie abgeleiteten erzieherischen Empfehlungen verborgen bleiben, bzw. durchaus adäquat und richtig erscheinen, weil uns die Spuren der Schwarzen Pädagogik in unserer Haltung und Sprache noch nicht auffallen. Daher lassen sich nicht nur engagierte Eltern, sondern auch Kindertherapeuten durch das Konzept des Ödipuskomplexes verwirren und in ihrer Empathie stören.

Eine Kinderanalytikerin bat mich einmal um eine einzelne Supervisionsstunde, in der sie mir folgendes erzählte: Sie behandelt einen vierjährigen Jungen, nachdem dieser plötzlich anfing, phobische Ängste zu entwickeln und vor allem bei Männern mit einem gewissen Haarschnitt mit Panik reagierte. Was ihr in der Behandlung besondere Mühe machte, war die Art, wie der kleine Junge nun anfing, sie sexuell zu bedrängen, ihr gewaltsam unter den Rock griff, sich an sie drückte und in ihr das Gefühl weckte, von einem gierigen Mann vergewaltigt zu werden. Die Therapeutin erzählte mir, daß sie diesen Fall in einem Seminar vorgebracht habe und dort unterschiedliche Äußerungen zu hören bekam. Einzelne Kollegen sahen im Verhalten des Jungen ödipale Züge, die zu der Ablehnung bestimmter Männer paßten. Andere hingegen meinten, daß das Kind »die ödipale Phase noch nicht erreicht« hätte. Diese Deutungen halfen der Kollegin nicht weiter. Sie nahm es sich nur übel, daß sie die analytische Überlegenheit nicht wahren konnte, sondern sich jedesmal bei den Zugriffen des Kindes gekränkt und auf irgendeine Art bedroht fühlte.

Für mich war aber dieses Gefühl ausschlaggebend, und ich fragte zunächst mich selber, welches Trauma dieses Kind wohl zum Ausdruck brachte. Mit dieser Frage als Arbeitshypothese ging die Kollegin nach Hause, und als sie mich nach einigen Tagen anrief, berichtete sie mir, daß ein Gespräch mit den Eltern des Jungen folgende Tatsachen zu Tage gefördert hatte: Als die Mutter nach einer Operation zwei Wochen im Spital bleiben mußte, übernahm der Vater die Betreuung des Kindes, das er sehr liebte und mit dem er gerne spielte. Er wollte es keiner anderen Person auch nur vorübergehend überlassen, und so nahm er das Kind auch mit, wenn er mit seinen Freunden Vergnügungslokale besuchte. Auch bei ihm zu Hause spielten die Freunde gelegentlich sexuelle Spiele mit seinem Kind, steckten ihm den Finger in den Anus und stimulierten sich mit seinem Penis. Der Vater schien ehrlich davon überzeugt zu sein, daß solche Spiele zur fortschrittlichen Erziehung gehörten, aber während des Gespräches mit der Analytikerin stellte sich heraus, daß er als Kind selber verschiedene Traumen sexuellen Inhalts hatte erleben müssen.

Nachdem die Analytikerin die Zwänge ihrer theoretischen Ausbildung ablegen konnte, ist ihr also selber, ohne zusätzliche Supervisionsstunde, aufgefallen, wie das Kind schon seit langem in der Spieltherapie versucht hatte, ihr mit Hilfe seiner Inszenierung zu erzählen, was mit ihm an jenen Abenden geschehen war. Sobald sie bereit war zuzuhören, hat das Kind auch verbal erzählt, u. a. wie »die Männer den Frauen unter die Röcke griffen und von ihnen beschimpft wurden«. Von da an war die Inszenierung, die die Therapeutin früher so bedroht hatte und ihr »Schimpfen« provozieren sollte, nicht mehr nötig.

Alle Elemente dieser Geschichte erzählen reale Begebenheiten. Als Ganzes aber verdichtet sie Einzelheiten, die ich auch von anderen Fällen kenne, die mir ein breites Spektrum des sexuellen Mißbrauchs von Kindern zugänglich machten, nachdem ich bereit war, dieses Wissen nicht mehr abzuwehren. Ich hörte plötzlich, daß es Eltern gibt, die aus ihren Schulden nicht herauskommen und daher ihre Kinder gegen Bezahlung für sexuelle Spiele »ausleihen«, in der festen Überzeugung, daß das dem Kind nicht schade, solange es noch so klein sei. Wie ich vom Leiter des Sorgentelefons erfahre, gehört die Drohung solcher Spiele beim Ungehorsam des Kindes bereits zum Erziehungspotential junger Eltern. In der Dokumentation der seelischen Mißhandlungen, die das Sorgentelefon herausgegeben hat, spielt der sexuelle Mißbrauch eine wichtige Rolle. So wird z. B. das Kind als Zuschauer zu verschiedenen Sexualspielen mitgenommen, weil dies das Vergnügen der Erwachsenen steigern soll. Möglicherweise rächen sich die Eltern so für traumatische Erlebnisse in der eigenen Kindheit.

Wenn man von diesen Fakten hört und die Ausstattung der Triebtheorie immer noch im Rucksack hat, muß man das Ausmaß dieser Leidzufügung bagatellisieren. Man wird sich einreden können, das Kind hätte bei solchen Mißhandlungen Lustgefühle erlebt, und das Problem nur darin sehen, wie der Konflikt zwischen dem Es und dem Überich gelöst wurde. Will man aber diesen Rucksack nicht mehr tragen, weil man dessen Dienste bei der Verschleierung der Gewaltanwendung nicht mehr übersehen kann, dann verschiebt sich das Interesse von der sogenannten »infantilen Sexualität« auf die Sexualität als eine der möglichen Formen der Machtausübung des Herrschers über sein Opfer. Diese Herrschaftsverhältnisse beschränken sich nicht im geringsten auf die Beziehungen zwischen Erwachsenen und Kindern, sondern sind überall unter den Geschwistern zu beobachten. Der vierjährige Patient meiner Kollegin übernahm auch in der Therapie sofort die aktive Rolle des Angreifers, um ihr Situationen zu schildern, in denen er das Opfer (und Zeuge) war. Ähnlich erzählen die älteren Geschwister, die die jüngeren mißhandeln und mißbrauchen, in der aktiven Form, was ihnen vorher geschehen ist. Das muß so sein, solange das Kind oder der Erwachsene mit dem ihm zugefügten Unrecht allein ist. Um sich als Opfer erleben zu können, braucht man eine begleitende Person. Wenn die fehlt, wird das Unrecht weitergegeben, und es bleiben Schuldgefühle, die sich wiederum dem Aufdecken der Wahrheit entgegensetzen. Daher hängen die Leute an ihren Schuldgefühlen, weil ihnen dadurch eine Illusion der Macht bleibt (»ich habe einen Fehler begangen, hätte aber anders können«). Denn das eigene Opfersein bewußt wahrzunehmen, heißt auch, die grenzenlose Ohnmacht zu spüren, in der sich ein Kind befindet, das unvermittelt dem Wutausbruch oder den sexuellen Manipulationen eines ihm plötzlich fremdgewordenen, geliebten Menschen ausgesetzt gewesen ist. Daher brauchen unsere Patienten in ihren Therapeuten und Analytikern Menschen, die ihnen beim Erlebnis der Schmerzen dieser Ohnmacht beistehen und sie dabei begleiten, nicht aber Funktionäre, die ihnen im Dienste der herrschenden Gesellschaft ihr aus frühesten Erfahrungen stammendes vages Wissen ausreden. Wenn Therapeuten keine Funktionäre der Gesellschaft, sondern Anwälte des Patienten sind, werden sie nicht das Wissen darüber verschleiern, wie sich die Sexualität unter anderm zur Ausübung der Gewalt über den Schwächeren eignet.

Junge Leute erzählen oft als Bestätigung für die Freudsche Theorie, daß sich ihre kleinen Kinder sehr stark für den Geschlechtsunterschied interessieren. Wie ist es denn denkbar, daß sich ein normales lebendiges Kind *nicht* für etwas so Offensichtliches interessieren würde? Nachdem Adam und Eva den Apfel vom Baum der Erkenntnis gegessen hatten, nahmen sie zum ersten Mal ihre Geschlechtlichkeit wahr und mußten sich ihrer schämen. Auch die psychoanalytische Theorie hat uns von diesem Muster, in dem das Wissen, die Sexualität und die Scham verbunden sind, nicht befreit. Denn warum sollte sich ein Kind nicht dafür interessieren, daß es zweierlei Geschlechter gibt; wie die Mutter, der Vater und die Geschwister gebaut sind, wie die Kinder auf die Welt kommen, wie das Kind in den Bauch kommt, was Vater und Mutter auch körperlich verbindet usw.? Für den Erwachsenen sind diese Fragen bereits mit sexuellen Erfahrungen verknüpft, nicht aber für das Kind. Das Kind stellt seine Fragen völlig unbefangen, seine Befangenheit holt es sich erst von den Augen des Erwachsenen, der nach den Prinzipien der Schwarzen Pädagogik erzogen wurde. Die von dort herstammende Verknüpfung von Wissen mit Schuld und Scham macht es den Eltern schwer, die Fragen des Kindes als das, was sie sind, nämlich als Ausdruck gesunder Neugier, zu sehen. Alles, was wir in das Kind hineinlegen, werden wir natürlich in ihm finden. Wird uns aber der Prozeß des Hineinlegens bewußt, bekommen wir die Chance, uns dank des Kindes von den Zwängen unserer Vergangenheit zu befreien.

Das kleine Kind ist zunächst ein stummer Empfänger unserer Projektionen. Es kann sich nicht gegen sie wehren, kann sie uns nicht zurückgeben, sie uns nicht deuten, kann nur zu ihrem Träger werden, womit es uns den Beweis liefert, daß die Welt, die Menschheit, die Gesellschaft immer so sein müssen, wie wir sie in unserer Vergangenheit erfahren haben. Es müßte aber nicht immer so sein. Falls es den jungen Menschen einmal wirklich gelingen sollte, ihre Sexualität vom narzißtischen Machtkampf und von der Schwarzen Pädagogik zu befreien und als solche zu genießen, werden sie kein Bedürfnis haben, ihre sexuellen Konflikte auf das Kind zu projizieren. Sobald das Kind mehr sein darf als ein Träger der elterlichen Projektionen, kann es für die Eltern zu einer unerschöpflichen Quelle des unverstellten *Wissens über die menschliche Natur werden.* Zu dieser Natur gehören bereits im frühesten Alter Sinnlichkeit, Freude am eigenen Körper, Freude an der Zärtlichkeit des Andern, das Bedürfnis, sich zu artikulieren, gehört, gesehen, verstanden und geachtet zu werden, die Notwendigkeit, Zorn und Wut nicht unterdrücken zu müssen, und auch andere Gefühle, wie Trauer, Angst, Neid und Eifersucht, äußern zu dürfen.

In unserer analytischen Ausbildung lernen wir, die Freudsche Triebtheorie als die große Revolution anzusehen. Man sagt uns, Freud hätte die Menschheit dadurch gekränkt, daß er ihr die »Illusion« des unschuldigen Kindes genommen hätte. Dieser letzte Satz enthält aber zwei falsche Prämissen. Erstens ist die Unschuld des Kindes keine Illusion, sondern eine Realität, und zweitens ist diese Realität von der Menschheit (unter dem Einfluß der Religion und der Pädagogik) bisher kaum akzeptiert worden. Bis vor kurzem fand sich wohl kaum ein Pädagoge, der nicht daran glaubte, er müsse den Kindern *die Moral beibringen.* Zu den wenigen Ausnahmen, zu den Einzelgängern der Pädagogik, gehörte Janusz Korczak, der 1928 die für uns heute noch ungewöhnlichen Sätze schrieb:

Kindern ist es verboten zu kritisieren, sie dürfen unsere Fehler, Leidenschaften und Lächerlichkeiten nicht bemerken. Wir treten im Gewand der Vollkommenheit auf. Unter Androhung unseres höchsten Zornes verteidigen wir die Geheimnisse des herrschenden Clans, der Kaste der Eingeweihten, die zu höheren Aufgaben berufen sind. Nur ein Kind darf man ungeniert nackt und bloß an den Pranger stellen.

Unser Spiel mit den Kindern ist ein Spiel mit gefälschten Karten; die Schwächen des Kindesalters stechen wir mit den Assen der Erwachsenen. Falschspieler, die wir sind, mischen wir die Karten so, daß alles, was gut und wertvoll ist, gegen ihre schwächsten Stellen steht. Wo bleiben denn unsere Nichtstuer und Leichtfüße, die genußsüchtigen Feinschmecker, die Dumm-

köpfe, die Faulpelze, die Schurken, die Abenteurer, die Gewissenlosen, die Betrüger, die Säufer und Diebe, wo bleiben unsere Gewalttätigkeiten und Verbrechen, die öffentlich bekannten und die, die nie aufgedeckt werden; wieviele Zänkereien, Hinterhältigkeiten, Eifersuchtsszenen, üble Nachrede und Erpressungen gibt es bei uns, Worte, die verwunden, Taten, die entehren; wieviele Familientragödien, deren Leidtragende und Opfer die Kinder sind, spielen sich im Verborgenen ab? Und wir wagen es, zu beschuldigen und anzuklagen?!
Sind wir schon so voreingenommen, daß wir die Zärtlichkeiten, die den Kindern lästig sind, für echte Liebe zum Kinde halten? Begreifen wir denn nicht, daß wir es sind, die Zärtlichkeit beim Kinde suchen, wenn wir es an uns ziehen; uns, wenn wir ratlos sind, in seine Arme flüchten, daß wir in Stunden ohnmächtiger Schmerzen und grenzenloser Verlassenheit bei ihm Schutz und Zuflucht suchen, und ihm die Last unseres Leidens und unserer Sehnsucht aufbürden?
(J. Korczak, 1981, S. 21–23)

Es ist zu hoffen, daß dieses *empirische* (keineswegs »illusionäre«) Wissen über die Unschuld des Kindes nicht erst in 300 Jahren von der Schwarzen Pädagogik, unserer höchsten inneren Instanz, freigegeben wird. So lange brauchte zwar die Kirche, um die mathematischen Beweise für das Kopernikanische System endlich zu akzeptieren, aber wir stehen jetzt in einer anderen Zeit. Es käme auf jeden Fall den depressiven Patienten zugute, wenn ihre Therapeuten die Vorstellung vom schuldigen Kind aufgeben könnten.
Der Arzt Janusz Korczak war ein scharfer Beobachter und lebte dreißig Jahre lang ohne Theorien mit Kindern aus den Unterschichten, die verwahrlost und oft schwer geschädigt zu ihm kamen. Er muß viel Gutes in seiner Kindheit empfangen haben, so daß er es nicht nötig hatte, das Gesehene abzuwehren, d. h. die Not der Kinder als ihre Schuld zu deuten und die tragische Wahrheit mit Hilfe der Schwarzen Pädagogik unsichtbar zu machen. Denn noch heute setzt man sich dem Vorwurf der »Naivität«, der »Gefühlsduselei« oder der »Romantisierung« aus, wenn man an der Unschuld des Kindes festhält, so tief

haben wir die Wertungen der Schwarzen Pädagogik verinnerlicht.

Das Bild des unschuldigen Kindes, das angeblich erst Freud veränderte, war ja immer schon (auch bei Rousseau) eine unverbindliche Theorie, die niemand ernstnahm. Denn in der Praxis ging man davon aus, daß man aus dem Kind das Böse austreiben und es zum Guten er-ziehen müsse. Als Beweis ihrer Bosheit erzählte man immer, daß Kinder gerne Tiere quälen, übersah aber, bei wem sie das Quälen gelernt hatten und was sie zum Quälen trieb.

Ähnlich verhält es sich mit der Sexualität. Da sich die Kinder seit jeher dazu geeignet haben, Träger aller abgespalteten, unerwünschten Seiten des Erwachsenen zu sein, warum nicht auch Träger der sexuellen Wünsche, insbesondere in der puritanischen Zeit der Jahrhundertwende, in der Sexualität verpönt war? Den Kindern das zuzuschreiben, dessen man sich selber schämt oder entledigen möchte, ist keineswegs neu und entspricht den überkommenen Machtstrukturen. Auch wenn Kinder sexuelle Phantasien und Wünsche als Ersatz für die oft unerfüllbaren Bedürfnisse nach Nähe, Zuwendung und Zärtlichkeit haben können (und müssen!) – warum sollten sie mit der Unschuld des Kindes unvereinbar sein? Was in der Gesellschaft eigentlich durch das Schweigetabu geschützt wird, ist das Recht des Erwachsenen, das Kind beliebig für seine Bedürfnisse zu verwenden, es als Ventil zum Abreagieren seiner einst erlittenen Demütigung zu gebrauchen. Solange der Erwachsene seine Vergangenheit nicht kennt, ist er darauf angewiesen, und er ist dazu berechtigt, solange das Kind als das grausame (Melanie Klein) und sexuell begierige (Sigmund Freud) der Zähmung und Kontrolle durch die Erwachsenen bedarf.

Das angebliche Tabu des unschuldigen Kindes geht in der Geschichte höchstens auf Rousseaus vergoldete Vorstellungen zurück und dient in der puritanischen Zeit der Verschleierung der Sündenbockfunktion des Kindes.

Aber die Vorstellung von den reinen Eltern, die das unerfahrene, für die Versuchungen des Teufels (der Lebendigkeit) besonders anfällige Kind in der Erziehung »zum Guten lenken« mußten, führt auf eine Jahrtausende alte Geschichte zurück. Es war Freud beschieden, mit seiner ersten Entdeckung *dieses Tabu* zu berühren und damit ganz allein zu bleiben. Erst mit der Triebtheorie bekam er Anhänger, die noch heute in diesem zweiten Schritt Freuds seine große, mutige Leistung sehen. Doch Freuds Lehre von der infantilen Sexualität hat die traditionelle Haltung dem Kind gegenüber im Grunde nicht verändert; sie hat sie lediglich durch ein Überbleibsel der puritanischen Zeiten angereichert.

Die wahrlich große Kränkung der Menschheit geht von der Verführungstheorie aus.

C 4. DER SEXUELLE MISSBRAUCH DES KINDES
(DIE GESCHICHTE DES WOLFSMANNS)

Die Häufigkeit und die Folgen des sexuellen Mißbrauchs des Kindes durch ältere Geschwister und erwachsene Personen werden von der Öffentlichkeit meist bestritten, weil die einst notwendige Verdrängung des frühkindlichen Wissens alle späteren diesbezüglichen Informationen nicht zuläßt. Außerdem liegt es nicht im Interesse des Erwachsenen, der nun selber die aktive Rolle übernehmen kann, die Wurzeln seiner Handlungen aufzudecken. Vor allem aber verbietet es das Gesetz der Schwarzen Pädagogik, die Aktivitäten der Eltern ihren Kindern gegenüber anders denn als Liebes- und Wohltaten zu bezeichnen und dem Kind das Recht auf Auflehnung zu gewähren.

Sigmund Freuds Falldarstellung des »Wolfsmanns«, die unter dem Titel *Aus der Geschichte einer infantilen Neurose* erschienen ist, kann einem für die Sprache der Schwarzen Pädagogik sensibilisierten Leser vor Augen führen, wie ein großer Entdecker unter der Last der von ihm verinnerlichten Erziehungsprinzipien versucht, mit Hilfe des Intellekts gegen sein besseres Wissen anzukämpfen. Die Bedeutung dieses Wissens wird zwar begraben, aber nicht unsichtbar gemacht. Es werden immerhin Grabsteine errichtet, auf denen Namen stehen, und so bleibt den künftigen Generationen nicht alles vorenthalten. Denn die Tatsache der »Verführung« des Wolfsmanns durch die Schwester wird von Freud nicht bestritten, nur in ihrer Bedeutung stark relativiert.

In diesem Kapitel will ich versuchen, am Beispiel der Wolfsmann-Geschichte zu zeigen, wie ich meine Hypothese von der lebensbestimmenden Bedeutung des sehr früh verdrängten Traumas (das hier, wie in den meisten Fällen, durch eine Deckerinnerung verborgen bleibt) mit Hilfe der späteren Lebensdaten verifizieren kann. Die Art der Inszenierungen aus dem Wiederholungszwang des

Wolfsmanns gibt nämlich Auskunft darüber, daß es nicht die Beobachtung der Urszene und nicht seine Triebkonflikte waren, die ihn krank machten, sondern ein sehr früher Mißbrauch seiner Person, den er während seines ganzen Lebens nicht artikulieren konnte, weil ihm die notwendige Begleitung fehlte. Um das verständlich zu machen, muß ich zunächst einen Umweg machen.

Wolfsmanns Schwierigkeiten mit dem Geld beschreibt Freud folgendermaßen:

Er war durch Erbschaft von Vater und Onkel sehr reich geworden, legte manifesterweise viel Wert darauf, für reich zu gelten, und konnte sich sehr kränken, wenn man ihn darin unterschätzte. Aber er wußte, wieviel er besaß, was er verausgabte, was er übrig behielt. Es war schwer zu sagen, ob man ihn geizig oder verschwenderisch heißen sollte. Er benahm sich bald so, bald anders, niemals in einer Art, die auf eine konsequente Absicht hindeuten konnte. Nach einigen auffälligen Zügen, die ich weiter unten anführen werde, konnte man ihn für einen verstockten Geldprotzen halten, der in dem Reichtum den größten Vorzug seiner Person erblickt und Gefühlsinteressen neben Geldinteressen nicht einmal in Betracht ziehen läßt. Aber er schätzte andere nicht nach ihrem Reichtum ein und zeigte sich bei vielen Gelegenheiten vielmehr bescheiden, hilfsbereit und mitleidig. Das Geld war eben seiner bewußten Verfügung entzogen und bedeutete für ihn irgend etwas anderes.

Sein Benehmen in einem anderen Falle erschien ihm selbst rätselhaft. Nach dem Tode des Vaters wurde das hinterlassene Vermögen zwischen ihm und der Mutter aufgeteilt. Die Mutter verwaltete es und kam seinen Geldansprüchen, wie er selbst zugab, in tadelloser, freigebiger Weise entgegen. Dennoch pflegte jede Besprechung über Geldangelegenheiten zwischen ihnen mit den heftigsten Vorwürfen von seiner Seite zu endigen, daß sie ihn nicht liebe, daß sie daran denke, an ihm zu sparen, und daß sie ihn wahrscheinlich am liebsten tot sehen möchte, um allein über das Geld zu verfügen. Die Mutter beteuerte dann weinend ihre Uneigennützigkeit, er schämte sich und konnte mit Recht versichern, daß er das gar nicht von ihr denke, aber er war sicher, dieselbe Szene bei nächster Gelegenheit zu wiederholen. (S. Freud, 1918b, S. 104/109).

Es ist sehr naheliegend, daß ein für die Bedürfnisse des Erwachsenen oder des älteren Geschwisters sehr früh mißbrauchtes Kind für sein ganzes Leben das Grundgefühl zurückbehält, daß es zuviel hergeben mußte. Selbstverständlich äußert sich das auch im Umgang dieses Menschen mit dem Geld und mit seinem Darminhalt. Obwohl dieses Grundgefühl ihm von einer realen Begebenheit Mitteilung macht, kann er es nicht im Zusammenhang damit sehen, solange ihm niemand geholfen hat, den emotionalen Gehalt dieser Begebenheit und deren Bedeutung für ihn zu erleben. Da er im Gegenteil immer wieder hört, daß er, gemessen an den Ansprüchen der Erzieher, zu wenig hergibt, den Stuhl nicht im richtigen Moment und nicht in den richtigen Quantitäten entleert, verbindet sich das Gefühl des Überfordertseins mit dem schlechten Gewissen und mündet schließlich in der unerträglichen Überzeugung, daß man doch ein böser Mensch ist, wenn man sich »ohne Grund« ständig ausgenützt fühlt und nicht alles, was man hat und ist, gerne verschenkt. Daß der sexuelle Mißbrauch des Kindes zu Störungen in seinem späteren Sexualleben führen muß, wird sich ein durchschnittlicher Laie sicher ohne Mühe vorstellen können. Nicht so selbstverständlich ist aber dieser Zusammenhang für einen orthodoxen Analytiker, der sich jahrzehntelang geübt hat, alle Schwierigkeiten seines Patienten auf dessen infantile sexuelle Wünsche zurückzuführen.

Doch die Folgen eines sexuellen Mißbrauchs beschränken sich nicht nur auf die Schwierigkeiten im Sexualleben: sie *behindern die Entwicklung des Selbst* und beeinträchtigen die Bildung eines autonomen Charakters. Dies aus folgenden Gründen:

1. Die Situation des ohnmächtigen Ausgeliefertseins an die geliebte Person, die Mutter oder den Vater, schafft eine sehr frühe *Koppelung von Liebe und Haß*.

2. Da der Zorn auf den geliebten Menschen wegen Verlustdrohung nicht ausgedrückt und daher nicht gelebt

werden kann, bleibt die Ambivalenz, die Koppelung von Liebe und Haß, ein wichtiges *Merkmal der späteren Objektbeziehungen.* Viele dieser Menschen können sich gar nicht vorstellen, daß Liebe ohne Qualen und Opfer, ohne Ängste, mißbraucht zu werden, ohne Demütigungen und Kränkungen, überhaupt möglich sei.

3. Da die Tatsache des Mißbrauchs aus Gründen des Überlebens verdrängt werden muß, muß auch jedes Wissen, das die Zensur dieser Verdrängung lockern würde, mit allen Mitteln abgewehrt werden, was schließlich zu einer *Verarmung der Persönlichkeit* und zum Verlust der lebendigen Wurzeln, z. B. in der Depression, führt.

4. Die Folgen eines Traumas sind aber mit der Verdrängung nicht beseitigt, sondern geradezu besiegelt. Die Unmöglichkeit, das Trauma zu erinnern, es zu artikulieren (d. h. einer begleitenden Person, die einem *glaubt,* die ehemaligen Gefühle mitteilen zu können), schafft die Notwendigkeit der Artikulierung im *Wiederholungszwang.*

5. Die einst erfahrene, aber nicht erinnerbare *Situation des Ausgeliefertseins* und des Mißbrauchtwerdens vom geliebten Objekt wird entweder in der passiven oder aktiven Rolle oder abwechselnd in beiden *perpetuiert.*

6. Zu den einfachsten und völlig unbemerkten Formen der Perpetuierung der aktiven Rolle gehört der *Mißbrauch der eigenen Kinder* für die eigenen Bedürfnisse, die um so dringlicher und unkontrollierter sind, je tiefer das eigene einstige Trauma verdrängt wurde.

Ich kann mir vorstellen, daß beim letzten Punkt viele Leser eine Verunsicherung erleben, und sich verärgert fragen werden: Sind die Zärtlichkeiten, die ich meinem Kind zukommen lasse, auch noch falsch? Soll mir meine Liebe zum Kind auch noch verboten werden? Davon kann natürlich keine Rede sein. In jeder Liebe ist auch körperliche Zuneigung und Zärtlichkeit, und das hat mit einem Mißbrauch nichts zu tun. Aber Eltern, die ihr eigenes Mißbrauchtwerden verdrängen mußten und es nie erlebt haben, können in dieser Beziehung auch ihren

Kindern gegenüber sehr stark verunsichert werden. Sie werden entweder die echtesten Zärtlichkeitsregungen unterdrücken, in der Angst, das Kind damit verführen zu können, oder sie werden unbewußt dem Kind das gleiche zufügen, was ihnen zugefügt wurde, ohne sich dabei vorstellen zu können, was sie ihm damit antun, weil sie selber diese Gefühle immer von sich fernhalten mußten. Wie kann man diesen Eltern helfen? Die Aufhebung der Amnesie ist wahrscheinlich ohne eine tiefgehende Analyse nicht möglich. Es ist auch schwierig für einen Menschen, der als Kind Eigentum seiner Eltern war, zu realisieren, wann er sein Kind als Eigentum mißbraucht. Und trotzdem scheint mir in der Sensibilisierung für diese Frage, im Bewußtwerden dieser Zusammenhänge, eine Chance zu bestehen. Das setzt voraus, daß man zumindest zulassen kann, daß die Eltern keine Götter und keine Engel waren, sondern oft bedürftige und emotional sehr vereinsamte Menschen, denen ihre Kinder die einzigen erlaubten Objekte für die Abfuhr ihrer Affekte waren und die sich außerdem durch Ideologien verschiedener Art wie der Pädagogik und nicht zuletzt auch der Psychoanalyse (mit ihrer Lehre von der infantilen Sexualität) zu ihrem Verhalten legitimiert fühlten. Doch kehren wir zurück zu unserem Beispiel – dem Wolfsmann.

Nachdem Freuds berühmter Patient 1920 nochmals als geheilt von ihm entlassen worden war, entwickelte er im Jahre 1926 eine Paranoia. Er meldete sich bei Freud, der ihn damals nicht mehr übernehmen konnte und ihn an seine Schülerin, Ruth Mack-Brunswick verwies, die ihm wesentlich geholfen hat. Eine andere Analysandin von Ruth Mack-Brunswick, also eine »analytische Schwester« des Wolfsmannes, Muriel Gardiner, gab 1971 ein Buch heraus, in dem neben den Krankengeschichten von Sigmund Freud und Ruth Mack-Brunswick auch eine Selbstdarstellung des Wolfsmannes enthalten ist. Die Analytikerin des Wolfsmannes, Ruth Mack-Brunswick, berichtet ausführlich über dessen Geldschwierigkeiten und das

Mißtrauen gegenüber Ärzten, Zahnärzten und Schneidern, das in einer wahnhaften, paranoiden Idee über die Verstümmelung der eigenen Nase durch den Dermatologen Professor X gipfelte. Mit Recht vermutete sie hinter diesen Verfolgungsideen die Aggressionen des Patienten gegen Freud. Da sie diese als Ausdruck der »passiv homosexuellen Wünsche« des Patienten, die von Freud enttäuscht worden waren, versteht, muß sie ihren Lehrer nicht vor den Vorwürfen des Patienten schützen und kann ihm ermöglichen, seine Wut zu artikulieren, was eine Besserung zur Folge hat. Sie selber wundert sich über diese Heilung, da sie eine in ihren Augen notwendige Voraussetzung dieses Prozesses bei diesem Patienten vermißte, nämlich die volle Annahme seines »Kastrationswunsches« und seines »homosexuellen Wunsches, vom Vater wie eine Frau koitiert zu werden.« Sie meint:

Wenn der Patient fähig gewesen wäre, die weibliche Rolle und die Passivität voll zu akzeptieren, hätte er sich die Erkrankung ersparen können, die ja nur aus der Abwehr der weiblichen Rolle entstand (M. Gardiner, 1972, S. 329).

Und an einer anderen Stelle heißt es:

Aber der einzige andere Weg ist der über die Akzeptierung seiner eigenen Kastration. Er muß entweder diesen gehen oder muß zurück zu der Szene der Kindheit, die für seine passive Einstellung zum Vater pathogenetisch wurde. Er beginnt einzusehen, daß alle seine Größenideen, seine Angst vor dem Vater und vor allem die nicht gutzumachende Entstellung durch den Vater nur seine Passivität decken sollten. In dem Moment, wo diese Passivität frei zutage tritt, wird sie, deren Abwehr ja die Produktion der Wahnideen hervorrief, für den Patienten unerträglich. So sehr es auch den Anschein hatte, gab es in Wirklichkeit doch für ihn keine Wahl zwischen der Annahme der weiblichen Rolle und ihrer Ablehnung (M. Gardiner, 1972, S. 328f.).

Das Trauma der Mißhandlung wird also als »passive Einstellung« gedeutet und die »Akzeptierung der Kastration« gefordert. Obwohl ich solche Theorien als eine Vergewaltigung des Patienten ansehe, könnte ich mir vorstellen, daß sie in diesem konkreten Fall dem Wolfsmann zugute kamen. Denn hätte die Analytikerin sehen dürfen, daß der Wolfsmann mehrere *reale* Gründe hatte, um Sigmund Freud als Person und in dessen Übertragungsrolle als Vaterfigur Vorwürfe zu machen, dann hätte sie bewußt oder unbewußt ihren idealisierten Meister vor diesen Vorwürfen zu schützen versucht, wie es das folgende Zitat zeigt:

Die Behauptung des Patienten, daß kein Arzt oder Zahnarzt ihn je ordentlich behandelt habe, ist, oberflächlich betrachtet, bis zu einem gewissen Grad gerechtfertigt. Doch wenn man den Patienten auf seinem langen Leidensweg von Arzt zu Arzt, von Zahnarzt zu Zahnarzt begleitet, muß man zum Schluß kommen, daß er selbst es war, der schlecht behandelt werden wollte, und daß er es seinen Ärzten leicht gemacht hat, ihn schlecht zu behandeln. Mißtrauen war das erste, was er jeder Behandlung entgegenbrachte. Der normale Mensch hört mit der Behandlung auf, wenn er mit dem Arzt unzufrieden ist, und würde es sicher nie zulassen, daß ihn jemand operiere, den er für seinen Feind hält. Die passive Einstellung des Patienten machte ihm aber jeden Bruch mit einem Vaterersatz sehr schwer; immer versuchte er erst, den eingebildeten Feind zu besänftigen. Es sei an das passagère Symptom in der ersten Analyse erinnert, das darin bestand, daß der Patient von Zeit zu Zeit das Gesicht dem Analytiker zukehrte, ihn sehr freundlich, wie begütigend ansah und dann den Blick von ihm zur Stehuhr wendete. Es sollte heißen: Sei gut zu mir. Dieselbe Gebärde mit dem gleichen Inhalt tauchte auch im Laufe der Analyse bei mir auf.
Professor X. war natürlich der Hauptverfolger; der Patient hat selbst einmal hervorgehoben, daß X. ein Ersatz für Freud sei. Von seiten Freuds direkt war die Verfolgung nicht so deutlich. Der Patient machte ihm wohl den Verlust seines Geldes in Rußland zum Vorwurf, aber er mußte doch lachen bei der Vorstellung, daß Freuds Ratschlag wirklich in böswilliger Absicht gegeben worden sein könnte. Er mußte also einen indifferenten, aber gleichwertigen symbolischen Verfolger finden, dem er mit gutem Gewissen und ernstlich die bösartigsten Absichten zumuten konnte. Außerdem gab es noch viele unbedeutendere Personen, von denen der Patient sich hintergangen, benachtei-

ligt und betrogen fühlte. Bemerkenswerterweise war er gerade dort, wo er in Wirklichkeit hintergangen wurde, gar nicht mißtrauisch (M. Gardiner, 1972, S. 336f.).

Auch wenn Freuds Ratschlag gut gemeint war, woran nicht zu zweifeln ist, kann es ja sein, daß er für den Patienten katastrophale Folgen hatte. Solche Dinge geschehen täglich, denn kein Ratschlag kann die Zukunft berücksichtigen, die niemand kennt, und Irrtümer lassen sich nicht ausschließen. Wenn aber der Ratgebende als Analytiker eine Vaterfigur ist, muß er dem Kind im Patienten das Recht auf seine Enttäuschung zugestehen, die u. U. in einer unbändigen, narzißtischen Wut ausbrechen kann. Dieser Ausbruch findet statt, wenn sich der riesengroße, idealisierte Vater, bisher als allmächtig und allwissend phantasiert, in seiner Ohnmacht entpuppt oder auch nur seine menschlichen Grenzen spüren läßt, bevor der Patient sie ertragen kann. So hätte der Wolfsmann das Recht auf seine Wut haben müssen, auch wenn Freud ihn besser verstanden hätte, ihn nicht mit seinen Theorien und Deutungen vergewaltigt, ihn nicht mit seinen Geldsammlungen erniedrigt und verführt und ihn nicht der Verlustangst ausgesetzt hätte. Ich bringe alle diese vier Gründe in einem Satz, weil sie für mich alle ohne Unterschied Beispiele von ungewollter Grausamkeit sind, ob es sich um die eigene Krankheit oder die eigene Theorie handelt. Es wäre vermessen und ungerecht, Freud einen Vorwurf daraus zu machen, daß er damals seinen Patienten nicht so verstehen konnte, wie es ihm heute vielleicht möglich wäre. Das ändert aber nichts an der Tatsache, daß der Wolfsmann weder mit Freud noch mit dessen Freud bewundernden Schülern seine Enttäuschung über den Analytiker und seine frühkindliche Wut auf die Eltern und die Schwester hat erleben und voll ausdrücken können. Wie er als kleines Kind nur unter Menschen war, die seine reichen und mächtigen Eltern hoch achteten und denen er daher niemals seinen Kummer klagen konnte, so bewegte er sich später sein ganzes Leben lang in Kreisen, die Freud dankbar zugetan waren und in denen er nur als Aushängeschild des großen Meisters geschätzt und »gefördert«, aber auch mißbraucht wurde.

Meine Überzeugung, daß Freuds Deutungen dem Patienten Gewalt angetan haben, verdanke ich nicht dem Buch von Karin Obholzer (1980), das von den Gesprächen zwischen einer anziehenden jungen Frau und dem achtundachtzigjährigen, gut erzogenen, perfekt angepaßten und einsamen Mann (dem Wolfsmann) berichtet, sondern dem Studium der Freudschen Falldarstellung und dem Vergleich mit den Kindheitserinnerungen des Wolfsmanns. Es gibt in der Freudschen Krankengeschichte Stellen, die dem Patienten Gefühle und Zustände in der Kindheit zuschreiben, die zweifellos für Freud selber zutrafen, aber am Schicksal des Patienten vorbeizusehen scheinen. So sieht Freud die Bedeutung der Urszene in ihrer Verbindung mit der Geburt eines möglichen jüngeren Geschwisters; ein Ereignis, das nicht zu Wolfmanns Erfahrungen gehörte, das hingegen in Freuds Leben siebenmal eintrat. Wenn Freud meint, sein Patient hätte »ein begreifliches Motiv bekommen zu wünschen, daß ihm kein jüngeres Geschwister nachfolgen möge«, so könnte es sich hier leicht um projektive Identifikationen des Analytikers handeln. Es ist auch nicht anzunehmen, daß die russischen Großgrundbesitzer das Kind in ihrem Schlafzimmer schlafen ließen, was aber im Falle Sigmund Freuds nachgewiesenermaßen der Fall war.

In den Erinnerungen des Wolfsmanns findet sich eine Beschreibung seines Großvaters väterlicherseits und von dessen Söhnen, die für mich ein wichtiges Licht auf die Situation des Kindes wirft:

Als Onkel Nikolaus sich entschloß zu heiraten, kam mein Großvater unbegreiflicherweise auf die Idee, *seinem Sohn die Braut streitig zu machen.* Sie sollte nicht Onkel Nikolaus, sondern ihn, *seinen Vater, heiraten!* So ergab sich tatsächlich eine ähnliche Situation wie in Dostojewskis Roman »Die Brüder Karamasow«. Die Auserwählte zog aber, wie in dem genannten Roman, den Sohn dem Vater vor und heiratete Onkel Nikolaus, auf den dann sein Vater sehr böse war und den er enterbte. . . . Mein Großvater galt zu seinen Lebzeiten als einer der reichsten Gutsbesitzer in Südrußland (M. Gardiner, 1972, S. 31f.).

Wenn wir diese Stelle aufmerksam gelesen haben, wird es uns nicht wundern, daß der begabteste Sohn dieses Vaters, der geliebte Onkel Peter, in seiner Adoleszenz eine chronische Psychose entwickelte und daß sich Wolfsmanns Vater nach mehreren depressiven Phasen vermutlich das Leben nahm. Die Geschichte von Onkel Peter zeigt den familiären Hintergrund des Wolfsmanns so deutlich, daß ich sie – als Gegenstück zu Freuds triebtheoretischen Deutungen – in aller Ausführlichkeit zitiere.

Mein Lieblingsonkel war stets Onkel Peter, der jüngste der vier Brüder. Ich freute mich jedesmal außerordentlich, wenn ich hörte, daß Onkel Peter zu uns zu Besuch kam. Er kam dann auch jedesmal zu mir und holte mich in sein Zimmer und spielte mit mir, als sei er mein Altersgenosse, wobei er alle möglichen Tricks und Späße erfand, die mich sehr belustigten und die ich außerordentlich unterhaltend fand. Nach den Berichten meiner Mutter war Onkel Peter in seiner Jugend so etwas wie ein »sunny boy«, der sich durch sein gleichbleibend fröhliches Naturell auszeichnete und daher bei allen gesellschaftlichen Veranstaltungen stets ein gern gesehener Gast war. Nach seiner Matura studierte er an der »Petrowski-Akademie« in Moskau, einer damals sehr renommierten landwirtschaftlichen Hochschule. Gesellig wie er war, erwarb sich Onkel Peter auf der Hochschule viele Freunde, die er dann im Sommer auf unser Gut einlud. . . . Sonderbarerweise begann nun gerade Onkel Peter, ein so lustiger Geselle, schon bald ein merkwürdiges Gebaren zur Schau zu tragen und nicht weniger merkwürdige Äußerungen zu machen, die seine Brüder zuerst nur belustigten, da sie die Sache nicht ernst nahmen und sein Benehmen für harmlose Schrullen hielten. Aber schließlich erkannten auch sie, daß die Sache viel ernster war. Der berühmte russische Psychiater Korsakoff wurde zu Rate gezogen, der leider eindeutig den Beginn einer regelrechten Paranoia feststellte. So wurde Onkel Peter zuerst in eine geschlossene Anstalt gebracht. Da er aber in der Krim ein großes Gut besaß, richteten seine Brüder die Sache zu guter

Letzt so ein, daß Onkel Peter auf sein Gut gebracht wurde, wo er dann, von der ganzen Welt abgeschnitten, als Einsiedler noch Jahrzehnte lebte. Obwohl er Landwirtschaft studiert hatte, wollte er sich dann ausschließlich der Geschichtsforschung widmen; sein Verfolgungswahn machte natürlich alle diese Pläne zunichte. . . .

Onkel Peters Familie und Freunde nahmen seine Extravaganzen zuerst von der komischen Seite. So belustigte es zum Beispiel seine Brüder sehr, daß er sich einbildete, jede unverheiratete weibliche Person werfe ihre Netze nach ihm aus und wolle ihn unbedingt zur Heirat zwingen. Jedesmal, wenn man ihn mit einer jungen Dame bekannt machte, versetzte ihn das in größte Aufregung, da er dahinter Heiratspläne und böswillige Machenschaften witterte. Aber als er sich darüber zu beschweren begann, daß alle ihn auslachten, daß die Tauben alle seine Bewegungen beobachteten und nachmachten, und anfing, allerlei tolle Sachen zu erzählen, erkannten alle, daß es sich um Geisteskrankheit handelte. Um ihm die Internierung in einer Irrenanstalt zu ersparen, ließ man ihn, wie ich bereits berichtet habe, auf seinem Gut auf der Krim in völliger Abgeschiedenheit von der Außenwelt hausen. Wie man erzählte, waren Kälber, Ferkel und andere Haustiere die einzige Gesellschaft, die er duldete; sie teilten die Räume, die er bewohnte, mit ihm. Wie es darin aussah, kann man sich leicht vorstellen.

Kurze Zeit, nachdem wir vom Tod Onkel Peters erfahren hatten, übersandte mir Therese einen Artikel, der unter dem Titel »Ein Millionär von Ratten angefressen« in einer Münchener Zeitschrift erschienen war. Da jeder Verkehr zwischen Onkel Peter und seiner Umgebung unterbunden war, wurde sein Tod nicht sogleich entdeckt. Erst als die Speisen, die man in sein Haus brachte und die er immer erst wegräumte, wenn die Überbringer fort waren, einige Tage hindurch unberührt blieben, vermutete man, daß etwas Ungewöhnliches geschehen war. So wurde die Leiche erst einige Tage nach Eintritt des Todes aufgefunden. Inzwischen hatten sich die Ratten an die Leiche herangemacht und zu nagen begonnen (M. Gardiner, 1972, S. 30f. u. 108).

Onkel Peter will Geschichte (seine Geschichte?) studieren und wird daran durch den Krankheitsausbruch gehindert. Er mißtraut den Damen, wird deswegen ausgelacht, und als er erzählt, von Tauben ausgelacht zu werden, wird er als Verrückter isoliert.

Was Wolfsmanns Vater in der frühen Kindheit seines einzigen Sohnes ihm aus der eigenen, zweifellos belastenden Elternbeziehung unbewußt vermitteln mußte, können wir nur ahnen, denn diese Frage hat Freud damals nicht beschäftigt. Für Freud, wie für die meisten Menschen, schloß die Liebe zu einem Kind die Grausamkeit einfach aus, und sein ganzes Interesse konzentrierte sich auf die Eruierung der Urszene, deren Bedeutung in den Wohnverhältnissen des kleinen Sigmund Freud ohne jeden Zweifel wichtiger war als beim Wolfsmann.

Bekanntlich verdankt der berühmte Patient seinen Decknamen einem Kindertraum, dessen Inhalt ich nach Freuds Angaben zitiere:

Ich habe geträumt, daß es Nacht ist und ich in meinem Bett liege, (mein Bett stand mit dem Fußende gegen das Fenster, vor dem Fenster befand sich eine Reihe alter Nußbäume. Ich weiß, es war Winter, als ich träumte, und Nachtzeit). Plötzlich geht das Fenster von selbst auf, und ich sehe mit großem Schrecken, daß auf dem großen Nußbaum vor dem Fenster ein paar weiße Wölfe sitzen. Es waren sechs oder sieben Stück. Die Wölfe waren ganz weiß und sahen eher aus wie Füchse oder Schäferhunde, denn sie hatten große Schwänze wie Füchse und ihre Ohren waren aufgestellt wie bei den Hunden, wenn sie auf etwas passen. Unter großer Angst, offenbar, von den Wölfen aufgefressen zu werden, schrie ich auf und erwachte (S. Freud, 1918b, S. 54).

Der Patient zeichnete die Wölfe auf dem Baum, und das Bild zeigt nicht »sechs oder sieben«, sondern fünf Wölfe, die das Kind anstarren.

In der Analyse tauchen viele Determinanten dieses Traumes auf: die vom Großvater mütterlicherseits erzählte furchterregende Geschichte vom Schneider und den Wölfen; die reale Bedrohung durch Wölfe auf dem Land im damaligen Rußland; die Märchen »Rotkäppchen«, »Der Wolf und die sieben Geißlein«; das Entsetzen, das die Schwester mit dem Bild des aufrecht schreitenden Wolfes in ihrem kleinen Bruder immer wieder wecken konnte usw. Es scheint mir, daß sich eine zusätzliche Determinante dieses Traumes hinzufügen ließe, wenn man auf die ganz spezifische, individuelle Situation dieses Kindes noch genauer eingehen würde: Der Großvater (»Vater Karamasow«) und seine vier Söhne, das waren alles Vaterfiguren, durch die sich das Kind kontrolliert, d. h. im Traum ständig angeschaut fühlte. Ob in diesen unbeweglichen, unheimlichen Blicken der fünf Wölfe nicht der fünffach multiplizierte, rätselhafte, dem Kind unverständliche und möglicherweise homosexuell gefärbte Blick des eigenen Vaters geträumt wurde? (Der grausame, legendäre Großvater und seine vier Söhne ergeben ja auch die Zahl fünf.) Diese Frage läßt sich ohne die analytische Situation niemals gültig beantworten. Ich habe hier aber diese Gedanken entwickelt, um anhand eines vielen Analytikern bekannten Materials schildern zu können, wie m. E. die Triebtheorie naheliegende Zusammenhänge verdunkelt und in diesem Dunkel die schlüsselhaften traumatischen Erlebnisse des Patienten während seiner Analyse nicht aufkommen läßt.

Während meiner Tätigkeit als Lehranalytikerin hatte ich oft Gelegenheit, Falldarstellungen von Kollegen zu lesen, die sich um die Mitgliedschaft in der Psychoanalytischen Gesellschaft bemühten. Dabei fiel mir auf, daß die Bemühung, den Forderungen der psychoanalytischen Institute zu entsprechen, d. h. sich auf das Geschehen in Übertragung und Gegenübertragung zu beschränken und es von einer gerade in Mode gekommenen Theorie her zu beleuchten (z. B. Triebtheorie, Strukturmodell, Ichpsychologie, das Kleinianische Konzept, Kohut, Kernberg usw.), die ganze Aufmerksamkeit des Autors so stark in Anspruch nahm, daß in vielen Fällen das Kindheitsschicksal kaum berührt wurde. Das Geschehen in der Übertragung wurde jeweils von einem gerade angewandten Konzept aus interpretiert. In der Diskussion ergaben sich dann verschiedene Varianten der Auffassungen, je nach der vertretenen Theorie. So konnte z. B. das gleiche Verhalten des Patienten, sein langdauerndes Schweigen als trotzige Aggression, als »passiv homosexuelle Verführung«, als »Wunsch nach dem Eindringen des Analytikers« (mit Deutungen), als »das Bedürfnis, dem Analytiker die Freude an seiner Arbeit zu verderben«, als Mißtrauen, als Rivalität usw. gedeutet werden. Bei solchen Diskussionen hatte ich häufig den Eindruck, daß vieles hier Vorgebrachte wahr sein könnte, aber ohne die Berücksichtigung der frühen Kindheit keinen lebensgeschichtlichen Sinn für diesen Patienten bekäme. Gewiß, ob der Patient als passiv homosexuell oder trotzig erlebt wird, hängt nicht nur mit der Theorie des Analytikers, sondern auch mit den Gefühlen der Gegenübertragung zusammen. Aber diese können für die Arbeit mit dem Patienten erst produktiv verwendet werden, wenn sie nicht im leeren Raum, sondern auf dem Hintergrund seiner Kindheitsgeschichte verstanden werden. Alles, was der Patient dann sagt oder tut, steht nicht mehr nur im Hier und Jetzt, sondern in einer Kette von Wiederholungszwängen, deren Sinn oft durch sehr wenige Fakten aus der Kindheit beleuchtet werden kann, sofern diese Fakten ernstgenommen werden. Wenn es sich z. B. herausstellt, daß der hier erwähnte schweigende Patient mit einer Mutter aufgewachsen ist, die als Kind im Konzentrationslager gewesen ist und nie darüber sprach oder mit einem Vater, der im Vietnamkrieg Grausamkeiten begangen hat und ebenfalls nie darüber sprach, dann könnte es sein, daß der Patient nur mit seinem Schweigen imstande ist, einen Zustand zu schildern, dem er sein Leben lang unbewußt ausgesetzt war und den er zuerst seinen Analytiker erfahren läßt, bevor er sich selber diesem Gefühl, vor einer Mauer des Schweigens zu stehen, aussetzen kann, um es bewußt zu erleben.

Das hier geschilderte Beispiel des schweigenden Patienten mag vielleicht deutlich machen, daß es nicht darum gehen kann, Patienten auszufragen, sondern *mit ihnen zusammen zu fragen*, sie zum Fragenstellen zu ermutigen und ihre bereits stattgefundenen verbalen und nichtverbalen Mitteilungen nicht zu überhören und nicht zu skotomisieren. Ein erzogenes Kind wird später in der Analyse nur einen ganz kleinen Teil, vielleicht nur 10%, von seinem Trauma mitteilen können. Wenn wir darauf bedacht sind, wie ein Richter die Berechtigung seiner Klage zu prüfen, die Übertriebenheit seiner Berichte aufzudecken (so z. B. »Aber der Vater war ja nicht immer grausam«), dann werden wir ihm auch die 10% unmöglich machen. Denn der Patient wird uns genauso fürchten wie er sein internalisiertes Objekt oder das sogenannte Überich fürchtet. Darf er aber in uns einen Anwalt beanspruchen, dem es nicht darum geht, den Vater zu verteidigen und zu schützen, sondern dem Patienten beizustehen, dann wird er mit unserer Hilfe, dank unserer Phantasie und Empathie, seine frühe Verlassenheit, Einsamkeit, Angst, Ohnmacht und Wut erleben können, ohne die Eltern vor diesen Gefühlen schützen zu müssen, weil er mit uns erfährt, daß Gefühle nicht töten.

Vielleicht wird er niemals die 90% seiner Klage ausschöpfen können, weil das Leiden des Kindes die Phantasie jedes Erwachsenen übersteigt. Aber er wird immerhin eher an das unbewußte Trauma herankommen können, wenn der Analytiker seine Richterfunktionen aufgibt.

In Freuds Darstellung der Krankengeschichte des Wolfsmannes findet sich die folgende Stelle:

Als die Nachricht vom Tode der Schwester anlangte, erzählte der Patient, empfand er kaum eine Andeutung von Schmerz. Er zwang sich zu Zeichen von Trauer und konnte sich in aller Kühle darüber freuen, daß er jetzt der alleinige Erbe des Vermögens geworden sei. Er befand sich schon seit mehreren Jahren in seiner rezenten Krankheit, als sich dies zutrug. Ich gestehe aber, daß diese eine Mitteilung mich in der diagnostischen Beurteilung des Falles für eine ganze Weile unsicher machte. Es war zwar anzunehmen, daß der Schmerz über den Verlust des geliebtesten Mitglieds seiner Familie eine Ausdruckshemmung durch die fortwirkende Eifersucht gegen sie und durch die Einmengung der unbewußt gewordenen inzestuösen Verliebtheit erfahren würde, aber auf einen Ersatz für den unterbliebenen Schmerzausbruch vermochte ich nicht zu verzichten. Ein solcher fand sich endlich in einer anderen, ihm unverständlich gebliebenen Gefühlsäußerung. Wenige Monate nach dem Tode der Schwester machte er selbst eine Reise in die Gegend, wo sie gestorben war, suchte dort das Grab eines großen Dichters auf, der damals sein Ideal war, und vergoß heiße Tränen auf diesem Grabe. Dies war eine auch ihn befremdende Reaktion, denn er wußte, daß mehr als zwei Menschenalter seit dem Tode des verehrten Dichters dahingegangen waren. Er verstand sie erst, als er sich erinnerte, daß der Vater die Gedichte der verstorbenen Schwester mit denen des großen Poeten in Vergleich zu bringen pflegte. Einen anderen Hinweis auf die richtige Auffassung dieser scheinbar an den Dichter gerichteten Huldigung hatte er mir durch einen Irrtum in seiner Erzählung gegeben, den ich an dieser Stelle hervorziehen konnte. Er hatte vorher wiederholt angegeben, daß sich die Schwester erschossen habe, und mußte dann berichtigen, daß sie Gift genommen hatte. Der Poet aber war in einem Pistolenduell erschossen worden (S. Freud, 1918b, S. 46f.).

Da der Patient seit seiner frühesten Kindheit von seiner älteren Schwester sexuell mißbraucht, gequält, bedroht und kontrolliert wurde und später erlebte, daß sie vom geliebten Vater ihm vorgezogen wurde, ist der Mangel an Trauer bei ihrem Selbstmord der Ausdruck seines wahren Selbst. Er freute sich, »jetzt der alleinige Erbe des Vermögens«, d. h. aber der elterlichen Liebe, geworden zu sein. Daß solche Gefühle nicht eindeutig sind, weil der Wolfsmann an seine Schwester auch anders gebunden war, schließt ihr Vorhandensein nicht aus. Doch das Zitat zeigt unter anderem, wie sehr die pädagogische Ideologie und seine eigene Kindheit (Freud hatte fünf Schwestern, bevor Alexander, sein zehn Jahre jüngerer Bruder, auf die Welt kam) selbstverständlich auch Freuds Deutungsarbeit beeinflußten. Diese These im einzelnen nachzuweisen, hieße ein neues Buch über den Wolfsmann schreiben, in dem die Spuren der Schwarzen Pädagogik anhand detaillierter Beispiele im einzelnen aufzuzeigen wären. In einer solchen Zielsetzung sehe ich aber nicht meine Aufgabe, auch wenn es für Ausbildungszwecke nützlich sein könnte, in den Freudschen Falldarstellungen der pädagogischen Haltung, in der sich die Werte seiner Gesellschaft spiegelten, nachzugehen.

Hier wollte ich lediglich anhand eines bekannten Beispiels zeigen, wie ein Mensch sein Leben lang sein einstiges, schweres Trauma des sexuellen Mißbrauchs in den verschiedensten Lagen neu inszeniert und sogar mehrere Analytiker von hohem Rang unbewußt dazu verführt, seine Person immer wieder für andere Zwecke zu mißbrauchen. In seiner Krankengeschichte des Wolfsmanns berichtet Freud:

Die Schwester habe ihn ja, »als er noch sehr klein war, auf dem ersten Gut«, zu sexuellen Tätlichkeiten verführt. Zunächst kam die Erinnerung, daß sie auf dem Abort, den die Kinder häufig gemeinsam benützten, die Aufforderung vorgebracht: Wollen wir uns den Popo zeigen, und dem Wort auch die Tat habe folgen lassen. Späterhin stellte sich das Wesentlichere der Verführung mit allen Einzelheiten der Zeit und der Lokalität ein. Es war im Frühjahr, zu einer Zeit, da der Vater abwesend war; die Kinder spielten auf dem Boden in einem Raum, während im benachbarten die Mutter arbeitete. Die Schwester hatte nach seinem Glied gegriffen, damit gespielt und dabei unbegreifliche Dinge über die Nanja wie zur Erklärung gesagt. Die Nanja *tue dasselbe mit* allen Leuten, z. B. mit dem Gärtner, sie *stelle ihn auf den Kopf und greife dann nach seinen Genitalien* (S. Freud, 1918b. S. 43; Hervorhebungen von A. M.).

Wenn man sich vorstellt, daß der Junge eigentlich nicht in der Nähe seiner Eltern, sondern mit der Kinderfrau und der Schwester aufwuchs, daß die englische Gouvernante ihm Angst einflößte, so wird man verstehen, daß das Verhalten der Schwester, gepaart mit der Information über die Kinderfrau, ihn mit einem Schlag der letzten und einzigen vertrauten Person beraubte, der er seine Angst- und Ohnmachtsgefühle hätte mitteilen können. Die Machtausübung der Schwester hätte bewältigt werden können, wenn die Beziehung zur Kinderfrau intakt geblieben wäre. Aber die Vorstellung, daß die nächste, geliebte Person mit den Männern »noch schlimmere Sachen« macht als die Schwester mit ihm, führte zur plötzlichen seelischen Vereinsamung des Kindes (mitten in seiner liebevollen Umgebung, die seine Ängste nicht verstand) und zum Ausbruch der infantilen Neurose.

In der gleichen Situation befand sich der Wolfsmann später, als er zum Objekt der Bedürfnisse seiner Analytiker und seiner analytischen Schwester wurde und schließlich auch noch, als beinahe neunzigjähriger Mann, der jungen Journalistin Karin Obholzer die Möglichkeit gab, ihn als Zeugen gegen die Psychoanalyse zu benützen. Das vollständige Ausgeliefertsein an seine Schwester bestimmte auch seine Frauenbeziehungen bis ins hohe Alter. In den Gesprächen mit Karin Obholzer (1980) erzählt er mehrmals, wie er vergeblich versucht, sich einer Frau zu entziehen, auf deren Freundschaft er doch nicht verzichten kann. Daher läßt er vieles mit sich geschehen, was er eigentlich gar nicht möchte. Es ist auch anzunehmen, daß es ihm gar nicht in den Sinn gekommen ist, er könnte sich dem Wunsch von Muriel Gardiner, seine Erinnerungen neben den beiden Krankengeschichten der Öffentlichkeit preiszugeben, widersetzen, weil er ihr für ihre jahrelange selbstlose Unterstützung dankbar war. In der gleichen Art fühlte er sich verpflichtet, die Fragen von Karin Obholzer zu beantworten, weil er die Zuwendung und das Interesse der jungen Frau in seiner Einsamkeit nicht verlieren wollte. Der Wolfsmann durfte weder in der Kindheit noch in seinen Analysen lernen, daß man sich dem Ansinnen des geliebten Menschen widersetzen kann, ohne deswegen umzukommen. Ein allzu früh mißbrauchtes Kind darf außerdem nicht merken, wenn es später mißbraucht wird. Doch es ist anzunehmen, daß die Erziehung des Wolfsmanns nicht bereits im Säuglingsalter begann, weil er eine liebevolle Kinderfrau hatte, und daß er deshalb in seiner Kindheit wohl einiges merken durfte. Daher blieb die Erinnerung an den Mißbrauch durch die Schwester im Bewußtsein. Wie aber vorher die Kinderfrau den Säugling für ihre eigenen Bedürfnisse mißbraucht hatte, konnte er nicht wissen. Vermutlich mußte er *diesen Teil* seines verdrängten Traumas später im Wiederholungszwang unbewußt inszenieren, indem er sich den Manipulationen der andern immer wieder auslieferte, diese mißtrauisch beobachtete, Symptome entwickelte und doch weder die Möglichkeit hatte, sie zu durchschauen noch die ihn manipulierenden Personen zu verlassen. So ergeht es eben einem Säugling, der auch keine Möglichkeit hat, den Erwachsenen den Mißbrauch seines Körpers zu verbieten: er kann nicht einmal den Wunsch dazu in sich verspüren, weil er die Person, die das mit ihm tut, liebt und völlig von ihr abhängig ist.

Ich würde also auf Grund der ganzen Lebensgeschichte des Wolfsmanns vermuten, daß der nicht verdrängten, erinnerten sogenannten »Verführung« durch die Schwester frühere sexuelle Manipulationen der Kinderfrau vorausgegangen sind, die der Patient gar nicht erinnern konnte und deshalb mit unzähligen Personen sein Leben lang inszenieren mußte. Diese Hypothese will die Wohltäter des Wolfsmanns keineswegs anklagen. Vermutlich machte er es ihnen nicht gerade leicht, die Inszenierungen seines Wiederholungszwanges zu durchschauen.

Obwohl wir in der psychoanalytischen Praxis viel häufiger auf den sexuellen Mißbrauch des Kindes stoßen, als man geneigt ist anzunehmen, und dies ganz einfach, weil die Eltern unserer Patienten kein befriedigendes Sexualleben führten, scheint mir dies bei weitem nicht das einzige verbotene Thema der Kindheit zu sein. Jede Generation hat neben den allgemein verbindlichen Tabus ihrer Gesellschaft noch spezifische, die mit dem geschichtlichen Zeitpunkt ihrer Kindheit zusammenhängen. Die ersteren, räumlich begrenzten, von denen die Ethnologen berichten, kann jeder Reisende mühelos bobachten. So sind z. B. die unbewußten Verbote eines Christen für einen Mohammedaner viel leichter feststellbar als für ihn selber und umgekehrt. Aber die zeitspezifischen Tabus einer bestimmten Generation – das, was in der Kindheit als verbotenes Thema verinnerlicht wurde – sind innerhalb der Gesellschaft kaum zu eruieren, nicht einmal im Sprechzimmer des Analytikers, sofern er der gleichen Generation und Gesellschaft angehört. Der fluchtartige Rückzug Josef Breuers von der Patientin Anna O., die ihn mit der sexuellen Thematik erschreckte, ist ein deutliches Beispiel dafür. Doch Josef Breuer war noch kein Analytiker. Heute würde ein Analytiker nicht die Flucht ergreifen, sondern weghören òder theoretische Deutungen geben, wenn er sich durch die Einfälle oder die Inszenierungen des Patienten bedroht fühlen sollte. Diesem tragischen, ungewollten Weghörenmüssen, das man auch als den ungewollten Widerstand des Analytikers bezeichnen könnte, bin ich einmal in einer großen Gruppe von Kollegen begegnet, und ich verdanke dieser Begegnung eine für mich wichtige Vertiefung meiner Erkenntnisse über das zeitspezifische Tabu. Um das verständlich zu machen, muß ich die Begebenheiten genauer schildern.

Es ergab sich einmal im Jahre 1979, daß ich in zwei

verschiedenen Städten, die nicht weit voneinander entfernt liegen, aber durch die deutsch-schweizerische Grenze getrennt sind, mit größeren Gruppen über *Das Drama des begabten Kindes* diskutierte. In beiden Gruppen wurde ich auf das Problem der Schuldzuschreibung angesprochen, und um ein ganz krasses Beispiel zu bringen, erwähnte ich die Kindheit von Adolf Hitler, mit der ich gerade beschäftigt war. Die Schweizer reagierten darauf eher gelassen; es leuchtete den meisten ein, daß ich ein Beispiel extremer Destruktivität wählte, um die Frage zu erläutern, wie es dazu kommen kann, daß ein gewöhnliches, durch keine Besonderheiten auffallendes Kind einen derart zerstörerischen Haß in sich entwickelt. Zweifellos hatten meine Zuhörer Mühe, von ihrem Schema des »geborenen Psychopathen« wegzukommen und sich mit einem Menschen, den sie für ein Ungeheuer hielten, zu identifizieren, weil sie lieber bei der Idee geblieben wären, Hitler sei der Teufel und hätte nichts mit normalen Menschen gemeinsam, aber sie konnten meinen Ausführungen ohne weiteres folgen. Etwas ganz anderes ereignete sich in der großen Gruppe von Fachkollegen in einer süddeutschen Stadt. Als ich mitten in der Diskussion die Anwesenden fragte, ob sie am Beispiel der Kindheit von Adolf Hitler sehen möchten, wie sich unter bestimmten Umständen ein Mensch zum größten Hasser entwickeln kann, entstand zunächst ein Schweigen, dann sagten schließlich einige Teilnehmer, sie wollten es lieber nicht hören. Nun meldeten sich andere, meistens Frauen, die es doch hören wollten, und das Thema ließ sich nicht mehr umgehen.

Zunächst wurde der Gesichtspunkt vertreten, daß man nicht ein historisches Phänomen wie den Nationalsozialismus durch ein individuelles Schicksal erklären könne. Ich versuchte, etwas erstaunt, klarzustellen, daß dies nicht meine Absicht gewesen wäre, daß mich nur die Frage beschäftigt hätte, wie es in diesem Einzelfall dazu gekommen sei, daß ein Mensch in diesem ungeheuren Ausmaß haßbesessen geworden sei. Außerdem wüßte ich kein besseres Beispiel, um zu zeigen, daß ein in der Kindheit nicht gelebter, weil verbotener, Haß, trotz späterer Möglichkeiten des Abreagierens, die ja bei Hitlers Macht unbeschränkt waren, im Grunde das ganze Leben unersättlich und ungesättigt bleibt. Wenn wir das einmal verstanden haben, begreifen wir, warum u. U. auch das intensivste Ausleben der Gefühle, in verschiedenen therapeutischen Gruppen z. B., zwar vorübergehende Erleichterungen, aber keine endgültige Befreiung von der Kindheit bringt. Wenn hingegen die frühkindlichen Gefühle in der Verknüpfung mit den ersten Bezugspersonen (mit Hilfe der Übertragung in der Analyse) *erlebt* werden können, brauchen sie nicht mehr mit Ersatzobjekten im Wiederholungszwang abreagiert zu werden. So paradox dies klingen mag: Im Erlebnis des frühkindlichen, ohnmächtigen Hasses findet das destruktive und selbstdestruktive Verhalten sein Ende. Das kann man mit Jugendlichen immer wieder erfahren. Am Beispiel von Adolf Hitler läßt sich der fundamentale Unterschied zwischen dem therapeutisch so wichtigen *Erleben* und dem *suchtartigen destruktiven Ausleben* im Dienste des Wiederholungszwanges anschaulich demonstrieren. Es zeigt sich hier auch, wie wenig die Macht des Erwachsenen die Ohnmacht der eigenen Kindheit auszugleichen vermag, solange diese nie bewußt erlebt werden durfte. Das wollte ich an dem erwähnten Abend veranschaulichen.

Aber hier zeigte es sich, daß die Voraussetzungen, von denen ich ausging, für die anderen gar nicht so selbstverständlich waren, wie ich angenommen hatte. Es wurde z. B. daran gezweifelt, daß Hitler ein Hasser war. Was hätte ich darauf antworten können? Ich sprach mit Menschen, die um die entscheidenden 20 Jahre jünger waren als ich, die das Recht hatten, von ihrem Schicksal her mein Wissen nicht zu teilen. So suchte ich nach Beweisen, Stelle in *Mein Kampf* fiel mir ein, die ich zitieren wollte, aber das gelang mir nicht. Es schien mir sinnlos, weiter zu argumentieren, doch ich wußte noch nicht warum. Ich fühlte mich plötzlich wie vor einer Wand.

In Gesprächen nach der Veranstaltung sagten mir einige junge Kollegen, sie hätten von mir eher erwartet, ich würde von Gefühlen sprechen (als ob der Haß kein Gefühl wäre). Andere mir nahestehende Kollegen sagten, es wäre schade gewesen, daß wir nicht noch auf psychoanalytische Probleme zu sprechen gekommen seien (als ob die Dynamik des Hasses kein psychoanalytisches Problem wäre). Es war offensichtlich, daß ich mit der bloßen Erwähnung der Person Hitlers ein Tabu berührt, einen Komplex von Gefühlen heraufbeschworen hatte, der mit tabuisierten Erlebnissen zusammenhängt. Jedes intellektuelle Argument war gut genug, wenn es nur imstande war, den Durchbruch dieser Gefühle zu verhindern.

Aus den Gefühlen, die in mir aufgetaucht sind, fing ich an, den Zusammenhang zu verstehen: Zunächst fühlte ich mich wie jemand, der das Gastrecht mißbraucht hat, der ein Thema angerührt hat, das für alle unerwünscht war. Hätte ein Jugendlicher um die Jahrhundertwende, etwa zur Zeit der Traumdeutung, am Tisch seiner Eltern über Sexualität gesprochen, ernsthaft und ohne Obszönität, so wäre er sich, angesichts der beklemmenden Stimmung, ähnlich unanständig vorgekommen. Ich habe an diesem Abend gewissermaßen an der eigenen Seele erlebt, wie wahr es ist, daß nicht mehr die Sexualität unser Tabu ist; daß wir als Analytiker ohne weiteres bereit sind, über alle sexuellen Probleme – auch in Gruppen – zu sprechen, doch nicht über den konkreten Menschen Adolf Hitler. Werden wir aber imstande sein zu verstehen, was mit unserem kindlichen Haß geschieht, wenn wir uns unserer allernächsten Vergangenheit gegenüber verschließen? Denn es nützt hier nicht viel, Forderungen aufzustellen. Um Tabus zu durchbrechen, bedarf es einer Analyse, und es bedarf eines Analytikers, der nicht den gleichen Tabus ausgesetzt ist, weil er sie verarbeitet hat.

Ich bin froh, daß ich dank dieser Diskussion in Deutschland eine Erfahrung gemacht habe, die mich dem Verständnis der jüngeren deutschen Generation näherbrachte. Meine Kollegen vermittelten mir das Erlebnis der Wand, vor der sie selber einst gestanden waren, als sie in ihrer Kindheit Fragen stellen wollten, die an die tiefste Abwehr ihrer Eltern rührten. Sie hätten dann hören oder spüren müssen: »Solche Fragen stellt man gar nicht, sie sind dumm, und wenn Du meinst, Du wüßtest etwas, Du kannst es doch nicht begreifen. Und im Grunde war alles ganz anders, als Du jetzt meinst. Und weißt Du überhaupt, was Hitler für uns getan hat? Und kannst Du dir überhaupt ein Urteil anmaßen? Es ist eine Anmaßung, über Dinge zu sprechen, die Du nie gesehen und nie gekannt hast. Das kannst Du nicht verstehen.«

Das Kind spürt, daß hinter diesen Antworten ein Leiden verborgen ist, und es wird seine Fragen aufgeben. Tut es dies aber nicht, so wird es mit Argumenten so verunsichert, daß es sich schließlich nur noch schämt und Schuldgefühle bekommt. Es kommt sich eben unanständig vor, wenn es dieses Thema noch einmal berührt. So wird die schweigende Abwehr der Eltern respektiert, aber der Impuls zum Fragen wird damit nicht abgetötet. Viele psychosomatische und neurotische Erkrankungen, deren Behandlung ich in der letzten Zeit kontrolliert habe, bekamen eine unerwartete neue Wendung, als wir das Schicksal der Eltern im letzten Weltkrieg in die Überlegungen und Deutungen einbezogen.

Es war, als ob das Kind in der Inszenierung seiner Krankheit die Antworten auf die Frage suchte, die die Eltern ihm in ihrem Schweigen verweigerten. Dieses verzweifelte, einsame Suchen siedelte sich oft in einer sexuellen Perversion an, der aber mit den klassischen psychoanalytischen Deutungen nicht beizukommen war. Bei diesen Fällen handelte es sich um Menschen, die bereits nach dem Krieg, als die ersten Kinder ihrer Eltern, zur Welt gekommen sind, also in einer Zeit, in der die grauenvollen Erlebnisse ihrer Eltern bereits zur Vergangenheit gehörten, aber gerade weil darüber nicht gesprochen wurde, war das erste Kind der einzige, hilflose Empfänger der abgespaltenen, bedrohlichen Inhalte. Die unbewältigte, eigene Geschichte wurde oft nur mit Blicken dem Kind im zartesten Alter unbewußt weitergegeben. Diese Kinder können später in ihren Analysen sehr viele sexuelle Probleme bringen und es dem Analytiker schwermachen, an etwas anderes überhaupt noch zu denken. Kommt er aber auf die Idee zu fragen, was wohl die Eltern des Patienten während des Krieges erlebt haben, wird er zuerst auf den größten Widerstand des Patienten stoßen, aber letztlich doch ein Gespräch über das verbotene Thema ermöglichen. Jeder Analytiker, der diese Erfahrung bereits gemacht hat, weiß, welche radikale Wendung die Analyse dann nehmen kann.

Die Möglichkeit, mich mit den einstigen Kriegskindern zu identifizieren, die ich neben meinen Patienten unter anderem auch dieser Kollegengruppe verdanke, half mir auch später, einige Phänomene in den Reaktionen auf mein Buch *Am Anfang war Erziehung* zu verstehen. Nach seinem Erscheinen hörte ich, daß viele Rezensenten das Buch besprechen wollten, sich aber für das Hitler-Kapitel nicht für zuständig hielten und meinten, zuerst noch viel gründlicher die Zeitgeschichte studieren zu müssen. Dieses Kapitel, das ich für das zentralste des Buches halte, wurde daher (mit einigen mir wichtigen Ausnahmen) in den Rezensionen, auch in den besten und originellsten, nur spärlich erwähnt, und wenn, mit der deutlich spürbaren Ängstlichkeit, ja nichts Falsches zu sagen und nur treu, ohne eine Stellungnahme zu riskieren, die Thesen der Autorin zu referieren. Das früh verinnerlichte Verbot, über die Person Adolf Hitlers Fragen zu stellen und etwas Konkretes wissen zu wollen, ist in all diesen Äußerungen deutlich spürbar. Die gefährlichen Zonen, die es zu vermeiden gilt, sind Schuld- und Schamgefühle der Eltern, ihre Verwirrung und Enttäuschung über das eigene Verführtsein angesichts der Katastrophe, in die Hitler sie geführt hatte. Und auch hier gilt das Gesetz der Erziehung: nicht nur das Geschlagenwerden und der sexuelle Mißbrauch wird den Kindern weitergegeben, sondern auch die Schuldgefühle. Wenn man sich von Kind auf für alles schuldig fühlen muß, was die Eltern einem antun, wie soll man dann diese Qualen ertragen, ohne die Hilfe eigener Kinder, denen man wieder Schuldgefühle machen kann? Daß man aus Schuldgefühlen nicht auf echte Schuld Rückschlüsse ziehen kann, weiß jeder Analytiker. Denn die pädagogischen Prinzipien erlauben es den Eltern, die Kinder früh *dazu zu erziehen, Schuldgefühle zu haben.*

Wie unsinnig diese Schuldgefühle sind, spürte ich sehr deutlich an dem für mich unvergeßlichen Abend in der süddeutschen Stadt. Die Eltern meiner Kollegen wurden dazu verführt, in Hitler den großen väterlichen Erlöser zu suchen, von dem sie seit ihrer Kindheit träumten. Als dieser sie enttäuscht hatte und sie sich ihrer Hoffnungen schämten, delegierten sie ihre Gefühle auf ihre Kinder, die nun, 1979, als erwachsene Analytiker im Alter zwischen 30 und 40 Jahren vor mir saßen. Als ich das Thema Hitler erwähnte, verhielten sie sich wie ihre eigenen Eltern, die die Fragen der Kinder nicht hatten zulassen können. Ich war nun das Kind, das die Schuld- und Schamgefühle seiner Eltern, die es selber nie begreifen konnte, zu erleben hatte. Meine Zuhörer delegierten auf mich die Gefühle ihrer Kindheit, und zugleich sahen sie in mir einen Richter, der über die Schuld(!) ihrer Eltern urteilen wollte. So fühlten sie sich gedrängt, ihre Eltern vor mir in Schutz zu nehmen.

Es ist nicht leicht, diesen Phänomenen beizukommen, aber wir kommen nicht darum herum, uns ihnen nähern zu müssen, weil in unseren Sprechzimmern und Kliniken jetzt zunehmend ehemalige Kriegskinder erscheinen, die noch nie Gelegenheit hatten, die eigentlichen Ängste, Verwirrungen und Schmerzen ihrer Kindheit mit jemandem zu erleben, ja nicht einmal, darüber zu sprechen. Ich habe hier das deutsche Schweigetabu als Beispiel genommen, weil es mir aus meiner Arbeit mit Patienten und Kollegen bekannt ist, aber ich nehme an, daß andere Länder ihre eigenen Tabus haben, jede Generation neue und daß es gerade die Aufgabe des Psychoanalytikers ist, ihnen nachzuspüren.

Aus den Analysen von ehemaligen Kriegskindern können wir vieles lernen, das wir auch auf andere Patienten anwenden können. Was in zahlreichen Studien über die einst verfolgten Mütter und ihre Kinder geschrieben wurde, gilt zweifellos auch für Mütter der Psychotiker oder Grenzfälle. Nur weiß man bei den verfolgten Müttern, warum sie so waren; man kann sie besser verstehen, weil ihr Schicksal im Konzentrationslager ein kollektives war (vgl. I. Grubrich-Simitis, 1979). Bei den Müttern der Schizophrenen wissen wir oft nichts über ihr individuelles Schicksal, besonders wenn wir mit ihnen ihre Kindheit idealisieren. Dennoch – es bleibt uns nicht erspart, uns dafür zu interessieren, und ich meine, daß dies das Faszinierendste an der Psychoanalyse sein kann. Dann spürt auch der Patient, daß es dem Analytiker wirklich *nur um ihn* geht, wenn er mit ihm gemeinsam seine Vergangenheit, seine nationalen, religiösen und familiären Tabus sucht, und nicht darum, die Güte seiner Ausbildung unter Beweis zu stellen und die Idealisierung seiner Lehrer (Eltern) aufrechtzuerhalten.

Wie Eltern ihren Kindern im Schweigen ihre Kriegserlebnisse unbewußt vermittelt haben, hängt davon ab, welche Stellung sie hatten, was sie durchgemacht haben, aus welcher Perspektive sie das Dritte Reich und den Krieg erlebt haben, und andererseits ist es entscheidend, in welchem Alter das Kind während des Zusammenbruchs war. Es gibt eine große Zahl der zwischen 1940 und 1945 geborenen Kinder, deren erste Lebensjahre mit dem Grauen der Bombardierungen ausgefüllt waren und die sich als Erwachsene daran erinnern konnten, weil sie damit nicht allein gewesen waren. Doch wenn die schwersten, verwirrenden Zeiten der Eltern ausgerechnet in die erste averbale Lebenszeit der Kinder fallen, in der das Kind normalerweise sehr intensive Gefühle erlebt und diese unterdrücken soll, muß es später mit dieser Verdrängung leben und einen hohen Preis dafür bezahlen. Nun stellen wir uns vor, daß ein Patient mit solchen, bisher mit niemandem geteilten Kindheitserlebnissen in seine Analyse kommt und daß der Analytiker darauf wartet, ihm endlich Triebdeutungen geben zu können. Dann fühlt sich der Patient übergangen und mißverstanden und entwickelt eine narzißtische Wut, die dem Analytiker wiederum das Recht gibt, ihn als destruktiv oder unheilbar zu erleben. Damit wiederholt sich das pathogene Trauma, das ja nicht in den äußeren Ereignissen liegt, sondern im Alleingelassenwerden mit Fragen und Schmerzen.

Wenn alle Bürger in Deutschland (West- und Ost-) laut rufen würden: »Man muß endlich einen Strich darunter ziehen, wir wollen nicht ewig an die Judenverfolgungen erinnert werden, wir sind doch erst nach dem Kriege geboren worden und haben das Ganze nicht miterlebt, das Dritte Reich interessiert uns nicht mehr, wir haben jetzt andere Probleme . . .«, dann kann man das alles nur allzugut verstehen und, wenn man kein Analytiker ist, es dabei bewenden lassen. Bekam man aber in durchgeführten oder kontrollierten Analysen einen Einblick in das Unbewußte der Nachkriegskinder, dann sieht man, daß ein solcher Strich eine Illusion ist. Je massiver die Verleugnung, um so unverständlicher wird ihr neurotischer und psychotischer Ausdruck in der nächsten Generation. Das gleiche gilt für die Kinder der Opfer.

Das erst jetzt übersetzte Buch von Claudine Vegh (1981) läßt ein Schweigetabu erkennen, dem eine große Gruppe der heutigen Eltern, deren Eltern im Krieg deportiert worden waren, unterworfen ist. Die Autorin hat mit einigen Menschen, die als Kinder verfolgt worden waren, je zwei Stunden lang gesprochen. Was sich daraus ergab, sind eigentlich Monologe von Menschen, die seit 35 Jahren zum ersten Mal über die extremen Traumen ihrer Kindheit sprachen. Die meisten von ihnen hatten nie ihrem Ehepartner, ja nicht einmal der eigenen Mutter etwas von diesen Erlebnissen erzählt.

Der Grad von realer Bedrohung, erlittener Grausamkeit, Angst und Isolierung dieser Menschen war so groß, daß man es ihnen nicht verübeln kann, wenn sie ihr ganzes Leben lang versuchen, dieses Grauen, in dem sie niemand empathisch begleitet hatte, zu vergessen. Doch ihre eigenen Kinder können den Grund dieses Schweigens niemals verstehen, deren Auswirkungen im Verhalten sie vom ersten Tag an spüren. Sie müssen manchmal mit Hilfe von Symptomen den Zugang zu den verborgensten Kammern ihrer Eltern suchen, in denen die Gefühle ihrer Kindheit und damit die Wurzeln ihrer Lebendigkeit oft jahrzehntelang eingesperrt bleiben.

Es ist bezeichnend, daß sich (mit Ausnahme einer einzigen Person, die als Psychotherapeutin tätig ist) die angefragten Überlebenden trotz großer Widerstände zu dem Gespräch mit Claudine Vegh, die als Kind ein ähnliches Schicksal gehabt hatte, bereit erklärten und daß sie alle am folgenden Tag, wie sie sagten, sichtbar erleichtert waren. Dieser therapeutische Effekt ist nicht nur dem Aufheben des Schweigens zu verdanken, sondern dem glücklichen Umstand, daß Claudine Vegh durch ihr empathisches Zuhören dem ehemaligen Opfer die begleitende Umgebung bot, die es ihm ermöglichte, sich dem Trauma zu nähern und den Schmerz zu erleben, ohne erneut traumatisiert zu werden, was leicht geschehen kann, wenn ein Überlebender in seiner Analyse seinen Schweigeschutz mit großer Mühe aufgibt und mit Triebdeutungen konfrontiert wird (vgl. S. 53 f.). Auch das Auftreten als Zeuge in Prozessen gegen Kriegsverbrecher hat keine therapeutische, sondern eine erneute traumatisierende Wirkung. Wir können als Analytiker weder die Gesellschaft noch die Eltern unserer Patienten, noch ihre Vergangenheit ändern, aber wir können es vermeiden, sie erneut zu traumatisieren, und darüber hinaus die begleitende Haltung annehmen, der das *Wissen um die Bedeutung des Traumas* vorausgeht.

In seinem Nachwort zum Buch von Claudine Vegh schreibt Bruno Bettelheim:

Warum sind die Opfer nicht in der Lage, über das zu sprechen, was ihnen damals widerfahren ist, warum ist es für sie noch zwanzig oder dreißig Jahre danach so schrecklich schwer, davon zu berichten, was sie als Kinder erlebt haben? Und warum ist es so wichtig, daß diese Dinge besprochen werden? Ich bin der Ansicht, daß diese beiden Fragen eng zusammenhängen. Denn etwas, worüber man nicht sprechen kann, läßt sich auch nicht begraben, findet keine Ruhe. Redet man nicht darüber, schwären die Wunden nämlich von Generation zu Generation weiter; es ist, wie Raphaël sagt: »Die Welt muß erfahren, daß diese Deportationen uns bis in die dritte Generation gezeichnet haben. Es ist schrecklich . . «

Sollte es noch irgendwelche Zweifel geben, daß diese furchtbaren Ereignisse auch die nächste Generation zeichnen, so werden sie durch ein kürzlich in den USA erschienenes Buch ausgeräumt (Helen Epstein, *Children of Holocaust*, New York, 1979). Die Eltern der Autorin Helen Epstein sind beide Überlebende deutscher Vernichtungslager. Ihr Leben ist von dem Schicksal ihrer Eltern und deren Unfähigkeit, darüber zu sprechen, geprägt und beeinträchtigt worden. Und das, obwohl sie in den Vereinigten Staaten geboren wurde und dort aufgewachsen ist. Anders als diejenigen, die in diesem Buch zu Worte kommen, ist Helen Epstein nie von zu Hause fortgerissen, nie gewaltsam von ihren Eltern getrennt worden und hat sich auch nie verstecken müssen, um am Leben zu bleiben. Ihre Eltern gaben sich außerordentliche Mühe, ihre Kinder so aufzuziehen, daß sie sich sicher fühlen konnten, was sie in New York auch tatsächlich waren. Und doch fühlte sich Helen Epstein als Kind Überlebender aus den Vernichtungslagern durch die Vergangenheit ihrer Eltern und dadurch, wie sie sich bis in die Gegenwart auswirkte, schwer belastet. Als Erwachsene wollte sie schließlich herausfinden, ob ihr Schicksal eine Ausnahme darstellte, oder ob andere, die von Eltern mit einer den ihren vergleichbaren Lebensgeschichte stammten, ähnliches erfahren hätten. Sie suchte nach solchen Menschen und unterhielt sich mit ihnen. Auch sie waren, genau wie Helen Epstein, in relativer Sicherheit aufgewachsen. Und doch fand sie heraus, daß sie alle von dem schweren Schicksal, das ihre Eltern in der Vergangenheit erlitten hatten, in Mitleidenschaft gezogen worden waren, wenn auch jeder auf eine andere Weise. Sie hatten alle unter der Unfähigkeit ihrer Eltern gelitten, sich über die Erfahrungen und die Spuren, die sie bei ihnen hinterlassen hatten, zu öffnen.

Helen Epstein beschreibt die Folgen dieses unausgesprochenen Leids der Eltern für die Kinder mit dem Bild einer eisernen Kiste, die sie sich geschmiedet hatte und tief in sich verborgen mit sich herumschleppte. Diese Kiste machte ihr das Leben zur Qual: »Jahrelang lag es dort in einer eisernen Kiste so tief in mir vergraben, daß ich nie herausfinden konnte, was es eigentlich war. Ich wußte nur, ich trug irgendwelche unberechenbaren, explosiven Dinge mit mir herum, die geheimer als Sexuelles waren und gefährlicher als Gespenster und Phantome. Gespenster haben eine Gestalt und einen Namen. Aber was in meiner eisernen Kiste lag, hatte weder das eine noch das andere. Was auch immer da in mir lebte, war so machtvoll, daß Worte zerrannen, bevor sie es beschreiben konnten.«

Durch Verleugnen, sei es der Tatsachen oder der Gefühle, entfremdet man sich von sich selber. Man sperrt, um das Bild von Helen Epstein zu benutzen, die Tatsachen und Gefühle in eine für immer sorgfältig verschlossene Kiste. Wie sehr man es auch versuchen mag, sich ihrer zu entledigen, man schafft es nicht; sie bleibt weiterhin als fremder Bestandteil im Leben vorhanden, das jedoch von ihr kontrolliert wird.

Das verleugnete Trauma ist wie eine Wunde, die nie vernarben kann und die jederzeit wieder anfangen kann zu bluten. In einer begleitenden Umgebung kann diese Wunde sichtbar werden und ausheilen.

Die Behandlung von Menschen, deren Eltern Verfolgte oder Verfolger waren und die später die dramatischsten Bereiche ihres Lebens mit Schweigetabus belegten, stellt uns nicht nur vor schwierige Aufgaben, sondern bedeutet zugleich eine Chance für die Vertiefung der heutigen Psychoanalyse, sofern wir die folgenden Punkte berücksichtigen:

1. die Sensibilisierung für die narzißtischen Bedürfnisse

des Kindes nach Echo, Spiegelung, Verständnis, Achtung, Begleitung und für die daraus folgenden Traumatisierungen;

2. das Verständnis für die reaktive Bedeutung der narzißtischen Wut beim Kind, das ohne diese Sensibilisierung nicht möglich wäre;

3. das Wissen, daß auch ungewollte Grausamkeit weh tut und daß der Patient den Zorn und die Schmerzen seiner frühen Kindheit in der Analyse erleben muß, um freizuwerden, auch wenn der Erwachsene weiß, daß die Eltern selber auch Opfer waren;

4. die Erkenntnis, daß das Schweigen der Eltern mit Symptomen bei den Kindern bezahlt wird;

5. die Erfahrung, daß die Trauer verbindet, während Schuldgefühle trennen;

6. die bewußte Weigerung, als Analytiker Richterfunktionen zu übernehmen, die von Moralbegriffen unserer eigenen Erziehung geprägt sind, und schließlich

7. das Entdecken der eigentlichen (national- und familienspezifischen) Tabus des Patienten.

Es ist nicht die Freiheit von Traumen, sondern ihre Erlebbarkeit und Artikulierbarkeit, die einen Analytiker hellhörig machen. Er wird seinen Patienten beim Erlebnis der Kindheitstraumen freier begleiten können, wenn er die eigenen Traumen der Kindheit bzw. der Pubertät nicht mehr fürchten muß.

Würde man ein Kind immer an der Hand führen und ihm damit die Möglichkeit nehmen, seine eigenen Wege zu gehen, würde es mit der Zeit keine Entdeckungen mehr machen. Es gibt Väter, die ihre Kinder auf ihre Weise sehr lieben, sie beschützen, sie in ihre geistige Welt einführen möchten und so von dieser Idee besessen sind, daß sie sich, gerade weil sie ihr Kind als Erweiterung des eigenen Selbst erleben, kaum vorstellen können, daß diese Kinder die Welt anders sehen könnten als sie selber. In einer solchen Art von Geborgenheit ist die Lebendigkeit und Entwicklungsfähigkeit des Kindes aufs schwerste gefährdet. Es ist seinem Vater für so vieles dankbar (für das Leben, für die Liebe, für das Wissen, das er ihm vermittelte) und verzichtet zunächst gern auf Schritte, die dem Vater wehtun könnten. Wenn aber sein Drang, das eigene Selbst zu artikulieren, sehr groß ist, dann wird es entweder psychisch krank oder es muß sich entscheiden, dem Vater wehzutun. Die Konsequenzen hängen vom Reifegrad des Vaters ab.

Man kann es Sigmund Freud nicht verübeln, daß er seinem großartigen, geliebten Kind, der Psychoanalyse, so vieles mit auf den Weg zu geben versuchte: seine damaligen Vorstellungen von psychischen Mechanismen, den Ödipuskomplex, seine Triebtheorie und schließlich auch noch das Strukturmodell. Aber das Kind ist inzwischen längst groß geworden, hat eigene Erfahrungen gemacht und kann nicht mehr an der Hand seines Vaters oder Urgroßvaters durch die Welt wandern und sie mit dessen Augen sehen. Das Auffüllen der Psychoanalyse mit zeitbedingten Inhalten hätte ihre Entwicklung vielleicht nicht lähmen müssen, wenn Freud seinen Nachfolgern die Freiheit gelassen hätte, sein Instrument zu benützen und mit dessen Hilfe die Wahrheit *ihrer* Patienten und *ihrer Zeit* zu entdecken. Aber wie wir wissen, bildete Freud als

Vater keine Ausnahme. Wie bei den meisten Vätern der damaligen Zeit lebten seine Söhne unter Sanktionen, die dazu führten, daß die begabtesten nur die Wahl hatten, sich entweder von den inhaltlichen Bestimmungen seiner Lehren einengen zu lassen, oder, wenn sie das nicht wollten, wie z. B. Jung und Adler, sich ganz von Freud trennen und auf die Vorteile seiner Methode verzichten zu müssen, womit aber auch die bisher einmalige Chance, die frühe Kindheit mit Hilfe der Übertragung und Gegenübertragung erforschen zu können, in ihren Systemen aufgegeben wurde. So gab es zu Lebzeiten Freuds entweder treue Anhänger oder Abtrünnige. Erst nach seinem Tod haben Analytiker wie Balint, Winnicott, Kohut und andere mit seiner Methode neue Entdeckungen gemacht und sind trotzdem intra muros geblieben. Ohne die psychoanalytische Methode wären die neuen Erkenntnisse dieser Analytiker über die frühe Kindheit nicht möglich gewesen. Aber hätten sie entwickelt werden können, solange Freud lebte?

Wenn mein Vergleich einigermaßen brauchbar ist, so könnte man sagen, daß ein Vater nicht beides kann: ein geniales Kind in die Welt setzen und in allen Einzelheiten seinen Weg bestimmen wollen, ohne seine kreativen Kräfte zu beeinträchtigen. Man kann nicht der Menschheit eine Methode von der Seh- und Sprengkraft der Psychoanalyse schenken und ihr zugleich vorschreiben, wie sie davon Gebrauch machen soll. Einmal in die Welt gesetzt, führt das Kind sein Eigenleben und hat eine unendliche Entwicklungschance, wenn es vom Vater nicht mehr zurückgehalten wird. Die Psychoanalyse gibt uns die Möglichkeit, in unserer Zeit unsere Tabus zu durchschauen, die anders sind als zur Zeit Freuds und die in zwanzig oder dreißig Jahren vielleicht keine Aktualität mehr haben werden. Aber dank der von Freud entwickelten Methode werden künftige Analytiker *ihre Tabus* und ihre Zeit verstehen lernen können.

Das psychoanalytische Denken kann auf die Entlarvung

der Lüge nicht verzichten, sonst müßte es sich selbst aufheben. Bleibt es aber seiner zentralsten Aufgabe treu und ist es nicht bereit, das Aufdecken, Verstehen und Durchsichtigmachen der wahren Zusammenhänge aufzugeben, dann kann es sich niemals mit einem starren System zufriedengeben, gerade weil solche Systeme Schlupfwinkel der Lüge mit ihren verschiedenen Gesichtern sind.

Man kann Freud keinen Vorwurf daraus machen, daß er unsere Erfahrungen noch nicht hatte. Auch das Aufgeben der Verführungstheorie zugunsten des Ödipuskomplexes kann man ihm nicht vorwerfen, obwohl ich es persönlich bedaure, weil ich in fast allen von mir analysierten und kontrollierten Fällen eine Bestätigung für seine erste Theorie fand. Nur spreche ich nicht von »Verführung«, sondern von Mißbrauch, und ich schränke diesen nicht auf den sexuellen Bereich ein. Der Mißbrauch der Macht läßt sich in der Kindheit eines jeden Patienten ohne Schwierigkeiten nachweisen, und dessen narzißtische Bedeutung wird zunehmend erkannt. Doch die sexuelle Komponente dieses Geschehens bleibt immer noch am längsten verborgen, und es ist bekanntlich gerade das Verborgene, das das Kind mit seinem Wissen alleinläßt und es daher krank macht. Aber wie hätte Freud ohne eine eigene Analyse mit den Konsequenzen seiner ersten Entdeckung leben können?

Es wäre interessant, darüber zu phantasieren, wie Freud sich jetzt, wenn er nochmals leben könnte, zu seinen einzelnen Lehren stellen würde. Vielleicht würde er die Neuauflage einiger Schriften, vor allem des Schreber-Falls, nicht als notwendig betrachten. Möglicherweise wäre er, falls er jetzt als junger Mensch lebte, mit seiner Strukturtheorie, die er im späteren Alter aufbaute, nicht mehr sehr glücklich. Man könnte sich fragen, ob es ihm nicht seltsam vorkäme festzustellen, daß Triebdeutungen, die er vor 80 Jahren für angebracht hielt, zuweilen immer noch in der gleichen Art verabreicht werden; ob er sich nicht wundern würde, daß wir nach einem halben Jahrhundert *die Wahrheiten seiner Zeit* (z. B. über männliche und weibliche Sexualität) unbesehen weitergeben, als ob wir nicht sehr viel Neues dazugelernt hätten. Doch alles das bleibt reine Spekulation, gemischt mit Hoffnungen und Idealisierungen. Viele Analytiker möchten in Freud noch heute den weitsichtigen, nicht einengenden, kurzum den vollkommenen, über alle Zeitbedingtheiten erhabenen Vater sehen und am liebsten die Tatsache ausklammern, daß auch das Genie ein Kind seiner Zeit ist. Aber Vollkommenheit wäre nicht menschlich und daher schon gar nicht der richtige Boden für psychoanalytische Entdeckungen. Wäre das Aufgeben der kindlichen Idealisierung Freuds und die dadurch notwendige Trauerarbeit nicht zugleich ein unumgänglicher Schritt im Reifungsprozess des Analytikers? Wie soll die Fähigkeit, eigene Entdeckungen zu machen, entwickelt werden, wenn unser tief verborgener, kindlicher Gehorsam Freud gegenüber in uns bestehen bleibt?

So sind vermutlich auch meine Phantasien über Freuds Revisionsbereitschaft reine Illusionen. Möglicherweise könnte der Vater der Psychoanalyse, wie jeder Vater, nicht über sein eigenes Schicksal hinausgehen, vielleicht würde er heute genau wie damals an seiner Triebtheorie und am Ödipuskomplex hängen und alle, die ihm darin nicht folgen, als Abtrünnige oder Feinde ansehen. Das wäre schmerzhaft, aber es würde nichts an der Tatsache ändern, daß wir nicht blind leben und arbeiten möchten, um als loyale Kinder des Vaters zu gelten. Es ist des Vaters gutes Recht, die Welt so zu sehen, wie er sie sehen muß, aber das Kind wird ihm das nur dann nicht übelnehmen müssen, wenn es sich selber das gleiche Recht *nimmt* (das ihm sein Vater selten gibt), nämlich *seine Welt mit seinen Augen* zu sehen und sich durch keine Sanktionen darin beirren zu lassen. Das vom Vater geschenkte reiche Leben kann sich erst voll entfalten, wenn die Schäden seiner gutgemeinten Erziehung aufgehoben sind. Viele junge Menschen von heute sind in ihrer Beziehung zu den eigenen Eltern freier als mancher Analytiker der älteren Generation und als Sigmund Freud selber.

Freud entdeckte zwar die sexuelle Verlogenheit, aber wenn er jetzt hören würde, wie Jugendliche oder Kinder über ihre Eltern sprechen können, würde er es wahrscheinlich nicht leicht ertragen. Er selber berichtete, daß er seine Mutter jeden Sonntag zu besuchen pflegte und vorher Magenschmerzen hatte; aber es wäre ihm nicht in den Sinn gekommen, diese Besuche, gegen die er sich doch offensichtlich sträubte, einzustellen. Es war für ihn selbstverständlich, daß bestimmte Gefühle unterdrückt werden sollten. So schrieb Freud zwar viel über den Penisneid der Frau, sein Neid aber auf die fünf Schwestern, die nach ihm geboren wurden, ist nirgends zu Wort gekommen. Er war bekanntlich der älteste Sohn seiner jungen Mutter. Sie gebar nach ihm – im Zeitabschnitt von zehn Jahren – zuerst einen zweiten Sohn, der mit acht Monaten bereits starb, als Sigmund erst neunzehn Monate alt war, anschließend fünf Töchter und schließlich noch einen Sohn, Alexander. In der Freud-Bildbiographie (1978) sieht man auf S. 59 die Reproduktion eines Ölbildes, auf dem der zwölfjährige Freud links von der großen Schar seiner fünf Schwestern steht, in deren Mitte sich der kleine zweijährige Alexander befindet. Dieser Alexander berichtet später, Sigmund hätte mit sechzehn Jahren zu ihm gesagt: »Unsere Familie ist wie ein Buch. Du und ich, wir sind der letzte und der erste der Geschwister. So sind wir die starken Deckel, die die schwachen Mädchen, die nach mir und vor dir geboren sind, stützen und beschützen müssen.« Im gleichen Band befindet sich ein anderes Bild, eine Photo-Aufnahme aus dem Jahre 1864: Die Mutter sitzt und hält die jüngste Tochter auf dem Schoß, rechts von ihr ist die ältere Tochter. Sigmund sitzt neben dieser Gruppe und schaut nicht wie die anderen zur Kamera. Sein kluges, aufmerksames Gesicht ist auf das »Schoßkind« der Mutter gerichtet und zeigt etwas zwischen Widerwillen und Verachtung.

Es ist gar nicht anders denkbar, als daß ein freies Kind in seiner Lage Gefühle von starkem Neid auf die fünf Mädchen empfunden hätte, zumal die Familie zunächst in einer sehr kleinen Wohnung lebte und Sigmund Freud in seiner ganzen Kindheit der Tatsache nicht entfliehen konnte, daß seine Mutter ihre Aufmerksamkeit und Pflege oft den fünf Mädchen zukommen lassen mußte. Im zitierten Ausspruch an Alexander ist nichts von diesem Neid zu hören, außer vielleicht die Reaktionsbildung, die in der Beschützerfunktion zum Ausdruck kommt. Und doch ist der Vergleich mit dem Buch höchst seltsam. Denn das Wertvollste an einem Buch ist doch sein Inhalt, die *beschriebenen Seiten*, die auch ohne den Deckel brauchbar sind, während der bloße Buchdeckel ohne den Inhalt sinnlos wäre. Der sechzehnjährige Sigmund Freud, der seit der Kindheit mit Büchern lebte, wußte das genau. Wenn ihm trotzdem ein solcher Vergleich eingefallen ist, so spiegelt sich in diesem Bild der nur zu gut begreifliche, aber tief unterdrückte Neid auf seine fünf Schwestern, die ihm die geliebte Mutter immer wieder neu wegnahmen, obwohl sie nicht so gescheit und vielleicht nicht so rücksichtsvoll wie er selber waren. In seinem kindlichen Empfinden mußten diese ewigen Schoßkinder seiner Mutter irgendeine geheimnisvolle *Überlegenheit* über ihn haben, deren Wurzeln nicht auszumachen waren. Aber wie sollte ein so kluger Junge, über dessen Qualitäten die junge Mutter so froh war, neidisch oder eifersüchtig sein? Derartige verachtenswerte Gefühle mußte man den Frauen überlassen. Wie oft schützt Verachtung die älteren Geschwister vor den beißenden Gefühlen von Neid! Wie dem auch sei, das eindrucksvolle Ölbild und der Ausspruch an Alexander werfen ein Licht auf die Theorie des Penisneides. Sie könnten den mit Recht empörten Frauen vielleicht einen menschlicheren Freud zugänglich machen: nicht den strengen bärtigen Patriarchen, sondern den tapferen und kleinen Beschützer seiner Mutter und ihrer fünf Mädchen, der kaum eine Möglichkeit hatte, seinen Zorn auf den ganzen Frauenklan bewußt zu leben, geschweige denn direkt zum Ausdruck zu bringen.

In der Schrift *Eine Kindheitserinnerung aus »Dichtung und Wahrheit«* analysiert Freud sehr eindringlich und einfühlsam Goethes Geschwistersituation. Aber die eigenen Skotome lassen den genialen Entdecker der Verdrängungsmechanismen die folgenden Sätze schreiben: »Goethes nächste Schwester, Cornelia Friederica Christina, war am 7. Dezember 1750 geboren, als er fünfviertel Jahre alt war. *Durch diese geringe Altersdifferenz ist sie als Objekt der Eifersucht so gut wie ausgeschlossen*« (S. Freud, 1917b). Es genügt, kleine Kinder zu beobachten, um zu sehen, wie stark und eindeutig frei aufwachsende Kinder Neid und Eifersucht auszudrücken imstande sind.

Auch Sigmund Freud hat es als kleines Kind indirekt getan. Nur war niemand da, der sein Verhalten und seine Not hätte verstehen können. Ernest Jones schreibt in seiner Freud-Biographie:

Ein Vorfall, an den er sich nicht erinnern konnte, war der folgende: als Zweijähriger stieg er, wie er selbst berichtete, »in der Speisekammer auf einen Schemel, um sich etwas Gutes zu holen, was auf einem Kasten oder Tisch lag«. Der Schemel kippte um, und Freud schlug mit dem Unterkiefer gegen die Tischkante. Es gab eine tiefe Wunde, die stark blutete; sie mußte vom Chirurgen genäht werden und hinterließ eine bleibende Narbe.

Kurz vorher war etwas noch Wichtigeres geschehen: sein kleiner Bruder Julius war, erst acht Monate alt, gestorben, als Freud selber neunzehn Monate zählte. Vor der Geburt des Bruders hatte er alleinigen Zugang zur Liebe und zur Milch seiner Mutter gehabt. Jetzt mußte er aus Erfahrung lernen, wie stark die Eifersucht eines kleinen Kindes sein kann. In einem Brief an Fließ (1897) gesteht er die bösen Wünsche, die er gegen seinen Rivalen hegte, und setzt hinzu, ihre Erfüllung durch dessen Tod hätten »den Keim zu Selbstvorwürfen« gelegt, eine Neigung, die er seither beibehalten habe (E. Jones, 1960, S. 24f.).

Mit elf Monaten also erlebte Freud die Geburt seines Bruders und mit neunzehn Monaten bereits dessen Tod, auf den er mit einem schweren Unfall reagierte. Diese frühe Traumatisierung mag wohl wesentlich dazu beigetragen haben, daß er Goethe die spätere Eifersucht zwar zubilligt, nicht aber die frühere auf dessen fünfviertel Jahre jüngere Schwester Cornelia. Auch Freuds Möglichkeit, seinen Neid auf die fünf Schwestern zu erleben und ohne Reaktionsbildungen zu bewältigen, wurde durch diese schuldbeladene Wunscherfüllung aufs schwerste beeinträchtigt.

Die Haltung, die aus der bewußten Identifizierung mit dem Kind als Opfer hervorgeht und die ich in Gegensatz zur unbewußten Identifizierung mit dem Erzieher stelle (siehe A1), ist nicht völlig neu, ist auch nicht von mir erfunden worden und wird mehr oder weniger bewußt bereits von einzelnen Analytikern eingenommen. Auch die theoretischen Folgerungen aus meinen Erfahrungen enthalten keine neuen Elemente, es ist nur ungewohnt, daß das, was jeder weiß und worüber er nicht spricht, radikal zu Ende gedacht wird. Daß das Kind seit Jahrtausenden das Opfer des Erwachsenen ist, geht nicht nur aus dem Buch von Lloyd de Mause (1977), sondern aus unzähligen anderen Zeugnissen und Ratschlägen der Erzieher seit König Salomo hervor. Trotzdem wird dieser Gedanke kaum je direkt ausgesprochen. Es war schon immer so, daß nicht Grausamkeit Empörung in der Öffentlichkeit hervorruft, sondern die Hinweise auf die Grausamkeit. Baudelaire schrieb über das, was jeder wußte, aber sein Buch, *Die Blumen des Bösen*, durfte zunächst gerade deshalb nicht erscheinen. Die Opferung des Kindes ist nirgends verboten, verboten ist vielmehr, darüber zu schreiben.

Je einseitiger die Gesellschaft darauf aufgebaut ist, strenge moralische Prinzipien wie Ordnung, Sauberkeit, Triebfeindlichkeit zu verwirklichen, je gründlicher sie die andere Seite des Menschen: Lebendigkeit, Spontaneität, Sinnlichkeit, Kritikfähigkeit und innere Unabhängigkeit des Individuums fürchtet, um so mehr wird sie bestrebt sein, ihre verborgenen Enklaven der anderen Seite des Menschlichen zu hüten, mit Schweigen zu schützen oder sie zu institutionalisieren. Die Prostitution, das Pornogeschäft und die beinahe obligatorische Obszönität in Männergesellschaften, wie z. B. im Militär, gehören zu den legalen, ja notwendigen Kehrseiten dieser Sauberkeit und

Ordnung. Diese Spaltung des Menschen in den Guten, Frommen, Angepaßten, Braven und den anderen, der das pure Gegenteil des ersten ist, ist vielleicht so alt wie die Menschheit, und man könnte sich damit abfinden zu sagen, daß sie zur »menschlichen Natur« gehöre. Ich habe aber die Erfahrung gemacht, daß bei Menschen, die in ihrer Analyse die Möglichkeit gefunden haben, ihr wahres Selbst zu suchen und zu leben, die Spaltung von selber verschwand. Sie empfanden beide Seiten, sowohl die angepaßte wie die sogenannte obszöne, als zwei Extreme des falschen Selbst, das sie nicht mehr brauchten. Ich kannte eine Frau, die früher eine leidenschaftliche Fastnachtgängerin gewesen war, weil dies für sie die einzige Chance bedeutete, frei und kreativ zu sein. Später aber, als sie in der Kreativität anstatt der Maske sich selbst zeigen durfte, beschränkte sich ihr Interesse für die Fastnacht auf das Ausführen von Dekorationen und Kostümen. Sie selber wollte keine Maske mehr tragen, weil dies sie an die traurige Verborgenheit ihres früheren Lebens erinnerte. Solche und ähnliche Erfahrungen bringen mich zu der Frage, ob es nicht doch einmal möglich sein wird, Kinder so aufwachsen zu lassen, daß sie später mehr Selbstachtung für alle Seiten ihres Wesens haben könnten und daß sie nicht gezwungen wären, verbotene Seiten so stark zu unterdrücken, bis diese in gewalttätiger und obszöner Form ausgelebt werden müssen.

Obszönität und Grausamkeit sind keine wirkliche Befreiung von Zwängen, sondern ihr Nebenprodukt. Freie Sexualität ist niemals obszön, und der freie Umgang mit eigenen aggressiven Regungen, das Zulassenkönnen von Gefühlen wie Zorn und Wut als Reaktionen auf reale Frustrierungen, Kränkungen und Demütigungen führt niemals zu Gewalttätigkeit.

Wie konnte es dazu kommen, daß die oben geschilderte Spaltung so selbstverständlich der menschlichen Natur zugeschrieben wird, wenn es immerhin Beweise dafür gibt, daß sie ohne Willensanstrengung und ohne moralische Gesetze überwindbar ist? Ich finde keine andere Antwort auf diese Frage als die Tatsache, daß sich diese beiden Seiten des Menschen in der Erziehung und der Behandlung der Kinder sehr früh fortgepflanzt haben und sie daher als die »menschliche Natur« angesehen werden. Das gute falsche Selbst bekam man durch die sogenannte Sozialisierung, durch die Normen der Gesellschaft, die die Eltern bewußt und gewollt vermittelten, und das »böse«, auch falsche Selbst wurzelte in den frühesten Wahrnehmungen des elterlichen Verhaltens, das nur dem eigenen, als Ventil gebrauchten Kind gegenüber unverstellt bleiben durfte. In dessen anhänglichen, arglosen Augen freundlich aufgenommen, in dessen Unbewußtem gespeichert, fungierte es von Generation zu Generation als die selbstverständliche »menschliche Natur«.

Es ist zweifellos für die Menschheit kränkend und unbequem zu erfahren, daß die bisher gut verborgenen (und wegen der eigenen Erziehung so notwendigen) Ventile, die man in der Erziehung der eigenen Kinder gefunden zu haben glaubte, sich nun als Gift für die nächste Generation erweisen. Was soll man nun ohne diese Ventile tun? Ist nicht Sigmund Freuds Entdeckung des Unbewußten an allem schuld? Doch Freud hätte diese Entdeckung nicht gemacht, wenn es zu seiner Zeit nicht unzählige Patienten gegeben hätte, die, wie er feststellen mußte, gerade unter der doppelten Moral so gelitten haben, daß sie für ihre Familien nicht mehr tragbar waren und anfingen, die psychiatrischen Kliniken zu füllen. Diese Situation ist heute nicht besser als damals und mit der Zunahme der Bevölkerungszahl noch gravierender. So steht man als Psychoanalytiker vor der schweren Entscheidung, das Gift der ersten Machtausübung, das wir von Anfang an in uns speichern, um es unseren Kindern zukommen zu lassen, zu benennen und zu erkennen, daß es sich damit nicht um die Beschuldigung der einzelnen Eltern handelt, die ja selber Opfer dieses Systems sind, sondern um das Wahrnehmen einer verborgenen gesellschaftlichen Struktur, die wie kaum eine andere unser Leben bestimmt; sie läßt sich in sehr verschiedenen Gesellschaftsformen finden, wenn man sie einmal durchschaut hat. Doch diese Entscheidung muß notgedrungen Angst machen, wenn man im Geiste der Pädagogik aufgewachsen ist, und das gilt zweifellos für die meisten von uns. So ist es also gut begreiflich, wenn die Angst vor dem Zorn der introjizierten Eltern, die Angst des Kindes vor dem Verlust ihrer Liebe, uns nötigt, auffallende gesellschaftliche Zusammenhänge zu übersehen, in der Hoffnung, damit unsere Eltern schonen zu können.

Wenn es aber einem Psychoanalytiker gelingt, diese seine aus der frühesten Kindheit stammende Angst zu erleben und zu verarbeiten, kann er sich vielleicht fragen: »Brauchen die Eltern immer noch meine Schonung wie zu meiner Kinderzeit, oder kann ich ihr Verhalten besser verstehen, wenn ich sie als Teile eines allgemeinen Systems sehe, dessen Opfer sie genauso wie ich sind? Komme ich meinen verstorbenen oder noch lebenden Eltern nicht näher, wenn ich diese unsere gemeinsame Tragik erkenne, ohne sie beschönigen zu wollen? Es ist ja gerade das Beschönigen, Verleugnen, Zudecken, das mir einst in der Kindheit so zu schaffen machte und derentwegen ich wahrscheinlich diesen Beruf gewählt habe. Ich weiß von mir und von meinen Patienten, welcher Preis dafür vom Kind zu zahlen ist und wie gefährlich es sein kann, wenn Gift in Schokoladenpackung verborgen bleibt. Eltern, die diese Schokolade in bester Absicht gekauft haben und sie ihren Kindern gaben, sind doch völlig unschuldig. Wie wäre es aber, wenn der Kinderarzt, der die Folgen der Vergiftung bereits von mehreren Fällen her kennt, den Eltern die Ursache verschweigen würde, um ihnen keine Schuldgefühle zu machen?«

Auch wenn nur wenige Analytiker innerlich in der Lage sein sollten, sich derartige Fragen zu stellen – an der Entwicklung ihrer Patienten werden sie die Antworten finden. Dann werden auch die komplizierten und seit je

autorisierten Theorien keine Macht mehr über sie haben.
Sie werden weder sich noch ihre Patienten den Theorien
zuliebe verlassen wollen.

Nicht nur Menschen, auch Städte z. B. feiern ihre Geburtstage, und in den großen Reden, die man dann hält, werden die vielen Gefahren und Bedrohungen aufgezählt, die sie überlebt haben. Es wird die Widerstandskraft und die Stabilität dieser Städte gepriesen, die all den Gefahren standgehalten haben. Wie steht es aber mit der Stabilität einer Theorie, die allem, was ihrem Inhalt und ihrem Wahrheitsgehalt widerspricht, standhalten konnte, nur weil sie die Gefahren gar nicht als *ihre Gefahren* gesehen hat?

Seit dem Entstehen der Psychoanalyse wurde unser Wissen über die Kindheit ungemein bereichert, insbesondere in den letzten zwanzig Jahren. Dieses Wissen hätte zu einer grundsätzlichen Revision der Triebtheorie führen müssen, wenn diese nicht im Dogma erstarrt gewesen wäre. Doch Dogmen bleiben gegen neue Erkenntnisse und Entwicklungen immun.

1. Den Grundstock dieses neuen Wissens bilden für mich die Mitteilungen der erwachsenen Patienten über ihre Phantasien und Handlungen, die ihren eigenen Kindern gelten. In einer voranalytischen Ära gab es Mitteilungen von dieser Authentizität kaum. Sie zeigen, wie stark und intensiv das Kind Objekt narzißtischer Bedürfnisse, sexueller Wünsche und aufgestauter Haßgefühle sein kann. Sie zeigen auch, daß diese aus der eigenen traumatischen Erfahrung stammenden Impulse das Kind nicht schädigen müssen, also dem Zwang nicht mehr unterworfen sind, sobald sie dank der Aussprache in der analytischen Situation in das Ganze der Persönlichkeit aufgenommen werden können, um hier zu reifen.

2. Die zahlreichen Publikationen der Psychohistoriker über die Kindheitsgeschichte, wie z. B. Ariès und L. de Mause, bestätigen unser analytisches Material. Sie zeigen mit einer erschütternden Deutlichkeit, wozu die Erwach-

senen die Kinder gebraucht haben, natürlich ohne damals die unbewußten Zusammenhänge zu kennen. Dazu kommen die neuesten Publikationen über Kindermißhandlungen, die uns mit einer unfaßbaren und doch unmißverständlich *heutigen* Realität konfrontieren. (Vgl. H. Petri u. M. Lauterbach, G. Pernhaupt u. H. Czermak, E. Pizzey, L. Sebbar, G. Zenz u. a. m.)

3. Direkte Beobachtungen von René Spitz, John Bowlby, Margret S. Mahler, Donald W. Winnicott und vielen andern sowie die praktische Arbeit zahlreicher Kinderpsychoanalytiker erweiterten ferner unseren Blick auf die unbewußten Konflikte der Eltern der kleinen Patienten. Ein Kinderpsychoanalytiker, der die Eltern sieht, hat mehr Mühe, die Symptome des Kindes ganz rigide nur auf die Abwehr der »sexuellen und aggressiven Triebe« im Kinde zurückzuführen, obwohl auch das immer noch vorkommt.

4. Analytiker und Psychiater, die mit schizophrenen Jugendlichen und Drogensüchtigen gearbeitet haben, wie Theodor Lidz, Harold Searles, Helm Stierlin, Ronald D. Laing, Morton Schatzman haben mit der Zeit das Konzept der Familientherapie entwickelt, weil sie es nicht mehr verantworten konnten, alles, was dem Patienten je geschehen ist, auf die Abwehr seiner aggressiven und libidinösen Triebregungen zurückzuführen, ohne den ganzen sozialen Kontext der Familie in ihr Verständnis der Pathogenese, aber auch z. T. in ihre therapeutischen Bemühungen einzubeziehen. In den Begriffen der »Delegation« von Helm Stierlin und der »narzißtischen Projektion« von Horst Eberhard Richter z. B. haben einige der neuen Entdeckungen ihren Niederschlag gefunden, ohne in die klassische Theorie integriert worden zu sein.

5. Analytische Behandlungen erwachsener Kinder der Holocaust-Opfer konnten einen zusätzlichen Beitrag leisten. Da es sich hier um ein kollektives Schicksal der Eltern handelte, konnten sehr frühe narzißtische Traumatisierungen des Säuglings und des Kleinkindes nachweisbar erfaßt

werden (vgl. oben S. 232 f.). Aus den Untersuchungen über die zweite Generation nach Holocaust kann ein Analytiker auch einiges über die Entstehung der narzißtischen Störungen, der Perversionen, Zwangsneurosen und anderer Erkrankungen lernen. Die unbewältigten, weil allzu grausamen Traumen der Eltern werden zum »neurotischen Elend« ihrer Kinder. Wenn man dies anhand der bekannten massiven Traumatisierungen im Erwachsenenalter der Eltern nachweisen konnte, so gilt diese Erkenntnis meiner Meinung nach um so mehr für die Traumen der Eltern in deren Kindheit und Pubertät.

6. Schließlich wurden wir in den letzten Jahren durch die Arbeiten von William G. Niederland und Morton Schatzman über den Vater Schreber mit dessen Vorstellungen und Verhalten bekannt gemacht. Die Schockwirkung dieser Entdeckung ist bei Niederland, dem die Funde eigentlich zu verdanken sind, noch ausgeblieben, während Schatzman uns Analytiker mit Fragen konfrontiert, denen wir nicht mehr ausweichen können. Die Frage lautet: Kann man die Ängste eines als Säugling grausam erzogenen Patienten auf die Abwehr seiner Triebwünsche zurückführen, ohne sich um die Realität der frühen Kindheit zu kümmern? Muß nicht die psychische Realität der Eltern, die sich in der psychischen Realität des Patienten spiegelt, in unser Blickfeld rücken, wenn wir uns um die Einfühlung in den Patienten bemühen? Freud hat in seiner berühmten Darstellung des Falles Schreber die Geschichte dieses paranoiden Patienten beschrieben, in dem er sich auf dessen Aufzeichnungen, *Denkwürdigkeiten eines Nervenkranken,* stützte (vgl. D. P. Schreber, 1903).

Alle Verfolgungsängste des Patienten Schreber führte Freud auf die Abwehr seiner homosexuellen Liebe zum Vater zurück. Morton Schatzman geht, Niederland folgend, einen wesentlichen Schritt weiter. Er vergleicht die Stellen aus den *Denkwürdigkeiten* des Sohnes mit den Erziehungsschriften des Vaters Schreber und entdeckt verblüffende Zusammenhänge. Es stellt sich heraus, daß

auch die absurdesten Ideen, Phantasien und Verfolgungsängste des kranken Sohnes, ohne daß er es ahnt, die
Geschichte seiner frühkindlichen Verfolgung erzählen.
Aus den Schriften des Vaters kann man ablesen, wie er
seinen Sohn erzogen hat und wie diese Erziehung bei dem
einen Sohn zum Selbstmord und beim andern zur Paranoia führte. Freuds Gedanke, daß Daniel Paul Schreber an
seinen Vater homosexuell fixiert war, ist vielleicht nicht
falsch, denn dieser Vater, der seine Söhne (und nur diese,
nicht die Töchter) schon im Säuglingsalter, auch mit Hilfe
von verschiedenen Apparaten, körperlich ständig mani-
pulierte, hatte den Jungen zweifellos auch sexuell stimuliert. Außerdem liebt jedes Kind seinen Vater, auch wenn
es von ihm verfolgt wird, und diese Kombination von
Liebe und Haß bestand auch beim Sohn Schreber. Aber
würde man sich zwingen, das Verständnis der Paranoia im
allgemeinen und die Entstehung dieser paranoiden Entwicklung im besonderen auf die Abwehr der homosexuellen Triebwünsche des Kindes (und nicht des Vaters!)
zurückzuführen, dann wäre das eine Einengung der Sicht,
die zu Freuds Zeiten vielleicht eine Notwendigkeit war, in
unserer Zeit aber einen Verzicht auf Erfahrungen bedeuten würde, die uns bereits zur Verfügung stehen. In der
Weigerung vieler Analytiker, in der »psychischen Realität« ihrer Patienten, auf die sie sich beschränken wollen,
die psychische Realität von deren Eltern zu sehen, ist der
Rest einer rigiden behavioristischen Haltung zu erkennen, die der Psychoanalyse eigentlich fremd sein müßte.

Wenn man den gesellschaftlichen Faktor außer acht ließe,
wäre es erstaunlich, daß die Freudsche Triebtheorie von
all diesen wissenschaftlich belegbaren Funden über die
Realität der frühen Kindheit beinahe unberührt geblieben
ist. Schaut man aber näher hin, stellt man fest, daß nicht
nur die Psychoanalyse diesem Schicksal erlag. In den
meisten Untersuchungen, die ich oben erwähnte, werden
die neuen Funde mit einer auffallenden Regelmäßigkeit

nicht in ihren Konsequenzen weiterverfolgt. Einige schöpferische Denker wie Horst Eberhard Richter und Helm Stierlin, die sich zunächst vom rigiden System der Triebtheorie befreien konnten und sich in der Praxis damit konfrontiert sahen, was Eltern ihren Kindern unbewußt antun, die diese Erfahrung auch theoretisch in ihren Begriffen der »narzißtischen Projektion« (Richter) bzw. der »Delegation« (Stierlin) fixierten, sahen sich dadurch nicht veranlaßt, die Konsequenzen dieser Erkenntnis für die Einzeltherapie auszuwerten. Sie haben im Gegenteil wie viele andere Psychiater in den USA, Großbritannien und Frankreich, denen diese Erkenntnis zuteil wurde, den Boden der Einzeltherapie verlassen und sich auf die Familientherapie bzw. Gruppentherapie konzentriert. Um diesen Interessenwechsel in ihren therapeutischen Bemühungen vom Individuum auf Familien- bzw. Gruppensysteme zu begründen, bringen sie überzeugende und einleuchtende Argumente, wie z. B.:

1. Angesichts der großen Verbreitung von psychischen Krankheiten darf ein Therapeut nicht nur einigen wenigen zur Verfügung stehen. Er ist verpflichtet, einer größeren Anzahl von Menschen zu helfen.

2. Die Einzelanalysen dauern sehr lange und führen nur in seltenen Fällen wirklich zum Erfolg.

3. Es hat sich oft herausgestellt, daß die Symptombesserung beim Analysanden zu Erkrankungen in seiner familiären Umgebung geführt hat, sofern er der Träger der im Familiensystem verborgenen Konflikte war.

Diesen Argumenten kann man mühelos zustimmen, und doch gehen sie an dem vorbei, was ich als Konzept der pädagogikfreien Psychoanalyse im Auge habe, und zwar aus folgenden Gründen.

Zu Punkt 1: Wenn es einem einzelnen Menschen gelingt, sich der Wahrheit seiner frühen Kindheit zu nähern und sich von den früh internalisierten Tabus und Zwängen der Erziehung, also auch denjenigen der Introjekte, zu befreien, dann ist das ein *gesellschaftliches Faktum* und nicht nur eine rein private Angelegenheit. Auch wenn dieser Mensch seinen Eltern nicht so leicht verzeihen kann wie ein gut erzogenes Kind, weil er die tiefen Wunden erst anfängt wahrzunehmen, wird seine Umgebung von ihm profitieren. Denn er wird nicht in Versuchung kommen, andere zu erziehen, an ihre Versöhnungsbereitschaft, ihr Verständnis für die Eltern, ihre Vernunft zu appellieren; er wird wissen, daß man gerade durch diese Versuche als Kind krank geworden ist, und es wird ihm ein Anliegen sein, diese Wahrheit bei sich selber nicht zuzudecken. Aber gerade das hat bereits eine politische Bedeutung, denn die Unwahrheit entlarvt sich von selbst, wenn in der Menge nur einer da ist, der die Verleugnungen nicht mitmacht; wenn, wie in Andersens Märchen *Des Kaisers neue Kleider*, der spontane Ruf des Kindes dem Erwachsenen dessen verlorene Wahrnehmungsfähigkeit zurückgibt. – Kann der Psychoanalytiker einem einzelnen Menschen dazu verhelfen, sein wahres Selbst zu leben, statt ihn in verkappter Form zu erziehen, dann hat er etwas für die Gesellschaft und für die Wissenschaft getan.

Zu Punkt 2: Das therapeutische Ziel einer besseren Interaktion unter Partnern oder anderen Familienangehörigen kann legitim sein, ist aber nicht vergleichbar mit der Befreiung des Individuums von frühkindlichen Schäden, die meistens auf die ganze Familie positiv zurückwirkt, vorausgesetzt, daß die frühkindliche Geschichte und das Wissen des Therapeuten über die Machtausübung des Erwachsenen über das Kind nicht verleugnet werden. Der Familientherapeut beobachtet die Interaktion von erwachsenen Menschen bzw. von Jugendlichen mit ihren Eltern. In solchen Beziehungen können die manifesten Machtverhältnisse von den ursprünglichen, frühkindlichen, verschieden, ja jenen geradezu entgegengesetzt sein. Oft sieht es so aus, als ob Eltern unter dem Terror eines Jugendlichen stünden und nicht umgekehrt. Doch der Schlüssel zum Verständnis der gegenwärtigen Situation liegt in der Vergangenheit, die in der Gruppe nicht immer sichtbar wird. Nur in der intrapsychischen Welt des einzelnen Menschen spielt sie sich unentwegt weiter ab und wird immer neu in der Umgebung inszeniert. Die psychoanalytische Methode versucht, mit Hilfe des freien Assoziierens, der Übertragung und Gegenübertragung, den Sinn dieser intrapsychischen, oft qualvollen Inszenierungen zu entziffern und den Patienten damit von seinen quälenden Wiederholungszwängen zu befreien.

Zu Punkt 3: Wenn das Ziel der Analyse darin besteht, den Patienten zu den Gefühlen seiner frühen Kindheit zurückzuführen, werden seine gegenwärtigen Partner weniger in Gefahr sein, psychisch zu erkranken, außer sie waren es bereits früher und haben den Patienten als Symptomträger benutzt, was aber selten in dieser einseitigen Form vorliegt und für den jetzt erkrankten Familienangehörigen eine Chance sein kann. Im allgemeinen ist es so, daß der Patient am Ende seiner Analyse kein Bedürfnis mehr hat, seinen realen, gegenwärtigen Eltern Vorwürfe zu machen, weil er sein tragisches Schicksal bereits in der Vergangenheit mit den Eltern seiner frühen Kindheit, die er bisher in sich begraben hatte, erlebt hat. Das Erkranken der Familienangehörigen kann ein Zeichen dafür sein, daß der Patient zwar seine Symptome verloren hat, aber die Familie immer noch als die Bühne zur Inszenierung seiner frühen Geschichte benutzt, oder dafür, daß das Gesundwerden des früheren Patienten dem Angehörigen dessen eigene Not sichtbar machte.

Gesellschaftlich gesehen stehen wir also vor dem Phänomen, daß ein Teil der Psychoanalytiker, der Triebtheorie treu geblieben, sich gegen jede neue Erkenntnis der frühkindlichen Realität mit dem Dogma der infantilen Sexualität und des Ödipuskomplexes verschanzt, und ein anderer Teil, der den Dogmencharakter dieser Behauptungen dank seiner psychiatrischen Erfahrungen durchschaut, sich von der Einzelbehandlung abwendet und damit auch die Dimension der einzelnen frühen Kindheit aus den Augen verliert. Ähnliches geschah bei C. G. Jung, als er den Archetypus und das kollektive Unbewußte einführte, nachdem er zuerst die Rolle des Traumas bei der Entstehung der Neurosen deutlich und unmißverständlich hatte sehen dürfen.

Im Jahre 1909 schrieb C. G. Jung die folgenden Sätze:

Was es (das heranwachsende Kind) am stärksten beeinflußt, ist der besondere, affektive Zustand, der seinen Eltern und Erziehern vollkommen unbewußt ist. Verheimlichter Unfrieden zwischen den Eltern, geheime Qualen, verdrängte, verborgene Wünsche, all das erzeugt im Individuum einen Affektzustand, der langsam, aber sicher wenn auch unbewußt seinen Weg ins kindliche Gemüt findet und dort den gleichen Zustand hervorruft . . . Wenn schon erwachsene Menschen so empfindlich für Umgebungseinflüsse sind, dann müßten wir das sicherlich beim Kind in noch stärkerem Maße erwarten, dessen Geist noch weich und plastisch wie Wachs ist (Zit. nach G. Tuschy, 1979).

Ich kann mich der Evidenz dieser Sätze nicht entziehen, weil sie auf Erfahrungen beruhen, die ich durch meine Erfahrungen bestätigt finde. Da sie allgemein formuliert sind und das Peinliche nicht direkt benennen, sind sie auch von der Öffentlichkeit leichter zu ertragen als Freuds Verführungstheorie, die sich auf ein bestimmtes Kindheitstrauma bezieht. So hätte Jung weniger als Freund mit einer realen Ablehnung rechnen müssen, wenn er die von ihm 1909 ausgesprochene Grundwahrheit der menschlichen Existenz in seiner Psychologie konsequent weiterverfolgt hätte. Aber wie wenig zählt die äußere Welt beim Erwachsenen (darin unterscheidet er sich vom Kind) im Vergleich zu den Geboten des verinnerlichten Vaters, der im Falle von C. G. Jung ein Theologe und Pfarrer war. So sind schließlich die in den ersten Jahren mißbrauchten und mißhandelten Kinder im archetypischen Wald der Jungschen Begriffsbildung ebensowenig auffindbar wie in der Triebtheorie Freuds, auch wenn die Schüler auf beiden Seiten behaupten, das eine schließe das andere nicht aus.

Was für seltsame Blüten eine die Wahrheit verkleidende Begriffsbildung hervorbringen und wie leicht sie auch ihren hochbegabten Schöpfer verwirren kann, zeigt die auf S. 113 f. zitierte Stelle C. G. Jungs aus dem Jahre 1934, die von jenem tiefen Grund des arischen Unbewußten und der germanischen Seele spricht, der »alles andere ist als der Kehrichtkübel unerfüllbarer Kinderwünsche und unerledigter Familienressentiments«. Dieser Satz wirft nicht nur Freuds, sondern auch Jungs eigene Einsicht aus dem Jahre 1909 über die entscheidende Bedeutung der Kindheitstraumen in den Kehrichtkübel.

So tragisch, weil aus der Erziehungsprägung nur allzu gut begreiflich, dieses Zudecken der einst erkannten Wahrheit bei den beiden berühmten Denkern unseres Jahrhunderts war, so bezeichnend ist es doch, daß die so verschiedenen Denksysteme im Grunde das gleiche zudecken: die realen Traumatisierungen der ersten Jahre und die Notwendigkeit ihrer Verleugnung und Verdrängung, die sich in der Kindheitsamnesie ausdrückt. Der jüdische Sohn Freud büßt seine verbotene Einsicht mit der Triebtheorie, und der protestantische Sohn C. G. Jung findet seine Einheit mit den theologischen Vätern, indem er alles Böse in einem kindheitslosen Unbewußten ansiedelt. Das Gebot »Du sollst nicht merken« hat sich im späteren Alter bei beiden Denkern Gehör verschafft. Es war, als ob der verbotene Baum der Erkenntnis unberührt geblieben wäre.

Wenn man von diesem Standpunkt aus die Entwicklungen von Jung und Freud analysiert, wird man es kaum für einen Zufall halten, daß in der ganzen wissenschaftlichen Literatur nach 1897, soviel ich weiß, niemand, zumindest kein Psychoanalytiker, versucht hat, sich mit Freuds Verführungstheorie ernsthaft auseinanderzusetzen, obwohl sich Argumentationen für diese Theorie in der letzten Zeit auffallend häufen. Meine Hypothese, daß diese schon bei

Freud dem Vierten Gebot zum Opfer fiel und daß die Wirksamkeit dieses Gebotes auch den anderen Analytikern keine Möglichkeit ließ, die neuen Entdeckungen in den Dienst der Einzelanalyse zu stellen, scheint mir dieses Phänomen zu erklären.

Ein Psychoanalytiker kann kaum annehmen, daß das, was in der frühen Kindheit geschieht, keinen Einfluß auf das spätere Leben hat. Wir können nicht wie unsere Vorfahren glauben, daß »die Strenge, die man walten lassen muß, keine Wirkungen haben wird«. So ist das Wissen über die in der Kindheit erfahrene Grausamkeit für jeden, der die Machtverhältnisse nicht mehr leugnet, ein Schock. Wer nicht in der Triebtheorie Schutz vor dieser Schockwirkung sucht, wird sich also lieber von der Einzeltherapie ab- und der Gruppentherapie zuwenden oder die Lehre vom kollektiven Unbewußten aufbauen und so wiederum der Gefahr entkommen, mit dem Vierten Gebot in Konflikt zu geraten.

Diese Überlegungen helfen mir zu verstehen, warum so viele Forscher auf dem Gebiet der Psychoanalyse vor ihren eigenen Entdeckungen zurückzuschrecken scheinen. Mit einem Beispiel von Helm Stierlin ließe sich das illustrieren. Das Gleichnis vom verlorenen Sohn dient ihm 1980 als Symbol für seine therapeutische Zielsetzung. Der Sohn sei vom Tode zum Leben wiedergekehrt, als er gehorsam zum Vater zurückkam, meint Stierlin und übernimmt trotz besseren Wissens die biblische Wertung des Gehorsams. Das bedeutet aber in der Konsequenz, daß der Vater all das, was den Sohn von ihm trennte, dessen ungehorsame Jugendzeit, an der der Vater nicht teilnahm, als den Tod und erst die Rückkehr zu ihm als das Leben bezeichnet: »Denn dieser mein Sohn war tot und ist wieder lebendig geworden; er war verloren und ist gefunden worden« (vgl. H. Stierlin, 1980, S. 8). Da Stierlin in der Versöhnung zwischen Kindern und Eltern seine therapeutische Aufgabe sieht, fällt es ihm nicht auf, daß er sich, zumindest in diesem Bild, mit den Interessen des Vaters identifiziert und daß der Sohn *durch den Gehorsam* den Weg zum Vater wiederfindet und dessen Liebe gewinnt; daß hier ein Fest der Einigkeit gefeiert wird, obwohl der Vater alles, was seinen Sohn von ihm trennte, als »den Tod« bezeichnet. Man könnte sich der Symbolik dieser Szene bedienen und sagen, daß in Stierlins therapeutischen Bemühungen um die Versöhnung die lebensnahe Bedeutung des Delegationsbegriffes und seine wissenschaftliche Tragweite der Einheit mit dem Vater geopfert werden muß.

Einem ähnlichen Phänomen begegnen wir bei Horst Eberhard Richter. Der gleiche Forscher, der 1963 in seinem brillanten Buch *Eltern, Kind und Neurose* mit einer bisher kaum bekannten Konsequenz die Machtausübung der Eltern und die Opfersituation des Kindes in der Familie darstellte, beschreibt 1979 im *Gotteskomplex* die Flucht des Kindes aus »phantasierter, tödlicher Ohnmacht in eine narzißtische Allmacht«. Wie ist es dazu gekommen, daß einer der gründlichsten Kenner der kindlichen Situation in der Familie von der *phantasierten* und nicht mehr von der *realen Ohnmacht* des Kindes spricht? Wie kann man sich außerdem erklären, daß jemand wie H. E. Richter, der so klar, einfühlsam und engagiert den prägenden Einfluß der sozialen Umwelt auf den erwachsenen Menschen sieht und beschreibt, dies nun tun kann, ohne sich um die allerersten Prägungen zu kümmern? Diese Tatsache wäre an sich nicht rätselhaft, denn sehr viele Wissenschaftler wissen noch nicht, wie stark und nachhaltig der Einzelne durch seine Kindheit geprägt wird. Aber Richter wußte es bereits 1963 in einem besonders hohen Maße. Was ist mit diesem Wissen geschehen?

Zweifellos ist es für jeden eine große Erleichterung, wenn er im Einzel- oder Gruppentherapeuten (wie z. B. in Paul Parin oder H. E. Richter) einen begleitenden Menschen findet, der ihm seine Leiden und Symptome nicht lediglich auf Triebkonflikte zurückführt, sondern die schweren Belastungen unserer heutigen gesellschaftlichen Realität als Traumen ernstnimmt, weil er selber unter ihnen leidet. Wenn sich aber im Hilfesuchenden einst eine Depression (infolge der Verleugnung der *kindlichen* Traumen) hat entwickeln müssen, wird diese den gesellschaftskritischen Deutungen kaum auf Dauer weichen. Obwohl es wohltuend (und notwendig) ist zu wissen, daß man mit seinen Gefühlen der Empörung, Wut, Ohnmacht, Angst und Besorgnis – über die atomare Rüstung, über die Ausbeutung und Technisierung der Menschheit – nicht alleinsteht, daß man sogar vom gemeinsamen (bewußten!) Empfinden in der Gruppe mitgetragen wird, kann diese Form der Begleitung die frühen, unbewußten Wurzeln der Depression nicht erreichen (vgl. A. Miller, 1979). Die Depression ist nicht das Leiden an der Gegenwart. Daher kann es Menschen geben, die an der heutigen Weltlage leiden und sich für eine Veränderung mit allen Kräften einsetzen, ohne depressiv oder grandios zu sein.

Ich habe mich oben nur mit drei Argumenten der Familientherapeuten befaßt, ohne auf ihre Praxis einzugehen. Die folgende Fallskizze mag als Beispiel dafür dienen, wie stark die Wertungen der Schwarzen Pädagogik den Familientherapeuten zu Richterfunktionen in der Praxis verführen können.

Ein begabter, nun 30jähriger Mann, einziger Sohn eines reichen, autoritären Großbauern, ist von klein auf gegen seine Neigung zur Nachfolge des Vaters und zur Weiterführung der bäuerlichen Familientradition bestimmt (vgl. hierzu Stierlins Begriff der »Delegation«). Sein Vater hintertreibt eine Sekundarschulbildung, die ihn auf »Abwege« führen könnte; von da an (ab ca. 11 Jahren) wird der Knabe eigenbrötlerisch und »merkwürdig«. – Ausbruch einer schweren, kataton-mutistischen Psychose mit 18 Jahren, am Tag, nachdem er den Eltern zuliebe das Examen für die landwirtschaftliche Schule bestanden hatte. Unmittelbare Chronifizierung, mehrjähriger Klinikaufenthalt, bis der Vater den Hof schließlich verkaufen und als reisender Vertreter arbeiten muß! Seither allmähliche Besserung; fast unheimlich sensible Krankheitseinsicht, versteht z. B. im Einzelgespräch sofort, daß er schließlich »der Stärkere war« und den Vater in die Knie zwang; dieser seinerseits predigt nun in einer Elterngruppe jedermann, man müsse die Kinder frei gewähren lassen . . . Die gegenseitige schwere Schuldverstrickung erschien uns bisher als zu massiv und explosiv, um eine aufdeckende Therapie zu wagen (L. Ciompi, 1981, S. 80).

Der Patient »versteht sofort«, daß er den Vater auf die Knie gezwungen habe, und dieses vom Therapeuten verstärkte Schuldgefühl wird als Krankheitseinsicht bezeichnet. Abgesehen davon, daß der Vertreterberuf nicht »auf den Knien« ausgeübt wird, gibt es doch in der Schweiz nicht wenige Bauern, die ihr Land als Bauland verkaufen und den Beruf wechseln. Die sich daraus ergebenden Schuldgefühle den eigenen Eltern gegenüber lassen sich besser meistern, wenn man den Verkauf des Erbgutes damit begründet, daß die eigenen Kinder die Landwirtschaft nicht mehr betreiben möchten. Dies kann u. U. auch der wahre Grund sein, muß aber nicht zur Beschuldigung des Kindes führen. Womit hat sich der Sohn in diesem Fall schuldig gemacht? In den Augen seines Therapeuten offenbar mit der Tatsache, daß er viele Jahre lang an einer schweren katato-mutistischen Psychose litt. Genügt diese Katastrophe nicht, um dem Therapeuten zu sagen, in welcher Panik der einzige Sohn des autoritären Vaters gewesen wäre, wenn er sich dessen Willen, aus dem Sohn einen Bauern zu machen, offen widersetzt hätte? Diese Angst und die reale Bedrohung mit dem Patienten zusammen aufzudecken, erscheint dem Therapeuten als ein zu großes Wagnis, er spricht lieber von »gegenseitigen schweren Schuldverstrickungen« und wird vermutlich an die gegenseitige Verzeihungsbereitschaft appellieren oder andere Strategien anwenden. Kein Wunder, daß sich dieser Therapeut darum bemüht, aus der Psychoanalyse eine Systemtheorie zu machen und die letzten Reste des Lebens aus ihr zu vertreiben (vgl. Luc Ciompi, 1981). Es ist ihm offenbar aus irgendwelchen Gründen verwehrt, das Lebendige in der Psychoanalyse (ohne Systemtheorie!) zu schätzen.

Ich bin nach der Publikation des *Dramas* in einem Brief eines deutschen Analytikers gefragt worden, ob meine »Parteinahme für das Opfer mit der Psychoanalyse überhaupt zu vereinbaren sei«. Für mich ist diese Parteinahme von der Psychoanalyse überhaupt nicht wegzudenken, obwohl ich weiß, daß sie in allen totalitären Regimen verboten sein muß. So schien mir damals diese Frage bezeichnend für die zweite Generation in einem Land nach zwölfjähriger Diktatur. Seitdem ich mich aber mehr mit der Haltung der Psychotherapeuten und Analytiker befasse, sehe ich, daß Deutschland hier keine Ausnahme bildet und daß die Ausarbeitung neuer Strategien für die »Systembeeinflussung« mit pädagogischem Hintergrund in der ganzen Welt große Mode ist. Alle neuen kreativen Versuche, ob es die Tansaktionsanalyse oder die Gestalttherapie ist, kommen nicht davon los, in der Herbeiführung einer Versöhnung mit den Eltern die eigentliche Krönung ihrer therapeutischen Bemühungen zu sehen. Diese Bemühungen aber heben den erreichten Fortschritt häufig wieder auf, nicht nur im theoretischen Bereich, sondern auch in der therapeutischen Praxis.

Sollte es einem Patienten möglich geworden sein, durch die verschiedenen Techniken, z. B. des leeren Stuhls in der Gestalttherapie oder der Gruppensituation in der Transaktionsanalyse oder auch einer familientherapeutischen Sitzung, an die wahren Gefühle seiner Kindheit heranzukommen, dann wird er schnell dazu aufgefordert, einzusehen, daß seine Ängste heute nicht mehr begründet seien, sein Trotz nicht mehr nötig sei, seine Anerkennungsbedürfnisse ja durch die Gruppe längst befriedigt würden – allerdings ohne daß er es merke. Es wird ihm auch gezeigt, daß er seine Eltern nicht nur hasse, sondern auch liebe und daß diese ja auch nur aus Liebe Fehler gemacht hätten. Das alles weiß der erwachsene Mensch schon längst, hört es aber gerne noch einmal, weil ihm das noch einmal hilft, das Kind, das in ihm gerade zu weinen angefangen hat, zu verleugnen, zu beschwichtigen und zu beherrschen. So wird der Therapeut oder die Gruppe oder er selber dem Kind die »dummen«, weil in der heutigen Situation nicht mehr adäquaten (und doch so intensiven) Gefühle ausreden, und das, was die Behandlung hätte bewirken können, nämlich das Erwachen und Reifen dieses wahren Selbst des Kindes, wird durch eine Behandlung, die dem zornigen Kind die Begleitung verweigert, wieder zunichte gemacht.

Wenn ich Protokolle solcher Sitzungen lese oder Videoaufzeichnungen sehe, kommt es mir vor, als ob hier unter allen Umständen etwas (nicht jemand) gerettet werden müßte, nämlich *der gute Name* einer Respektsperson. Denn niemand müßte vor dem Tod gerettet werden, niemand müßte ja sterben, wenn ein Patient in der Gruppe haßerfüllt seinen imaginären Eltern im Stuhl Vorwürfe machen würde, ohne die »positiven Seiten« suchen zu müssen. Vielleicht sind die unbewußten Aggressionen des Therapeuten gegen seine Eltern zuweilen so stark, daß er sie tatsächlich mit Hilfe der Gruppe beschwichtigen muß. Doch auch diese stärksten Aggressionen des Therapeuten sind nur Gefühle, und seine Eltern, die im Stuhl gesehen werden, sitzen ja nicht real auf diesem Platz. Würde man also die Rettungsaktionen unterlassen, so würde niemand real geschädigt – nur das idealisierte Bild, nur die im Stuhl *phantasierten Eltern* wären gekränkt, beleidigt, böse und vielleicht bedrohlich. Aber was will man denn in Therapien erreichen, wenn man auch dieses Risiko meint vermeiden zu müssen?

Die Bemühungen der Psychotherapeuten um Versöhnung mit den Eltern und die aktive Vermittlung von korrektiven Erfahrungen, um die Eltern zu schonen und das Trauma zuzudecken, sehe ich nicht in der Primärtherapie Arthur Janovs, die die befreiende Bedeutung der Trauer wie wohl keine andere Therapieform erkannt hat. Doch mein Eindruck beschränkt sich auf die Lektüre seiner Bücher, da ich keine praktische Erfahrung der Primärtherapie habe und bisher auch keine Videoaufnahmen sehen konnte. Was die Schreitherapie von D. Casriel betrifft, fiel es mir anhand von Videoaufnahmen auf, wie sehr die wahrheitserschließende Kraft des von der Gruppe ermöglichten Schmerzerlebnisses durch die Illusion aufgehoben wird, nun doch in der Gruppe oder im Gruppenleiter die gute Mutter gefunden zu haben. Damit muß eine neue Verleugnung der Realität einsetzen (denn man kann als Erwachsener nicht mehr die Mutter der frühen Kindheit finden), und die bereits vorhandenen Voraussetzungen der Heilung, nämlich u. a. die vergangenheitsbewältigende Funktion der erlebten Schmerzen (die Trauer), bleiben wirkungslos, wenn sie der Illusion zum Opfer fallen. Die positive Seite der Schreitherapien von Janov, Casriel und anderen kann sicher nutzbar gemacht werden, wenn sich einmal die Erfahrung durchsetzt, daß zum Erlebnis der frühen Traumen eine einfühlende Begleitung (und die unbedingt!), aber keine »wiedergutmachende« Illusionen notwendig seien.

Wenn ich wiederholt betone, daß die Versöhnung mit den noch lebenden Eltern des erwachsenen Patienten, wie sie Stierlin und andere Familientherapeuten fordern, nicht zu meinen therapeutischen Zielen gehört, so will das natürlich nicht heißen, daß das Vertrautwerden mit den verinnerlichten Eltern der frühen Kindheit (mit den Introjekten) dem Patienten nicht ein großes Stück Freiheit gäbe. Doch diese innerpsychische Aussöhnung hat mit der Rückkehr des verlorenen Sohnes kaum etwas gemeinsam und braucht daher nicht erzieherisch gefordert zu werden. Sie ist vielmehr das Resultat der mit intensiven Gefühlen von Zorn, Wut, Ohnmacht, Verzweiflung, Hilflosigkeit und schließlich Trauer erlebten früheren Traumen, aus denen die einstigen Eltern immer deutlicher hervortreten: nicht so stark wie sie damals erschienen, aber auch nicht so machtlos, wie sie jetzt im Alter sind; nicht so klug, wie sie sich gaben, aber auch nicht so dumm, wie man sie im Affekt erlebte; nicht so böse, wie manche ihrer Taten, aber auch nicht so gut, wie man glauben wollte; nicht so wahrhaftig, wie man anzunehmen verpflichtet war usw.

Sich mit diesen Eltern auszusöhnen, heißt nicht, sie kniend um Verzeihung zu bitten, wie es der verlorene Sohn tut, es heißt nichts anderes, als zu erfahren, welche Eltern man hatte (nicht die der Geschwister, sondern die eigenen) und diese Tatsache hinzunehmen. Dieses Hinnehmen ist ein Bestandteil der Trauer und daher mit der emotionalen Erkenntnis der frühen Realität verknüpft. Der Prozeß des Fühlens, der zum Erkennen und Akzeptieren der Vergangenheit führt, hat eine aufdeckende Funktion, steht außerhalb moralischer Ansprüche und läßt sich nicht durch erzieherischen Zuspruch erreichen. Wo dieser am Werk ist, kann höchstens das Gegenteil eines solchen Prozesses eintreten, nämlich das Zudecken der frühen Realität, die sich nur in immer neuen Inszenierungen ausdrücken kann und muß. Sich mit den Introjekten auszusöhnen, bedeutet daher einen Schutz vor dem Wiederholungszwang, zumindest im Bereich der Traumen, die man nun bewußt erlebt hat. Es bedeutet nichts anderes als ein Vertrautwerden mit den in seinem Inneren lebenden Personen, die man nicht mehr blind agieren läßt und denen man nicht mehr so ausgeliefert ist, weil man sie jetzt gut kennt und schließlich ungefähr weiß, was von ihnen zu erwarten ist und was nicht. Ich habe an verschiedenen Orten mit Hilfe von Beispielen geschildert, was ich unter der Auseinandersetzung mit den Introjekten verstehe (vgl. z. B. A. Miller, 1979, S. 172f.).

Den Rettungsaktionen für den »guten Namen« der Respektpersonen in Gruppentherapien entspricht in der Psychoanalyse die Triebdeutung. Sogar René Spitz, der Entdecker des Hospitalismus und bahnbrechender Beobachter von traumatischen Umweltfaktoren des Säuglings, versucht seine Sprache der alten Triebtheorie anzupassen.

Auch Heinz Kohut gebrauchte zunächst Begriffe aus der Triebtheorie, die sich neben seinen differenzierten und einfühlsamen Falldarstellungen wie Fremdkörper ausnehmen. Viele originelle und schöpferische Denker wie z. B. Michael Balint und Masud Khan versuchten trotz besseren Wissens die Verbindungen von ihren Entdeckungen zu der Triebtheorie Freuds aufrechtzuerhalten. Sogar Donald W. Winnicott bemühte sich immer wieder, der kleinianischen Terminologie treu zu bleiben. Gerade bei diesem Denker fällt diese Inkonsequenz besonders auf, weil er ein Analytiker war, dem die Psychoanalyse wie kaum einem anderen die tiefsten und kreativsten Impulse verdankt. Im Grunde lieferte uns Winnicott einen Beweis, daß die Existenz der Psychoanalyse nicht von der Einhaltung der Dogmen abhängig ist. Die von ihm publizierten Erfahrungen sind eine unerschöpfliche, aber oft noch unentdeckte Fundgrube für jeden Analytiker. Sie sind es, weil Winnicott sich in seiner praktischen Arbeit von der Blockierung durch Dogmen befreien konnte. Doch in der schriftlichen Darstellung dieser Erfahrungen versucht er manchmal den kleinianischen Begriffen gerecht zu werden, und es mag an diesem Widerspruch liegen, daß viele Analytiker, wie sie sagen, Mühe haben, Winnicott zu verstehen. Die Lektüre von Winnicotts *Piggle* vermittelte mir besonders deutlich die Diskrepanz zwischen der Freiheit seiner Zuwendung und der gelegentlichen Einengung durch die kleinianische Konzeptualisierung (vgl. D. W. Winnicott, 1980).*

Ohne diesen Zwang, sich den Kategorien der Triebtheorie anzupassen, scheint Margret S. Mahler zu sein. Sie schildert einfach ihre Erfahrungen, die zwar – wie die von

* Es hat dem Kind zweifellos geholfen, daß es sich zur Zeit seiner großen Krise bei einem zuhörenden, aufmerksamen, redlichen und kreativen Menschen im Spiel und im Gespräch artikulieren konnte. Aber es muß dahingestellt bleiben, was sich hätte ergeben können, wenn sich der Therapeut, im Gegensatz zum kleinianischen Grundsatz, hätte fragen dürfen, was die Mutter von Piggle mit Hilfe der Neurose des Kindes Winnicott vermitteln wollte, zumindest nachdem diese selber geschrieben hat, daß sie im Alter von Piggle einen Bruder bekam, den sie ablehnte. Außerdem wußte Winnicott, daß die Mutter aus Deutschland kam, wahrscheinlich dort ihre Kindheit während des Krieges erlebte, und wenn er ganz frei wäre, seine Phantasien zuzulassen, käme er vielleicht auch auf die Frage, ob die »schwarze Mami«, die nicht nur Piggle, sondern vor allem die Mutter so beunruhigte, nicht mit deren Kinderschicksal etwas zu tun hatte.

René Spitz – auf mannigfaltige Traumatisierungen hinweisen; da sie aber versucht, das Material von allgemeinen Gegebenheiten (wie z. B. Trennungs- und Annäherungsphase) abzuleiten, gelingt es ihr, den Konflikt mit dem Vierten Gebot zu umgehen. Dieser Konflikt indessen ist kaum zu vermeiden, wenn man der Bedeutung der verdrängten Traumen in der konkreten Geschichte eines Menschen seine Aufmerksamkeit schenkt. Zweifellos besteht heute schon eine neue Sicht (zumindest gegenüber dem »vierjährigen Ödipus« von Sigmund Freud oder dem »grausamen Säugling« von Melanie Klein), weil die Umweltfaktoren bei der Frage nach der Pathogenese der Neurose mehr ins Blickfeld rücken. Dies geschieht deutlich bei Kohut, Mahler, Masterson, Winnicott, Khan, Bowlby u. a. Doch die theoretischen (nicht die kasuistischen) Darstellungen dieser Autoren versuchen so etwas wie objektive, universelle Faktoren hinter der Entwicklung des Kindes ausfindig zu machen, die eine Rolle in der Pathogenese spielen könnten. So werden z. B. genannt: der Mangel an Nähe und Empathie (Kohut), die Schwierigkeiten in der Trennung- und Annäherungsphase (Mahler), das Verschlingen, bzw. der Entzug der Zuwendung bei Autonomieversuchen (Masterson), die Ermangelung einer haltenden Mutter (Winnicott) oder des mütterlichen Reizschutzes (Khan), die Abwesenheit des Vaters, usw. Selbstverständlich haben alle diese Faktoren eine traumatisierende Bedeutung, müßten aber vielleicht nicht unbedingt zur Neurose führen, wenn sie als schmerzhafte Traumen erlebt werden könnten. Doch gerade das ist bei Eltern, die man fürchtet oder schonen muß, unmöglich, und das Trauma wird daher der Verdrängung, dem Erzeuger der Neurose, anheimfallen. Aus diesem Grund scheint es mir wichtig, daß die Psychoanalyse (oder die Psychotherapie) nicht auch unter der Notwendigkeit dieser Schonung steht. Nur dann kann sie dem Patienten helfen, seine traumatischen Erfahrungen zu erleben, wodurch die neurosebildende Rolle der Verdrängung aufgehoben wird. Eine theoretische Verarbeitung dieser Tatsache steht noch aus, obwohl sich Ansätze dazu bemerkbar machen. Einen solchen Ansatz sehe ich in den letzten Arbeiten von John Bowlby, der sich trotz der psychoanalytischen Ausbildung seinen Blick für die frühkindliche Realität bewahrt hat. Auch Jan Bastiaans versucht, seine durch LSD-Behandlungen gewonnenen Erfahrungen mit Erlebnissen von frühen Traumen für die psychoanalytische Theorie und Praxis fruchtbar zu machen.

Mit diesen Andeutungen muß ich mich hier begnügen, denn ich wollte mich oben nicht mit den einzelnen Forschern beschäftigen, die ich nur als Beispiele heranziehe, sondern versuche vielmehr, den allgemeinen Faktoren nachzugehen, die es verständlich machen, weshalb einzelne Forscher später im Laufe ihres Lebens vor ihren eigenen Entdeckungen zurückschrecken und auf frühere, von ihnen selber bereits überholte, Denkweisen zurückgreifen.

Psychiater, die jugendliche Schizophrene behandeln, sind oft Zeugen von unvorstellbaren Qualen und Opfern, denen Kinder ausgesetzt sind. Wenn sie diese Wahrheit trotzdem regelmäßig skotomisieren oder das Wissen verdrängen und so gerne von der »vererbten«, »angeborenen« Psychose sprechen, dann muß das wichtige Ursachen haben. Wer die Schriften der Schwarzen Pädagogik aufmerksam gelesen hat und sie auf sich wirken ließ, wird die Ursachen unschwer begreifen (vgl. A. Miller, 1980). Das Recht der Eltern, ihr Kind zum Opfer zu machen, und die Angst des Kindes, die Eltern zu vernichten, also auch zu verlieren, wenn es sein eigenes Opfersein durchschauen würde, läßt es bei so vielen begabten Wissenschaftlern nicht zu, daß sie ihre Entdeckungen voll und ganz ernstnehmen. Die Schonung der Eltern ist das oberste Gesetz, dem Abrahams immer wieder ihre Isaaks zum Opfer bringen müssen, außer wenn Gott, gerührt durch den Gehorsam seiner Söhne, sich deren erbarmen sollte. Werden aber die Isaaks der Zukunft einmal wissen und verstehen wollen, warum sie ruhig, mit gebundenen Händen, auf das Messer ihres Vaters warten sollten, dann könnte es soweit kommen, daß auch die Psychoanalyse bereit sein wird, das ubiquitäre gesellschaftliche Phänomen, *die Opferung der Kinder*, in ihre Theorie einzubauen, was nicht nur weittragende Konsequenzen für ihre Praxis hätte, sondern mit der Zeit auch möglicherweise einen Rückgang der Opferungen mit sich brächte, weil sie deren jahrtausendealte Rechtfertigung mit Hilfe ihres Materials voll und ganz in Frage stellen dürfte.

Und trotzdem, trotz der auffallenden gesellschaftlichen Verdrängung, trotz der Schonungsbedürftigkeit unserer Eltern – die Opferung der Kinder ist eigentlich kein Geheimnis. Sie wird in der Bibel nirgends verheimlicht und von der Vernichtung der schwachen Säuglinge in Sparta lernen wir ja bereits in der Schule; niemand hat sie je bestritten. Auch heute noch ist es in bestimmten Kreisen eine Selbstverständlichkeit, daß ein ungewolltes Kind nicht abgetrieben, sondern statt dessen einer von niemandem gewünschten Existenz (die oft bis zu fünfzehn Pflegestellen beinhaltet), als Opfer ausgesetzt werden soll. Ebenfalls gut bekannt sind die Fälle grausamer Machtausübung der Eltern über ihre bereits erwachsenen Kinder, in denen diese gezwungen werden, verhaßte Berufe auszuüben oder gegen ihre Gefühle und Neigungen zu heiraten. In unzähligen Romanen wurden diese Tragödien gesehen und offen beschrieben.

Das alles ist also nicht geheim und nicht neu. Neu ist vielleicht nur die Erkenntnis, daß dies nicht ohne Folgen für das einzelne Individuum und daher auch für die ganze Gesellschaft sein kann. So evident einigen Menschen dieser Satz erscheint, so unmöglich erscheint er den anderen, bei denen er heftige Abwehr auslöst. Aber müßten nicht alle praktischen Bemühungen der Psychoanalytiker als Heuchelei angesehen werden, wenn sie von der Voraussetzung ausgehen sollten, daß die gesellschaftlich legitimierte Opferung des Kindes, u. a. dessen legaler gesetzlicher Gebrauch als Eigentum für die Bedürfnisse der Eltern, die man Erziehung nennt, *keine Folgen* für die späteren »Patienten« und für die Gesellschaft haben? Dies scheint heute noch möglich, weil die Triebtheorie die Analytiker gegen *alle Realitäten*, seien sie noch so entsetzlich, schützen kann. Aber wie lange wird sie das noch tun können?

Damit die Psychoanalyse nicht den Kontakt mit der Realität der Gegenwart verliert, sich nicht in ihrer verklausulierten, nur für einige Bereitwillige verständlichen, computerreifen Sprache vom Menschen entfremdet, müßte sie zumindest die wissenschaftlichen Ergebnisse der Kindheitsforschung in ihre Theorie integrieren. Sie müßte den Tatsachen Rechnung tragen können, die zur Zeit Freuds weniger oder noch gar nicht bekannt waren und die, zum Teil gerade dank seiner Methode, in den letzten zwanzig Jahren zum Vorschein gekommen sind, nämlich: die Selbsterfahrungen der Eltern, die Projektionen der Erwachsenen auf das Kind, den Gebrauch des Kindes als Ventil und Opfer, das Spiel der Macht, die Mißhandlung und den sexuellen Mißbrauch des Kindes, die Ideologie der Schwarzen Pädagogik. Solange diese Faktoren als »unanalytisches Material« von der Theorie beiseitegelassen werden, schwebt diese Theorie in der Luft, und sie wird kaum in der Lage sein, Menschen von heute und deren Schicksale zu verstehen helfen.

Was die Praxis betrifft, so ließe es sich nachweisen, daß auch innerhalb des klassischen analytischen Settings die folgenden Punkte realisierbar sind:

1. Die Einbeziehung des Wissens über die Kindheit, wie sie oben, S. 249 f., in den Punkten 1.-6. angedeutet wurde, beim *Zuhören* in der analytischen Stunde.

2. Die Sensibilisierung für die gesellschaftlich sanktionierte Rolle des Kindes als Ventil für aufgestaute Gefühle des Erwachsenen.

3. Die Sensibilisierung für die Spuren der Schwarzen

Pädagogik im eigenen Selbst und die daraus folgende größere Achtung dem Patienten gegenüber.

4. Die Aufgabe pädagogischer Ziele zugunsten der Kreativität.

Wie schon mehrmals betont, hängt die Fähigkeit, fremdes Leiden zu erfassen und zu verstehen, vor allem von dem Grad ab, in dem das Leiden der eigenen Kindheit erlebt wurde. Dies scheint mir also der erste Schritt zur Sensibilisierung für das Kindheitsgeschehen zu sein. Wer diese emotionale Basis erreicht hat, weiß, daß es hier nicht um eine »Gefühlsschwärmerei« geht, sondern daß die Möglichkeit zu fühlen unser Sensorium, d. h. unsere Instrumente schärft, um die Situation des Anderen zu sehen. Wenn ich also von Sensibilisierung für frühkindliche, narzißtische Bedürfnisse und Kränkungen spreche und schreibe, will ich damit keineswegs an Gefühle von Mitleid appellieren, sondern versuche, Einsicht in die Zusammenhänge zu wecken, die das Nichtfühlendürfen vor uns verborgen hält (vgl. A. Miller, 1979 und 1980).

Manchmal muß ich mich fragen, wie viele Kinderleichen die Psychoanalytiker als Beweis benötigen, um das Kindheitsleiden ihrer Patienten nicht zu ignorieren und es ihnen nicht mit Hilfe der Triebtheorie auszureden. Ein Analytiker wird an der Tatsache der Kindesmißhandlungen kaum etwas ändern können. Aber solange er Theorien vertritt, mit denen die offensichtlichen Mißhandlungen geleugnet und zugedeckt werden können, verhindert er den Prozeß des Bewußtwerdens sowohl bei seinen Patienten als auch in der Öffentlichkeit. Er unterstützt die kollektive Verdrängung eines Phänomens, dessen Konsequenzen jeden einzelnen Menschen direkt betreffen.

Die Erziehungspraktiken der Eltern lassen sich nicht in einer Generation ändern, weil sie in den Verinnerlichungen der frühen Kindheit wurzeln. Man sollte aber meinen, daß die in der Adoleszenz und noch später im Studium gelernten Theorien aufgegeben werden können, wenn man mit Erfahrungen und einem neuen Wissen konfrontiert wird, die diesen Theorien widersprechen. Das wäre zweifellos auch der Fall, wenn nicht sowohl der Inhalt dieser Theorien als auch der Glaube an die Unfehlbarkeit der großen Autoritäten, von denen diese Theorien stammen, in der Ideologie der Schwarzen Pädagogik gründen würden.

Gerade die Unempfindlichkeit und Indifferenz der Fachleute gegenüber dem neu ermittelten Wissen über den Mißbrauch des Kindes, die, wie ich vermute, nicht ihre persönliche Härte, sondern lediglich ihre Treue zur Theorie spiegeln, zeigen zugleich sehr deutlich die Gefahren dieser Theorie. Diese bestehen in der einfachen Tatsache, daß der Psychoanalytiker in das System der Schwarzen Pädagogik zurückgedrängt wird, aus dem er sich mit Hilfe der psychoanalytischen Ausbildung zu befreien hoffte, und daß er auch seinen Patienten dahin zurückdrängt. Denn wenn die Freudsche Theorie vorschreibt, daß die Berichte des Patienten über seine Kindheit als seine Phantasien zu betrachten seien, die dessen Triebkonflikten und nicht realen Erlebnissen entstammen, dann bleibt der Psychoanalytiker weiter für das kindliche Leiden unempfindlich. Das hat mehrere Konsequenzen:

1. Der Analytiker muß sein eigenes Kindheitsleiden bagatellisieren, kann seinem Patienten keine Sensibilisierung für dessen Leiden vermitteln, sondern wird es im Gegenteil so bagatellisieren, wie er es bei sich selber tut, wie es alle gut erzogenen Kinder tun. Doch hier können die emotionalen Gründe dieser Bagatellisierung zusätzlich mit der Triebtheorie legitimiert und mystifiziert werden.

2. Wenn der Patient vage und ängstlich versucht, das Klima der Demütigung, Mißhandlung oder der seelischen Vergewaltigung zu schildern, werden ihm seine einstigen Wahrnehmungen als *Triebphantasien* oder *Projektionen* seiner eigenen Wünsche gedeutet. Damit wird erreicht, daß der Patient a) seine Klage aufgibt, b) sich ihrer schämt, c) Schuldgefühle entwickelt und d) seine Traumatisierungen nochmals und tiefer als früher verdrängt. Diese Pro-

271

zedur verstärkt weitgehend die Selbstentfremdung. Es kann keine Autonomie entstehen, und die Erziehungsbemühungen des Analytikers werden daher oft folgsam und unbemerkt aufgenommen. Durch diese Form der Psychoanalyse wird die eigene Wahrheit begraben, was zwar die Abwehr der Traumen vorübergehend, meistens mit Hilfe des Intellektualisierens, verstärken kann; doch gerade dadurch wird die Tendenz zur Entwicklung neuer Depressionen unterstützt.

3. Wenn der Patient aber gar nicht die Möglichkeit hat, sich über seine Eltern und Erzieher zu beklagen, was ja viel häufiger vorkommt als das Gegenteil, so muß der Prozeß des Ausredens gar nicht erst erfolgen, es kann direkt auf der Basis der guten Erziehung aufgebaut und dem Patienten in Kürze beigebracht werden, wie er seine Eltern »besser verstehen und ihnen verzeihen könne«. Die religiöse Idee, daß die »Geste der Verzeihung« den Menschen besser mache, ist auch in die psychoanalytische Behandlung durchgedrungen. Als ob die Geste etwas aufheben könnte, was seit der Kindheit tief im Menschen schlummert und sich nur in der Neurose artikulieren kann. Wer könnte das besser wissen als Psychoanalytiker, wenn sie sich nicht darüber geeinigt hätten, daß die Realität des Kindes nicht Gegenstand ihrer Betrachtungen sein könne.

Die Konsequenzen der Triebtheorie bestehen also in der Verleugnung der Realität, in der Unempfindlichkeit für das kindliche Leiden, in der Weigerung, den Klagen des Patienten Glauben zu schenken – d. h. schließlich auch: ihn ernstzunehmen – und vor allem in der Verkennung und Verleugnung der Wurzeln der neurotischen Entwicklung. Wie ich schon mehrmals betont habe, liegen diese Wurzeln meiner Meinung nach in der Notwendigkeit der Verdrängung, aber nicht der Verdrängung der Triebwünsche des Kindes, sondern des Wissens von den Traumatisierungen und in dem sehr früh verinnerlichten Verbot, diese zu artikulieren. Die Freudsche Triebtheorie unterstützt dieses Verbot in vollem Umfang, weil sie noch im Schema des Beschuldigens befangen ist und meint, die Eltern vor dem Vorwurf des Kindes schützen zu müssen. Da aber in diesem Schema ein Schuldiger gefunden werden muß, sind es die Triebe des Kindes, ist es schließlich, wie in der ganzen Schwarzen Pädagogik, das Kind. Es sind angeblich seine Aggressionen, seine sexuellen Wünsche, deren Nichterfüllung es den Eltern anlastet und die ihm seine Eltern manchmal (in der Projektion) grausam »erscheinen lassen«. Grausamkeit der Eltern ist also immer die Ausgeburt der kindlichen Triebphantasie, der die eigene kindliche Grausamkeit zugrunde liegt. Denn diese ist für den Psychoanalytiker (wie für den Pädagogen) immer real und gegenwärtig. Bezeichnenderweise bin ich aber in den klassischen psychoanalytischen Schriften nirgends der Frage begegnet, was eigentlich mit der Grausamkeit des Kindes später geschieht, wenn es erwachsen ist und selber Kinder hat. Als ob mit der Erlangung der Macht beim Erwachsenen solche Fragen selbstverständlich zu verstummen hätten. Am deutlichsten läßt sich das in der kleinianischen Literatur beobachten. Ich greife einige Definitionen der kleinianischen Begriffe heraus, die Hanna Segal für Studenten zusammengestellt hat.

Angst gilt als Reaktion des Ichs auf das Wirken des Todestriebes. Wird der Todestrieb abgelenkt, nimmt die Angst hauptsächlich zweierlei Gestalt an: 1. *Paranoide Angst*: sie entsteht durch Projektion des Todestriebes in ein Objekt oder in mehrere Objekte, die dann als Verfolger erfahren werden. Das Kind fürchtet, die Verfolger könnten sein Ich und sein Idealobjekt vernichten. Die paranoide Angst hat ihren Ursprung in der paranoid-schizoiden Position. – 2. *Depressive Angst*: das Kind fürchtet, durch die eigene Aggression sein gutes Objekt zu zerstören oder zerstört zu haben. Diese Angst wird sowohl hinsichtlich des Objekts wie hinsichtlich des Ichs erfahren, das sich durch Identifikation mit dem Objekt bedroht fühlt. Sie hat ihren Ursprung in der depressiven Position, wenn das Objekt als ein Ganzes wahrgenommen wird und das Kind die eigene Ambivalenz erfährt. – Kastrationsangst ist überwiegend eine paranoide Angst, die dadurch entsteht, daß das Kind die eigene Aggression projiziert. Sie kann aber auch depressive Elemente enthalten, zum Beispiel die Angst, den Penis als Wiedergutmachungsorgan zu verlieren.

Bizarre Objekte sind das Ergebnis pathologischer projektiver Identifikationen, bei denen das Objekt so wahrgenommen wird, als wäre es in winzige Fragmente gespalten, von denen jedes einen projizierten Teil des Selbst enthält. Diese bizarren Objekte werden als sehr feindselig erfahren.

Verfolger sind Objekte, in die ein Teil des Todestriebes projiziert worden ist; durch sie entstehen paranoide Ängste.

Früher Neid wird vom Kind überwiegend in Beziehung zur nährenden Brust erfahren und ist möglicherweise die frühste äußere Manifestation des Todestriebes, weil er das als Lebensquell empfundene Objekt angreift.

Neid und Gier können sich verbinden und den Wunsch wecken, das Objekt völlig auszusaugen, nicht nur um all sein Gutes zu besitzen, sondern auch um das Objekt vorsätzlich zu entleeren, damit es nichts Beneidenswertes mehr enthält. Gerade diese Beimengung von Neid macht Gier oft so schädlich und für die analytische Behandlung so schwer erfaßbar. Mit dem Ausschöpfen äußerer Objekte begnügt der Neid sich jedoch nicht. Solange die eingenommene Nahrung als Teil der Brust empfunden wird, ist sie selbst Ziel neidischer Angriffe, die sich auf das innere Objekt ebenso richten. Der Neid bedient sich auch – und oft nur – der Projektion. Wenn der Säugling das Empfinden hat, sein Inneres sei mit Angstgefühlen und mit Bösem angefüllt, die Brust dagegen sei die Quelle alles Guten, möchte er neiderfüllt die Brust verderben und projiziert in sie böse und schädliche Teile von sich selbst; das heißt, in seiner Phantasie greift er die Brust an, indem er sie spaltet, indem er uriniert, defäziert, Winde läßt oder die Brust projektiv durchdringend anstarrt (böser Blick). Mit fortschreitender Entwicklung werden diese Angriffe dann auf den Mutterleib und seine Kinder und die Beziehung der Eltern untereinander ausgedehnt. Der Neid auf die Beziehung der Eltern spielt im Falle einer pathologischen Entwicklung im Ödipuskomplex eine bedeutsamere Rolle als echtes Eifersuchtsgefühl (H. Segal, 1974, S. 163f. u. 168).

Eine solche Theorie kann nur jemand entwickelt haben, der selber den Säugling als böse, gierig, bedrohlich erlebt hat. Diese Haltung kommt häufig vor, weil man im Säugling sehr oft die eigenen Eltern oder Geschwister sieht. Der Säugling kann sich gegen all die Zuschreibungen nicht anders wehren als mit heftigen Gefühlen oder, wenn diese verboten sind, mit Depressionen (depressive Position!) und Symptomen. Aber das sind seine Reaktionen auf Gefühle der Eltern und nicht angeborene Trieb-äußerungen. Denn es gibt nachweisbar bereits viele Fälle, die man auch beobachten kann, in denen Säuglinge nicht das kleinianische Verhalten aufweisen, weil sie von ihren Müttern nicht als gierige, fordernde Ungeheuer erlebt werden, die ihre Brust aus Neid zerstören wollen, sondern als kleine hungrige Wesen, die noch im Dunkeln tappen und ausprobieren wollen und manchmal schnell die Geduld verlieren, wenn nicht alles sofort klappt und wenn das unentbehrliche Objekt nicht verfügbar ist. Diese unsere Einstellung zum Kind wirkt entscheidend auf sein Verhalten und auf seine Entwicklung. Das gleiche geschieht in der Therapie. Unsere Haltung konstituiert die Art des Patienten, sie entscheidet darüber, ob er ein (mit seinem Zorn und Haß) leidender Mensch oder ein böser, neidischer, unheilbarer Fall ist. Daher hat der Therapeut immer »recht«, und ein Vertreter der kleinianischen Einstellung wird immer »Beweise« seiner Theorie anbringen können. Es ist ja gar nicht anders möglich.

Wenn wir die Definitionen von Hanna Segal auf uns wirken lassen, muß es uns nicht wundern, daß Psychoanalytiker bei Nachrichten über Kindermißhandlungen gewöhnlich ihre Ruhe nicht verlieren und keine Bezüge zwischen diesem Wissen und ihrer Theorie herstellen. Sie haben sich ja des »Bösen« bereits entledigt, indem sie es im kleinen Kind und dessen Trieben untergebracht haben. Die Ruhe, die ihnen ihre Theorie verleiht, wäre ihnen zu gönnen, wenn der Gedanke nicht beunruhigend wäre, daß gerade bei ihnen so viele Menschen Rettung aus der Neurose suchen, die in ihrer Kindheit narzißtisch und oft sexuell mißhandelt, vergewaltigt, mißbraucht wurden

und Hilfe brauchen, um das in ihren Symptomen ange-
meldete Wissen eruieren zu können und die ursprüngliche
Lebendigkeit wieder zu erlangen. Tragischerweise können sie diese Hilfe nicht von der Triebtheorie bekommen,
sie können höchstens eine Verstärkung ihrer Abwehr
gegen ihr besseres Wissen und die Betonierung der Anpassung an die Gesellschaft erreichen, die sie von den
Wurzeln ihres eigenen Selbst trennen. Dieses Selbst bleibt
wie ein Gefangener in der Zelle, dem niemand seine
Unschuld glaubt und der daher, um ja nicht mit dieser
Wahrheit allein und isoliert zu bleiben, schließlich auch
nichts mehr von der Wahrheit weiß (vgl. A. Miller, 1979).
Nur um den Preis seines wahren Selbst rettet er die Verbindung zu den anderen.
In den alten Erziehungsschriften wurde regelmäßig empfohlen, so früh wie möglich dem Kind »seinen Willen zu
nehmen«, seinen »Eigensinn« zu bekämpfen, und es immer im Gefühl der eigenen Schuldigkeit und Schlechtigkeit zu belassen; man dürfe niemals den Eindruck aufkommen lassen, daß der Erwachsene sich täuschen oder
einen Fehler begehen könnte, dem Kind niemals die Entdeckung der Grenzen des Erwachsenen ermöglichen,
sondern solle im Gegenteil eigene Schwächen vor ihm
verbergen, ihm die göttliche Autorität vortäuschen. Es
könnte sein, daß dieses Kind später als Patient zum erstenmal beim Analytiker realisiert, daß man ihm etwas Ent-
scheidendes, nämlich seine eigene Art, sich zu artikulieren
z. B. »wegnimmt«, wie es einst schon die Eltern getan
haben, als es noch zu klein war, um das bewußt zu merken. Das ist eine seelische Kastration, die sich in der
Analyse leider auch real wiederholen kann, wenn der
Analytiker eine erzieherische Haltung einnimmt. Tut er es
nicht, kann ihn der Patient u. U. trotzdem als »kastrierenden Vater« erleben, falls dieser einen solchen Vater *wirklich* gehabt hat. Erst wenn ihm der Analytiker dieses Recht
zugesteht und die Ängste des Patienten nicht als paranoide Einbildungen erlebt, sondern als einen endlich er-

folgten Durchbruch seiner längst verdrängten Wahrnehmungen, übernimmt er nicht die kastrierende Haltung der Eltern und ermöglicht es dem Patienten, »neue Erfahrungen« zu machen.

Ich kann nicht verhindern, daß mein Versuch, die gesellschaftliche (meiner Meinung nach maligne) Funktion der Triebtheorie aufzuzeigen, den einen oder andern Freudianer oder Kleinianer kränken oder verletzen könnte. Auch bei der Aufdeckung der Erziehungsideologie mit Hilfe der Schriften der Schwarzen Pädagogik fühlten sich viele Eltern persönlich angeklagt und reagierten mit Schuldgefühlen, nach dem Muster ihrer eigenen Erziehung, ohne zu realisieren, daß ich nur ein System aufzeige, dessen Opfer auch sie selber waren und weiter bleiben, solange sie das System nicht durchschauen.
Eine ähnliche Aufgabe der Aufklärung übernehme ich mit meiner Kritik an der Triebtheorie, und es liegt mir fern, einzelne Menschen für das Unterrichten und Verbreiten der Triebtheorie verantwortlich zu machen, da ich davon überzeugt bin, daß sie selber einer schwer durchschaubaren, pädagogischen Haltung zum Opfer gefallen sind. Diese Meinung braucht selbstverständlich niemand zu teilen, aber sie erklärt, warum mein Angriff auf die Triebtheorie wie auch auf die Schwarze Pädagogik nicht ein Angriff auf einzelne Kollegen oder Eltern ist. Ich bin darauf angewiesen, Namen von psychoanalytischen Autoren zu nennen, weil ich Beispiele brauche. Aber ich habe gerade Namen von Therapeuten genannt, deren Arbeit und Originalität ich schätze und die es zum Teil auch von mir wissen.
Gegen die von mir vertretene Ansicht, daß psychische Erkrankungen Folgen von verdrängten Traumen und nicht von verdrängten Triebwünschen und Triebkonflikten sind, wird manchmal der Einwand erhoben, man könne in der Analyse die frühkindlichen Traumatisierungen nicht mehr »eruieren«.

Erstens entspricht diese Meinung nicht meiner Erfahrung, denn ich habe mehrmals das Gegenteil erlebt. Ich zweifle aber nicht daran, daß bestimmte Haltungen des Analytikers das Auftauchen früher Erinnerungen verhindern oder unterdrücken.

Zweitens ist die Frage nach der Ursächlichkeit von psychischen Erkrankungen nicht davon abhängig, ob es dem einen oder anderen Analytiker gelingt, an die frühkindlichen Traumatisierungen heranzukommen. Wenn die grundsätzliche Frage beantwortet ist, geht es darum: welche Methode muß man entwickeln, um Inhalte, die einst im Dienste des Überlebens verdrängt werden mußten, dem Bewußtsein zugänglich zu machen?

Unter den Gründen, die Freud gegen die Gültigkeit seiner Verführungstheorie angibt, erwähnt er auch die Tatsache, daß echte Heilungen allmählich viel seltener geworden seien und länger als in der Anfangszeit auf sich warten ließen. Wenn es stimmt, daß die ersten Behandlungen in kurzer Zeit erfolgreich waren, dann spricht die Abnahme dieses Erfolges nicht gegen die Verführungstheorie, sondern läßt sich eher damit erklären, daß Freud, unter der Last des Vierten Gebotes und seiner Schuldgefühle, an den entdeckten Zusammenhängen zu zweifeln begann. Das genügte, um es dem Patienten unmöglich zu machen, sein Trauma zu erleben und zuzulassen, weil die begleitende Funktion des Analytikers ausblieb. Diese Situation haben wir in den meisten Fällen auch heute, zumindest da, wo sich die Arbeit des Analytikers auf die Deutung der Triebkonflikte konzentriert und das Gewicht der frühen Traumen übersehen oder bagatellisiert wird.

Die in unserer Gesellschaft vom Vierten Gebot geforderte Verdrängung der frühkindlichen Traumatisierungen führt zu einer kollektiven Verdrängungshaltung, die auch im Sprechzimmer des Analytikers wirksam ist. Dies scheint heute nicht anders zu sein als im Jahre 1897, als Freud seinen berühmten Brief an Fließ schrieb und seine Abkehr von der Verführungstheorie begründete. Eine sehr gut begreifliche depressive Note läßt sich in dieser Resignation nicht verkennen.

Diese Resignation gründet bewußt vor allem in der nun eintretenden Häufung der Mißerfolge, und es ist bezeichnend, daß sich Freud unter anderem auch auf Argumente stützt, die er ein Jahr zuvor in der Studie *Zur Ätiologie der Hysterie*, die dann auf großen Widerstand stieß, noch sehr überzeugend entkräftet hatte. Aber wir dürfen nicht übersehen, daß in der ausführlichen Argumentation von 1897 der Satz steht: »Dann die Überraschung, daß in sämtlichen Fällen der Vater als pervers beschuldigt werden mußte, mein eigener nicht ausgeschlossen« (S. Freud, 1975, S. 187).*

Marianne Krüll ist in ihrem Aufsehen erregenden Buch (1979) der Freudschen Vaterbeziehung und ihrer Rolle für das Aufgeben der Verführungstheorie sehr genau nachgegangen. Ihre Argumentation ist sehr überzeugend; ich glaube aber, daß es sich hier nicht nur um das individuelle

* In der gebundenen Ausgabe aus dem Jahre 1950 ist der Nebensatz »mein eigener nicht ausgeschlossen« durch (...) ersetzt worden. Was könnte die Herausgeber dazu bewogen haben, einen so wichtigen Satz auszulassen, wenn nicht die Schonung einer verinnerlichten »Respektsperson«? In einer Fußnote kommentieren sie Freuds Entschluß folgendermaßen: »Es liegt nahe anzunehmen, daß erst die Selbstanalyse des Sommers den entscheidenden Schritt, die Verwerfung der Verführungshypothese möglich gemacht hat.« Abgesehen davon, daß Freud im Jahre 1896 keinesfalls über »Hypothesen«, sondern über empirische Funde berichtete (vgl. oben S. 139 f.) und daß er erst mit der Triebtheorie eine Hypothese aufstellte (die später dogmatisiert werden mußte, weil sie eben *nicht* empirisch belegbar ist), scheint mir die Vermutung richtig, daß die Verführungstheorie in Freuds Selbstanalyse notgedrungen ein Ende fand, denn man kann die eigenen frühen Traumen ohne die Hilfe einer empathischen, begleitenden und nicht verurteilenden Person (die Freud fehlte) nicht erleben – der Schmerz wäre nicht zu ertragen, und die Angst vor der Rache der gekränkten verinnerlichten Person wäre nicht auszuhalten. Aus zahlreichen Briefstellen läßt sich leicht herauslesen, daß Wilhelm Fließ für diese begleitende Rolle nur sehr beschränkt geeignet war. Sobald die ungekürzten Fließ-Briefe zur Publikation freigegeben werden, wird man sicherlich mehr darüber erfahren (eine erweiterte Ausgabe wird gegenwärtig von J. Masson vorbereitet). Indessen lassen sich jetzt schon verstreute Äußerungen Freuds finden, die ein Licht auf die unbewußten Motive für diesen in seinen Konsequenzen so bedeutsamen Schritt werfen. Doch in diesem Buch sehe ich meine Aufgabe nicht in einer Analyse der frühen Kindheit Sigmund Freuds, sondern vielmehr im Aufweisen der allgemeinen, gesellschaftlichen Ursachen, die nicht nur bei Freud, sondern auch bei C. G. Jung und bei vielen anderen Denkern ausschlaggebend dafür waren, daß sie die Trauma-Theorie aufgaben (vgl. oben S. 255 f.)

Schicksal von Sigmund Freud handelt, sondern um ein Phänomen unserer Kultur, die im Schatten eines ganz bestimmten Vater- und Gottesbildes steht. Der Gott-Vater ist ein leicht kränkbarer, ehrgeiziger, im Grunde unsicherer Mensch, der daher Gehorsam und Konformität in der Meinungsäußerung verlangt, der keine Götzen neben sich erträgt, und, da »Götzen« für den jüdischen Gott auch die künstlerischen Werke waren, also auch keine Kreativität duldet, der Meinungen vorschreibt und Sanktionen gegen Abtrünnige auferlegt, der die Schuldigen mit allen Mitteln verfolgt, der den Söhnen nur erlaubt, nach seinen Prinzipien zu leben und nach seinen Vorstellungen glücklich zu werden.

Es ist die Angst vor diesem Gott-Vater, die die Triebtheorie zum Dogma gemacht hat und die mit so vielen neuen Entdeckungen so umgeht, wie Gott mit den Götzen seines Volkes:

Denn das Leitbild der Völker ist ja nur Wahn, ist ja nur Holz, das man im Walde schlug, das Werk von Künstlerhand mit dem Messer . . . Sie (die Götzen) sind wie Vogelscheuchen im Gurkenfeld, zu reden nicht fähig. Sie müssen getragen werden, denn sie können nicht gehen. Fürchtet Euch vor ihnen nicht, denn sie wirken kein Unheil, aber auch Gutes tun können sie nicht . . . Das Erziehungsgut der eitlen Götzen – Holz ist es! . . . Ein Werk aus der Hand des Künstlers und Goldschmieds . . . Das Werk von weisen Männern sind sie alle. Doch der Herr ist wahrer Gott, ein lebendiger Gott und ewiger König! Vor seinem Groll erbebt die Erde, die Völker halten seinen Zorn nicht aus. (Jeremia, Kap. 10).

Und an einer andern Stelle heißt es:

Ja, ich sende giftige Schlangen unter Euch – kein Beschwören hilft gegen sie, und sie werden Euch beißen – Spruch des Herrn . . . So spricht der Herr: »Nicht rühme der Weise sich seiner Weisheit, der Starke rühme sich nicht seiner Kraft, der Reiche rühme sich nicht seines Reichtums! Nein, wer sich rühmen will, der rühme sich dessen, daß er klug sei und mich erkenne, daß nämlich ich, der Herr, es bin, der auf Erden Gnade,

Recht und Gerechtigkeit schafft, ja, an solchen Leuten habe ich Wohlgefallen.« – Spruch des Herrn (Jeremia, Kap. 8)

In dieser Tradition stand Sigmund Freud, ohne sich aus der durch sie implizierten emotionalen Gefangenschaft befreien zu können, als er seine große Entdeckung über die sehr frühen Traumatisierungen im Kindesalter aufgeben mußte.

Wir stehen zwar heute in der gleichen religiösen und kulturellen Überlieferung wie Freud seinerzeit. Aber wir wissen jetzt, zumindest theoretisch, daß nur ein sehr unsicherer und daher sehr kränkbarer Mensch Tyrannei ausübt, auch wenn unsere Angst vor dieser Tyrannei, weil sie in der Kindheit wurzelt, mit diesem intellektuellen Wissen nicht viel anfangen kann. Es wird immer wieder einzelne Menschen geben, die in ihren Analysen der Unsicherheit ihrer Eltern so stark und so entscheidend begegnet sind, daß sie das, was sie wahrnehmen, nicht mehr verleugnen können, und sich auch nicht mehr den Zustand im Paradies wünschen, in dem vom Herrscher Gehorsam und Verzicht auf Erkenntnis verlangt wird.

Ein Mann lebte im Lande Uz, sein Name war Hiob; und dieser Mann war fromm und recht, gottesfürchtig und dem Bösen fern. Da sprach der Herr zum Satan: »Hast du meinen Knecht Hiob beachtet? Es gibt ja seinesgleichen keinen auf Erden: fromm und recht, gottesfürchtig und dem Bösen fern!« Der Satan erwiderte dem Herrn und sprach: »Ist es umsonst, daß Hiob Gott fürchtet? Umhegst du nicht ihn und sein Haus und alles, was sein ist ringsumher? Segnest du nicht das Werk seiner Hände, und breitet sich nicht sein Besitz im Lande aus? Aber strecke einmal deine Hand aus und taste alles, was sein ist, an! Ob er dir dann nicht ins Angesicht flucht?« Da sprach der Herr zum Satan: »Wohlan, alles, was sein ist, sei deiner Hand überlassen; nur nach ihm selbst strecke deine Hand nicht aus!« Und der Satan ging weg vom Antlitz des Herrn. Da geschah es eines Tages, während seine Söhne und Töchter im Hause ihres erstgeborenen Bruders speisten und Wein tranken, daß ein Bote zu Hiob kam und sprach: »Die Rinder waren beim Pflügen, und die Eselinnen weideten daneben. Da fielen Sabäer ein, nahmen sie weg, und die Knechte erschlugen sie mit scharfem Schwert; nur ich allein bin entkommen, es dir zu melden.« Noch redete dieser, da kam schon ein anderer und sprach: »Feuer Gottes fiel vom Himmel, brannte bei den Schafen und Knechten und verzehrte sie; nur ich allein bin entkommen, es dir zu melden.« Noch redete dieser, da kam schon ein anderer und sprach: »Kaldäer stellten drei Heerscharen auf, und diese fielen über die Kamele her und nahmen sie weg, und die Knechte erschlugen sie mit scharfem Schwert; nur ich allein bin entkommen, es dir zu melden.« Noch redete dieser, da kam schon ein anderer und sprach: »Deine Söhne und Töchter speisten und tranken Wein im Hause ihres erstgeborenen Bruders. Sieh, da kam ein mächtiger Wind von jenseits der Wüste und stieß an die vier Ecken des Hauses; es stürzte über den Kindern zusammen, und sie starben; nur ich allein bin entkommen, es dir zu melden.« Da erhob sich Hiob, zerriß sein Gewand, schor sein Haupt, fiel zur Erde nieder, beugte sich anbetend und sprach: »Nackt kam ich hervor aus dem Schoß meiner Mutter, und nackt kehre ich dorthin zurück. Der Herr hat gegeben, der Herr hat genommen, der Name des Herrn sei gepriesen!« Bei

all dem hat Hiob nicht gesündigt und gegen Gott nichts Törich-
tes geäußert.

. . .

Da sprach der Herr zum Satan: »Hast du meinen Knecht Hiob
beachtet? Es gibt ja seinesgleichen keinen auf Erden: fromm und
recht, gottesfürchtig und dem Bösen fern. Noch immer hält er fest
an seiner Frömmigkeit, und du hast mich vergeblich gegen ihn
gereizt, ihn zu verderben.« Der Satan erwiderte dem Herrn und
sprach: »Haut für Haut! Es gibt doch der Mensch alles, was er
hat, für sein Leben hin! Aber strecke einmal deine Hand aus und
taste sein Gebein und Fleisch an! Ob er dir dann nicht ins
Angesicht flucht?« Da sprach der Herr zum Satan: »Wohlan,
er sei deiner Hand überlassen; nur sein Leben schone!« Und der
Satan ging weg vom Antlitz des Herrn und schlug Hiob mit
bösem Geschwür von der Fußsohle bis zu seinem Scheitel. Da
nahm er sich einen Scherben, um sich damit zu schaben, während
er mitten in der Asche saß. Da sprach sein Weib zu ihm: »Hältst
du immer noch fest an deiner Frömmigkeit? Fluche Gott und
stirb!« Er aber sprach zu ihr: »Wie eine Törin redet, so redest
du. Wenn wir schon das Gute von Gott annehmen, sollen wir das
Schlechte nicht auch annehmen?« Bei all dem hat Hiob mit seinen
Lippen nicht gesündigt. Da hörten die drei Freunde Hiobs von all
dem Unglück, das über ihn gekommen war. Und sie kamen, ein
jeder von seinem Heimatort: Eliphas der Temanit, Bildad der
Schuchit und Zophar der Naamatit. Sie hatten nämlich gemein-
sam ihr Kommen verabredet, ihm Teilnahme zu zeigen und ihn zu
trösten. Als sie aber von ferne ihre Augen erhoben, erkannten sie
ihn nicht wieder. Da erhoben sie ihre Stimme und weinten laut. Sie
zerrissen insgesamt ihr Gewand und streuten Asche über ihre
Häupter gen Himmel. Sie saßen bei ihm auf der Erde sieben Tage
und sieben Nächte lang. Keiner sprach ein Wort zu ihm; denn sie
sahen, daß sein Schmerz gar groß war. Alsdann öffnete Hiob
seinen Mund und verfluchte den Tag seiner Geburt. Und Hiob
begann und sprach: »Vertilgt sei der Tag, an dem ich geboren, und
die Nacht, welche sprach: Empfangen ist ein Mann! Jener Tag,
er werde Finsternis, nicht möge nach ihm fragen Gott da droben,
nicht erglänze über ihm ein lichter Strahl! Dunkelheit und Dü-

ster sollen ihn belegen. Wolkenmassen über ihm sich lagern! Sie sollen ihn erschrecken gleich den Bitternissen Tag für Tag! Und jene Nacht, das Dunkel raffe sie hinweg, nicht soll sie sich gesellen zu des Jahres Tagen, und nicht gelangen in die Zahl der Monde! Ja, jene Nacht sei unfruchtbar, kein Jubel kehre ein in ihr! Verwünschen sollen sie die Tagverflucher, die auch imstande sind, den Drachen aufzuwecken! Dunkel seien ihrer Dämmrung Sterne; sie harre auf das Licht, jedoch umsonst; sie schaue nicht der Morgenröte Wimpern! Weil sie meiner Mutter Leibespforte nicht verschloß und so das Leid verborgen hätte meinen Augen. Warum erstarb ich nicht vom Mutterleibe weg, kam aus dem Schoß hervor und schied dahin? Weshalb nur kamen Knie mir entgegen, und wozu Brüste, daß ich sog? So läge ich nun still und könnte rasten, ich schliefe, alsdann hätt' ich Ruh bei Königen und Ratsherren der Erde, die Grabeskammern sich erbauten, oder auch bei Fürsten, reich an Gold, die ihre Häuser angefüllt mit Silber. Vielmehr wie die verscharrte Fehlgeburt bestünde ich nicht mehr, wie Kindlein, die das Licht nicht schauten. Dort haben Frevler aufgehört zu toben, dort ruhen Krafterschöpfte aus. Desgleichen sind Gefangene von Sorgen frei; sie hören nicht die Stimme eines Treibers. Klein und groß ist dort beisammen, der Knecht ist ledig seines Herrn. Warum schenkt Er dem Elenden das Licht und Leben den mit Bitternis Erfüllten, denen, die des Todes harren, doch umsonst, und sehnlicher nach ihm als wie nach Schätzen suchen; die Freude hätten bis zum Jubel, frohlockten, wenn ein Grab sie fänden; dem Manne, dessen Lebensweg im Dunkel liegt und den Gott ringsum eingeschlossen hat? Denn meinem Essen geht voran mein Seufzen, und es ergießt wie Wasser sich mein Klageruf. Denn schreckte mich ein Schrecknis, alsdann traf es mich; wovor mir graute, das kam über mich. Noch hatte ich nicht Frieden, noch nicht Ruhe noch keine Rast, da kam schon wieder Ruhelosigkeit.«

Da antwortete Eliphas, der Temanit und sprach: »Wenn man ein Wort an dich versucht, nimmst du es wohl übel? Doch wer vermag das Reden aufzuhalten? Siehe, du hast viele unterwiesen und schlaffe Hände stark gemacht; dem Strauchelnden halfen deine Worte auf und wankenden Knien gabst du Kraft. Weil es nun an dich herankam, wurdest du verdrossen, weil es dich selber traf, warst du entsetzt. Ist deine Gottesfurcht nicht deine Zuversicht? Ist nicht dein frommer Wandel deine Hoffnung? Bedenke doch, wer ging je schuldlos unter, und wo sind Redliche vernichtet worden? Soviel ich sah, mußte, wer Bosheit pflügte und wer Unheil säte, dies auch ernten. Durch Gottes Odem gingen sie zugrunde und schwanden hin durch seines Zornes Hauch. Des Löwen Gebrüll, des Leuen Geheul, des Junglöwen Zähne werden zerschlagen. Der Löwe geht ein aus Mangel an Raub, und die Jungen der Löwin zerstreuen sich. Zu mir hat sich ein Wort gestohlen, und ein Flüstern davon empfing mein Ohr, in Grübeleien, verursacht durch Nachtgesichte, wenn tiefer Schlaf die Menschen befällt. Schrecken kam über mich und Zittern, Beben erschütterte meine Glieder. Ein Geist schwebte an meinem Antlitz vorüber, es sträubte sich jedes Haar meines Leibes. Er blieb stehen, doch ich konnte sein Aussehen nicht erkennen, eine Gestalt war vor meinen Augen, ich hörte das Flüstern einer Stimme: ›Ist wohl ein Mensch gerechter als Gott, oder ist jemand reiner als sein Schöpfer? Sieh, selbst seinen Dienern vertraut er nicht, und an seinen Engeln stellt er Mängel fest. Gar erst an den Bewohnern von Lehmgehäusen, deren Bestand auf Staub sich gründet! Sie werden schneller zermalmt als eine Motte. Zwischen Morgen und Abend werden sie zerschlagen; ohne daß es jemand beachtet, gehen sie für immer zugrunde. Wird nicht an ihnen ausgerissen ihr Zeitstrick, daß sie sterben, ohne es zu merken?‹

Rufe nur! Ob jemand dir Antwort gibt? An wen von den Heiligen willst du dich wenden? Vielmehr bringt Verbitterung den Toren um, und Leidenschaft tötet den Unerfahrenen. Zwar sah ich den Toren Wurzel schlagen, konnte aber gar schnell seine Stätte verhöhnen. Fern bleiben seine Kinder dem Wohlergehen, sie werden im Tore zermalmt und haben keinen Retter, da seine Ernte ein Hungriger verzehrt und aus den Körben heraus sie wegnimmt, und Durstige lechzen nach seinem Gut. Denn nicht aus dem Staube wächst Unheil hervor, und nicht aus der Erde sproßt Mühsal auf, sondern der Mensch erzeugt die Mühsal, wie junge Adler, die allzu hoch fliegen. Ich aber, ich würde Gott aufsuchen und der Gottheit meine Sache dartun: ihm, der Großes und Unerforschliches wirkt, Wundertaten ohne Zahl, der Regen spendet über die Erde hin und Wasser sendet über die Fluren. Niedrige setzt er an hohe Stellen, und Trauernde erreichen das Heil. Er zerbricht die Ränke der Schlauen, daß keinen Erfolg ihre Hände erzielen. Weise fängt er trotz ihrer Schlauheit, so daß der Listigen Rat zu voreilig war . . .«

. . .

Es antwortete der Herr weiterhin dem Hiob und sprach: »Will mit dem Allmächtigen ein Tadler streiten? Der Ankläger Gottes antworte darauf!« Da antwortete Hiob dem Herrn und sprach: »Siehe, ich bin zu gering! Was könnte ich dir erwidern? Ich lege die Hand auf meinen Mund. Einmal habe ich geredet, aber ich werde nicht mehr antworten, und noch ein zweites Mal, aber ich werde nicht fortfahren!«

. . .

[und der Herr sprach:] »Umgürte deine Hüften wie ein Held, so frag' ich dich, und kläre du mich auf! Willst du wirklich mein Recht zunichte machen, ins Unrecht mich setzen, damit du recht behältst? Hast du etwa einen Arm wie Gott, und kannst du mit einer Stimme gleich der seinigen donnern? Schmücke dich mit Hoheit und Erhabenheit, gewande dich in Prunk und Pracht! Laß du die Fluten deines Zornes sich ergießen, schau jeden Stolzen und demütige ihn! Schau jeden Stolzen und zwinge ihn nieder, wirf die Frevler zu Boden! Verbirg sie insgesamt im Staub, schließe sie leibhaftig im Erdinnern ein! Dann werde auch ich dich lobpreisen, daß deine Rechte den Sieg dir verschaffte! . . . Kannst du das Krokodil am Angelhaken hochziehen, mit der Leine seine Zunge niederdrücken? Kannst du ihm eine Binsenschnur an seine Schnauze legen und mit einem Haken ihm die Kinnlade durchbohren? Wird es dich viel um Gnade bitten oder zarte Worte an dich richten? Wird es wohl einen Vertrag mit dir schließen, daß du es dauernd zum Sklaven nimmst? Darfst du mit ihm spielen wie mit einem Vöglein und es anseilen für deine Mägdlein? Verschachern es die Jagdgenossen, verteilen sie es unter die Händler? Kannst du seine Haut mit Spießen spicken und seinen Kopf mit einer Fischharpune? Leg nur einmal die Hand daran, entschließe dich zum Kampf! – Du kommst nicht weit! . . .«

Da antwortete Hiob dem Herrn und sprach: »Ich habe erkannt, daß du alles vermagst und daß kein Vorhaben dir unmöglich ist! ›Wer ist es, der den Weltenplan verschleiert bar der Einsicht?‹ So habe ich also töricht Dinge vorgebracht, die allzu wunderbar für mich sind und die ich nicht begreife! ›Hör zu, und ich will sprechen; ich frage dich, und kläre du mich auf!‹ Nur nach dem Hörensagen hatte ich von dir gehört, nun aber hat mein Auge dich geschaut. Deswegen widerrufe und bereue ich in Staub und Asche.«

Hiob lebte darnach noch 140 Jahre und sah seine Kinder und Enkel, vier Geschlechter. Dann starb Hiob hochbetagt und satt an Lebenstagen. (Aus dem Buche Hiob)

D Aber die Wahrheit erzählt sich doch . . .

Es mag noch viele Jahrzehnte oder auch Jahrhunderte dauern, bis die Menschheit das in ihrem Unbewußten gespeicherte Wissen nicht mehr als Schäume, als kranke Phantasien verrückter oder einzelner Dichter sehen wird, sondern als das, was sie sind, nämlich Wahrnehmungen der Realität aus der Zeit der frühen Kindheit, die ins Unbewußte verdrängt werden mußten und dort die nie versiegbare Quelle sowohl des künstlerischen Schaffens, der Phantasietätigkeit überhaupt, der Märchen und Träume bilden. Sobald sich dieses Wissen als pure Phantasie legitimiert, kann es überall freien Einzug halten. Es kann als Kunst bewundert, in den Märchen als »Weisheit der Ahnen« weitergegeben und in Träumen als Ausdruck des ewig gleichbleibenden, archetypischen kollektiven Unbewußten gedeutet werden. Wir sind stolz auf dieses unser Kulturgut, auf die Weisheit, auf »das Wissen vom Guten und Bösen« das wir besitzen, ohne daß uns dieses Wissen stark berühren müßte, außer wenn wir selber Dichter oder Verrückte sind. Wir können unseren Kindern Märchen vorlesen, weil doch das Kind »auch etwas über die Grausamkeit der Welt erfahren sollte«, wir können mit großer Unverbindlichkeit und intellektueller Kenntnis über die Gemeinheit der sogenannten Gesellschaft schreiben, aber realisieren emotional die Grausamkeit erst, wenn der Stein der rebellierenden Jugend in unsere eigenen Fenster schlägt. Dann kann es vorkommen, daß Menschen, die sich hauptberuflich mit der Gesellschaft befassen, die z. B. als Historiker seit Jahren über die Christenverfolgung im alten Rom, über die Kreuzzüge, die Inquisition, die Hexenverbrennungen, die unzähligen Kriege unterrichten, sagen können, daß die Gewalt in unserer Zeit Folge der antiautoritären Erziehung sei. Für diese Menschen gibt es Gewalt erst, wenn sie sich gegen sie richtet, weil für sie alles, was sie in der Schule und an der Universität gelernt haben, eine nur abstrakte und keine lebendige Bedeutung hat.

Das Gegenteil gilt für die Dichter: Sie leiden unter der Grausamkeit, die nicht nur sie persönlich erleiden müssen, und sie leiden doppelt, weil sie meistens damit allein sind, weil man ihnen nicht glaubt, man ihnen ihr Wissen auszureden versucht, um es ja nicht selber wahrnehmen zu müssen. Sie werden, wenn unbekannt, als Spinner verachtet, oder, wenn berühmt, als große Propheten bewundert und gefeiert, immer aber unter der Voraussetzung, daß die Quelle ihres Wissens für die Gesellschaft verborgen bleibt. Diese Bedingung war nicht schwer zu erfüllen, weil den Dichtern selber die Quelle ihres Wissens verborgen blieb, tief in ihr Unbewußtes verdrängt, und weil sie selber überzeugt waren, die Inhalte ihrer Werke der Eingebung eines Geistes, einer Gottheit oder ihrem Talent zu verdanken. Kommt aber ein Dichter auf die Idee, über seine Kindheit zu schreiben, wie das im letzten Jahrzehnt immer häufiger geschieht, dann wird er schnell mit der Feindseligkeit der Gesellschaft konfrontiert, die in der Entidealisierung und im Grunde auch Vermenschlichung der Eltern eine Gefahr für ihre jahrtausendealten Gewohnheiten und Rechte sieht.

Es wird im allgemeinen kaum bestritten, daß sich in Märchen tiefe Lebenserfahrungen ausdrücken, daß Märchen also in bildhafter, gleichnishafter Form Wahrheiten mitteilen. Andererseits haftet dem Wort Märchen auch die Bedeutung von »Lüge« an, z. B. in der Wendung: »Erzähle keine Märchen«.

Eine ähnlich widersprüchliche Bewertung läßt sich in bezug auf Träume beobachten. Wer mit dem Unbewußten arbeitet, weiß, welch unerhörte Quelle von Erkenntnis über das einzelne Leben Träume abgeben können, zugleich aber trösten wir uns manchmal mit Sätzen wie: »Es ist ja nur ein Traum« oder gar »Träume sind Schäume«. Diese Ambivalenz spiegelt unsere Einstellung zur Wahrheit überhaupt: wir wollen sie kennen und wollen es zugleich nicht, weil sie wehtut, Angst machen kann, uns überfordert, uns die geliebten Illusionen und die Geborgenheit der Täuschung nimmt.

Das Kind fragt: »Woher kommt das Baby?«, und bekommt prompt die Antwort: »Aus dem Bauch der Mutter«. Wenn es aber weiter wissen will, wie das Baby in den
Bauch der Mutter gekommen ist, bekommt es keine so
prompte und eindeutige Antwort. Ich befinde mich in
einer ähnlichen Situation wie dieses Kind, wenn ich mich
nicht mit der allgemein anerkannten Tatsache, daß nämlich Träume und Märchen Wahrheiten ausdrücken, be-
gnüge, sondern noch weiter wissen möchte, auf welchem
Wege diese Wahrheiten dahingekommen sind. Da bieten
sich mir verschiedene Antworten an. Wie man dem fra-
genden Kind sagen kann: »Der Storch hat das Baby gebracht«; oder: »Mami und Papi liebten sich fest, und
daraus wurde ein Baby«; oder: »Das Ei wurde vom Samen
befruchtet« (oder noch eine ganze Menge anderer kluger
Sätze), so antwortet man mir auf meine Fragen: »Im
Volksmund wurden Märchen und Weisheiten weitergegeben«; oder (etwas nostalgisch): »Früher hatte man noch
Zeit zum Erzählen«; oder (wissenschaftlich): »Im kollektiven Unbewußten ist der archaische Schatz der Weisheit
aufbewahrt«.
Diese und ähnliche Auskünfte weckten in mir das Bild
von weisen Ahnen, die irgendwo am Anfang der Menschheitsgeschichte gelebt hatten. Weder der Ort noch die
Zeit ihrer Existenz konnte mir jemand genau angeben,
aber es war sicher, daß diese Ahnen viel Lebenserfahrung
besessen hatten, die sie den folgenden Generationen über-
mittelten. Leider hat sich diese kostbare Wahrheit in den
nächsten Generationen immer mehr vermindert. Ich
konnte mir schwer erklären, warum. Warum waren unsere Ahnen weiser und gütiger als wir hier und jetzt?
Schon die Sintflut hielt Gott für nötig, weil die Menschen
so viel gesündigt hatten und offenbar außer Noah kein
Mensch durch Vernunft und gute Taten Gott aufgefallen

war. Diese Tatsache würde zumindest der Annahme widersprechen, daß am Ursprung unserer Geschichte mehr Weisheit vorhanden war als jetzt. Ich habe auch schon darauf hingewiesen, daß der berühmte weise König Salomo Sätze geschrieben hat, die dank der Erkenntnisse ausgerechnet unseres Jahrhunderts als eindeutig falsch widerlegt werden können. Unsere Menschheitsgeschichte beginnt mit der Verführung zum Wissenwollen, mit der Bestrafung der Neugier, mit der Bevorzugung Abels, mit der Eifersucht Kains und einer Reihe blutiger Taten. Ich habe schon als Kind vergeblich nach den Weisen gesucht, die am Ursprung unserer Geschichte stehen sollen.

Und doch mag in diesem Hinweis auf die Vergangenheit ein Stück Wahrheit enthalten sein. Ich meine, daß es die Vergangenheit jedes einzelnen Menschen ist, nämlich seine frühe Kindheit, in der das Wissen von der Welt, wie sie tatsächlich ist, aufgenommen wird. Das Kind erfährt in seiner frühen Kindheit das Böse in unverschleierter Form und speichert diese Erkenntnis in seinem Unbewußten. Diese frühkindlichen Erlebnisse bilden die Quelle der Phantasietätigkeit des Erwachsenen, bei dem sie aber einer Zensur unterworfen sind. Sie schlagen sich nieder in Märchen, Sagen und Mythen, in denen die ganze Wahrheit über die menschliche Grausamkeit, wie nur ein Kind sie erfährt, ihren Ausdruck findet. In der griechischen Mythologie und in ihrem Menschenbild fanden diese Erfahrungen noch einen beinahe unzensurierten Niederschlag. Im christlichen Bewußtsein mußte durch das Gebot der Liebe einiges mehr der Verdrängung oder anderen Abwehrmechanismen anheimfallen. Da das Wort »Märchen« seiner Bedeutung nach auf eine irreale Wirklichkeit hinweist, kann die Zensur hier schwächer sein, besonders wenn am Schluß das Gute über das Böse siegt, die Gerechtigkeit waltet, der Sündige bestraft und der Gute belohnt wird, das heißt, wenn die Verleugnung den Einblick in die Wahrheit ungeschehen macht. Denn die Welt ist nicht gerecht, das Gute wird selten belohnt und das Grausamste selten bestraft. Aber das alles erzählen wir unseren Kindern, die natürlich ebenso wie wir glauben möchten, daß die Welt so ist, wie wir sie ihnen darstellen.

Märchenthemen sind wie Freiwild; (es bedarf keiner Jagdbewilligung, um sie stillzulegen), man kann sie nach Belieben gebrauchen, sie kürzen, erweitern, verfremden, wenn man selber ein Künstler ist; man kann sie auch psychologisch interpretieren und sie im Namen verschiedener Theorien vergewaltigen. Dabei muß man nicht fürchten, jemanden zu kränken, denn der erste Autor ist unbekannt, der Stoff schon unzählige Male umgestaltet, die Wahrheit oft ins Gegenteil verkehrt worden, manchmal aber doch auch erhalten geblieben, weil hinter der Maske der Harmlosigkeit so verborgen, daß niemand daran Anstoß genommen hat.

Von diesem Recht möchte ich Gebrauch machen, wenn ich meine Assoziationen zu »Rumpelstilzchen« bringe, ohne Anspruch auf Gültigkeit, vielmehr als Gedankenspiel; man könnte auch sagen, es sei der freie Gebrauch einer Geschichte zur Illustration meiner Gedanken.

Der Anfang schildert die Beziehung des Königs zu seinem Untertanen, dem Müller. Dieser bewundert seinen Herrscher, hat aber gar keine Chance, von ihm auch bewundert oder zumindest geachtet und ernstgenommen zu werden, außer wenn er ihm mit einer außergewöhnlichen Leistung dienen kann. So kommt er auf die Idee zu sagen, seine Tochter hätte die Fähigkeit, aus Stroh Gold zu spinnen. Der König befiehlt, die Tochter aufs Schloß zu bringen, und als sie kommt, sperrt er sie in eine Kammer voller Stroh ein, gibt ihr Rad und Haspel und sagt: »Wenn Du das Stroh nicht bis morgen früh zu Gold versponnen hast, so mußt Du sterben.« Da sitzt nun die Müllerstochter und weint. Wie soll sie das Unmögliche möglich machen? Aber ihr Leben hängt davon ab. Sie muß, wie so viele Kinder, ein Wunder vollbringen, um zu überleben. Plötzlich erscheint in ihrer Kammer ein kleines Männlein. Es kann ohne Mühe Stroh in Gold verwandeln und tut es für sie. Aber der König ist unersättlich und verlangt noch mehr. So wiederholt sich die gleiche Situation, und wieder rettet das Männlein die Müllerstochter. Und nun verspricht der König, die Müllerstochter zu heiraten, denn »eine reichere Frau kann er auf der ganzen Welt nicht finden.« Aber diesmal verlangt auch Rumpelstilzchen einen hohen Preis: ihr erstes Kind soll ihm gehören. Und als es soweit ist und die neue Königin ihr schönes Kind zur Welt bringt, meldet sich das Männlein, um es abzuholen. Die Königin erschrickt und bietet ihm alle Reichtümer des Königreichs, wenn es ihr nur das Kind lasse. Aber was sind wohl Schätze der Welt für jemanden, der selber Gold machen kann? Das Lebendige wiegen sie nicht auf. Trotzdem hat das Männlein Mitleid mit der Königin und sagt: »Wenn Du in drei Tagen meinen wahren Namen errätst, so kannst Du Dein Kind behalten«. Die Königin wäre niemals auf den wahren Namen gekommen, wenn ihre Boten nicht das Männlein im Wald gesehen hätten, das tanzend ein Lied sang: »Ach wie gut, daß niemand weiß, daß ich Rumpelstilzchen heiß«. Als das Männlein wieder kommt und die Königin seinen Namen weiß, schreit es: »Das hat Dir der Teufel gesagt«. Es stampft mit dem rechten Fuß vor Zorn so tief in die Erde, daß es bis an den Leib hineinfährt, dann packt es in seiner Wut den linken Fuß mit beiden Händen und reißt sich selbst mitten entzwei.

In diesem Märchen gibt es seltsamerweise kein glückliches Ende. Die Königin ist zwar befreit vom lästigen Männlein, aber wie wird sie nun weiter ihr Gold spinnen? Möglicherweise wird sie ihr Kind dazu gebrauchen können; so wie sie von ihrem Vater und dem König (Großvater) veranlaßt wurde, das Unmögliche möglich zu machen, wird sie es vielleicht auch bei ihrem Kind noch schaffen. Aber die eigentliche Tragödie des Märchens ist die Geschichte des Rumpelstilzchens: es reißt sich in der Verzweiflung selber entzwei, die eine Hälfte wird unter dem Boden bleiben, für alle unsichtbar, und was mit der

anderen geschieht, wissen wir nicht. Die Verzweiflungstat erfolgt, nachdem der Name des Männleins bekannt
wurde, nachdem es sich nicht mehr verstecken kann, aber
auch keine Hoffnung mehr hat, durch das lebendige Kind
(den lebendigen Teil seines Selbst) sein Schicksal verändern zu können. Bisher lebte das Männlein (wir wissen
nicht warum) in einer abgelegenen Hütte im Wald, ganz
allein, ohne Beziehungen zu anderen Menschen. Vielleicht hoffte es, dort den Schmerzen der Welt zu entgehen,
wenn es in seiner Abgeschiedenheit der menschlichen
Grausamkeit nicht mehr ausgesetzt wäre.

Das Männlein war einsam, obwohl es für menschliche
Begriffe das Höchste zu leisten vermochte, nämlich Gold
in jeder Menge herzustellen. Aber mit der Zeit ertrug das
Männlein seine Einsamkeit, seine Trennung von den
Menschen nicht mehr und hoffte, mit Hilfe einer schönen
Frau die Lebendigkeit wiederzugewinnen. Die Begegnung mit der schönen Müllerstochter wäre eine Chance
gewesen, aber sie brachte es mit sich, daß seine Anony-
mität nicht mehr geschützt werden konnte. Die Frau hob
seine Maske auf, entblößte sein wahres Gesicht, aber
nicht, weil sie seinen wahren Namen, sein wahres Selbst
gesucht und gefunden hätte, was er gehofft hatte, als er ihr
die drei Tage Bedenkzeit gab, sondern mit Hilfe einer
List. Sie hat ihn mit Hilfe des Teufels *entblößt, aber nicht
gefunden* und nicht verstanden. Wie kann das Männlein
weiterleben, nachdem seine Hoffnung auf die Rettung
durch Liebe und durch menschliche Beziehungen so enttäuscht worden war? Daß ihm das Gold, die Schätze der
Welt in seiner Einsamkeit nichts bedeuteten, hatte es ja
längst erkannt. Der Zorn über den Verrat der Frau (vielleicht der Mutter), die ihn so lange benutzte, wie sie ihn
gebrauchen konnte, und dann preisgab, führt nicht zum
Leben, sondern zur Verzweiflungstat, weil er nicht an der
Mutter, sondern an der Müllerstochter erlebt wird.

Das ist keine Interpretation des »Rumpelstilzchens«, es ist
ein Versuch, das Märchen so zu verstehen, als ob es der

Traum eines Patienten, eines grandiosen Erfolgsmenschen wäre, der sich in diesem Traum in der Rolle des Rumpelstilzchens träumt. Es gäbe natürlich auch noch andere Varianten; man könnte sich den König als Vater und den Müller als Mutter vorstellen, die sich beim Mann auf Kosten der Kinder durchzusetzen versucht. Man könnte sich die zwei anderen handelnden Personen als Teile des gleichen Menschen vorstellen, aber auch als zwei reale Geschwister, von denen das eine, hochbegabt, dem anderen seine Hilfe und Leistungen anbietet, um schließlich vom anderen, ihm so dankbaren, trotzdem beneidet oder schließlich auch gehaßt zu werden, weil die Gefühle nicht immer so schön und so harmonisch sind, wie wir sie haben möchten.

Ich habe hier ein Märchen gewählt, dessen Beziehungen zur Familienstruktur nicht ohne weiteres einleuchten. Wenn man aber an diesem Beispiel gelernt hat, sie zu sehen, wird man ohne Schwierigkeiten die Familiensituation in den Märchen von Aschenputtel, Rapunzel, Dornröschen, Schneewittchen, Hänsel und Gretel oder Rotkäppchen finden können. Trotz mancher verdeckenden Interpretation wurde auch bereits viel Wahres darüber geschrieben. Es gibt von Robert Walser ein Dramolett unter dem Titel *Schneewittchen*, das in einer überraschenden Klarheit die ambivalenten Gefühle der Mutter zu ihrer eigenen Tochter zum Ausdruck bringt. Es besteht kein Zweifel, daß einer, der so schreiben kann, selber erlitten haben muß, was er mitteilt. Was Robert Walser aber darüber bewußt war, ist schwer zu sagen.

Die wahre Einstellung der Eltern ihren Kindern gegenüber kommt in den Märchen sehr deutlich zum Ausdruck, und es ist längst bekannt, daß die Stiefmutter einen Aspekt der wahren Mutter darstellt. In der psychoanalytischen Literatur hingegen sind die Gefühle der Eltern ihren Kindern gegenüber noch kaum erforscht und sehr selten zum Gegenstand von Untersuchungen gemacht worden. Zu den seltenen Ausnahmen gehört eine Arbeit von Donald W. Winnicott, in der er die Gefühle der Gegenübertragung im Zusammenhang mit dem Haß der Mutter auf ihr Kind diskutiert (1949). Ohne auf den Tabucharakter seiner Thematik einzugehen, untersucht er die Gründe des mütterlichen Hasses, als ob dies eine Selbstverständlichkeit wäre. Für ihn war es auch eine, aber es ist bezeichnend, daß in den nachfolgenden 30 Jahren diese bedeutende Schrift ohne ein wesentliches Echo geblieben ist.

Während die Bedeutung der frühkindlichen Erlebnisse für die Entstehung der Märchen vermutlich noch von allen Seiten bestritten werden wird, gilt der Zusammenhang zwischen Traum und früher Kindheit zumindest in psychoanalytischen Kreisen als längst bekannt oder sogar als gründlich erforscht. Aber innerhalb der orthodoxen Psychoanalyse muß der manifeste Trauminhalt als eine entstellte Form des verdrängten, infantilen Triebwunsches gedeutet werden. Für Sigmund Freud war bekanntlich jeder Traum die Erfüllung eines infantilen Wunsches, den man nicht immer im manifesten, aber mit Sicherheit im latenten, dem Patienten nicht zugänglichen, Trauminhalt finden könne. Freud selber und seine Nachfolger haben sich immer große Mühe gegeben, dem Patienten auch anhand seiner Träume diese Wünsche zu beweisen, was nicht immer ohne große Gedankenakrobatik möglich war. Zugleich wurden die in sämtlichen Träumen des Patienten auftretenden, ersten Bezugspersonen, in denen sich immer wieder Haltungen manifestieren, die diese Personen in seiner Kinderzeit dem Patienten gegenüber eingenommen haben, nur als Projektionen seiner eigenen Wünsche gedeutet.

Für einen gewissen Prozentsatz der Träume mögen diese Deutungen stimmen, gewiß nicht für alle. Doch man kann diese anderen Fälle nicht sehen und verstehen lernen, auch wenn dieses Verständnis sehr einfach und naheliegend wäre, solange man auf einen bestimmten Punkt fixiert bleibt. Ein Jäger, dessen ganzes Wesen auf das vor ihm davonfliehende Reh ausgerichtet ist, wird die singenden Vögel in seiner Nähe nicht hören. So kann die Fixierung auf die infantilen Triebwünsche des Patienten den Analytiker davon abhalten, mit ihm die Geschichte seiner Kindheit zu entdecken, die in seinen Träumen oft mit einer verblüffenden Klarheit zutage tritt. So träumte z. B. eine

Frau in ihrer ersten Analyse, daß sie von ihrem Analytiker vergewaltigt und dabei plötzlich von seiner Frau überrascht werde. Sie bekam regelmäßig die korrekte ödipale Deutung, daß sie den Vater in der Abwesenheit der Mutter verführen möchte. In ihrer zweiten Analyse stellte es sich heraus, daß sie tatsächlich sehr früh von ihrem Vater sexuell stimuliert worden war, als ihre Mutter einer regelmäßigen Arbeit nachging und er das Kind hütete. Nachdem sich durch ihre Träume und ihre Übertragung in der zweiten Analyse diese Hypothese ergeben hatte, erhielt die Patientin, nicht ohne große Schwierigkeiten, die Bestätigung ihrer Mutter, die einmal zufällig früher heimgekommen war und den Mißbrauch des Kindes feststellte. Die Amnesie der Patientin in der ersten Analyse war vollkommen, aber ihr wiederkehrender Traum erzählte eine reale Begebenheit, ein Erlebnis aus der Kindheit, zu dem sie keinen Zugang bekam, solange ihr Analytiker dafür taube Ohren hatte. Ihre Träume erzählten außerdem nicht nur von der Vergangenheit, sondern auch einiges über die Realität der Gegenwart in der Übertragung, denn die ödipalen Deutungen des Analytikers kamen auch einer realen Vergewaltigung ihrer Seele und ihrer Geschichte gleich.

Einer Mitteilung von William G. Niederland verdanke ich die folgende Geschichte, die vor Jahren auch veröffentlicht worden ist. Ein Patient erzählt ihm, er habe sich auf dem Nordpol liegend geträumt; er sei im Bett eingefroren und dann seien Leute hereingekommen. Er erzählte den Traum im Sitzen, und beim letzten Wort drehte er sich zur Türe um. Das fiel Niederland auf, und er deutete die Geste als die eines Kindes, das im Bett den Eintritt Erwachsener ins Zimmer registriert. In dieser Stunde waren beide damit beschäftigt herauszufinden, welche Erinnerung hinter diesem Traum stand. Am gleichen Tag bekam Niederland den Anruf der Mutter des erwachsenen Patienten, die ihm heftige Vorwürfe machte, daß er ihrem Sohn das Geheimnis verraten hätte. Es stellte sich heraus, daß dieser Junge im Alter von acht Monaten in einem sehr kalten New Yorker Winter die ganze Nacht bei offenem Fenster geschlafen hatte und am Morgen mit Lungenentzündung ins Spital gebracht werden mußte. Man hatte am Abend vergessen, das Fenster zu schließen, und als das Kind ununterbrochen schrie, verbot sich die Mutter hineinzugehen, um es nicht zu verwöhnen. Die Ausscheidungen und das Erbrochene waren mit der Zeit eingefroren. Es ist verständlich, daß die Eltern Schuldgefühle hatten und dieses Ereignis vergessen wollten. So wurde es sorgfältig vor dem Sohn geheimgehalten, um ihn angeblich von etwas verschonen zu müssen, was bereits geschehen war (vgl. A. Miller, 1980). Von daher sind auch die Vorwürfe der Mutter an den Analytiker nur allzu gut verständlich.

Wir haben hier also zunächst wieder das Prinzip der Schwarzen Pädagogik, man solle das Kind schreien lassen, damit es nicht zum Tyrannen werde, und dann das Prinzip des Verschweigens zum Wohle des Kindes. Wäre nun Niederland nicht seiner kreativen Eingebung, sondern den analytischen Prinzipien gefolgt, so wäre es niemals zu der Aufdeckung dieses frühen Traumas gekommen, sondern zur ungewollten Wiederholung der früheren ungewollten Grausamkeit in Form von korrekten Triebdeutungen (vgl. W. Niederland, 1965).*

Die mitteilende Funktion des Traumes ist nicht immer so durchsichtig wie in den hier zitierten Beispielen. Der Entstellungsgrad der Traumarbeit kann sehr verschieden sein. So träumen sich z. B. Patienten oft als ihre eigenen Eltern, und ihre Kinder repräsentieren dann einen Teil ihrer selbst. Oder sie träumen in verschiedenen gegenwärtigen Personen Aspekte ihrer Eltern. Selbstverständlich bezieht sich der Trauminhalt auch auf die jeweilige Situation in der Übertragung. Wichtig ist es aber, daß der

* Ich beziehe mich hier nur auf eine mündliche Mitteilung Niederlands. In seiner schriftlichen Falldarstellung findet der Leser interessante Einzelheiten über den Verlauf dieser Behandlung.

Analytiker den Zusammenhang zwischen Träumen und frühkindlichem Erleben ernstnehmen kann, um die Geschichte zu hören und zu sehen, die der Patient erzählt und die die Eltern früher (und daher auch der Patient jetzt) geheimhalten wollten.

Ich war steif und kalt, ich war eine Brücke, über einem Abgrund lag ich. Diesseits waren die Fußspitzen, jenseits die Hände eingebohrt, in bröckelndem Lehm habe ich mich festgebissen. Die Schöße meines Rockes wehten zu meinen Seiten. In der Tiefe lärmte der eisige Forellenbach. Kein Tourist verirrte sich zu dieser unwegsamen Höhe, die Brücke war in den Karten noch nicht eingezeichnet. – So lag ich und wartete; ich mußte warten. Ohne einzustürzen kann keine einmal errichtete Brücke aufhören, Brücke zu sein.

Einmal gegen Abend war es – war es der erste, war es der tausendste, ich weiß nicht, – meine Gedanken gingen immer in einem Wirrwarr und immer in der Runde. Gegen Abend im Sommer, dunkler rauschte der Bach, da hörte ich einen Mannesschritt! Zu mir, zu mir. – Strecke dich, Brücke, setze dich in Stand, geländerloser Balken, halte den dir Anvertrauten. Die Unsicherheit seines Schrittes gleiche unmerklich aus, schwankt er aber, dann gib dich zu erkennen und wie ein Berggott schleudere ihn ans Land.

Er kam, mit der Eisenspitze seines Stockes beklopfte er mich, dann hob er mit ihr meine Rockschöße und ordnete sie auf mir. In mein buschiges Haar fuhr er mit der Spitze und ließ sie, wahrscheinlich wild umherblickend, lange drin liegen. Dann aber – gerade träumte ich ihm nach über Berg und Tal – sprang er mit beiden Füßen mir mitten auf den Leib. Ich erschauerte in wildem Schmerz, gänzlich unwissend. Wer war es? Ein Kind? Ein Traum? Ein Wegelagerer? Ein Selbstmörder? Ein Versucher? Ein Vernichter? Und ich drehte mich um, ihn zu sehen. – Brücke dreht sich um! Ich war noch nicht umgedreht, da stürzte ich schon, ich stürzte, und schon war ich zerrissen und aufgespießt von den zugespitzten Kieseln, die mich immer so friedlich aus dem rasenden Wasser angestarrt hatten. (Aus: F. Kafka, Die Brücke)

»Niemand wird lesen, was ich hier schreibe, niemand wird kommen, mir zu helfen; wäre als Aufgabe gesetzt mir zu helfen, so blieben die Türen aller Häuser geschlossen, alle liegen in den Betten, die Decken über den Kopf geschlagen, eine nächtliche Herberge die ganze Erde. Das hat guten Sinn, denn niemand weiß von mir, und wüßte er von mir, so wüßte er meinen Aufenthalt nicht, und wüßte er meinen Aufenthalt, so wüßte er mich dort nicht festzuhalten, so wüßte er nicht, wie mir zu helfen. Der Gedanke, mir helfen zu wollen, ist eine Krankheit und muß im Bett geheilt werden.

Das weiß ich und schreie also nicht, um Hilfe herbeizurufen, selbst wenn ich in Augenblicken – unbeherrscht wie ich bin, zum Beispiel gerade jetzt – sehr stark daran denke. Aber es genügt wohl zum Austreiben solcher Gedanken, wenn ich umherblicke und mir vergegenwärtige, wo ich bin. (*Aus: F. Kafka, Der Jäger Gracchus*)

Thomas Mann schrieb über Franz Kafka: »Er war ein Träumer, und seine Dichtungen sind oft ganz und gar im Charakter des Traumes konzipiert und gestaltet. Sie ahmen die alogische und beklommene Narretei der Träume, dieser wunderlichen Schattenspiegel des Lebens, zum Lachen genau nach.« Und Alfred Döblin schrieb: »Es sind Berichte von völliger Wahrheit, ganz und gar nicht wie erfunden. Zwar sonderbar durcheinandergemischt, aber von einem völlig wahren, sehr realen Zentrum geordnet . . . Es haben viele über Kafkas Romane gesagt: sie hätten die Art von Träumen – und man kann dem sicher zustimmen. Aber was ist denn die ›Art der Träume‹? Ihr ungezwungener und jederzeit ganz einleuchtender, transparenter Ablauf, unser Gefühl und Wissen um die tiefe Richtigkeit dieser ablaufenden Dinge und das Gefühl, daß diese Dinge uns sehr viel angehen« (K. Wagenbach, 1976, S. 144).

Ich würde sagen, Kafka habe nicht in seinen Werken die Struktur der Träume nachgeahmt, sondern er habe im Schreiben geträumt. In seinen Werken konnten Erlebnisse aus seiner frühen Kindheit ihren Ausdruck finden, ohne daß er es wußte, genauso wie in den Träumen anderer Menschen. So gesehen geraten wir in Schwierigkeiten: denn entweder ist Kafka der große Visionär, der die menschliche Gesellschaft durchschaut, und seine Weisheit kommt irgendwie von oben (dann darf das nichts mit der Kindheit zu tun haben), oder seine Dichtung wurzelt in den unbewußten frühesten Erlebnissen und wäre dann, so meint man, ohne allgemeine Bedeutung. Könnte es aber sein, daß wir uns der Wahrheit seiner Werke nicht entziehen können, *weil* diese aus dem Reichtum der intensivsten, schmerzhaften Erlebnisse der Welt in der frühen Kindheit schöpfen? Rainer Maria Rilke schrieb: »Ich habe nie eine Zeile von diesem Autor gelesen, die mir nicht auf das Eigentümlichste mich angehend oder erstaunend gewesen wäre.« In diesem Kapitel, das dem Leiden Kafkas gewidmet ist und niemals seiner Dichtung voll gerecht werden kann, möchte ich anhand einiger Beispiele nur zeigen, wie der Dichter, ohne es zu wissen, in seinem Werk über seine Kindheit berichtet. Kafka-Forscher, die sich dieser Dimension erschließen können und nicht versuchen, fertige psychoanalytische Theorien auf ihn anzuwenden, werden meinen Beispielen unendlich viele hinzufügen können. Mir ist jedenfalls, dank der Kenntnis seiner Briefe, auf jeder Seite seiner Werke das Leiden seiner Kindheit deutlich präsent gewesen.

Dieses Kapitel ist also weder als Anwendung einer psychoanalytischen Theorie auf einen genialen Dichter noch als eine literarische Interpretation der Werke von Franz Kafka zu verstehen. Es verdankt seine Existenz meiner Schweigepflicht, die es mir unmöglich macht, über das Schicksal der mir bekannten, noch lebenden Dichter zu berichten, und der Frage, die mich beim Lesen Kafkas manchmal beschäftigte, nämlich: Was wäre geschehen, wenn Franz Kafka in seiner großen Verzweiflung über das Nichtheiratenkönnen, über die Tuberkulose, deren psychische Bedeutung er mit großer Klarheit gesehen hat, über die Qualen der Schlaflosigkeit und zahlreicher anderer Symptome das Sprechzimmer eines mit Triebdeutungen arbeitenden Analytikers aufgesucht hätte? Ich weiß, daß Gegner der Psychoanalyse, die keine Erfahrungen mit dem Unbewußten gemacht haben, eine solche Frage belächeln und meinen könnten, Kafkas Klugheit hätte ihn davor bewahrt, sich nach der ersten Stunde nochmals in eine Welt zu begeben, in der vollständig an ihm vorbeigedacht worden wäre. Diese Vermutung teile ich keineswegs, ich bin sogar überzeugt, daß ein Mensch, der wie Kafka in seiner ganzen Kindheit bis zum Erwachsensein nie das Glück hatte, einen ihn verstehenden Menschen zu kennen, diese Not auch bei seinem Psychoanalytiker nicht so schnell durchschaut hätte. Er hätte vielleicht mit allen seinen Mitteln, wie er es fünf Jahre lang beinahe täglich mit Felice tat, um dieses Verständnis gerungen und es bei Psychoanalytikern, die der Meinung sind, Freud hätte mit seinem Ödipuskomplex und der »infantilen Sexualität« alle Geheimnisse der Kindheit und des Unbewußten aufgedeckt, ebenfalls vermißt. Doch es ist schwer zu sagen, wie schnell Kafka sich aus einer solchen Verstrickung hätte befreien können.

Ich zweifle aber nicht daran, daß Kafkas Schlaflosigkeit und die unerbittlichen Ängste nachgelassen oder sogar ganz verschwunden wären, wenn es ihm in einer Analyse möglich gewesen wäre, seine frühkindlichen Gefühle, vor allem den Zorn über das Nichtverstandensein, das Alleingelassenwerden, die ständige Bedrohung durch Ablehnung und Manipulierung zuzulassen, zu erleben und sie mit den ursprünglichen Bezugspersonen zu verknüpfen. Ich zweifle ebenfalls nicht daran, daß dies seine Fähigkeit zu schreiben nicht nur nicht geschmälert, sondern sogar bereichert hätte.

Die Psychoanalyse kann wie die Pädagogik sehr leicht Seelisches zerstören, wenn sie den Patienten indoktriniert. Tut sie das aber nicht und überläßt ihm die volle Freiheit in der Findung seines Kinderschicksals, dann kann sie gar nicht anders, als seine kreativen Möglichkeiten zu unterstützen. Wenn man außerdem Kunst nicht als Sublimierung der Triebwünsche, sondern als einen schöpferischen Ausdruck des Erfahrenen und im Unbewußten Gespeicherten versteht, dann wird jede Analyse, die auf die Befreiung der Ausdrucksmöglichkeiten ausgerichtet ist, die Kreativität fördern und nicht lähmen. Die Befürchtung, daß durch das Bewußtwerden eines kleinen, aber quälenden Ausschnittes die Unendlichkeit des Unbewußten ausgeschöpft wäre, wird niemand teilen können, dem z. B. Bilder von Picasso, Miro, Paul Klee oder auch Chagall etwas vermitteln können. Hier hat das Unbewußte den Pinsel geführt, nicht die Neurose.

Wenn man von der schweren Kindheit eines Dichters erzählt, kann man häufig die Ansicht vernehmen, daß das große Werk gerade den frühen Traumatisierungen seine Existenz verdanke. Ganz besonders scheint dieser Satz für Franz Kafka zuzutreffen, wobei hier die ausbeuterische Haltung der Gesellschaft die Rolle der Eltern übernimmt, etwa im Sinne des Satzes: »Die Schläge haben Dir (uns) gut getan«. Es ist zweifellos kaum denkbar, daß ein Mensch, der nicht leidensfähig ist, ein großes Werk schaffen kann. Aber die Leidensfähigkeit ist nicht die Folge von Traumatisierungen, sondern beide sind Folgen der sehr hohen Sensibilität.* Das gleiche Ereignis kann bei einem sensiblen Kind sein ganzes Wesen erschüttern und bei einem andern, vielleicht bereits abgestumpften, kaum sichtbare, oder vorläufig kaum sichtbare, Reaktionen hervorrufen. Daher ließe sich der oben angeführte Satz eigentlich umkehren: man könnte wohl sagen, daß es in der Kindheit eines jeden großen Dichters viel Leiden gab, *weil* dieser viel stärker und intensiver die Kränkungen, Demütigungen, Ängste und Verlassenheitsgefühle erlebte, die zu jeder Kindheit gehören. Die Möglichkeit, die erlittenen Schmerzen zu speichern, sie zum Bestandteil des Innenlebens und der späteren Phantasien zu machen und dann in transformierter Form auszudrücken, garantiert das Überleben dieser Gefühle. Aber ihre Trennung von den ersten Bezugspersonen, denen sie galten, und ihre Verknüpfung mit neuen, irrealen Phantasiefiguren garantiert das »Überleben« der Neurose. Das ließe sich an einem Beispiel verdeutlichen.

Gustave Flaubert schrieb mit fünfzehn Jahren eine Geschichte, die er *Quidquid volueris* betitelte. Der Held der

---

* Ich gebrauche diesen Begriff, weil ich noch keinen besseren kenne, obwohl ich nicht sagen kann, woher das kommt, daß das eine Kind schon sehr früh sensibler als das andere reagiert. Es gibt dafür sicher Gründe, denen ich bisher aber nicht genau genug nachgegangen bin und deren Kenntnis möglicherweise durch das Studium der pränatalen Phase erschlossen werden könnte. So scheint es mir durchaus wahrscheinlich zu sein, daß z. B. Angstreaktionen der Mutter zu einer gesteigerten Wachsamkeit (= Sensibilität) des Fötus führen können.

Erzählung ist Djalioh, sechzehnjährig, die Frucht einer Verbindung zwischen einem Orang Utan und einer Sklavin, die von einem jungen, ehrgeizigen Wissenschaftler »mit kaltem Herzen«, Monsieur Paul, seinerzeit in Brasilien geplant und veranlaßt wurde. Monsieur Paul ließ das Kind bei sich aufwachsen, obwohl er ihm die menschliche Sprache nicht beibringen konnte, und nahm es mit sich nach Frankreich, als er fünfzehn Jahre später in seine Heimat zurückkehrte, um hier Adèle zu heiraten. Djalioh liebt Adèle, für die er aber nur eine arme, debile Kreatur oder ein gutmütiger Affe bleibt. Die letzte Szene der Erzählung gebe ich hier mit den Worten des fünfzehnjährigen Flaubert wieder:

Das war einer jener Paläste, wo Djalioh mit Monsieur Paul und seiner Frau wohnte, und seit bald zwei Jahren war vieles in seiner Seele vorgegangen, und die zurückgehaltenen Tränen hatten einen tiefen Graben darin ausgehöhlt.

Eines Morgens – es war jener Tag, von dem ich euch spreche – stand er auf und ging in den Garten hinaus, wo ein ungefähr einjähriges Kind, eingewickelt in Musselin, Gaze, Broderien, farbige Bänder, in einer Nachenwiege schlief, deren Schwengel von den Strahlen der Sonne vergoldet wurde.

Sein Kindermädchen war nicht da; er sah nach allen Seiten, ging nahe, ganz nahe an die Wiege heran, hob rasch die Decke hoch, dann blieb er einige Zeit stehen und betrachtete diese schlummernde und eingeschlafene arme Kreatur mit ihren fleischigen Händen, ihren rundlichen Formen, ihrem weißen Hals, ihren kleinen Nägeln; schließlich nahm er es in seine beiden Hände, ließ es über seinem Kopf in der Luft kreisen und schleuderte es mit all seiner Kraft auf den Rasen, der von dem Aufschlag dröhnte. Das Kind stieß einen Schrei aus, und sein Hirn spritzte zehn Schritt weit in die Nähe einer Levkoje.

Djalioh öffnete seine bleichen Lippen und stieß ein krampfhaftes Gelächter aus, das kalt und schrecklich war wie das der Toten. Sofort ging er auf das Haus zu, stieg die Treppe hinauf, öffnete die Tür zum Speisesaal, schloß sie wieder zu, nahm den Schlüssel, den des Korridors ebenso, und warf sie, im Vestibül des Salons angekommen, durch das Fenster auf die Straße. Schließlich trat er in den Salon, ganz leise, auf Zehenspitzen, und sobald er eingetreten war, schloß er den Riegel zweimal zu. Ein Halbdunkel erleuchtete ihn spärlich, so wenig Licht ließen die sorgfältig geschlossenen Jalousien eindringen.

Djalioh blieb stehen, und er hörte nur das Geräusch der Blätter, die die weiße Hand Adèles wendete ...

Endlich näherte er sich der jungen Frau und setzte sich neben sie. Sie zitterte plötzlich und richtete ihre verstörten blauen Augen auf ihn; ihr Morgenrock aus weißem Musselin war weit und vorne offen, und ihre übereinandergeschlagenen Beine zeichneten trotz ihrer Kleidung die Form ihrer Schenkel ab. Um sie herum war ein berauschendes Parfum; ihre auf den Stuhl geworfenen weißen Handschuhe mit ihrem Gürtel, ihrem Taschentuch, ihrem Halstuch, all das hatte ein so delikates und so berauschendes Odeur, daß Djaliohs große Nüstern sich weiteten, um dessen Aroma einzusaugen ...

»Was wollt Ihr von mir?« sagte sie entsetzt, sobald sie ihn erkannt hatte.

Und es folgte ein langes Schweigen; er antwortete nicht und heftete einen verzehrenden Blick auf sie, dann nahm er, sich mehr und mehr nähernd, ihre Taille mit seinen beiden Händen und drückte auf ihren Hals einen glühenden Kuß, der Adèle wie der Biß einer Schlange zu kneifen schien; er sah ihr Fleisch erröten und zittern.

»Oh! Ich werde um Hilfe schreien«, rief sie erschrocken. »Zu Hilfe! Zu Hilfe! Oh! Die Mißgeburt!« fügte sie hinzu und sah ihn an.

Djalioh antwortete nicht; er lallte nur und schlug voll Wut auf seinen Kopf. Was! Ihr nicht ein Wort sagen können! Nicht seine Martern und seine Schmerzen aufzählen können und ihr nur die Tränen eines Tieres und die Seufzer einer Mißgeburt zu bieten haben! Und dann wie ein Reptil zurückgestoßen werden! Gehaßt werden von dem, was man liebt, und vor sich die Unmöglichkeit fühlen, etwas zu sagen! Verflucht sein und nicht lästern können!

»Laßt mich, Gnade! Laßt mich! Seht Ihr denn nicht, daß Ihr mir Entsetzen und Widerwillen einflößt? Ich werde Paul rufen, er wird Euch töten.«

Djalioh zeigte ihr den Schlüssel, den er in seiner Hand hatte, und er hielt inne. Die Pendeluhr schlug acht, und die Vögel zwitscherten in der Voliere; man hörte das Rollen eines Karrens, der vorbeifuhr und sich dann entfernte.

»Also, geht Ihr wohl raus? Laßt mich, um Himmelswillen!«
Und sie wollte aufstehen, aber Djalioh hielt sie am Zipfel ihres
Kleides fest, das unter seinen Nägeln zerriß.

»Ich will hinausgehen, ich muß hinausgehen . . . Ich muß mein
Kind sehen, Ihr werdet mich doch mein Kind sehen lassen!«
Ein grauenhafter Gedanke ließ sie an allen ihren Gliedern zit-
tern, sie erblich und fügte hinzu:

»Ja, mein Kind! Ich muß es sehen . . . und zwar sofort, augen-
blicklich!«
Und sie drehte sich um und sah vor sich ein Dämonengesicht
Fratzen schneiden; er begann so lange, so stark zu lachen und all
das in einem einzigen Ausbruch, daß Adèle vor Entsetzen ver-
steinert ihm vor die Füße, auf die Knie fiel.

Auch Djalioh kniete nieder, dann nahm er sie, setzte sie mit
Gewalt auf seine Knie, und mit seinen beiden Händen zerfetzte
er alle ihre Kleider, zerriß die Schleier, die sie bedeckten; und als
er sie, zitternd wie Espenlaub, in ihrem Hemd sah und ihre
beiden Arme über ihre nackten Brüste kreuzen, weinen, mit
roten Backen und bläulichen Lippen, fühlte er sich unter der
Last eines merkwürdigen Drucks; dann nahm er die Blumen,
streute sie auf den Boden, zog die rosaseidenen Vorhänge zu und
legte seinerseits seine Kleider ab.

Adèle sah ihn nackt, sie zitterte vor Entsetzen und wandte den
Kopf ab; Djalioh näherte sich und hielt sie lange gegen seine
Brust gepreßt; da spürte sie auf ihrer warmen und seidigen Haut
das kalte und behaarte Fleisch der Mißgeburt; er sprang auf das
Kanapee, warf die Kissen herunter und wiegte sich lange auf der
Lehne mit einer mechanischen und regelmäßigen Bewegung
seiner flexiblen Wirbel; er stieß von Zeit zu Zeit einen gutturalen
Schrei aus, und er lächelte zwischen seinen Zähnen.

Was begehrte er mehr? Eine Frau vor sich, Blumen zu seinen
Füßen, ein rosiges Licht, das sie beleuchtete, das Geräusch einer
Voliere zur Musik und irgendeinen bleichen Sonnenstrahl zu
ihrer Beleuchtung!

Er brach seine Gymnastik bald ab, rannte auf Adèle zu, grub ihr
seine Krallen ins Fleisch und zerrte sie zu sich hin; er zog ihr das
Hemd aus.

Als sie sich im Spiegel ganz nackt sah in den Armen Djaliohs,
stieß sie einen Entsetzensschrei aus und betete zu Gott; sie wollte
um Hilfe rufen, aber unmöglich, ein einziges Wort hervorzu-
bringen.

Als Djalioh sie so sah, nackt und mit aufgelösten Haaren auf ihren Schultern, stand er reglos vor Benommenheit still wie der erste Mann, der eine Frau sah; er berührte sie einige Zeit lang nicht, riß ihr ihre blonden Haare aus, steckte sie in seinen Mund, biß sie, küßte sie; dann wälzte er sich auf der Erde über die Blumen, zwischen den Kissen, über die Kleider von Adèle, zufrieden, irre, trunken vor Liebe . . .

Schließlich kannte seine wilde Brutalität keine Grenzen mehr; er sprang mit einem Satz auf sie, zog ihre beiden Hände auseinander, legte sie auf die Erde und wälzte sie wie von Sinnen hin und her. Oft stieß er wilde Schreie hervor und breitete die beiden Arme aus, stumpfsinnig und reglos, dann röchelte er vor Wollust wie ein Mann, der sich . . .

Plötzlich spürte er die Krämpfe Adèles unter sich, ihre Muskeln verhärteten sich wie Eisen, sie stieß einen klagenden Schrei und einen klagenden Seufzer aus, die durch Küsse erstickt wurden. Dann fühlte er sie kalt, ihre Augen schlossen sich, sie rollte um sich selbst, und ihr Mund stand offen.

Als er sie sehr lange reglos und vereist gespürt hatte, stand er auf, drehte sie nach allen Seiten, küßte ihre Füße, ihre Hände, ihren Mund und rannte hüpfend gegen die Wände. Mehrmals wiederholte er seinen Lauf; einmal jedoch schlug er mit dem Kopf voran gegen den Marmorkamin — und fiel, reglos und blutüberströmt auf Adèles Körper.

Als man Adèle fand, hatte sie breite und tiefe Krallenspuren auf dem Körper; Djalioh dagegen hatte einen entsetzlich gebrochenen Schädel. Man glaubte, die junge Frau habe ihn bei der Verteidigung ihrer Ehre mit einem Messer getötet. All das stand in den Zeitungen, und ihr könnt euch vorstellen, daß es acht Tage lang zu vielen So und Ach Anlaß gab.

Am nächsten Tag beerdigte man die Toten. Der Leichenzug war prächtig; zwei Särge, der der Mutter und des Kindes, und all das mit schwarzen Federbüschen, Kerzen, singenden Priestern, einer drängelnden Menge und schwarzen Männern in weißen Handschuhen (G. Flaubert, 1980, S. 138–145).

Es mag sein, daß mancher Verehrer des Flaubertschen Stils, seiner Verhaltenheit und schriftstellerischen Größe, diesen Auszug aus *Quidquid volueris* als melodramatisch und pubertär bezeichnen wird. Das Werk ist ja in der Pubertät geschrieben worden, in der die Kindheit wieder lebendig wird. Daher ist wohl die Intensität von Liebe, Haß, Schmerz, Einsamkeit, Erniedrigung und Ohnmacht hier noch so unkontrolliert eingedrungen. Aber es gibt bereits in diesem Werk Stellen, die in einer gültigen, dichterischen Form die tragische Einsamkeit eines sensiblen Kindes, das jeder Dichter einmal gewesen ist, schildern. So z. B. die folgende:

Er fragte sich, warum er kein Schwan wäre und schön wie diese Tiere; wenn er sich jemandem näherte, floh man, man verachtete ihn unter den Menschen; warum war er denn nicht schön wie sie? Warum hatte der Himmel ihn nicht zum Schwan, zum Vogel, zu etwas Leichtem gemacht, das singt und das man liebt? Oder vielmehr, warum war er nicht das Nichts? »Warum«, sagte er, während er mit der Spitze seines Fußes einen Stein vor sich herstieß, »warum bin ich nicht so? Ich trete ihn, er fliegt und leidet nicht!« (G. Flaubert, 1980, S. 131).

Wußte Flaubert, daß er in der Szene mit Adèle viel von seiner eigenen Geschichte erzählte, oder wußte er es nicht? Für den Außenstehenden spricht alles dafür, daß er es wußte. Gustave Flauberts Vater war ein angesehener Arzt, während er selber in seiner Kindheit als »Idiot der Familie« galt und Schwierigkeiten hatte, das Sprechen, Lesen und Schreiben zu erlernen (vgl. J. P. Sartre, 1977). Von seiner Mutter trennte ihn nach Sartre eine ähnliche Distanz, wie Djalioh von Adèle, sein Vater war ein ehrgeiziger Wissenschaftler wie »Monsieur Paul«, auf die kleine Schwester, die den Namen seiner Mutter trug, durfte er kaum offen eifersüchtig sein – es ließen sich noch viele Analogien zu Djalioh beifügen. Die Frage aber, ob Flaubert wußte, daß er über sein Leben schrieb, würde ich trotzdem oder gerade deshalb verneinen. Djalioh hätte nicht das Kind aus dem Wagen reißen und auf den Rasen werfen können, wenn Flaubert gewußt hätte, daß er für seine Schwester nicht nur brüderliche Liebe empfand. Auch bei dem Überfall auf Adèle konnte der Fünfzehnjährige seinen pubertären Phantasien freien Lauf lassen, weil er *nicht* wußte, daß er bei

Adèle die nie gelebte Nähe und Zärtlichkeit seiner Mutter suchte.

Gerade die Spaltung, die Trennung des Gefühls von den ursprünglichen Personen und die Bewahrung des Inhalts in der Phantasiewelt ermöglichen die künstlerische Gestaltung, ohne daß das Ausdrücken des Leidens die Neurose aufheben kann. Das Leiden kann aber im Prozeß des Schreibens immer wieder gelindert werden, weil der Dichter im Schreiben ein imaginäres Objekt besitzt, das ideale Qualitäten aufweist: es ist verfügbar, es kann ihn immer verstehen, ihn ernstnehmen und ihn begleiten. Diesem imaginären Objekt kann er sein Leid klagen, aber immer unter der Voraussetzung, daß die eigenen Eltern geschont bleiben, d. h. daß niemand (auch er selber nicht) erfahren darf, wem eigentlich die Gefühle gelten. Ein ähnliches Beispiel findet sich bei Samuel Beckett.

Der Schriftsteller Samuel Beckett behauptet bekanntlich, er hätte eine behütete und glückliche Kindheit gehabt, weil seine Eltern wohlhabend gewesen sind. Die Isolierung des protestantischen Jungen im katholischen Irland, in einem abgelegenen Landhaus mit parkähnlichem Garten, nicht weit vom Meer, die Bedrückung und Bedrohung durch den Zwang zu täglichen Gewissenserforschungen, von denen sich seine Mutter eine religiöse Erleuchtung bei ihm erhofft hatte, sind ihm offenbar im Zusammenhang mit seiner Kindheit emotional unzugänglich geblieben. Er kann zwar diese Gefühle im Schreiben erleben, aber sie sind nicht mit seinem eigenen Schicksal verbunden. Im Gegensatz zu Menschen, die ihre Gefühle mit dem Intellekt vollständig abwehren müssen, können Dichter starke und differenzierte Gefühle erleben und zum Ausdruck bringen, solange ihnen der Zusammenhang mit der eigenen Kindheitstragik unbewußt bleibt.

Lange bevor Beckett *En attendant Godot* geschrieben hatte, schrieb er als Dreiundzwanzigjähriger eine Erzählung unter dem Titel: *Assumption*. Der namenlose Held dieser

Erzählung hat die Fähigkeit entwickelt, geräuschvolle Menschenversammlungen, denen er nicht immer aus dem Wege gehen konnte, buchstäblich »niederzuflüstern«. Das eigentliche Thema der Erzählung ist jedoch nicht diese Kunst des Niederflüsterns, sondern die Furcht des namenlosen Helden, eines Tages – trotz all seiner Vorsichtsmaßnahmen dagegen – in einen elementaren, übernatürlichen, unmenschlichen Schrei auszubrechen. Denn das, so glaubt er fest, wäre sein Ende; und eine Frau, die sich ihm unabweisbar aufdrängt und die ihn schließlich jede Nacht liebt, bringt ihn tatsächlich so weit. Der Schrei verbreitet sich »mit seiner langen, triumphierenden Heftigkeit«, erschüttert das Haus und verschmilzt »mit dem rollenden Tosen des Meeres«. »Man fand (die Frau), wie sie sein wildes totes Haar liebkoste« (vgl. K. Birkenhauer, 1971, S. 30f.).

Es scheint mir undenkbar, daß ein Mensch, der als Kind die Möglichkeit gehabt hätte, seine Gefühle und Gedanken relativ frei auszudrücken, diese erschütternde Geschichte mit einer solchen Intensität hätte schreiben können. Aber es ist sehr verständlich, daß in besonders schweren Fällen der Erwachsene keine oder nur idealisierende Erinnerungen aus seiner Kinderzeit aufbewahrt, weil die Wahrheit für das einsame Kind nicht zu ertragen war.

Es paßt zum Inhalt dieser Geschichte sehr genau, daß Beckett sein kindliches Leiden leugnet (»niederflüstert«) und davon überzeugt ist, daß er nur das Leiden und die Absurdität der sogenannten »Gesellschaft« darstellt, die er als Erwachsener wahrnehmen konnte. Es gehört auch zur Tragik dieser Haltung, daß ihm seine Schriften, in denen die Hölle seiner Kindheit spürbar ist, nichts darüber berichten können, daß er die Wurzeln nicht sehen kann, weil sie ein Teil von ihm sind und weil er sein ganzes Leben lang versucht, in bezug auf seine Kindheit das Gesicht des Unbeteiligten zu wahren. Diese Notwendigkeit einer Spaltung im emotionalen Bereich demonstriert gerade bei einem sehr sensiblen und hochbegabten Menschen besonders deutlich, welche massiven Sanktionen einst dem Kind für das Merken gedroht haben. Da sie so früh verinnerlicht wurden, können sie das ganze Leben unvermindert wirksam bleiben.

Aus dem bisher Gesagten könnte man folgern, daß Flaubert und Beckett ihre beiden hier zitierten Erzählungen nicht geschrieben hätten, wenn es ihnen voll bewußt gewesen wäre, daß sie hier ihre eigenen Schicksale schilderten. Diese Folgerung veranlaßt manchen zu der recht grausamen Feststellung: »Glücklicherweise hatten die großen Dichter alle eine schwere Kindheit, sonst hätten wir jetzt nicht ihre großartigen Werke.« Ich würde aber meinen, daß diese Dichter nur etwas anderes geschrieben hätten, das ebenso kraftvoll hätte sein können, sofern es auch dem Unbewußten entsprungen wäre. Das Unbewußte ist unendlich, es gleicht einem Meer, von dem wir in der Analyse vielleicht gerade ein Glas Wasser entnehmen können, den Teil nämlich, der den Menschen krank gemacht hat. Ein großer Künstler wird um so freier aus dem Meer schöpfen können, je weniger er sich vor der aus dem Glas drohenden Vergiftung schützen muß. Er wird frei sein, verschiedene Wege auszuprobieren, sich immer wieder neu zu entdecken, wie man das z. B. am Leben und Werk von Pablo Picasso beobachten kann. Ein Gegensatz dazu ließe sich vielleicht bei Salvador Dali aufzeigen, der zweifellos ein großer Maler ist, aber ähnlich wie Samuel Beckett sein ganzes Leben lang mit dem aus dem Glas drohenden Gift beschäftigt ist. Was ich hier meine, hat nichts mit einem Werturteil zu tun, sondern lediglich mit der persönlichen Tragik des Künstlers. Das Glas ist klein im Vergleich zum Meer. Wenn wir uns aber den Menschen in diesem Zusammenhang in der Größe einer Ameise vorstellen, kann auch dieses Glas als ein großes Meer erlebt werden.

Die landläufige Meinung von der Nützlichkeit der Neurose für die Kunst ist möglicherweise in unserer ausbeuterischen Haltung verankert, die man ja auch irgendwie verstehen kann. Wir könnten nämlich argumentieren: Was wären die Werke von Kafka, Proust, Joyce ohne ihre Neurosen? Haben nicht gerade diese Dichter unsere eigenen, inneren Bedrohungen, inneren Gefängnisse, Zwänge, Absurditäten beschrieben? So möchten wir nicht, daß sie gesund gewesen wären, daß sie vielleicht wie Goethe geschrieben hätten, weil uns entscheidende Erlebnisse und unbewußte Spiegelungen dabei entgangen wären. In Kafkas *Prozeß* z. B. erleben wir unsere unverständlichen Schuldgefühle, im *Schloß* unsere Ohnmacht, in der *Verwandlung* unsere Einsamkeit und Isolierung, ohne daß diese Zustände uns in Verzweiflung bringen, weil sie doch nur den von Kafka erfundenen Gestalten zugehören. Solche Dichter haben für uns die wichtige Funktion einer unverbindlichen Spiegelung, die wir nicht missen möchten. So treten wir als Nachwelt die Erbschaft der Eltern an, indem wir von der Begabung des Künstlers profitieren.

Dieser Gedanke beschäftigte mich zum ersten Mal, als ich in der aufregenden Studie von Florian Langegger (1978) die Briefe des Vaters Mozart an seinen Sohn las. Es heißt dort u. a.: »Du mußt aber vor allem mit ganzer Seele auf das Wohl deiner Eltern denken, sonst geht deine Seele zum Teufel ... von dir kann ich alles aus kindlicher Schuldigkeit hoffen ... ich will, wenn Gott will, noch ein paar Jahre leben, meine Schulden zahlen – und dann magst du, wenn du Lust hast, mit dem Kopf an die Mauer laufen« (S. 86 und 92). Diese und ähnliche Sätze wollen nicht so recht in das Bild des liebenden Vaters passen, das uns die Geschichte überliefert hat. Aber sie zeigen sehr deutlich den narzißtischen Mißbrauch des Kindes, der in den meisten Fällen eine starke affektive Zuwendung und intensive Förderung nicht ausschließt (vgl. A. Miller, 1979 und 1981). Wenn man die »liebevollen« Briefe Leopold Mozarts in Langeggers Auswahl liest, muß man sich nicht wundern, daß der Sohn seinen Vater nur kurz überlebte, mit 37 Jahren starb und vor dem Tode an Vergiftungsängsten litt. Doch wie unwichtig erscheint der Nachwelt dieses tragische Einzelschicksal angesichts der hervorragenden Leistungen Mozarts.

Obwohl die subjektive Seite eines Künstlerschicksals für die Nachwelt gewöhnlich keine Bedeutung hat, möchte ich mich in diesem Kapitel gerade mit der ganz privaten Tragik des Dichters Franz Kafka beschäftigen. Ich tue das, weil ich vermute, daß mehrere unserer Patienten ein ähnliches Schicksal hatten, obwohl sie sich an die Psychoanalyse wandten, in ihr aber keine Hilfe erhalten konnten, weil auch innerhalb der Psychoanalyse, auf Freud zurückgehend, die Meinung verbreitet ist, das Kunstwerk sei »ein Ersatz für die gesunde Triebbefriedigung«, also ein Zeichen der Neurose, oder, in einem andern Zusammenhang, daß es als »Kulturprodukt« das »Resultat der Triebsublimierung« sei.

Falls es heute einen Menschen wie Kafka gibt (und ich zweifle nicht daran, daß wir sehr vielen ähnlich strukturierten Menschen, mit einem ähnlichen Kinderschicksal, begegnen), was würde geschehen, wenn mit ihm eine Psychoanalyse nach den Richtlinien der Triebtheorie durchgeführt würde?

Eine Probe davon können wir in der umfassenden Literatur über Kafkas ödipale, präödipale und neuerdings auch homosexuelle Triebwünsche finden. So schreibt z. B. Gunter Mecke:

Das Wesen des *Prozeß* ist eine sexuelle Bewährungsprobe, die Josef K. weder heterosexuell (mit Fräulein Bürstner) noch homosexuell (mit dem »Maler« Titorelli) besteht. K. wird daher schließlich von zwei Cliquenhäschern strafweise anal vergewaltigt. (1981, S. 214).

In dem hier zitierten *Psyche*-Artikel kann man im einzelnen nachlesen, was dem Patienten Franz Kafka begegnet wäre, wenn Gunter Mecke dessen Analyse übernommen hätte. Mecke berichtet:

Kafkas Schriften sind mir stets weit mehr ein Stein des Anstoßes gewesen, als ein Anstoß zum Nachdenken ... Der Himmel weiß, warum gerade mir (von 1970 an) die Pflicht zufiel, hintereinander mehrere Kafka-Seminare zu leiten. Ich »leitete« sie als Blinder unter Blinden mit wachsendem Unbehagen, schließlich mit Scham. Ich fühlte mich dem Gegenstand schlechterdings nicht gewachsen, erkannte, daß er mich zum Faseln aufreizte, schmorte bald im eigenen Fett und mußte mir sagen – und von meinen sehr freimütigen Studenten sagen lassen –, daß auch ich mich mit meinen »Deutungen« von Kafka zur geistigen Falschmünzerei hatte verleiten lassen.

Die Psychoanalyse als Methode hat mir *anfangs* wenig geholfen, manchmal hat sie mich behindert, z. B. verleitet, mit vorgefaßten Konstrukten *Sprünge* in die Deutung einzelner Äußerungen Kafkas zu tun. Es geht nicht. Man muß lange in Kafkas *System*-Labyrinth umhergeirrt sein, ehe man einzelne Irrgänge auch nur orten kann. Dann freilich läßt der Generalschlüssel sich induzieren ... Ich nahm mir den Rat der Gardena (*Das Schloß*) zu Herzen, die den Landvermesser K. haßt. Man müsse ihm nur wirklich zuhören, dann komme man ihm schon auf die Schliche ... Das wurde das Herz meiner Methode. Ihr Herzschlag hieß nicht selten Weißglut. (S. 215)

Diese Weißglut kann sich einstellen, wenn man etwas oder jemanden verstehen möchte, bei dem alle verfügbaren Werkzeuge des Verstehens versagen. Das war auch die Situation des kleinen Franz Kafka, und hätte sich Kafka einer Analyse unterzogen, so hätte er zweifellos dieses Gefühl seinem Analytiker vermittelt, wie es auch seine Werke zuweilen tun, wenn sie dem Leser plötzlich eine absurde Situation vorführen, nachdem dieser meint, bereits etwas verstanden zu haben. So muß man sich über die Weißglut Meckes nicht wundern; sie könnte, sozusagen in der Form der Gegenübertragung, die Gefühle des kleinen Franz Kafka spiegeln. Aber – und da ist der große Unterschied – der Analytiker muß sich die verzweifelte Ohnmacht nicht wie ein Kind oder wie ein Patient gefallen lassen, er kann dieses für ihn unerträgliche Gefühl loswerden, indem er dem Patienten Deutungen anbietet, die an ihm vorbeisehen. So rächt er sich für das Nichtverstehenkönnen, für die daraus resultierenden Gefühle der ohnmächtigen Wut und ist froh, den Patienten endlich in den Griff bekommen zu haben. Auch Mecke triumphiert, nachdem er dem verschlagenen Burschen Franz Kafka auf die Schliche gekommen ist, und beschreibt ihn als einen »Giftmischer«, der seine »Homosexualität« mit »schizophrener Schläue« in einer der »Gaunersprache analogen« Sprache versteckt. Mecke zeigt uns in seinem langen Aufsatz sehr genau, an welchen Stellen der Erzählung er den »Knabenjäger Kafka« (S. 227) bei seinen homosexuellen Phantasien und Aktivitäten ertappt zu haben meint, und er läßt es an Gründlichkeit nicht fehlen. Einzig die Information über den homosexuellen Mißbrauch, dessen Opfer Kafka selber angeblich gewesen war, steht unbelegt und unverknüpft in einer Fußnote verloren da. Es heißt dort einfach: »Zahlreiche Indizien, die hier übergangen werden müssen, deuten darauf hin, daß Kafka mit 15 Jahren homosexuell verführt wurde oder – das Wahrscheinlichere – vergewaltigt wurde«. Ohne Kommentar! Unzählige Male fiel es mir in meiner Supervisionstätigkeit und beim Anhören von Falldarstellungen in analytischen Kreisen auf, daß man solchen Informationen keine Bedeutung beimaß, weil man vollständig damit beschäftigt war, die »Triebwünsche« des Patienten (die Schuld des Kindes) zu beschreiben.

Es ist durchaus legitim, in einem dichterischen Werk das zu sehen, was man in ihm sehen muß, denn eine noch so verachtende Haltung kann dem abgeschlossenen Werk nichts mehr antun. Aber der Patient im Sprechzimmer des Analytikers kann zum Opfer werden, wenn er in die Atmosphäre einer solchen Haltung gerät. Wie Professor Mecke zu seiner Kafka-Lektüre nicht freiwillig kam, sondern zur Leitung der »Kafka-Seminare«, wie er schreibt, verpflichtet war, kann u. U. ein Analytiker einen ihm wesensfremden Patienten in Behandlung nehmen, weil er z. B. aus wirtschaftlichen Gründen vielleicht gerade einen Patienten braucht. Konfrontiert ihn dieser Patient unbewußt mit den Absurditäten aus dessen Kindheit, dann kann das leicht zu einer Haltung des Therapeuten führen, die der Haltung Meckes Kafka gegenüber nicht unähnlich ist und daher auf die Hilfe komplizierter Theorien angewiesen sein wird. Sollte der Patient etwas von dieser Ohnmacht des Therapeuten merken oder sich darüber beklagen, daß er nicht verstanden wird, bekommt er zu hören, er entwickle jetzt Aggressionen, weil der Analytiker seine homosexuellen Werbungen nicht erwidere. Solche Deutungen habe ich in meiner Ausbildung sehr oft als Empfehlungen gehört, und ich brauchte viel Zeit, um ihren Abwehrcharakter zu durchschauen. Ein gut erzogener Kandidat wird sich unweigerlich fragen: »Vielleicht ist doch etwas daran wahr?«. Und der Patient, der in seinem Analytiker göttliche Qualitäten seiner ersten Bezugspersonen sieht, kann sich der Macht einer Deutung nicht entziehen, besonders wenn sie im sicheren Tonfall, der keine Alternativen zuläßt, ausgesprochen wird. Könnte aber der Analytiker seine gelegentliche Verzweiflung über das eigene Nichtverstehen zulassen und erleben, dann würde ihm dieses Gefühl möglicherweise einen wichtigen Zugang zur Kindheit des Patienten vermitteln. Dies ist zumindest meine persönliche Erfahrung.

Der oben zitierte *Psyche*-Aufsatz von Gunter Mecke eignet sich auch zur Charakterisierung der triebtheoretischen Haltung in der Psychoanalyse, die ich auf S. 19 f. darzustellen versucht habe. Man könnte meinen, daß eine solche Haltung endgültig der Vergangenheit angehöre und in der heutigen Zeit kaum mehr anzutreffen sei. Ähnlich wollen wir glauben, die Schwarze Pädagogik hätte in unserer Zeit nichts mehr zu suchen, doch das Gegenteil ist leider der Fall, und die Bemühungen, den Patienten (hier Franz Kafka) zum gerissenen Betrüger zu stempeln, dessen Machenschaften man sich glücklicherweise mit den geeigneten Schlüsseln entziehen könne, sind leider sehr häufig. Sie sind die logischen Folgen der Ausbildung zur Psychoanalyse als Triebtheorie.

Selbstverständlich arbeiten nicht alle Analytiker so, und Donald W. Winnicott, Marion Milner, Heinz Kohut, Massud Khan, William G. Niederland, Christel Schöttler und viele andere haben kreativen Menschen entscheidend helfen können, weil sie nicht unter dem Zwang standen, die Kreativität ihrer Patienten auf Triebkonflikte zurückzuführen und ihnen ihre »schmutzigen Phantasien« systematisch nachzuweisen (vgl. A. Miller, 1980, S. 33f.). Doch Meckes an die Schwarze Pädagogik erinnernde verachtende, entblößende, ja verfolgende Haltung bildet keineswegs eine Ausnahme; sie repräsentiert vielmehr eine (kaum bewußte oder bewußt gewollte) Haupttendenz der heutigen Psychoanalyse. Daß ihre offiziellen Vertreter diese Haltung als durchaus normal und sogar als neu empfinden, spiegelt sich in den einleitenden Worten der *Psyche*-Redaktion:

Mecke liest Kafkas Erzählungen und Romane, gestützt auf die Briefsammlungen, als Kryptogramme: als verschlüsselte künstlerische Mitteilung der Lebenserfahrungen eines Grenzgängers zwischen Homo- und Heterosexualität. Diese neue Art, Kafka zu lesen, wird hier am Beispiel der Erzählung vom »Jäger Gracchus« vorgestellt.

Diese »neue Art«, Kafka zu behandeln, ist insofern nicht neu, als Franz Kafka bereits von seinem Vater so wie jetzt von Mecke behandelt wurde. Was der Vater an seinem Sohn nicht verstand (und das war auf jeden Fall das Zentralste), hat er an ihm verachtet, verspottet und zuweilen gehaßt. Dieses Schicksal erleben die meisten Kinder, die schon durch ihr Wesen ihre Eltern verunsichern. Wenn sich aber dieses Trauma in der Psychoanalyse gerade am Anfang, bevor ein empathisches, inneres Objekt aufgebaut worden ist, wiederholt, kann es zum Ausbruch einer Psychose führen. Dann sagt man, der Patient sei an den »psychotischen Kern« gestoßen, und zieht kaum in Betracht, daß der Patient in seiner Analyse, d. h. in der

Gegenwart, dem realen Trauma seiner Kindheit *nochmals* ausgesetzt wurde, daß er dies ohne Begleitung nicht aushalten konnte und daher in eine psychotische Verwirrung fiel.

Ich werde im folgenden keine fertigen Theorien auf Kafka anwenden, sondern versuchen auszusprechen, was ich jetzt über seine Kindheit erfahre, wenn ich seine Werke und vor allem seine Briefe lese. Damit schildere ich indirekt auch meine analytische Haltung dem Patienten gegenüber, die ich als die Suche nach der frühkindlichen Realität ohne Schonung der Eltern bezeichne. Der Unterschied zwischen einer solchen Psychoanalyse des dichterischen Werkes und der psychoanalytischen Situation besteht darin, daß sich in der letzteren die Artikulierung des Leidens nicht im dichterischen Werk, sondern in den Einfällen und in der Inszenierung innerhalb der Übertragung und Gegenübertragung abspielt. Meine Haltung aber dem Kind im Erwachsenen gegenüber ist die gleiche.

Der 29jährige Franz Kafka notiert in seinen Tagebüchern, daß er beim Vorlesen seiner Erzählung *Das Urteil* am Schluß den Tränen sehr nahe war. In der Nacht nach dieser Lesung (vom 4. zum 5. Dezember 1912) schreibt er an Felice Bauer:

Liebste, ich lese nämlich höllisch gerne vor, in vorbereitete und aufmerksame Ohren der Zuhörer zu brüllen, tut dem armen Herzen so wohl ... Als Kind – vor paar Jahren war ich es noch – träumte ich gern davon, in einem großen, mit Menschen ausgefüllten Saal die ganze *Education sentimentale* ohne Unterbrechung so viele Tage und Nächte lang, als sich für mich notwendig ergeben würde, vorzulesen; und die Wände sollten widerhallen. Wann immer ich gesprochen habe, reden ist wohl noch besser als vorlesen (selten genug ist es gewesen), habe ich diese Erhebung gefühlt und auch heute habe ich es nicht bereut (F. Kafka, 1976).

Zum äußeren Bild des bescheidenen, zurückhaltenden Franz Kafka wollen diese Sätze nicht so recht passen.

Aber wie verständlich sind sie aus der Feder eines Menschen, der seine ganze Kindheit hindurch mit allem, was ihn wirklich und zutiefst beschäftigte, vollständig allein war.

In der Biographie von Max Brod lesen wir, daß Kafkas Mutter eine »stille, gütige, außerordentlich kluge, ja weisheitsvolle Frau war«. (Die »gütige Mutter« scheint immer noch ein Lieblingsbegriff der Biographen zu sein.) Wenn wir das lesen und zugleich wissen, daß kein Mensch Kafka näherstand als gerade Max Brod, dann realisieren wir noch deutlicher, in welcher seelischen Einsamkeit sich dieses Leben abgespielt hat. Kafkas Mutter, Julie Kafka, die selber im Alter von drei Jahren ihre Mutter und dann die Großmutter durch Tod verloren hatte, blieb eigentlich ihr ganzes Leben lang ein tüchtiges, gefügiges Kind ihres Vaters und ihres Mannes. Sie stand diesem täglich den ganzen Tag im Geschäft und abends beim Kartenspiel zur Verfügung. (»Seit dreißig Jahren, d. h. mein ganzes Leben«, schreibt ihr Sohn an Felice.) Franz war ihr erstes Kind, in kurzen Abständen gebar sie anschließend zwei andere Söhne, von denen einer zwei Jahre und der andere nur sechs Monate überlebte. Später kamen noch drei Töchter zwischen Franzens siebentem und zehntem Lebensjahr.

Kafkas ganzes Werk und all seine Briefe geben uns *nur annähernd* eine Vorstellung davon, wie ein Kind von seiner Erlebnisintensität und -tiefe diesen Ereignissen von Geburt und Tod sowie all den Gefühlen von Verlassenheit, Neid, Eifersucht ausgeliefert ist, wenn niemand ihm beistehen kann. (Ähnliches ereignete sich übrigens in der Kindheit Hölderlins, Novalis', Munchs und anderer.) Mit all diesen Erlebnissen, mit all seinen Fragen war das wache, interessierte, hochsensible, aber keineswegs kranke Kind hoffnungslos allein und dem machtfreudigen Hauspersonal vollständig ausgeliefert. Wir sagen oft achselzuckend: das war damals bei den reichen Leuten ganz normal, daß man die Kinder den Gouvernanten überlassen hat. (Als ob

im »Normalen« je die Garantie der Güte enthalten wäre.)
Es gab sicher viele Fälle, in denen eine Amme oder Kinderfrau das Kind vor der Kälte und Lieblosigkeit seiner Eltern gerettet hat. Aber wir müssen uns auch vorstellen, mit welcher Erleichterung die unterdrückten Angestellten die Demütigung, die ihnen von »oben« zuteil wurde, den kleinen Kindern weitergaben. Da ein Kind kaum etwas davon erzählen kann, sind bei ihm alle Formen seelischer Grausamkeit bestens aufgehoben.

Wie groß, wie unbändig stark muß Kafkas *Hunger* nach einem zuhörenden Menschen in seiner Kindheit gewesen sein, nach einem wahrhaftigen Menschen, der ohne Drohungen und ohne Ängstlichkeit seine Fragen, Ängste und Zweifel aufgenommen, seine Interessen geteilt, seine Gefühle mitgespürt und nicht verspottet hätte. Wie groß mußte seine Sehnsucht nach einer Mutter gewesen sein, die seiner inneren Welt mit Teilnahme und Respekt begegnet wäre. Diesen Respekt kann man aber nur dann einem Kind geben, wenn man gelernt hat, auch sich selbst als Person ernstzunehmen.

Wie hätte Kafkas Mutter das lernen können? Sie selber verlor ihre Mutter in einem Alter, in dem ein Kind diesen Verlust weder begreifen noch betrauern kann. Ohne einen empathischen Ersatz war es ihr unter diesen Umständen nicht möglich, ihre eigene Persönlichkeit, d. h. ihre echte Liebesfähigkeit zu entwickeln. Nicht lieben zu können ist eine große Tragik, aber keine Schuld.

Die Einsicht, daß nicht depressive Pflichterfüllung, sondern die persönliche Entwicklung und die Lebendigkeit der Mutter eine warme und respektvolle Zuwendung zum Kind erst ermöglichen, beginnt sich nun langsam in unserer Gesellschaft durchzusetzen. Männer, die diese Einsicht für eine Erfindung der Frauenbewegung halten, müßten sich nur ein wenig in der Vergangenheit umschauen. Goethes Mutter z. B. schrieb an ihren Sohn Briefe, die sehr deutlich zeigen, wie selbstverständlich sich Liebe und Achtung für das Kind aus einer freien Spontaneität ergeben. Kein unechtes Wort ist hier zu lesen, nirgends die Rede von Opfer oder Pflichterfüllung.

Julie Kafka aber schreibt (an Brod), daß sie für das Glück *jedes* ihrer Kinder ihr Herzblut bereit wäre zu opfern. Ein ähnlicher Stil findet sich bei der Mutter Hölderlins. Wie viele Herzen hat denn eine Mutter? Und was soll das Kind mit diesem Blut machen, wenn es doch *nur ein zuhörendes Ohr* braucht?

Der ungestillte, verzweifelte Hunger ihres Sohnes nach Wahrhaftigkeit und Verständnis, der übrigens die 700 Seiten der *Briefe an Felice* wie ein roter Faden durchzieht, drückt sich in dem oben zitierten Traum aus: an Stelle der Mutter sind so viele Menschen »mit vorbereiteten und aufmerksamen Ohren« eigens dafür hergekommen, um *ihm* zuzuhören. Und er darf so lange vorlesen, ganze Nächte hindurch, bis sie ihn verstanden haben. Aber – da die Zweifel und die quälende Macht der frühen Erfahrungen ebenso stark sind wie die Hoffnung, will Kafka Flaubert vorlesen. Falls die Hörer, trotz seiner größten Anstrengungen nicht verstehen sollten, was er ihnen zu vermitteln versuchte, so ist es Flaubert gewesen, den sie nicht verstanden hatten, Flaubert, der ihm zwar sehr nahe stand, aber doch nicht er selber war. Sich selber dem Risiko der Gleichgültigkeit und Ahnungslosigkeit auszusetzen, wäre noch schmerzhafter gewesen und müßte das quälende Gefühl von Entblößung und Scham hinterlassen. Denn ein Kind schämt sich, wenn es vergeblich um Verständnis geworben hat. Es kommt sich wie ein Bettler vor, der nach großer Überwindung und nach langen inneren Kämpfen die Hand ausgestreckt hat und von den Passanten kaum beachtet wird.

Auch das gehört zur conditio humana, daß sich das Kind seiner Bedürfnisse schämt, während sich der Erwachsene seiner tauben Ohren gar nicht bewußt ist und oft keine Ahnung davon hat, was sich ganz in seiner Nähe in der Kinderseele abspielt, zumindest, solange ihm die eigene Kindheit emotional unzugänglich bleibt.

Als Kind war Franz Kafka »folgsam, ruhiger Gemütsart und brav« – so schilderte ihn sein Kinderfräulein.

Das Kind wuchs unter der Obhut der Köchin und des Hausfaktotums Marie Werner auf, einer Tschechin, die jahrzehntelang in der Familie Kafka lebte und allgemein »slečna« (das Fräulein) genannt wurde. Die eine streng, die andere freundlich, aber furchtsam gegenüber dem Vater, dem sie bei Auseinandersetzungen stets zu erwidern pflegte: »Ich sage ja nichts, ich denke nur.« Zu diesen beiden »Respektspersonen« kam in den ersten Jahren noch ein Kindermädchen und später die (in »besseren« Prager Familien obligate) französische Gouvernante. Die Eltern sah Kafka selten: Der Vater hatte in seinem sich ständig vergrößernden Geschäft ein polterndes Domizil aufgeschlagen, und die Mutter mußte stets um ihn sein, als Hilfe und als Ausgleich gegenüber den Angestellten, die dem Vater als *Vieh, Hunde* und *bezahlte Feinde* galten. Die Erziehung beschränkte sich auf Anweisungen bei Tisch und Befehle, denn auch abends mußte die Mutter dem Vater stets Gesellschaft leisten beim *gewöhnlichen Kartenspiel mit Ausrufen, Lachen und Streit. Pfeifen nicht zu vergessen.* In dieser *dumpfen, giftreichen, kinderauszehrenden Luft des schön eingerichteten Familienzimmers* wuchs das Kind auf, die knappen Befehle des Vaters blieben ihm unbegreiflich und rätselhaft und es wurde schließlich so *unsicher aller Dinge, daß ich tatsächlich nur das besaß, was ich schon in den Händen oder im Mund hielt oder was wenigstens auf dem Wege dorthin war.* Zu dieser Unsicherheit trug besonders die Richtung der väterlichen Erziehung bei, die Kafka im *Brief an den Vater* bezeichnet: *Du kannst ein Kind nur so behandeln, wie Du eben selbst geschaffen bist, mit Kraft, Lärm und Jähzorn, und in diesem Falle schien Dir das auch noch überdies deshalb sehr gut geeignet, weil Du einen kräftigen mutigen Jungen in mir aufziehen wolltest* (K. Wagenbach, 1976, S. 20).

Äußerlich gesehen wird hier ein »behütetes Zuhause« beschrieben, eine Kindheit nicht schlechter als viele andere, aus denen mehr oder weniger große und tapfere Menschen hervorgegangen sind. Aber Kafkas Werk erzählt, wie ein sensibles Kind Situationen erleben kann, die wir immer noch als ganz normal und unauffällig bezeichnen und in denen unsere Kinder leben müssen, ohne sie je, wie Kafka, artikulieren zu können. Wenn wir das, was er erzählte, nicht als Ausdruck seiner »Neurasthenie«, seiner Kopfschmerzen, seiner »Konstitution« oder seines Wahns, sondern als Beschreibungen seiner frühkindlichen Situation und seiner Reaktion darauf empathisch zu verstehen lernen, ohne die Eltern schonen zu müssen, kann das unsere Sensibilität dafür schärfen, was wir immer noch hier und jetzt unseren Kindern zumuten, oft nur, weil wir nicht wissen, wie stark das Kind seine Eindrücke aufnimmt und was später damit in ihm geschieht. Da ist z. B. ein harmloses Spiel auf Kosten des Kindes, ein Jux, den man sich leistet, oder eine Drohung, an deren Ausführung man selber niemals im Ernst denkt, nur um ein besseres Benehmen zu erzielen. Das Kind kann das jedoch nicht wissen, es wartet vielleicht täglich auf die angedrohte Strafe, die nicht kommt, die aber wie ein Damoklesschwert über ihm hängenbleibt. Solche »harmlosen« Szenen spielten sich oft auf Kafkas Schulweg ab. In einem Brief an Milena erzählt er:

Unsere Köchin, eine kleine trockene, magere, spitznasige, wangenhohl, gelblich, aber fest, energisch und überlegen, führte mich jeden Morgen in die Schule. Da ging es also zuerst über den Ring, dann in die Teingasse, dann durch eine Art Torwölbung in die Fleischmarktgasse zum Fleischmarkt hinunter. Und nun wiederholte sich jeden Morgen das Gleiche wohl ein Jahr lang. Beim Aus-dem-Haus-treten sagte die Köchin, sie werde dem Lehrer erzählen, wie unartig ich zuhause gewesen bin. Nun war ich ja wahrscheinlich nicht sehr unartig, aber doch trotzig, nichtsnutzig, traurig, böse und es hätte sich daraus wahrscheinlich immer etwas Hübsches für den Lehrer zusammenstellen lassen. Das wußte ich und nahm also die Drohung der Köchin nicht leicht. Doch glaubte ich zunächst, daß der Weg in die Schule ungeheuer lang sei, daß da noch vieles geschehen könne (aus solchem scheinbaren Kinderleichtsinn entwickelt sich allmählich, da ja eben die Wege nicht ungeheuer lang sind, jene Ängstlichkeit und totenaugenhafte Ernsthaftigkeit) auch war ich, wenigstens noch auf dem Altstädter Ring, sehr im Zweifel, ob die Köchin, die zwar Respektsperson, aber doch nur eine häusliche war, mit der Welt-Respekts-Person des Lehrers überhaupt zu sprechen wagen würde . . . Etwa in der Gegend des Einganges zur Fleischmarktgasse bekam . . . die Furcht vor der Drohung das Übergewicht. Nun war ja die Schule schon an und für sich ein Schrecken und jetzt wollte es mir die Köchin noch so erschweren. Ich fing an zu bitten, sie schüttelte den Kopf, je mehr ich bat, desto wertvoller erschien mir das, um was ich bat, desto größer die Gefahr, ich blieb stehn und bat um Verzeihung, sie zog mich fort, ich drohte ihr mit der Vergeltung durch die Eltern, sie lachte, *hier* war sie allmächtig, ich hielt mich an den Geschäftsportalen, an den Ecksteinen fest, ich wollte nicht weiter, ehe sie mir nicht verziehen hatte, ich riß sie am Rock zurück (leicht hatte sie es auch nicht), aber sie schleppte mich weiter unter der Versicherung, auch dieses noch dem Lehrer zu erzählen, es wurde spät, es schlug acht von der Jakobskirche, man hörte die Schulglocken, andere Kinder fingen zu laufen an, vor dem Zuspätkommen hatte ich immer die größte Angst, jetzt mußten auch wir laufen und immerfort die Überlegung: »sie wird es sagen, sie wird es nicht sagen« – nun: sie sagte es nicht, niemals, aber immer hatte sie die Möglichkeit und sogar eine scheinbar steigende Möglichkeit (gestern habe ich es nicht gesagt, aber heute werde ich es ganz bestimmt sagen) und die ließ sie niemals los (F. Kafka, 1973, S. 48f.).

Es gibt unzählige Interpretationen von Kafkas *Prozeß*, weil dieses Werk viele menschliche Situationen spiegelt. Das tiefe Wissen von diesen Situationen aber, das Kafka dazu befähigte, sie so zu beschreiben, wurzelt wohl in den frühen Erlebnissen des Kindes, die den oben geschilderten Szenen auf dem Schulweg ähnelten. Josef K. ist morgens noch im Bett, als ihm ein Prozeß angekündigt wird, dessen Beweisführung für ihn so undurchsichtig ist, so widerspruchsvoll wie die Haltung der Eltern und Erzieher, dessen Berechtigung aber doch nicht ganz von der Hand zu weisen ist, weil immer etwas da ist, was ein Kind zu verbergen hat, wofür es sich schuldig fühlen muß und mit dem es immer allein bleibt.
Wie Josef K. im *Prozeß* vergeblich herauszufinden versucht, was er verbrochen hat, quält sich der Landvermesser K. im Roman *Das Schloß* Tag und Nacht mit der Frage

ab, wann er endlich als legales Mitglied der Gemeinschaft akzeptiert sein wird.

Die verzweifelten Versuche eines Kindes, sich in den widersprüchlichen Äußerungen seiner Eltern zurechtzufinden, in ihnen einen Sinn und eine Logik zu erblicken, können kaum einen adäquateren Ausdruck finden als in Kafkas Geschichte des Landvermessers K., der sich um den Eingang ins Schloß bemüht. Wie soll sich denn ein Kind die Tatsache erklären können, daß dieselbe Mutter, die ihm ständig ihre Liebe beteuert, seinen *wahren* Bedürfnissen gegenüber völlig ahnungslos bleibt und daß es nie ganz an sie herankommen kann, auch wenn sie in seiner Nähe ist wie das Schloß?

Kafka schildert hier im Grunde die unendlichen Anstrengungen eines Kindes, mit Hilfe des *Verstehens* aus der Einsamkeit herauszukommen und den Fluch der Isolierung unter den Bauern (den Hausangestellten) zu durchbrechen; die Bemühung, bei den belanglosen, zufälligen Gesten und Worten der Dorfbevölkerung Zeichen des Wohlwollens oder der Ablehnung des Schlosses zu erblicken; die Hoffnung, endlich einmal einen Sinn in dieser absurden Welt ausmachen zu können – einen Sinn, der einen tragen und in die Gemeinschaft der Schloßherrschaft (der Eltern) einbeziehen könnte.

Ein Kind denkt: »Wenn man mich geboren hat, wollte man mich doch hier haben, aber jetzt kümmert sich niemand um mich. Hat man vergessen, daß man mich geholt hat? Es kann doch wohl nicht sein, man wird sich sicher einmal daran erinnern. Was muß ich tun, damit das bald geschehe? Wie muß ich mich verhalten, wie muß ich die Signale deuten?« Das kleinste Zeichen des Wohlwollens wird unendlich ausgebaut, durch viele Phantasien und Wünsche unterstützt, bis die Hoffnung schließlich angesichts der unbestreitbaren Gleichgültigkeit der Umgebung doch wieder zusammenbricht. Aber nicht für lange, ein Kind kann ohne Hoffnungen und Phantasien nicht leben. Schon wieder baut der Landvermesser K. seine

Luftschlösser auf, schon wieder versucht er Beziehungen anzuknüpfen, wenn nicht zum Grafen, so zumindest zu dessen Beamten.

Wie der Landvermesser im *Schloß* blieb vermutlich das Kind Franz Kafka mit seinen Gedanken und Spekulationen über die Beziehungen der Erwachsenen untereinander und zu ihm selber völlig allein; wie der Landvermesser K. wurde dieses intelligente Kind paradoxerweise in seiner Familie nicht ernstgenommen, wurde auch es bloßgestellt, irregeführt, nicht beachtet, mit Versprechungen abgewimmelt, erniedrigt und fallengelassen, ohne daß irgendeine Person ihm verstehend und erklärend beigestanden hätte. Einzig seine jüngste Schwester Ottla konnte ihm Liebe und Verständnis geben; da sie aber neun Jahre jünger war als er, mußte die erste Zeit, die wichtigste und prägendste seines Lebens, in einer Atmosphäre verbracht werden, die er im *Schloß* minutiös beschrieb. Der Landvermesser K. im *Schloß* erlebt sich (wie das Kind Franz Kafka):

1. unverständlichen, undurchschaubaren Schikanen ausgeliefert,
2. ständigen Inkonsequenzen ausgesetzt,
3. gerufen (erwünscht) und doch unbrauchbar,
4. totaler Kontrolle unterworfen oder völlig unbeachtet und fallengelassen,
5. gedemütigt und verspottet oder zu Hoffnungen verführt,
6. mit unbestimmten Forderungen beauftragt, die er selber erraten muß und
7. in ständiger Unsicherheit, ob er richtig geraten hat.

Er versucht seine Umgebung zu verstehen, einen Sinn in diesem Chaos, in dieser Unordnung zu finden, aber das gelingt ihm nie. Wenn er meint, er werde verspottet, sieht es so aus, als ob es den anderen Ernst gewesen wäre; wenn er aber mit diesem Ernst rechnet, bleibt er der Dumme. So ergeht es oft einem Kinde: die Eltern nennen das »spielen« und amüsieren sich, wenn das Kind vergeblich nach den

Regeln dieses »Spiels« sucht, die sie ihm, wie die Pfeiler ihrer Macht, nicht preisgeben. So leidet der Landvermesser im *Schloß* unter der Undurchschaubarkeit seiner Umgebung, wie ein Kind ohne eine begleitende Bezugsperson; er leidet unter der Sinnlosigkeit der Bürokratie (Erziehungsprinzipien), der Unzuverlässigkeit der Frauen und dem Prahlen der Angestellten.

In dieser großen Menschenansammlung befindet sich außer Olga, die selber ein Opfer dieses Systems ist, kein einziger Mensch, der ihm erklären könnte, was hier vor sich geht, und der ihn verstehen würde. Dabei spricht er doch niemals verwirrt, sondern immer klar, einfach, freundlich und überzeugend. Diese Tragik, mit den einfachsten, logischsten Gedanken nirgends anzukommen und ständig an Mauern abzuprallen, durchzieht eigentlich Kafkas ganzes Werk und ist auch in den Briefen als eine ständige, verhaltene Klage hörbar. Obwohl diese Klage mehrmals dichterisch gestaltet und ausdrücklich thematisiert wird, bleibt sie, gerade daher, vom biographischen Ursprung getrennt. Das Leiden des kleinen Kindes an seiner Mutter, die das Kind nicht verstehen und nicht einmal sehen konnte, bleibt dem Menschen Franz Kafka emotional unzugänglich, während die Schwierigkeiten mit dem Vater, die in eine spätere Zeit gehören, für ihn viel greifbarer und besser artikulierbar waren (vgl. F. Kafka, 1978).

Wieviel Wesentliches Kafka bei seiner Mutter entbehren mußte, zeigt sich an seiner Einsamkeit in der Freundschaft mit Max Brod und mit Felice Bauer, seiner Verlobten. Über das Zusammensein mit Max Brod schreibt er einmal:

Ich war z. B. mit Max in den vielen Jahren, seitdem wir uns kennen, doch schon so oft allein beisammen, tagelang, auf Reisen wochenlang und fast unaufhörlich, aber ich kann mich nicht erinnern – wenn es geschehen wäre, könnte ich mich sehr gut erinnern –, ein großes, zusammenhängendes, mein ganzes Wesen heraushebendes Gespräch mit ihm geführt zu haben, wie es doch selbstverständlich sich ergeben müßte, wenn zwei Menschen mit ihrem großen Umkreis eigentümlicher und bewegter Meinungen und Erfahrungen aneinandergeraten. Und Monologe Maxens (und vieler anderer) habe ich schon genug gehört, für die nur der laute und meistens auch der stumme Gegenredner fehlte (F. Kafka, 1976, S. 401).

Ein Mensch, der als Kind so einsam wie Franz Kafka war, kann sich nicht als Erwachsener einen Freund oder eine Frau suchen, die ihn verstehen würden, sondern sucht oft zunächst die Wiederholung der Kindheit. An der Art der Beziehung Kafkas zu Felice und ihrer zu ihm, können wir ablesen, worin Kafkas Not mit seiner Mutter bestand. Julie Kafka, hatte für ihren Sohn nicht nur keine Zeit, sondern auch keine Antennen, und wenn sie sich um sein Wohl kümmerte, tat sie es mit einer solchen Taktlosigkeit, daß sie ihn tief verletzte (vgl. S. 354 f.), ohne daß sie es wollte und ohne daß er das artikulieren konnte, weil ein Kind einer unsicheren Mutter seine eigenen Verletzungen nicht einmal merken darf. Das gleiche spielt sich mit Felice ab. Die nüchterne Verlobte kann sehr vieles verstehen, aber nicht die Welt eines Franz Kafka. Daß er gerade bei ihr das Verständnis sucht und zunächst lange seine Enttäuschung nicht merkt, ist nicht verwunderlich, wenn man bedenkt, daß dieser Mann eine Mutter hatte und liebte, die zu seiner Welt keinen Zugang hatte.
Er schreibt an Felice einmal:

Meine Mutter? Sie bettelt seit 3 Abenden, seitdem sie meine Sorgen ahnt, ich möchte doch heiraten auf jeden Fall, sie will dir schreiben, sie will mit mir nach Berlin fahren, was will sie nicht alles! Und hat nicht die geringste Ahnung von dem, was für mich notwendig ist.
Ich lebe in meiner Familie, unter den besten, liebevollsten Menschen, fremder als ein Fremder. Mit meiner Mutter habe ich in den letzten Jahren durchschnittlich nicht zwanzig Worte täglich gesprochen, mit meinem Vater kaum jemals mehr als Grußworte gewechselt. Mit meinen verheirateten Schwestern und den Schwägern spreche ich gar nicht, ohne etwa mit ihnen böse zu sein (S. 456 f.).

Franz Kafka bedeutet die Sprache und das Sprechenkönnen alles. Aber weil das, was er empfand, nicht gesagt werden durfte, mußte er schweigen und litt darunter.

Für mich waren die *Briefe an Felice* und der Roman *Das Schloß* die eigentlichen Schlüsselerlebnisse bei der Lektüre der Werke Kafkas. Ich könnte sagen, daß mir einerseits die Briefe geholfen haben, besser zu begreifen, was sich im Roman *Das Schloß* abspielt; andererseits haben mir die Episoden des Romans und die Hoffnungslosigkeit der Situation seines Helden erklärt, warum Franz Kafka fünf Jahre lang versuchte, sich einer Frau verständlich zu machen, die kaum auf ihn eingehen konnte. Das Bemühen um einen Dialog mit einem Partner, der aus Gründen, die in seine eigene Lebensgeschichte gehören, diesen Dialog weder führen kann noch will, wäre nicht tragisch, wenn mit diesem Bemühen nicht auch der Zwang verbunden wäre, die Anstrengungen immer neu zu wiederholen und die Hoffnung um keinen Preis aufzugeben. Dieser absurde Zwang verliert seine Absurdität, wenn man sich ein kleines Kind vorstellt, das keine andere Wahl hat, als sich um den Dialog mit seiner Mutter zu bemühen, weil es sich keine andere Mutter aussuchen kann. An diese Situation mußte ich bei der Lektüre der *Briefe an Felice* öfters denken, die, ähnlich wie *Das Schloß*, Kafkas erste Beziehung zur Mutter deutlich hervortreten lassen. Er brauchte ihre Gegenwart wie »Luft zum Leben«, er wollte sich an sie klammern, sie bei sich zurückhalten, aber gerade das machte ihm Angst, denn er spürte, daß er sie damit überforderte, weil sie ihm nicht geben konnte, was er brauchte. Und so fürchtete er vor allem, daß seine Sehnsucht, sein Hunger nach Beziehung, falsch oder unangemessen wären, nur weil seine Mutter *diesen* Hunger nicht stillen und vielleicht daher auch nicht gut ertragen konnte.

Wäre dies nicht Kafkas erste Erfahrung gewesen, dann hätte er sich nach den ersten Briefen von Felice von ihr trennen können. Das kann er nicht; die hier zu erleidenden Versagungen sind ihm zu vertraut, als daß er sie als solche erkennen würde. So verlobt er sich mit dieser Frau, löst diese Verlobung im entscheidenden Moment auf, verlobt sich später noch einmal mit ihr, und als die Wahrheit immer klarer und bedrängender wird, wird er durch eine Krankheit, die Tuberkulose, vor der Verlobung gerettet.

Über die erste Begegnung mit Felice schreibt Kafka:

Du sahst doch an jenem Abend so frisch, rotbäckig gar und unzerstörbar aus. Ob ich Dich gleich lieb hatte, damals? Schrieb ich es Dir nicht schon? Du warst mir im ersten Augenblick ganz auffällig und unbegreiflich gleichgültig und wohl deshalb vertraut. Ich nahm es wie etwas Selbstverständliches auf. Erst als wir uns vom Tisch im Speisezimmer erhoben, merkte ich mit Schrecken, wie die Zeit verging, wie traurig das war und wie man sich beeilen müsse, aber ich wußte nicht, auf welche Weise und zu welchem Zweck (S. 148f.).

Felice Bauer wohnte in Berlin; Kafka traf sie zum erstenmal in Prag bei seinen Freunden, wo sie auch als Gast eingeladen war. Von da an beginnt die Korrespondenz, die sich als Projektion lange aufgestauter, aus der Kindheit stammender Gefühle nahezu in idealer Weise eignet, weil Kafka im Grunde über die Realität dieser Frau ebenso wenig weiß wie ein ganz kleines Kind über das Leben seiner Mutter. Für das kleine Kind ist seine Mutter nicht eine eigenständige Person, sondern die Ausdehnung seines eigenen Selbst. Ihre Verfügbarkeit hat daher eine lebenswichtige Bedeutung (A. Miller, 1979).

Um die Ähnlichkeit zwischen der kühlen, nüchternen und tüchtigen Felice Bauer und seiner eigenen Mutter (»unbegreiflich gleichgültig und wohl deshalb vertraut«) unbewußt wahrnehmen zu können, brauchte Franz Kafka nicht sehr viel Zeit. Manchmal können solche Ähnlichkeiten in den ersten Minuten einer neuen Begegnung registriert werden. In der beglückenden Verliebtheit, die darauf folgt, können sämtliche, längst begrabenen Hoffnungen auf einen zuhörenden, verstehenden und beteiligten

Menschen wieder aufblühen, deren Rückkehr aus der Verdrängung dem Betreffenden den Wiedergewinn an Lebendigkeit und eine bisher nie gekannte Glückseligkeit verleihen kann. Es ist begreiflich, wenn dieser zunächst um jeden Preis bereit ist, die ersten Zeichen des Nichtverstehens, der Fremdheit, der Unsicherheit beim anderen zu übersehen, oder, wenn dies nicht mehr möglich ist, sich selber wegen seiner Erwartungen, seiner »Kompliziertheit«, seines Andersseins zu beschuldigen. Die Enttäuschungen über den Anderen können natürlich nicht ausbleiben, aber die Erklärung für diese kann das Zulassen der Wahrheit noch hinausschieben. So beklagt sich Franz Kafka zunächst über die Seltenheit der Briefe von Felice (die gar nicht selten sind), um sich nicht über deren Inhalt zu beklagen, denn aus seinen Antworten sieht man, daß Felice ihn oft wie seine Mutter zur Pflege der Gesundheit anhält, sich zu seinen Erzählungen kaum äußert, ihm Autoren zu lesen empfiehlt, die er nicht mag, über seine Gefühle befremdet ist, deren Intensität wahrscheinlich auch fürchtet, und im Grunde einem vulkanartigen Geschehen ahnungslos gegenübersteht.

Man kann sich Felices Befremden leicht vorstellen, wenn man folgende Stellen liest:

Jetzt ist Montag ½11 Uhr vormittag. Seit Samstag ½11 Uhr warte ich auf einen Brief und es ist wieder nichts gekommen. Ich habe jeden Tag geschrieben (das ist nicht der geringste Vorwurf, denn es hat mich glücklich gemacht) aber verdiene ich wirklich kein Wort? Kein einziges Wort? Und wenn es auch nur die Antwort wäre »Ich will von Ihnen nichts mehr hören«. Dabei habe ich geglaubt, daß Ihr heutiger Brief eine kleine Entscheidung enthalten wird und nun ist das Nichtkommen des Briefes allerdings auch eine Entscheidung. Wäre ein Brief gekommen, ich hätte gleich geantwortet und die Antwort hätte mit einer Klage über die Länge der zwei endlosen Tage anfangen müssen. Und nun lassen Sie mich trostlos bei meinem trostlosen Schreibtisch sitzen! (74)

Liebstes Fräulein Felice! Gestern habe ich vorgegeben, daß ich Sorge um Sie habe und habe mir Mühe gegeben, Ihnen zuzureden. Aber was tue ich selbst unterdessen? Quäle ich Sie nicht? Zwar nicht mit Absicht, denn das wäre unmöglich und müßte, wenn es so wäre, vor Ihrem letzten Brief vergehen wie das Teuflische vor dem Guten, aber durch mein Dasein, durch mein Dasein quäle ich Sie. Ich bin im Grunde unverwandelt, drehe mich weiter in meinem Kreise, habe nur ein neues, unerfülltes Verlangen zu meinem übrigen unerfüllten bekommen und habe eine neue menschliche Sicherheit, vielleicht meine stärkste, geschenkt erhalten zu meinem sonstigen Verlorensein. (78)

Liebste, laß Dich nicht stören, ich sage Dir bloß gute Nacht und habe deshalb mitten auf einer Seite mein Schreiben unterbrochen. Ich habe Angst, daß ich Dir bald nicht mehr werde schreiben können, denn um jemandem (ich muß Dich mit allen Namen benennen, darum heiße einmal auch »jemand«) schreiben zu können, muß man sich doch vorstellen, daß man sein (*sein*, A. M.) Gesicht vor sich hat, an das man sich wendet. Und vorstellbar ist mir Dein Gesicht sehr gut, daran würde es nicht scheitern. Aber die noch viel stärkere Vorstellung fängt immer häufiger an mich zu halten, daß mein Gesicht auf Deiner Schulter liegt und daß ich mehr erstickt als verständlich zu Deiner Schulter, zu Deinem Kleid, zu mir selbst rede, während Du keine Ahnung haben kannst, was dort gesprochen wird. (92)

Und flieg mir nicht fort! fällt mir irgendwie ein, vielleicht durch das Wort »Adieu«, das solche Flugkraft hat. Es müßte ja, denke ich mir, ein ausnehmendes Vergnügen sein, in die Höhe wegzufliegen, wenn man dadurch ein schweres Gewicht loswerden kann, das an einem hängt, wie ich an Dir. Laß Dich nicht verlocken durch die Erleichterung, die winkt. Bleib in der Täuschung, daß Du mich nötig hast. Denke Dich noch tiefer hinein. Denn sieh, Dir schadet es doch nichts, willst du mich einmal los sein, so wirst Du immer genug Kräfte haben, es auch zu werden, mir aber hast Du in der Zwischenzeit ein Geschenk gemacht, wie ich es in diesem Leben zu finden auch nicht geträumt habe. So ist es, und wenn du auch im Schlaf den Kopf schüttelst. (93)

Liebste, nicht so quälen! nicht so quälen! Du läßt mich auch heute, Samstag, ohne Brief, gerade heute, wo ich dachte, er müsse so bestimmt kommen wie es Tag wird nach der Nacht. Aber wer hat denn einen Brief verlangt, nur zwei Zeilen, ein Gruß, ein Briefumschlag, eine Karte, auf vier Briefe hin, dieses ist der fünfte, habe ich noch kein Wort von Dir gesehn. Geh', das ist nicht recht. Wie soll ich denn die langen Tage verbringen, arbeiten, reden und was man sonst von mir verlangt. Es ist ja vielleicht nichts geschehn, Du hattest nur keine Zeit, Theaterproben oder Vorbesprechungen haben Dich abgehalten, aber sag nur welcher Mensch kann Dich abhalten, an ein Seitentischchen zu treten, mit Bleistift auf einen Fetzen Papier »Felice« zu schreiben und nur das zu schicken. Und für mich wäre es schon so viel! Ein Zeichen Deines Lebens, eine Beruhigung in dem Wagnis, sich an ein Lebendiges gehängt zu haben. Morgen wird und muß ja ein Brief kommen, sonst weiß ich mir keinen Rat; dann wird auch alles gut sein und ich werde Dich dann nicht mehr mit Bitten um so häufiges Schreiben plagen. (97)

Vorgestern in der Nacht träumte ich zum zweiten Mal von Dir. Ein Briefträger brachte mir zwei Einschreibebriefe von Dir und zwar reichte er mir sie, in jeder Hand einen, mit einer prachtvoll präcisen Bewegung der Arme, die wie die Kolbenstangen einer Dampfmaschine zuckten. Gott, es waren Zauberbriefe. Ich konnte soviel beschriebene Bogen aus den Umschlägen ziehn, sie wurden nicht leer. Ich stand mitten auf einer Treppe und mußte die gelesenen Bogen, nimm es mir nicht übel, auf die Stufen werfen, wollte ich die weiteren Briefe aus den Umschlägen herausnehmen. Die ganze Treppe nach oben und unten war von diesen gelesenen Briefen hoch bedeckt und das lose aufeinandergelegte, elastische Papier rauschte mächtig. Es war ein richtiger Wunschtraum. (101)

Das sich Anklammern, Hoffen, Flehen um Zuwendung wechseln ab mit der Angst vor dem Verlassenwerden und den Selbstvorwürfen. Erst mit der Zeit wagen sich auch Vorwürfe in die Briefe, gefolgt von großer Angst, nun alles aufs Spiel gesetzt zu haben.

Liebste, was habe ich Dir denn getan, daß du mich so quälst? Heute wieder kein Brief, nicht mit der ersten, nicht mir der zweiten Post. Wie du mich leiden läßt! Während ein geschriebenes Wort von Dir mich glücklich machen könnte! Du hast mich satt, es gibt keine andere Erklärung, es ist schließlich kein Wunder, unverständlich ist nur, daß Du es mir nicht schreibst. Wenn ich weiterleben will, darf ich nicht wie diese endlosen letzten Tage nutzlos auf Nachrichten von Dir warten. Aber Hoffnung, Nachricht von Dir zu bekommen, habe ich nicht mehr. Ich muß mir also den Abschied, den Du mir stillschweigend gibst, ausdrücklich wiederholen. Ich möchte das Gesicht auf diesen Brief werfen, damit er nicht weggeschickt werden kann, aber er muß weggeschickt werden. Ich warte also auf keine Briefe mehr. (106)

Liebste, meine Liebste, es ist ½22 in der Nacht. Habe ich Dich mit meinem Vormittagsbrief gekränkt? Was weiß denn ich von den Verpflichtungen, die Du gegen Deine Verwandten und Bekannten hast! Du plagst Dich und ich plage Dich mit Vorwürfen wegen Deiner Plage. Bitte, Liebste, verzeihe mir! Schicke mir eine Rose zum Zeichen, daß Du mir verzeihst. Ich bin nicht eigentlich müde, aber dumpf und schwer, ich finde nicht die richtigen Worte. Ich kann nur sagen, bleib bei mir und verlaß mich nicht, und wenn irgendeiner meiner Feinde aus mir heraus Dir solche Briefe schreibt, wie es der heutige vom Vormittag war, dann glaube ihm nicht, sondern schau durch ihn hindurch in mein Herz. Es ist ja ein so schlimmes, schweres Leben, wie kann man auch einen Menschen mit bloßen geschriebenen Worten halten wollen, zum Halten sind die Hände da. Aber in dieser Hand habe ich die Deine, die ich zum Leben unbedingt nötig habe, nur drei Augenblicke lang halten dürfen, als ich ins Zimmer trat, als Du mir die Reise nach Palästina versprachst und als ich Narr Dich in den Aufzug steigen ließ.

Darf ich Dich also küssen? Aber auf diesem kläglichen Papier? Ebensogut könnte ich das Fenster aufreißen und die Nachtluft küssen. Liebste, sei mir nicht böse! Ich verlange von Dir nichts anderes. (107)

Ich kann nicht weinen. Weinen anderer kommt mir wie eine unbegreifliche, fremde Naturerscheinung vor. Ich habe im Laufe vieler Jahre nur vor zwei, drei Monaten einmal geweint, da hat es mich allerdings in meinem Lehnsessel geschüttelt, zweimal kurz hintereinander, ich fürchtete, mit meinem nicht zu bändigenden Schluchzen die Eltern nebenan zu wecken, es war in der Nacht und die Ursache war eine Stelle meines Romans. (136)

Und wieder die Angst, lästig zu werden:

Müde, müde bist Du wohl, meine Felice, wenn Du diesen Brief in die Hand nimmst, und ich muß mich anstrengen deutlich zu schreiben, damit die verschlafenen Augen nicht zu viel Mühe haben. Willst Du nicht lieber den Brief vorläufig ungelesen lassen und Dich zurücklehnen und ein paar Stunden weiterschlafen nach dem Lärm und Hetzen dieser Woche? Der Brief wird Dir nicht fortfliegen, sondern ruhig auf der Bettdecke warten bis Du erwachst. (142)

Aber jetzt kein Wort mehr, nur noch Küsse und besonders viel aus tausend Gründen, weil Sonntag ist, weil das Fest vorüber ist, weil schönes Wetter ist, oder weil vielleicht schlechtes Wetter ist, weil ich schlecht schreibe und weil ich hoffentlich besser schreiben werde und weil ich so wenig von Dir weiß und nur durch Küsse etwas Ernstliches sich erfahren läßt und weil Du schließlich ganz verschlafen bist und Dich gar nicht wehren kannst. (143)

Aber ich bin Dir im Wege, ich hindere Dich, ich werde doch einmal zur Seite treten müssen, ob früher oder später, wird nur die Größe meines Eigennutzes bestimmen. Und ich werde es niemals mit einem offenen und männlichen Worte tun können, scheint mir, immer werde ich dabei an mich denken, niemals werde ich, wie es meine Pflicht wäre, die Wahrheit verschweigen können, daß ich mich für verloren halte, wenn ich Dich verliere. Liebste, mein Glück scheint so nah, nur durch 8 Eisenbahnstunden von mir entfernt, und ist doch unmöglich und unausdenkbar. Erschrecke, Liebste, nicht über diese Wiederkehr ewig gleicher Klagen, es wird ihnen kein Brief wie jener, der damals aus mir hervorgebrochen ist, folgen, . . . aber es gibt Abende, wo ich so für mich klagen muß, denn schweigend leiden ist zu schwer. (144)

Wenn ein Mensch sehr früh erfahren mußte, daß er der Mutter lästig war, kann er sich schwer vorstellen, daß er anderen Menschen, die ihm lieb sind, nicht auch lästig sein sollte. So wird er möglicherweise den anderen unbewußt dazu provozieren, ihn schwer zu ertragen, indem er ihn als »unentbehrlich«, als die für ihn notwendige »Luft zum Atmen« bezeichnet. Das muß den anderen beunruhigen und belasten, weil es ihn überfordert, und kann ihn zur Annahme einer ursprünglich nicht gewollten reservierten Haltung führen.

Auch Felice reagierte vermutlich mit steigender Reserviertheit auf Sätze wie die folgenden:

Liebste, wie ich aus Deinen Briefen mein Leben sauge, das kannst Du Dir nicht vorstellen, aber die Überlegung, das ganz bewußte Ja-sagen ist noch nicht darin, auch nicht in Deinem letzten Briefe. Wäre es nur im morgigen Brief oder ganz besonders in der Antwort auf meinen morgigen Brief. (406)

Je stärker der andere idealisiert wird, um so schmerzhafter die Zusammenstöße mit der Realität:

Du glaubst mir alles, was ich sage, nur das, was ich über mich sage, ist »zu schroff«. Also glaubst Du mir den ganzen Brief nicht, denn er handelte ja nur von mir. Was soll ich da tun? Wie Dir das Unglaubliche glaubhaft machen! Du hast mich doch schon in Person gesehn, gehört und geduldet. Nicht nur Du, auch Deine Familie. Und doch glaubst Du mir nicht. Und es handelt sich auch um mehr als nur um »Berlin und was dazu gehört«, was Du verlieren würdest, darauf antwortest du aber gar nicht und es ist das Wichtigste. »Einen guten lieben Mann?« Ich habe in meinem letzten Brief andere Eigenschaftswörter zu mir gesetzt, aber die glaubst Du nur eben nicht. Glaub mir doch, überleg alles und sag, *wie* Du es überlegt hast. Wenn Du doch heute, Sonntag, ein wenig Zeit hättest und mir ein wenig ausführlich schreiben wolltest, wie Du dir das wochentägliche Leben mit einem Menschen wie dem von mir beschriebenen vorstellst? Tu das, Felice, ich bitte Dich darum als einer, der Dir seit der ersten Viertelstunde verlobt war. (406)

Liebste, auch das und vielleicht das vor allem berücksichtigst Du in Deinen Überlegungen nicht genug, trotzdem wir schon viel darüber geschrieben haben: daß nämlich das Schreiben mein eigentliches gutes Wesen ist. Wenn etwas an mir gut ist, so ist es dieses. Hätte ich dies nicht, diese Welt im Kopf, die befreit sein will, ich hätte mich nie an den Gedanken gewagt, Dich bekommen zu wollen. Was Du jetzt zu meinem Schreiben sagst, kommt nicht so sehr in Betracht, Du wirst, wenn wir beisammen sein sollten, bald einsehn, daß, wenn Du mein Schreiben mit oder wider Willen nicht lieben wirst, Du überhaupt nichts haben wirst, woran Du Dich halten könntest. du wirst dann schrecklich einsam sein, Felice, Du wirst nicht merken, wie ich Dich liebe, und ich werde Dir kaum zeigen können, wie ich Dich liebe, trotzdem ich Dir dann vielleicht ganz besonders angehören werde, heute wie immer. (407)

Ich weiß, Felice, es gibt eine einfache Möglichkeit, sich mit diesen Fragen rasch und günstig auseinanderzusetzen, nämlich die, daß Du mir nicht glaubst oder wenigstens für die Zukunft nicht glaubst oder wenigstens nicht vollständig glaubst. Ich fürchte, Du bist nahe daran. Das wäre allerdings das Schlimmste. Dann begehst Du, Felice, die größte Sünde an Dir und infolgedessen auch an mir. Dann gehn wir beide ins Verderben. Du mußt mir glauben, was ich von mir sage, es ist die Selbsterfahrung eines 30-jährigen Menschen, der schon einige Male aus innersten Gründen nahe am Irresein, also an den Grenzen seines Daseins war, also einen ganzen Überblick über sich hat und über das, was in diesen Grenzen aus ihm werden kann. (408/9)

Arme liebste Felice! Dieses Zusammentreffen, daß ich mit niemandem so leide wie mit Dir und niemanden so quäle wie Dich, ist schrecklich und gerecht. Ich gehe förmlich auseinander. Ich ducke mich vor meinen eigenen Schlägen und nehme förmlich den größten Anlauf, um sie auszuführen. Wenn das nicht die schlimmsten Vorzeichen sind, die uns erscheinen können!

Nicht ein Hang zum Schreiben, Du liebste Felice, kein Hang, sondern durchaus ich selbst. Ein Hang ist auszureißen oder niederzudrücken. Aber dieses bin ich selbst; gewiß bin auch ich auszureißen und niederzudrücken, aber was geschieht mit Dir? Du bleibst verlassen und lebst doch neben mir. Du wirst Dich verlassen fühlen, wenn ich lebe, wie ich muß, und Du wirst wirklich verlassen sein, wenn ich nicht so lebe. Kein Hang, kein Hang! Meine kleinste Lebensäußerung wird dadurch bestimmt und gedreht. Du wirst Dich an mich gewöhnen, Liebste, schreibst Du, aber unter welchen, vielleicht unerträglichen Leiden. Bist Du imstande, Dir ein Leben richtig vorzustellen, währenddessen, wie ich es Dir schon schrieb, wenigstens im Herbst und Winter, für uns täglich gerade nur *eine* gemeinsame Stunde sein wird und Du als Frau die Einsamkeit schwerer noch tragen wirst, als Du es Dir heute als Mädchen in der Dir gewohnten, entsprechenden Umgebung nur von der Ferne denken kannst? Vor dem Kloster würdest Du unter Lachen zurückschrecken und willst mit einem Menschen leben, den sein eingeborenes Streben (und nur nebenbei auch seine Verhältnisse) zu einem Klosterleben verpflichten? (451)

Der lebendige Mensch in mir hofft natürlich, das ist nicht erstaunlich. Der urteilende aber nicht. (647)

Man muß es immer wieder von neuem versuchen. In Schlagworten – und deshalb mit einer der Wahrheit nicht ganz entsprechenden Härte – kann ich meine Stellung etwa so umschreiben; Ich, der ich meistens unselbständig war, habe ein unendliches

Verlangen nach Selbständigkeit, Unabhängigkeit, Freiheit nach allen Seiten, lieber Scheuklappen anziehn und meinen Weg bis zum Äußersten gehn, als daß sich das heimatliche Rudel um mich dreht und mir den Blick zerstreut. Deshalb wird jedes Wort, das ich zu meinen Eltern oder sie zu mir sagen, so leicht zu einem Balken, der mir vor die Füße fliegt. Alle Verbindung, die ich mir nicht selbst schaffe, sei es selbst gegen Teile meines Ich ist wertlos, hindert mich am Gehn, ich hasse sie oder bin nahe daran sie zu hassen. Der Weg ist lang, die Kraft ist klein, es gibt übergenug Grund für solchen Haß. Nun stamme ich aber aus meinen Eltern, bin mit ihnen und den Schwestern im Blut verbunden, fühle das im gewöhnlichen Leben und infolge der notwendigen Verranntheit in meine besonderen Absichten nicht, achte es aber im Grunde mehr als ich weiß. Das eine Mal verfolge ich auch das mit meinem Haß; der Anblick des Ehebettes zuhause, der gebrauchten Bettwäsche, der sorgfältig hingelegten Nachthemden kann mich bis nahe zum Erbrechen reizen, kann mein Inneres nach außen kehren, es ist, als wäre ich nicht endgiltig geboren, käme immer wieder aus diesem dumpfen Leben in dieser dumpfen Stube zur Welt, müsse mir dort immer wieder Bestätigung holen, sei mit diesen widerlichen Dingen, wenn nicht ganz und gar, so doch zum Teil unlöslich verbunden, noch an den laufenwollenden Füßen hängt es wenigstens, sie stecken noch im ersten formlosen Brei. Das ist das eine Mal. Das andere Mal weiß ich aber wieder, daß es doch meine Eltern sind, notwendige, immer wieder Kraft gebende Bestandteile meines eigenen Wesens, nicht nur als Hindernis, sondern auch als Wesen zu mir gehörig. Dann will ich sie so haben, wie man das Beste haben will; habe ich seit jeher in aller Bosheit, Unart, Eigensucht, Lieblosigkeit doch vor ihnen gezittert – und tue es eigentlich noch heute, denn damit kann man doch niemals aufhören – und haben sie, Vater von der einen Seite, Mutter von der andern, meinen Willen, wiederum notwendiger Weise, fast gebrochen, so will ich sie dessen würdig sehn. Ottla scheint mir zuzeiten so, wie ich eine Mutter in der Ferne wollte: rein, wahrhaftig, ehrlich, folgerichtig, Demütigkeit und Stolz, Empfänglichkeit und Abgrenzung, Hingabe und Selbständigkeit, Scheu und Mut in untrüglichem Gleichgewicht. Ich erwähnte Ottla, weil doch auch in ihr meine Mutter ist, ganz und gar unkenntlich allerdings. Ich will sie also dessen würdig sehn. Infolgedessen ist für mich ihre Unreinlichkeit hundertfach so groß, als sie es vielleicht in der Wirklichkeit, die mich nicht kümmert, sein mag; ihre Einfältigkeit hundertfach; ihre Lächerlichkeit hundertfach, ihre Roheit hundertfach. Ihr Gutes dagegen hunderttausendfach kleiner als in Wirklichkeit. Ich bin deshalb von ihnen betrogen und kann doch ohne verrückt zu werden, gegen das Naturgesetz nicht revoltieren. Also wieder Haß und fast nichts als Haß.

Du nun gehörst zu mir, ich habe Dich zu mir genommen; ich kann nicht glauben, daß in irgendeinem Märchen um irgendeine Frau mehr und verzweifelter gekämpft worden ist als um Dich in mir, seit dem Anfang und immer von neuem und vielleicht für immer. Also Du gehörst zu mir. (729/730)

Wenn es sich aber so verhält, warum freue ich mich dann über Deine letzte Bemerkung nicht? Weil ich förmlich vor meiner Familie stehe und unaufhörlich die Messer im Kreise schwinge, um die Familie immerfort und gleichzeitig zu verwunden und zu verteidigen. (731)

Daß zwei in mir kämpfen, weißt du. Daß der bessere der zwei Dir gehört, daran zweifle ich gerade in den letzten Tagen am wenigsten. Über den Verlauf des Kampfes bist Du ja durch 5 Jahre durch Wort und Schweigen und durch ihre Mischungen unterrichtet worden, meistens zu Deiner Qual. Fragst Du mich, ob es immer wahrhaftig war, kann ich nur sagen, daß ich keinem Menschen gegenüber bewußte Lügen so stark zurückgehalten habe oder, um noch genauer zu sein, stärker zurückgehalten habe als gegenüber Dir. Verschleierungen gab es manche, Lügen sehr wenig, vorausgesetzt, daß es überhaupt »sehr wenig« Lügen geben kann. Ich bin ein lügnerischer Mensch. (755)

Wie sehr dieser letzte Satz nicht stimmt, zeigen die nächsten Zeilen. Die Wahrhaftigkeit Kafkas geht so weit, daß er nicht einmal der Versuchung erliegt, sich hinter der Krankheit zu verstecken.

Ich halte nämlich diese Krankheit im geheimen gar nicht für eine Tuberkulose, oder wenigstens zunächst nicht für eine Tuberkulose, sondern für meinen allgemeinen Bankrott. Ich glaubte, es ginge noch weiter und es ging nicht. – Das Blut stammt nicht aus der Lunge, sondern aus dem oder aus einem entscheidenden Stich eines Kämpfers.

Dieser eine hat nun an der Tuberkulose eine Hilfe, so riesengroß etwa, wie ein Kind an den Rockfalten der Mutter. Was will der andere noch? Ist der Kampf nicht glänzend zuende gefochten? Es ist eine Tuberkulose und das ist der Schluß. (756)

Und noch deutlicher:

Ich werde nicht mehr gesund werden. Eben weil es keine Tuberkulose ist, die man in den Liegestuhl legt und gesund pflegt, sondern eine Waffe, deren äußerste Notwendigkeit bleibt, solange ich am Leben bleibe. Und beide können nicht am Leben bleiben. (757)*

Ein Brief an Max Brod von Mitte September 1917 zeigt die Einsicht in den tieferen Sinn der Erkrankung:

Jedenfalls verhalte ich mich heute zu der Tuberkulose, wie ein Kind zu den Rockfalten der Mutter, an die es sich hält. Kommt die Krankheit von der Mutter, stimmt es noch besser, und die Mutter hätte mir in ihrer unendlichen Sorgfalt, weit unter ihrem Verständnis der Sache, auch noch diesen Dienst getan. Immerfort suche ich eine Erklärung der Krankheit, denn selbst erjagt habe ich sie doch nicht. Manchmal scheint es mir, Gehirn und Lunge hätten sich ohne mein Wissen verständigt. »So geht es nicht weiter« hat das Gehirn gesagt und nach fünf Jahren hat sich die Lunge bereit erklärt zu helfen. (F. Kafka, 1975, S. 161)

In seiner Biographie erzählt Brod, was nach dem Abschied von Felice geschah:

Am nächsten Vormittag kam Franz zu mir ins Büro. Um sich einen Moment auszuruhen, sagte er. Er hatte eben F. zur Bahn gebracht. Sein Gesicht war blaß, hart und streng. Aber plötzlich begann er zu weinen. Es war das einzige Mal, daß ich ihn weinen sah. Ich werde diese Szene nie vergessen, sie gehört zu dem Schrecklichsten, was ich erlebt habe. – Ich saß im Büro nicht allein, dicht neben meinem Schreibtisch stand der Schreibtisch eines Kollegen . . .
Kafka aber war direkt zu mir ins Arbeitszimmer gekommen, mitten in den Betrieb, saß neben meinem Schreibtisch auf dem Sesselchen, das für Bittsteller, Pensionisten, Beschuldigte bereit stand. Und hier weinte er, hier sagte er schluchzend: »Ist es nicht schrecklich, daß so etwas geschehen muß?« Die Tränen liefen ihm über die Wangen, ich habe ihn nie außer diesem einen Male fassungslos, ohne Haltung gesehen. (M. Brod, 1977, S. 147/148)

* Alle Stellen aus *Briefe an Felice* zitiert nach F. Kafka, 1976.

Wir haben, wie bei unseren Patienten, die Wahl, aufgrund dieser Briefe von Kafkas »narzißtischem Charakter«, seiner »Frustrationsintoleranz«, seiner »Ich-Schwäche«, Ängstlichkeit, Hypochondrie, von seinen Phobien, psychosomatischen Störungen u. ä. zu sprechen und zu schreiben, oder wir können in Kafkas Leben und Werken Mitteilungen darüber suchen und finden, welches Kinderschicksal dieser Mensch hatte; mit andern Worten, seine Symptome nicht als Unarten oder Fehler, sondern als die sichtbaren Teile einer unsichtbaren Kette ansehen.

Ohne die Dimension des Leidens, vor allem des frühkindlichen Leidens, bleiben unsere Diagnosen im Bereich von normativen, moralisierenden Werturteilen. Solange sich auch die Psychoanalyse nicht von ihnen befreien kann, ist es begreiflich, und, abgesehen von den unbewußten Widerständen und Ängsten, wohl sachlich begründet, daß die schöpferisch tätigen Menschen ihr ein tiefes Mißtrauen entgegenbringen.

Ähnlich wie Flaubert und Beckett konnte Kafka unmöglich wissen, daß er in seinen Romanen und Erzählungen Erlebnisse aus seiner Kindheit darstellte. Auch seine Leser betrachten sie als Ausdruck der Phantasien, die seinem Gehirn, seiner Begabung, seinem künstlerischen Talent oder wie man dies auch ausdrücken möchte, entsprangen. Ohne Zweifel war Franz Kafka ein genialer Schriftsteller, und seiner Fähigkeit, im Konkreten das Allgemeine zu sehen und doch konkret darzustellen, verdanken wir u. a. das ganz besondere Erlebnis beim Lesen seiner Werke. In der Form seiner Gestaltung war er zweifellos ein ganz bewußter Künstler der Sprache, aber da die Inhalte aus der Tiefe seiner Erfahrungen stammen, vermögen sie, uns so unmittelbar in unserem Unbewußten anzurühren. Daher bedeuten seine Werke unzähligen jungen Menschen die erste Bestätigung, daß das, was sie in ihrer Innenwelt finden, nicht unbedingt Verrücktheit sein muß. Die von Kafka dargestellten, meist absurden Situationen lassen sich leicht als Symbole abstrakter »Befindlichkeiten« begreifen, und die umfangreiche Kafka-Forschung ist voll von derartigen Interpretationen, die alle auch richtig sein können. So wird man sicher nicht fehlgehen, wenn man im *Hungerkünstler* das Problem der Isolierung des Individuums in der Masse, des geistigen Hungerns, der Ausbeutung, des sogenannten Exhibitionismus und ähnliches sieht; oder wenn man im Zusammenhang mit der *Verwandlung* von Rassendiskriminierung, Doppelbödigkeit oder Heuchelei spricht, wenn man die *Strafkolonie* als Vision der Konzentrationslager versteht, im *Schloß* das religiöse und im *Prozeß* das ethische Problem hervorgehoben sieht. Das alles ist legitim, es klammert aber die Tatsache aus, daß Kafka durch die gespeicherten Erinnerungen und Gefühle, die die Umwelt seiner Kindheit in ihm hervorrief, zur Erkenntnis dieser urmenschlichen und im Grunde alltäglichen Situationen gekommen ist. Er mußte sie wie jeder Mensch von den ursprünglichen Ereignissen mit den ersten Bezugspersonen abspalten, doch sie haben sich in ihm erhalten und konnten sich in der Phantasietätigkeit, wie bei jedem großen Dichter, mit erfundenen Gestalten verbinden. Sehen wir uns das an konkreten Beispielen an:

Der im Zirkus ausgestellte Hungerkünstler hungert »aus eigenem Bedürfnis«, schrumpft schließlich völlig zusammen und erklärt vor seinem Tode, daß er nicht essen möge, weil ihm das hier gebotene Essen »nicht schmecke«. Auf den ersten Blick hört sich das ganz absurd an, auch wenn man nicht konkret an das Essen, sondern an geistige Nahrung denkt. Man kann sich zwar vorstellen, daß einer sagt: »lieber lese ich nichts als schlechte Bücher«, doch ein erwachsener Mensch müßte deshalb nicht »Hungers sterben«, er könnte sich andere Bücher suchen und mit Menschen sprechen oder, wenn dies nicht möglich wäre, sogar mit sich selber. Was tut aber ein Neugeborenes, das von seiner Mutter als bedrohlich erlebt wird (vielleicht weil sie in ihm einen Elternteil sieht), wenn es in ihrer Muttermilch Abwehr, Angst und nicht selten Rachebedürfnisse spürt? Es gibt Kinder von einer so hohen Sensibilität, daß sie die Not und die Abwehr der Mutter bereits in den ersten Tagen, in den ersten Begegnungen mit ihrer Brust spüren und diese Angst in verschiedenen körperlichen Symptomen zum Ausdruck bringen. Diese Symptome bringen es mit sich, daß das Kind der Mutter oft entzogen wird, um im Spital behandelt zu werden, und die konfliktfreien Arme der Krankenschwester können ihm u. U. Lebensrettung bedeuten. Wenn es nach Wochen oder Monaten zur Mutter zurückkommt, ist zwar die Beziehung gestört, aber das Kind hat überlebt. Es könnte sein, daß die große Säuglingssterblichkeit in den vergangenen Jahrhunderten auch mit der Situation zu tun hat, die der Säugling bei seiner Geburt vorfand. Die Säuglinge starben tatsächlich an der Nahrung, die ihnen nicht »schmeckte«, wie der Hungerkünstler in Kafkas Erzählung, weil niemand da war, der ihre Körpersprache verstanden hätte, weil sie in ihren Tragkissen mit ihren Körpern und ihrer Seele so isoliert waren, wie Kafkas Hungerkünstler in seinem Käfig.

Ich stelle im folgenden einige Zitate aus dem *Hungerkünstler* so zusammen, daß sie die Situation wiedergeben, wie ich sie beim kleinen Franz Kafka vermute.

Außer den wechselnden Zuschauern waren auch ständige, vom Publikum gewählte Wächter da, merkwürdigerweise gewöhnlich Fleischhauer (!), welche, immer drei gleichzeitig, die Aufgabe hatten, Tag und Nacht den Hungerkünstler zu beobachten, damit er nicht etwa auf irgendeine heimliche Weise doch Nahrung zu sich nehme . . .

Es fanden sich manchmal nächtliche Wachgruppen, welche die Bewachung sehr lax durchführten, absichtlich in eine ferne Ecke sich zusammensetzten und dort sich ins Kartenspiel (!) vertieften, in der offenbaren Absicht, dem Hungerkünstler eine kleine Erfrischung zu gönnen, die er ihrer Meinung nach aus irgendwelchen geheimen Vorräten hervorholen konnte. Nichts war dem Hungerkünstler quälender als solche Wächter; sie machten ihn trübselig; sie machten ihm das Hungern entsetzlich schwer;

manchmal überwand er seine Schwäche und sang während dieser Wachzeit, solange er es nur aushielt, um den Leuten zu zeigen, wie ungerecht sie ihn verdächtigten. Doch half das wenig; sie wunderten sich dann nur über seine Geschicklichkeit, selbst während des Singens zu essen. Viel lieber waren ihm die Wächter, welche sich eng zum Gitter setzten, mit der trüben Nachtbeleuchtung des Saales sich nicht begnügten, sondern ihn mit den elektrischen Taschenlampen bestrahlten, die ihnen der Impresario zur Verfügung stellte. Das grelle Licht störte ihn gar nicht, schlafen konnte er ja überhaupt nicht, und ein wenig hindämmern konnte er immer, bei jeder Beleuchtung und zu jeder Stunde, auch im übervollen, lärmenden Saal. Er war sehr gerne bereit, mit solchen Wächtern die Nacht gänzlich ohne Schlaf zu verbringen; er war bereit, mit ihnen zu scherzen, ihnen Geschichten aus seinem Wanderleben zu erzählen, dann wieder ihre Erzählungen anzuhören, alles nur, um sie wachzuhalten, um ihnen immer wieder zeigen zu können, daß er nichts Eßbares im Käfig hatte und daß er hungerte, wie keiner von ihnen es könnte ... (F. Kafka, 1952, S. 188f.).

So lebte er mit regelmäßigen kleinen Ruhepausen viele Jahre, in scheinbarem Glanz, von der Welt geehrt, bei alledem aber meist in trüber Laune, die immer noch trüber wurde dadurch, daß niemand sie ernst zu nehmen verstand. Womit sollte man ihn auch trösten? Was blieb ihm zu wünschen übrig? Und wenn sich einmal ein Gutmütiger fand, der ihn bedauerte und ihm erklären wollte, daß seine Traurigkeit wahrscheinlich von dem Hungern käme, konnte es, besonders bei vorgeschrittener Hungerzeit, geschehn, daß der Hungerkünstler mit einem Wutausbruch antwortete und zum Schrecken aller wie ein Tier an dem Gitter zu rütteln begann. Doch hatte für solche Zustände der Impresario ein Strafmittel, das er gern anwandte. Er entschuldigte den Hungerkünstler vor versammeltem Publikum, gab zu, daß nur die durch das Hungern hervorgerufene, für satte Menschen nicht ohne weiteres begreifliche Reizbarkeit das Benehmen des Hungerkünstlers verzeihlich machen könne ... (S. 194)

Diese dem Hungerkünstler zwar wohlbekannte, immer aber von neuem ihn entnervende Verdrehung der Wahrheit war ihm zu viel. Was die Folge der vorzeitigen Beendigung des Hungerns war, stellte man hier als die Ursache dar! Gegen diesen Unverstand, gegen diese Welt des Unverstandes zu kämpfen, war unmöglich. ...

Wenn die Zeugen solcher Szenen ein paar Jahre später daran zurückdachten, wurden sie sich oft selbst unverständlich. Denn inzwischen war jener erwähnte Umschwung eingetreten; fast plötzlich war das geschehen; es mochte tiefere Gründe haben, aber wem lag daran, sie aufzufinden; jedenfalls sah sich eines Tages der verwöhnte Hungerkünstler von der vergnügungssüchtigen Menge verlassen, die lieber zu anderen Schaustellungen strömte . . . (S. 195)

Vielleicht, so sagte sich der Hungerkünstler dann manchmal, würde alles doch ein wenig besser werden, wenn sein Standort nicht gar so nahe bei den Ställen wäre. Den Leuten wurde dadurch die Wahl zu leicht gemacht, nicht zu reden davon, daß ihn die Ausdünstungen der Ställe, die Unruhe der Tiere in der Nacht, das Vorübertragen der rohen Fleischstücke für die Raubtiere, die Schreie bei der Fütterung sehr verletzten und dauernd bedrückten. Aber bei der Direktion vorstellig zu werden, wagte er nicht; immerhin verdankte er ja den Tieren die Menge der Besucher, unter denen sich hie und da auch ein für ihn Bestimmter finden konnte, und wer wußte, wohin man ihn verstecken würde, wenn er an seine Existenz erinnern wollte und damit auch daran, daß er, genau genommen, nur ein Hindernis auf dem Weg zu den Ställen war. Ein kleines Hindernis allerdings, ein immer kleiner werdendes Hindernis. Man gewöhnte sich an die Sonderbarkeit, in den heutigen Zeiten Aufmerksamkeit für einen Hungerkünstler beanspruchen zu wollen, und mit dieser Gewöhnung war das Urteil über ihn gesprochen. Er mochte so gut hungern, als er nur konnte, und er tat es, aber nichts konnte ihn mehr retten, man ging an ihm vorüber. Versuche, jemandem die Hungerkunst zu erklären! Wer es nicht fühlt, dem kann man es nicht begreiflich machen. Die schönen Aufschriften wurden schmutzig und unleserlich, man riß sie herunter, niemandem fiel es ein, sie zu ersetzen; das Täfelchen mit der Ziffer der abgeleisteten Hungertage, das in der ersten Zeit sorgfältig täglich erneut worden war, blieb schon längst immer das gleiche, denn nach den ersten Wochen war das Personal selbst dieser kleinen Arbeit überdrüssig geworden; und so hungerte zwar der Hungerkünstler weiter, wie er es früher einmal erträumt hatte, und es gelang ihm ohne Mühe ganz so, wie er es damals vorausgesagt hatte, aber niemand zählte die Tage, niemand, nicht einmal der Hungerkünstler selbst wußte, wie groß die Leistung schon war, und sein Herz wurde schwer. Und wenn einmal in der Zeit ein

Müßiggänger stehenblieb, sich über die alte Ziffer lustig machte und von Schwindel sprach, so war das in diesem Sinn die dümmste Lüge, welche Gleichgültigkeit und eingeborene Bösartigkeit erfinden konnte, denn nicht der Hungerkünstler betrog, er arbeitete ehrlich, aber die Welt betrog ihn um seinen Lohn.

Doch vergingen wieder viele Tage, und auch das nahm ein Ende. Einmal fiel einem Aufseher der Käfig auf, und er fragte die Diener, warum man hier diesen gut brauchbaren Käfig mit dem verfaulten Stroh drinnen unbenützt stehenlasse; niemand wußte es, bis sich einer mit Hilfe der Ziffertafel an den Hungerkünstler erinnerte. Man rührte mit Stangen das Stroh auf und fand den Hungerkünstler darin. »Du hungerst noch immer?« fragte der Aufseher, »wann wirst du denn endlich aufhören?« »Verzeiht mir alle«, flüsterte der Hungerkünstler; nur der Aufseher, der das Ohr ans Gitter hielt, verstand ihn. »Gewiß«, sagte der Aufseher und legte den Finger an die Stirn, um damit den Zustand des Hungerkünstlers dem Personal anzudeuten, »wir verzeihen dir.« »Immerfort wollte ich, daß ihr mein Hungern bewundert«, sagte der Hungerkünstler. »Wir bewundern es auch«, sagte der Aufseher entgegenkommend. »Ihr solltet es aber nicht bewundern«, sagte der Hungerkünstler. »Nun, dann bewundern wir es also nicht«, sagte der Aufseher, »warum sollen wir es denn nicht bewundern?« »Weil ich hungern muß, ich kann nicht anders«, sagte der Hungerkünstler. »Da sieh mal einer«, sagte der Aufseher, »warum kannst du denn nicht anders?« »Weil ich«, sagte der Hungerkünstler, hob das Köpfchen ein wenig und sprach mit wie zum Kuß gespitzten Lippen gerade in das Ohr des Aufsehers hinein, damit nichts verloren ginge, »weil ich nicht die Speise finden konnte, die mir schmeckt. Hätte ich sie gefunden, glaube mir, ich hätte kein Aufsehen gemacht und mich vollgegessen wie du und alle.« Das waren die letzten Worte, aber noch in seinen gebrochenen Augen war die feste, wenn auch nicht mehr stolze Überzeugung, daß er weiterhungere. (S. 199–201)

Der ruhige, friedliche Hungerkünstler reagierte nur gelegentlich mit einem Wutausbruch, nämlich, wenn man ihm erklären wollte, »daß seine Traurigkeit wahrscheinlich von dem Hungern käme«, wenn man die Ursache mit der Folge verwechselte. Aber mit dieser »entnervenden Verdrehung der Wahrheit«, »dieser Welt des Unverstandes zu kämpfen, war unmöglich«.

Welche konkreten prägenden Erfahrungen dieser Verzweiflung des Nichtverstandenwordenseins bei Franz Kafka zugrunde lagen, läßt sich erahnen, wenn man den folgenden Brief seiner Mutter an Felice Bauer vom 16. 11. 1912 (Kafka ist 29 Jahre alt) liest.

Sehr geehrtes Fräulein! Prag, 16. XI. 1912

Ich habe durch Zufall einen an meinen Sohn adressierten Brief vom 12./11. datiert und mit Ihrer w. Unterschrift verseh'n zu Gesicht bekommen. Ihre Schreibweise gefiel mir so sehr, daß ich den Brief zu Ende las, ohne zu bedenken, daß ich dazu nicht berechtigt war.

Ich bin aber sicher, daß Sie mir verzeihen, wenn ich Sie versichere, daß nur das Wohl meines Sohnes mich dazu trieb.

Ich habe zwar nicht das Vergnügen, Sie persönlich zu kennen und trotzdem habe ich zu Ihnen so viel Vertrauen, um Ihnen, liebes Fräulein, die Sorgen einer Mutter anzuvertrauen.

Vieles trägt dazu die Bemerkung in dem von Ihnen geschriebenen Briefe [bei], er möge mit seiner Mutter sprechen, die ihn sicher liebt. Sie haben, liebes Fräulein, die richtige Meinung von mir, was freilich selbstverständlich ist, denn gewöhnlich liebt eine jede Mutter ihre Kinder, aber so, wie ich meinen Sohn liebe, kann ich Ihnen nicht schildern und würde gerne einige Jahre meines Lebens hergeben, wenn ich sein Glück damit erkaufen könnte.

Ein anderer Mensch an seiner Stelle würde der Glücklichste unter den Sterblichen sein, denn kein Wunsch wurde ihm von seinen Eltern je versagt. Er studierte, zu was er Lust hatte, und da er kein Advokat werden wollte, so wählte er die Laufbahn eines Beamten, was ihm ganz gut zu passen schien, da er einfache Frequenz hat und den Nachmittag für sich verwenden konnte.

Daß er sich in seinen Mußestunden mit Schreiben beschäftigt, weiß ich schon viele Jahre. Ich hielt dies aber nur für einen Zeitvertreib. Auch dies würde ja seiner Gesundheit nicht schaden, wenn er schlafen und essen würde wie andere junge Leute in seinem Alter. Er schläft und ißt so wenig, daß er seine Gesundheit untergräbt und ich fürchte, daß er erst zur Einsicht kommt, wenn es Gott behüte zu spät ist. Darum bitte ich Sie sehr, ihn auf eine Art darauf aufmerksam zu machen und ihn [zu] befragen wie er lebt, was er ißt, wieviel Mahlzeiten er nimmt, überhaupt seine Tageseintheilung. Jedoch darf er keine Ahnung haben, daß ich Ihnen geschrieben habe, überhaupt nichts davon erfahren, daß ich um seine Correspondenz mit Ihnen weiß. Sollte es in Ihrer Macht stehen, seine Lebensweise zu ändern, würden Sie mich zum großen Dank verpflichten und zur Glücklichsten machen

Ihre Sie schätzende
Julie Kafka

(F. Kafka, 1976, S. 100)

Wieviel leichter wäre es, sich gegen diese Besorgtheit zu wehren, wenn sie nicht wirklich ehrlich und gut gemeint gewesen wäre; zumindest bewußt war sie es zweifellos. Aber die Versicherungen der Liebe und der Opferbereitschaft – welches Kind möchte nicht daran glauben? Es fällt dem Sohn viel leichter, sich gegen die Ansprüche des polternden Vaters zu wehren und sich innerlich von ihm abzugrenzen. Doch wenn diese liebende Mutter versichert, er müßte »der Glücklichste unter den Sterblichen sein, denn kein Wunsch wurde ihm von seinen Eltern je versagt«, wie bringt man es über's Herz, ihr zu sagen, daß sie offenbar die wichtigsten Bedürfnisse ihres geliebten Kindes nicht sieht? Wenn sie sein Unglücklichsein dem Mangel an Schlaf und Essen zuschreibt, wie kann man ihr klarmachen, daß sie »die Folgen mit den Ursachen verwechselt«? Sie wird es ja doch wieder nicht verstehen und alles so zurechtdrehen müssen, daß es in ihr Weltbild paßt. »Versuche jemandem die Hungerkunst zu erklären! Wer es nicht fühlt, dem kann man es nicht begreiflich machen.« Kafka konnte nicht erzählen, wie es ihm mit seiner Mutter in der Kindheit ergangen ist, aber er konnte Situationen darstellen, in denen er seine frühkindliche Verzweiflung, Ohnmacht, Wut und seinen stillen passiven Kampf so zum Ausdruck brachte, daß viele Menschen ihre eigenen Erfahrungen darin gespiegelt sehen – vielleicht ebenfalls, ohne es so genau zu wissen.

Die *Verwandlung* ist wohl Kafkas bekannteste Erzählung.

Obwohl ihr Inhalt eine völlig unmögliche und noch nie dagewesene Situation beschreibt, denn ein Mensch kann nicht über Nacht in einen realen Käfer umgewandelt werden, fühlt sich auch der gleichgültigste, der gefühlskälteste Leser von ihr tief angerührt und betroffen. Warum ist das so? Gregor Samsa, der Held dieser Erzählung, ein pflichtbewußter Angestellter, der mit seiner Arbeit liebevoll für seine Eltern und die Schwester sorgt, erwacht eines Morgens als ein widerlicher Käfer und erlebt in den nächsten Tagen den Widerwillen, das Entsetzen, die Angst, das Grauen und die unendliche Hilflosigkeit. Er spürt die rührenden Versuche der Mutter und der Schwester, die Ekelschranke zu überwinden, seine unbarmherzige Trennung von der ganzen Umwelt, die Schande, die er seinen Nächsten bringt und der sie nichts anderes entgegensetzen können als Angst, Entsetzen, Schuldgefühle, Vernichtungswünsche, Scham vor den anderen Menschen und Heuchelei aus Not. Er selber erlebt sich, wie sich ein unbewußt abgelehnter Säugling erleben könnte: ohne Sprache, im Vergleich mit den Möbeldimensionen winzig klein, schwach, ohne die Möglichkeit, sich zu artikulieren, von den anderen verstanden und ernstgenommen zu werden, ganz auf sich angewiesen und zum Tode verurteilt, wenn nicht doch eine Person sich seiner annehmen würde und eine Kommunikation, die schwierig ist, doch noch herstellen könnte. (Vgl. oben S. 61 f.)
Ich habe keine Mühe, mir vorzustellen, daß das Kleinkind Franz Kafka sich häufig so hat fühlen müssen und daß er auch später, als er sprechen und laufen konnte, sein wahres Selbst so tief verbergen mußte, weil er ähnliche Reaktionen der Umgebung riskiert hätte, wie sie Gregor Samsa nach seiner Verwandlung erlebt hat. Glücklicherweise war es Kafka aber möglich, zumindest in der Pubertät, mit seiner neun Jahre jüngeren Schwester eine tiefere Gemeinsamkeit und ein Verständnis zu finden, sich bei ihr auf Antennen und Spiegelungen verlassen zu können, die ihm in der entscheidenden Zeit der Adoleszenz geholfen

haben, sein seelisches Gut trotz des langen Hungerns ins Erwachsenenleben hinüberzuretten. Die schwere Neurose konnte damit nicht mehr behoben werden, aber die Fähigkeit des künstlerischen Ausdrucks wurde gerettet. Hätte Kafka die Situation von Gregor Samsa nicht sehr früh und sehr intensiv erlebt, so hätte er diese Geschichte nicht so schreiben können, daß so viele Menschen sie unbewußt und direkt als eine Grundsituation des Menschseins erkennen, ohne viel darüber reflektiert zu haben. Sie erkennen sie am Schmerz, den sie beim Lesen empfinden, weil sie gezwungen sind, sich mit Gregor Samsa zu identifizieren, und weil sie in dieser Identifikation ein Stück ihrer Vergangenheit vage spüren. Damit möchte ich nicht sagen, daß jeder Mensch wie Franz Kafka einer extremen narzißtischen Frustration ausgesetzt war, weil die Bedürfnisse nach Spiegelung, Zuwendung, Verständnis tragischerweise dort am intensivsten und stärksten sind, wo auch die Versagung dieser Bedürfnisse *am schmerzhaftesten empfunden* wird.

Das erklärt, warum große Künstler fast notwendig neurotisch werden müssen, doch die Neurose ist die Begleiterscheinung ihrer Situation, die Nebenerscheinung ihrer Sensibilität und ihres Schicksals, niemals aber die Ursache der kreativen Möglichkeiten, die sich *trotz der Neurose* erhalten haben und lebensrettend waren, die aber doch niemals die Kraft hatten, die Neurose zu beseitigen. Die *Verwandlung* beschreibt das Lebensgefühl eines, wenn man so will, neurotischen Menschen, der sich von den anderen isoliert fühlt, keine gemeinsame Sprache mit ihnen hat, auf ihr volles Verständnis angewiesen ist, das er nie findet, der seine Tragik nie formulieren kann und stumm bleiben muß, sich von den andern gehaßt und verachtet fühlt, sobald sie sein wahres Selbst erblicken, obwohl sie ihn noch kurz davor, als er im falschen, angepaßten Selbst des guten, braven Sohnes lebte, wie ihresgleichen behandelt haben, ohne sich je zu fragen, wer er wirklich sei. Trotzdem wird man sich nicht wundern, daß jeder Mensch lieber der brave Sohn Gregor Samsa bleibt und, in der Angst vor der Isolierung, die Kafka hier beschreibt, nie an die Grenzen des Vorgeschriebenen stößt. Da es Kafka möglich wurde, in der Phantasie diese Grenze zu überschreiten und so in die Tiefen seiner eigenen und einer allgemein menschlichen Vergangenheit herabzusteigen, sich nicht mit dem Verfolger, sondern mit dem Opfer als Subjekt des Leidens in seiner grenzenlosen Ohnmacht zu identifizieren, entstand ein Werk von seltener Allgemeingültigkeit, in dem die Wehrlosigkeit, Ohnmacht, Stummheit und Isolierung eines kleinen Kindes, das jeder von uns einmal gewesen ist, so dargestellt ist, daß der Leser diese Gefühle zwar zulassen, die Situation aber als absurd und unmöglich bezeichnen kann. Trotz dieser Absurdität läßt sich die Wahrhaftigkeit dieser Erzählung kaum in Frage stellen.

Wo könnte wohl der Grund einer Phantasietätigkeit liegen, die dem Dichter Szenen wie die folgende eingibt?

Deshalb blieb auch Gregor vorläufig auf dem Fußboden, zumal er fürchtete, der Vater könnte eine Flucht auf die Wände oder auf den Plafond für besondere Bosheit halten. Allerdings mußte sich Gregor sagen, daß er sogar dieses Laufen nicht lange aushalten würde; denn während der Vater einen Schritt machte, mußte er eine Unzahl von Bewegungen ausführen. Atemnot begann sich schon bemerkbar zu machen, wie er ja auch in seiner früheren Zeit keine ganz vertrauenswürdige Lunge besessen hatte. Als er nun so dahintorkelte, um alle Kräfte für den Lauf zu sammeln, kaum die Augen offenhielt; in seiner Stumpfheit an eine andere Rettung als durch Laufen gar nicht dachte; und fast schon vergessen hatte, daß ihm die Wände freistanden, die hier allerdings mit sorgfältig geschnitzten Möbeln voll Zacken und Spitzen verstellt waren – da flog knapp neben ihm, leicht geschleudert, irgend etwas nieder und rollte vor ihm her. Es war ein Apfel; gleich flog ihm ein zweiter nach; Gregor blieb vor Schrecken stehen; ein Weiterlaufen war nutzlos, denn der Vater hatte sich entschlossen, ihn zu bombardieren. Aus der Obstschale auf der Kredenz hatte er sich die Taschen gefüllt und warf nun, ohne vorläufig scharf zu zielen, Apfel für Apfel. Diese kleinen roten Äpfel rollten wie elektrisiert auf dem Boden herum und stießen aneinander. Ein schwach geworfener Apfel streifte Gregors Rücken, glitt aber unschädlich ab. Ein ihm sofort nachfliegender drang dagegen förmlich in Gregors Rücken ein; Gregor wollte sich weiterschleppen, als könne der überraschende unglaubliche Schmerz mit dem Ortswechsel vergehen; doch fühlte er sich wie festgenagelt und streckte sich in vollständiger Verwirrung aller Sinne. Nur mit dem letzten Blick sah er noch, wie die Tür seines Zimmers aufgerissen wurde, und vor der schreienden Schwester die Mutter hervoreilte, im Hemd, denn die Schwester hatte sie entkleidet, um ihr in der Ohnmacht Atemfreiheit zu verschaffen, wie dann die Mutter auf den Vater zulief und ihr auf dem Weg die aufgebundenen Röcke einer nach dem anderen zu Boden glitten, und wie sie stolpernd über die Röcke auf den Vater eindrang und ihn umarmend, in gänzlicher Vereinigung mit ihm – nun versagte aber Gregors Sehkraft schon – die Hände an des Vaters Hinterkopf um Schonung von Gregors Leben bat.

Die schwere Verwundung Gregors, an der er über einen Monat litt – der Apfel blieb, da ihn niemand zu entfernen wagte, als sichtbares Andenken im Fleische sitzen –, schien selbst den Vater daran erinnert zu haben, daß Gregor trotz seiner gegenwärtigen traurigen und ekelhaften Gestalt ein Familienmitglied war, das man nicht wie einen Feind behandeln durfte, sondern demgegenüber es das Gebot der Familienpflicht war, den Widerwillen hinunterzuschlucken und zu dulden, nichts als zu dulden. Und wenn nun auch Gregor durch seine Wunde an Beweglichkeit wahrscheinlich für immer verloren hatte und vorläufig zur Durchquerung seines Zimmers wie ein alter Invalide lange, lange Minuten brauchte – an das Kriechen in der Höhe war nicht zu denken –, so bekam er für diese Verschlimmerung seines Zustandes einen seiner Meinung nach vollständig genügenden Ersatz dadurch, daß immer gegen Abend die Wohnzimmertür, die er schon ein bis zwei Stunden vorher scharf zu beobachten pflegte, geöffnet wurde, so daß er, im Dunkel seines Zimmers liegend, vom Wohnzimmer aus unsichtbar, die ganze Familie beim beleuchteten Tische sehen und ihre Reden, gewissermaßen mit allgemeiner Erlaubnis, also ganz anders als früher, anhören durfte (F. Kafka, 1952, S. 76–78).

In seinem *Brief an den Vater* schrieb Franz Kafka:

Damals und damals überall hätte ich die Aufmunterung gebraucht. Ich war ja schon niedergedrückt durch Deine bloße Körperlichkeit. Ich erinnere mich zum Beispiel daran, wie wir uns öfters zusammen in einer Kabine auszogen. Ich mager, schwach, schmal, Du stark, groß, breit. Schon in der Kabine kam ich mir jämmerlich vor, und zwar nicht nur vor Dir, sondern vor der ganzen Welt, denn Du warst für mich das Maß aller Dinge. Traten wir dann aber aus der Kabine vor die Leute hinaus, ich an Deiner Hand, ein kleines Gerippe, unsicher, bloßfüßig auf den Planken, in Angst vor dem Wasser, unfähig Deine Schwimmbewegungen nachzumachen, die Du mir in guter Absicht, aber tatsächlich zu meiner tiefen Beschämung immerfort vormachtest, dann war ich sehr verzweifelt, und alle meine schlimmen Erfahrungen auf allen Gebieten stimmten in solchen Augenblicken großartig zusammen. Am wohlsten war mir noch, wenn Du Dich manchmal zuerst auszogst und ich allein in der Kabine bleiben und die Schande des öffentlichen Auftretens so lange hinauszögern konnte, bis Du endlich nachschauen kamst und mich aus der Kabine triebst. Dankbar war ich Dir dafür, daß Du meine Not nicht zu bemerken schienest, auch war ich stolz auf den Körper meines Vaters. Übrigens besteht zwischen uns dieser Unterschied heute noch ähnlich (F. Kafka, 1978, S. 12f.).

Kafka erlebt sich hier als »ein kleines Gerippe«, unsicher, bloßfüßig auf den Planken, in Angst vor dem Wasser, spricht von »tiefer Beschämung«, Verzweiflung und von der »Schande des öffentlichen Auftretens«. Jedes Kind ist doch so viel kleiner als sein Vater, muß es denn diesen Unterschied als eine solche Kränkung erleben? Wir wissen aus Erfahrung, daß es nicht so sein muß, daß der Größenunterschied nicht unbedingt Gefühle von Demütigung induzieren muß. Wir wissen, daß Kinder oft sehr vergnügt mit ihren Vätern schwimmen lernen und die Freude am eigenen Körper entdecken können. Doch die Haltung des Vaters zu diesem kleinen Wesen neben ihm, sein sichtbarer und unsichtbarer, *innerer Blick* werden darüber entscheiden, wie sich das Körpergefühl des Kindes entwickeln kann.

Kafkas Vater war als Sohn eines sehr starken Fleischhauers aufgewachsen und mußte schon mit elf Jahren »frühmorgens, auch im Winter und oft barfuß, die Fleischwaren mit einem Handkarren in die umliegenden Dörfer bringen«, ein Bild, das im *Hungerkünstler* auftaucht. Es ist anzunehmen, daß Hermann Kafka trotz seiner großen physischen Kraft als Kind nie das Gefühl haben konnte, stark genug zu sein, weil er mit den ihm obliegenden Aufgaben stark überfordert war und immer wieder an die Grenzen der eigenen Kraft stieß. Sein eigener kraftstrotzender Vater ließ die für ihn arbeitenden Kinder ihre Schwäche schmerzlich spüren. Diesem Vater mußte man aber mit Respekt und Gehorsam begegnen, das war selbstverständlich. Was geschah mit dem Gefühl des Verachtetwerdens, das Franz Kafkas Vater damals als Kind zu unterdrücken gezwungen war? Es überdauerte in ihm dreißig Jahre lang und verschaffte sich eine Abfuhr, als Hermann Kafka selber einen Sohn bekam. Die körperliche Kraft hatte ihm einst zum Überleben verholfen, so war alles Schwache für ihn lebensuntauglich und bedrohlich. Nun wäre es möglich, daß man dem Kind hilft, stärker zu werden, indem man es als schwaches, kleines Wesen respektiert. Aber ein Vater, der selber als schwaches Kind verachtet wurde, kann nur den starken Teil in sich akzeptieren und den verachteten schwachen Teil in seinem Kind von Anfang an ablehnen. Einem Kind wie Franz Kafka kann das nicht entgehen.

Die visionäre Kraft der *Strafkolonie*, die mehr als zwanzig Jahre vor dem Entstehen der Konzentrationslager geschrieben worden ist, läßt sich kaum bestreiten. Die hier geschilderten Situationen lassen sich auch leicht auf unsere Zeit beziehen, z. B. auf unsere Versklavung durch die Technik und die Absurditäten, zu denen sie führt. Aber sie lassen sich auf so vieles beziehen, weil sie wahr sind; und sie sind wahr, weil sie Erlebtes schildern. Ein Reisender besichtigt eine Strafkolonie und soll Zeuge einer Urteilsvollstreckung werden, die Kafka so beschreibt, daß, wenn ich im Verurteilten das Kind sah, mir mehrere Male Methoden der Erziehung und Kleinkinderbehandlung dazu einfielen, wie sie noch bis vor kurzem üblich waren. Ich zitiere daraus eine längere Passage:

Um so bewundernswerter erschien ihm der Offizier, der im engen, parademäßigen, mit Epauletten beschwerten, mit Schnüren behängten Waffenrock so eifrig seine Sache erklärte und außerdem, während er sprach, mit einem Schraubendreher noch hier und da an einer Schraube sich zu schaffen machte. In ähnlicher Verfassung wie der Reisende schien der Soldat zu sein. Er hatte um beide Handgelenke die Kette des Verurteilten gewickelt, stützte sich mit der Hand auf sein Gewehr, ließ den Kopf im Genick hinunterhängen und kümmerte sich um nichts. Der Reisende wunderte sich nicht darüber, denn der Offizier sprach französisch, und Französisch verstand gewiß weder der Soldat noch der Verurteilte. Um so auffallender war es allerdings, daß der Verurteilte sich dennoch bemühte, den Erklärungen des Offiziers zu folgen. Mit einer Art schläfriger Beharrlichkeit richtete er die Blicke immer dorthin, wohin der Offizier gerade zeigte, und als dieser jetzt vom Reisenden mit einer Frage unterbrochen wurde, sah auch er, ebenso wie der Offizier, den Reisenden an.

»Ja, die Egge«, sagte der Offizier, »der Name paßt. Die Nadeln sind eggenartig angeordnet, auch wird das Ganze wie eine Egge geführt, wenn auch bloß auf einem Platz und viel kunstgemäßer. Sie werden es übrigens gleich verstehen. Hier auf das Bett wird der Verurteilte gelegt. – Ich will nämlich den Apparat zuerst beschreiben und dann erst die Prozedur selbst ausführen lassen. Sie werden ihr dann besser folgen können. Auch ist ein Zahnrad im Zeichner zu stark abgeschliffen; es kreischt sehr, wenn es im Gang ist; man kann sich dann kaum verständigen; Ersatzteile sind hier leider nur schwer zu beschaffen. – Also hier ist das Bett, wie ich sagte. Es ist ganz und gar mit einer Watteschicht bedeckt; den Zweck dessen werden Sie noch erfahren. Auf diese Watte wird der Verurteilte bäuchlings gelegt, natürlich nackt; hier sind für die Hände, hier für die Füße, hier für den Hals Riemen, um ihn festzuschnallen. Hier am Kopfende des Bettes, wo der Mann, wie ich gesagt habe, zuerst mit dem Gesicht aufliegt, ist dieser kleine Filzstumpf, der leicht so reguliert werden kann, daß er dem Mann gerade in den Mund dringt: Er hat den Zweck, am Schreien und am Zerbeißen der Zunge zu hindern. Natürlich muß der Mann den Filz aufnehmen, da ihm sonst durch den Halsriemen das Genick gebrochen wird.« »Das ist Watte?« fragte der Reisende und beugte sich vor. »Ja, gewiß«, sagte der Offizier lächelnd, »befühlen Sie es selbst.« Er faßte die Hand des Reisenden und führte sie über das Bett hin. »Es ist eine besonders präparierte Watte, darum sieht sie so unkenntlich aus; ich werde auf ihren Zweck noch zu sprechen kommen.« Der Reisende war schon ein wenig für den Apparat gewonnen; die Hand zum Schutz gegen die Sonne über den Augen, sah er an dem Apparat in die Höhe. Es war ein großer Aufbau. Das Bett und der Zeichner hatten gleichen Umfang und sahen wie zwei dunkle Truhen aus. Der Zeichner war etwa zwei Meter über dem Bett angebracht; beide waren in den Ecken durch vier Messingstangen verbunden, die in der Sonne fast Strahlen warfen. Zwischen den Truhen schwebte an einem Stahlband die Egge.

Der Offizier hatte die frühere Gleichgültigkeit des Reisenden kaum bemerkt, wohl aber hatte er für sein jetzt beginnendes Interesse Sinn; er setzte deshalb in seinen Erklärungen aus, um dem Reisenden zur ungestörten Betrachtung Zeit zu lassen. Der Verurteilte ahmte den Reisenden nach; da er die Hand nicht über die Augen legen konnte, blinzelte er mit freien Augen zur Höhe.

»Nun liegt also der Mann«, sagte der Reisende, lehnte sich im Sessel zurück und kreuzte die Beine.

»Ja«, sagte der Offizier, schob ein wenig die Mütze zurück und fuhr sich mit der Hand über das heiße Gesicht, »nun hören Sie! Sowohl das Bett als auch der Zeichner haben ihre eigene elektrische Batterie; das Bett braucht sie für sich selbst, der Zeichner für die Egge. Sobald der Mann festgeschnallt ist, wird das Bett in Bewegung gesetzt. Es zittert in winzigen, sehr schnellen Zuckungen gleichzeitig seitlich wie auch auf und ab. Sie werden ähnliche Apparate in Heilanstalten gesehen haben; nur sind bei unserem Bett alle Bewegungen genau berechnet; sie müssen nämlich peinlich auf die Bewegungen der Egge abgestimmt sein. Dieser Egge aber ist die eigentliche Ausführung des Urteils überlassen.«

»Wie lautet denn das Urteil?« fragte der Reisende. »Sie wissen auch das nicht?« sagte der Offizier erstaunt und biß sich auf die Lippen: »Verzeihen Sie, wenn vielleicht meine Erklärungen ungeordnet sind; ich bitte Sie sehr um Entschuldigung. Die Erklärungen pflegte früher nämlich der Kommandant zu geben;

der neue Kommandant aber hat sich dieser Ehrenpflicht entzogen; daß er jedoch einen so hohen Besuch« – der Reisende suchte die Ehrung mit beiden Händen abzuwehren, aber der Offizier bestand auf dem Ausdruck – »einen so hohen Besuch nicht einmal von der Form unseres Urteils in Kenntnis setzt, ist wieder eine Neuerung, die –«, er hatte einen Fluch auf den Lippen, faßte sich aber und sagte nur: »Ich wurde nicht davon verständigt, mich trifft nicht die Schuld. Übrigens bin ich allerdings am besten befähigt, unsere Urteilsarten zu erklären, denn ich trage hier« – er schlug auf seine Brusttasche – »die betreffenden Handzeichnungen des früheren Kommandanten.«

»Handzeichnungen des Kommandanten selbst?« fragte der Reisende: »Hat er denn alles in sich vereinigt? War er Soldat, Richter, Konstrukteur, Chemiker, Zeichner?«

»Jawohl«, sagte der Offizier kopfnickend, mit starrem, nachdenklichem Blick. Dann sah er prüfend seine Hände an; sie schienen ihm nicht rein genug, um die Zeichnungen anzufassen; er ging daher zum Kübel und wusch sie nochmals. Dann zog er eine kleine Ledermappe hervor und sagte: »Unser Urteil klingt nicht streng. Dem Verurteilten wird das Gebot, das er übertreten hat, mit der Egge auf den Leib geschrieben. Diesem Verurteilten zum Beispiel« – der Offizier zeigte auf den Mann – »wird auf den Leib geschrieben werden: Ehre deinen Vorgesetzten!«

Der Reisende sah flüchtig auf den Mann hin; er hielt, als der Offizier auf ihn gezeigt hatte, den Kopf gesenkt und schien alle Kraft des Gehörs anzuspannen, um etwas zu erfahren. Aber die Bewegungen seiner wulstig aneinander gedrückten Lippen zeigten offenbar, daß er nichts verstehen konnte. Der Reisende hatte verschiedenes fragen wollen, fragte aber im Anblick des Mannes nur: »Kennt er sein Urteil?« »Nein«, sagte der Offizier und wollte gleich in seinen Erklärungen fortfahren, aber der Reisende unterbrach ihn: »Er kennt sein eigenes Urteil nicht?« »Nein«, sagte der Offizier wieder, stockte dann einen Augenblick, als verlange er vom Reisenden eine nähere Begründung seiner Frage, und sagte dann: »Es wäre nutzlos, es ihm zu verkünden. Er erfährt es ja auf seinem Leib.« Der Reisende wollte schon verstummen, da fühlte er, wie der Verurteilte seinen Blick auf ihn richtete; er schien zu fragen, ob er den geschilderten Vorgang billigen könne. Darum beugte sich der Reisende, der sich bereits zurückgelehnt hatte, wieder vor und fragte noch: »Aber daß er überhaupt verurteilt wurde, das weiß er doch?« »Auch nicht«, sagte der Offizier und lächelte den Reisenden an, als erwarte er nun von ihm noch einige sonderbare Eröffnungen. »Nein«, sagte der Reisende und strich sich über die Stirn hin, »dann weiß also der Mann auch jetzt noch nicht, wie seine Verteidigung aufgenommen wurde?« »Er hat keine Gelegenheit gehabt, sich zu verteidigen«, sagte der Offizier und sah abseits, als rede er zu sich selbst und wolle den Reisenden durch Erzählung dieser ihm selbstverständlichen Dinge nicht beschämen. (F. Kafka, 1952, S. 146–151)

Die Gutgläubigkeit, die Naivität, das Vertrauen des Kindes, das einem Wahn der Erzieher ausgesetzt ist, kann wohl kaum einen stärkeren Ausdruck finden als in dieser Szene. Der Reisende ist vielleicht der vom Kind erträumte Zeuge der Ungerechtigkeit. Aber es entspricht Kafkas Schicksal, daß dieser nicht hilft, nicht eingreift, sondern die anderen ihrem Schicksal überläßt.

Da Hermann Kafka kein zwanghafter Mensch zu sein schien, hat er seinem Sohn vermutlich keine regelmäßigen Prügelstrafen verabreicht, das heißt aber nicht, daß Franz Kafka keine Schläge bekommen hat. Er beschreibt selber, wie ihn sein Vater, als er einmal nachts Wasser trinken wollte, aus dem Bett im gemeinsamen Schlafzimmer genommen, ihn auf den Balkon getragen und dort vor geschlossener Türe stehen gelassen hat (vgl. 1978). Über andere Szenen können wir uns aufgrund der Werke Kafkas ziemlich genaue Vorstellungen machen, wenn wir uns nicht gedrängt fühlen, den Vater vor unseren eigenen Vorwürfen zu schützen, weil wir sie nicht haben. Wie der Verurteilte in der *Strafkolonie* wußte Kafka ganz sicher nicht, worin seine Schuld lag, wenn er bestraft oder geschlagen wurde. Hermann Kafka war ein impulsiver Mensch, oft überlastet, ungeduldig und durch seine schwere Kindheit geprägt; warum sollte er sich nicht mit Hilfe seines einzigen Sohnes Erleichterung verschaffen, da ihm das Recht dafür zustand? Noch heute leben wir mit einer Gesetzgebung, die dem Kind kein Recht auf Notwehr, aber dem Erwachsenen das Recht auf Züchtigung gibt. Würde ein Mann auf der Straße plötzlich in Wut geraten (vielleicht, weil er sich erinnert, daß er etwas für ihn Wichtiges vergaß, oder weil sein Chef ihn heute schikanierte) und aus dieser Wut heraus einen anderen Menschen auf der Straße überfallen und schlagen, die Polizei käme sofort, um ihn zu verhaften, auch wenn der Angegriffene stark genug gewesen wäre, um sich zu verteidigen. Tut er dies aber mit seinem kleinen Kind, das in seiner Liebe und körperlichen Schwäche völlig wehrlos ist, dann wird das als Erziehung bezeichnet und von den Behörden ausdrücklich gebilligt bzw. gefordert. Warum sollte dies in der Kinderzeit von Franz Kafka anders gewesen sein? Welche Folter auch immer die *Strafkolonie* beschreibt, das Geschlagenwerden durch den geliebten Menschen für Vergehen, die man nicht begangen hat, und aus Gründen, die man nicht begreifen kann, ist darin auch, wenn auch wahrscheinlich unbewußt, mitbeschrieben worden.

Die Erzählung *Das Urteil* bezieht sich auf einen späteren Lebensabschnitt Kafkas. Ihr Held, Georg, will seinem Freund in einem Brief seine Verlobung mitteilen. Es entwickelt sich ein Streitgespräch mit seinem kranken Vater, in dessen Folge der Sohn sich von der Brücke stürzt und sich das Leben nimmt. Damit vollstreckt er selber das vom Vater ausgesprochene Urteil.

Ich sehe im Vater des *Urteils* nicht nur das Introjekt, sondern auch den *realen* Vater Franz Kafkas aus dessen frühester Kinderzeit, der, wie viele andere Väter mit dieser Vorgeschichte, das Opfer des kleinen Sohnes braucht. So geht Georg statt in die Verlobung in den Tod, wie Kafka in die Lungenkrankheit, die ihn, wie er mehrmals schrieb, »von der Verlobung rettete«.

Welche Rolle die Mutter in dieser Tragödie spielte, zeigt sich aus ihrer Reaktion auf den *Brief an den Vater*. (1978) Der Sohn schickte ihr diesen Brief mit der Bitte, ihn an den Vater weiterzuleiten, weil er offenbar nicht wagte, es direkt zu tun. Die Mutter weigerte sich zu vermitteln und schickte dem Sohn den Brief zurück mit der Bitte, den Vater damit zu verschonen. So wurde der robuste, nicht überaus sensible Hermann Kafka geschont, und sein Sohn erkrankte an Tuberkulose. Aber schon die Tatsache des Schreibens, der Artikulierung seiner Vorwürfe ermöglichte Franz Kafka einen sehr wichtigen Schritt in seinem Leben: das Aufgeben der qualvollen Suche nach einer verfügbaren Mutter in Felice und damit auch das Eingehen einer neuen, reiferen Beziehung zu Milena, in der er — im Gegensatz zum Monolog mit Felice — einen gegenseitigen Austausch erleben durfte. Doch die Erzählung *Das Urteil* wurde noch am Anfang seiner Beziehung zu Felice geschrieben, und vielleicht hat der Selbstmord von Georg bereits eine unbewußte Vorahnung über die Auswegslosigkeit dieser Beziehung ausgesprochen. Darüber hinaus zeigt *Das Urteil* auch die Einsicht in die Funktion der Söhne als Opfer ihrer Väter, wie man sie an vielen Stellen der Menschheitsgeschichte beobachten kann. Im *Urteil* ruft der Vater Georgs:

»Häng dich nur in deine Braut ein und komm mir entgegen! Ich fege sie dir von der Seite weg, du weißt nicht, wie! . . .
Jetzt weißt du also, was es noch außer dir gab, bisher wußtest du nur von dir! Ein unschuldiges Kind warst du ja eigentlich, aber noch eigentlicher warst du ein teuflischer Mensch! — Und darum wisse: Ich verurteile dich jetzt zum Tode des Ertrinkens!«
Georg fühlte sich aus dem Zimmer gejagt, den Schlag, mit dem der Vater hinter ihm aufs Bett stürzte, trug er noch in den Ohren davon. Auf der Treppe, über deren Stufen er wie über eine schiefe Fläche eilte, überrumpelte er eine Bedienerin, die im Begriffe war, hinaufzugehen, um die Wohnung nach der Nacht aufzuräumen. »Jesus!« rief sie und verdeckte mit der Schürze das Gesicht, aber er war schon davon. Aus dem Tor sprang er, über die Fahrbahn zum Wasser trieb es ihn. Schon hielt er das Geländer fest, wie ein Hungriger die Nahrung. Er schwang sich über, als der ausgezeichnete Turner, der er in seinen Jugendjahren zum Stolz seiner Eltern gewesen war. Noch hielt er sich mit schwächer werdenden Händen fest, erspähte zwischen den Geländerstangen einen Autoomnibus, der mit Leichtigkeit seinen

Fall übertönen würde, rief leise: »Liebe Eltern, ich habe euch doch immer geliebt«, und ließ sich hinabfallen.

In diesem Augenblick ging über die Brücke ein geradezu unendlicher Verkehr (F. Kafka, 1952, S. 20–22).

In diesem Straßenlärm (in Kafkas unruhigem Elternhaus) blieb das Opfer des Sohnes unbemerkt.

Wenn man sagen kann, daß sich Kafkas Geschichten wie Träume lesen lassen, so gilt dies ganz besonders für die Erzählung *Der Heizer*, in der die für Kafkas Kindheit spezifische Form von Ohnmacht in verschiedenen Bildern und Facetten zum Ausdruck kommt. Es muß die grundlegende Erfahrung seines Daseins gewesen sein, daß das, was er artikulierte, nirgends Verständnis, nirgends Echo oder Antwort fand. Was als Antwort zurückkam, hatte zu dem, was er meinte, gar keinen Bezug, war ihm fremd und absurd. Die Geschichte *Der Heizer* beginnt bei der Ankunft des sechzehnjährigen Karl Rossmann in Amerika. Karl hat gerade mit seinem Koffer das Schiff verlassen, als er merkt, daß er seinen Schirm auf dem Schiff vergessen hat. Nun bittet er einen zufälligen Mitpassagier, einen Moment beim Koffer zu bleiben (beim gleichen Koffer, den er während der zwei Wochen seiner Schiffsreise die ganze Zeit wie einen Augapfel gehütet hat, immer mit dem Verdacht, jemand würde ihn stehlen), und geht zurück aufs Schiff, um den Schirm zu suchen. Wer kennt nicht ähnliche Situationen aus eigenen Träumen? Wir wundern uns manchmal noch im Traum, daß wir das Wesentlichste, das wir besaßen, unbekümmert irgendwo stehen gelassen haben und daß unsere Aufmerksamkeit, ja sogar Mißtrauen, sich plötzlich in kindliche Zuversicht, in eine naive Nachlässigkeit und Leutseligkeit wandelte. Man kann sich das mit dem Umstand erklären, daß die Träume Persönlichkeitsanteile aus verschiedenen Lebenszeiten zum Ausdruck bringen und daß auch unser Verhalten im Traum abwechselnd kindlich oder erwachsen oder sogar beides zugleich sein kann. Dieses Verständnis ist zweifellos richtig, es kann aber auch dazukommen, daß sich in diesem Verhalten etwas spiegelt, das früher für unsere Realität bezeichnend war, nämlich die Tatsache, daß die Sorge um das Kind, das wir waren, nicht eine verläßliche und kontinuierliche, sondern eine zwischen den Extremen von dauernder Kontrolle und völliger Gleichgültigkeit wechselnde war.

Karl Rossmann geht also auf das Schiff zurück, um seinen Regenschirm zu suchen, und denkt wie ein kleines Kind: das müßte doch jetzt sehr einfach sein, da das Schiff leer ist. Nun beginnt aber die für Träume typische Verwirrung, weil auch ein leeres Schiff für einen hier Fremden völlig unübersichtlich ist, und schließlich ist Karl froh, im Heizer einen Menschen gefunden zu haben, mit dem er sprechen kann. Doch sehr schnell stellt sich heraus, daß er hier keine Hilfe findet, sondern im Gegenteil: *er* versucht, den Heizer zu trösten und ihm zu helfen. Der Heizer klagt, wie ungerecht er auf dem Schiff behandelt werde, wie ihn sein Vorgesetzter Schubal plage; er sei, sagt er, beim Zusammenpacken und wolle das Schiff verlassen. Nun sind Koffer und Schirm längst vergessen, und Karl Rossmann setzt alles ein, seine Denkkraft, seine Gefühle, seine Zukunft, ja beinahe sein Leben, um dem Kapitän und den in der Besatzung wichtigsten Männern das Leiden des Heizers unter Schubal verständlich zu machen und nachzuweisen. Im Gegensatz zum Reisenden in der *Strafkolonie*, der nur Zuschauer war, übernimmt Karl die Anwaltsfunktionen. So inbrünstig hätte das Kind Franz Kafka auch die Leiden seiner Mutter unter der Herrschaft des Vaters (Schubal) vor einem Tribunal sichtbar machen wollen. Aber vor allem repräsentiert der Heizer Seiten seines Selbst.

Und da entwickelt sich eine Situation, wie sie öfters bei Kafka vorkommt: Karl spricht klar, argumentiert logisch, ist freundlich und versucht, die anderen zu erreichen, aber er kommt nirgends an. Es gelingt ihm nicht, sich verständlich zu machen, und zu allem Unglück benimmt sich der Heizer, der den kleinkindlichen, noch nicht so gewandten und intelligenten Teil von Franz Kafka repräsentiert, unsachlich, schadet damit sich selber, greift alle an, sogar Karl Rossmann, der ihm helfen will. Dieser versucht, den armen Heizer zur Ruhe und Vernunft zu bringen, ein schwieriges Unterfangen – bis alles in einer unerwarteten familiären Leutseligkeit ein Ende findet. Es stellt sich nämlich heraus, daß in dieser Gesellschaft ein Onkel Karl Rossmanns dabei ist, ein Senator und geachteter Mann, der seinen Neffen plötzlich umarmt und ihn zu sich nach Hause mitnehmen will.

So endeten zweifellos Versuche Franz Kafkas, sich in seiner Familie zu artikulieren: was das Kind zu sagen versuchte, wurde nicht ernstgenommen, ertrank in der Gleichgültigkeit des familiären Wohlwollens und in guten Ratschlägen, wie sie die Briefe seiner Mutter füllen. Karl versucht, zwischen dem ungeschickten kindlichen Heizer und der Erwachsenenwelt zu vermitteln, indem er sich mit beiden Seiten identifiziert. Er will sich für das Anliegen des Heizers einsetzen, doch spürt er auch mit den anderen, wie die Unbeholfenheit des Heizers an ihren Nerven zerrt:

Aber alles mahnte zur Eile, zur Deutlichkeit, zu ganz genauer Darstellung; aber was tat der Heizer? Er redete sich allerdings in Schweiß, die Papiere auf dem Fenster konnte er längst mit seinen zitternden Händen nicht mehr halten; aus allen Himmelsrichtungen strömten ihm Klagen über Schubal zu, von denen seiner Meinung nach jede einzelne genügt hätte, diesen Schubal vollständig zu begraben, aber was er dem Kapitän vorzeigen konnte, war nur ein trauriges Durcheinanderstrudeln aller insgesamt. (F. Kafka, 1954, S. 23)

Karl sagte also zum Heizer: »Sie müssen das einfacher erzählen, klarer, der Herr Kapitän kann es nicht würdigen, so wie Sie es ihm erzählen. Kennt er denn alle Maschinisten und Laufburschen beim Namen oder gar beim Taufnamen, daß er, wenn Sie nur einen solchen Namen aussprechen, gleich wissen kann, um wen es sich handelt? Ordnen Sie doch Ihre Beschwerden, sagen Sie die wichtigste zuerst und absteigend die andere, vielleicht wird es dann überhaupt nicht mehr nötig sein, die meisten auch

nur zu erwähnen. Mir haben Sie es doch immer so klar dargestellt!« (S. 24)

Und nun wechselt Kafka von der Perspektive des wohlwollenden Vermittlers zur hoffnungslosen Situation des
kleinen Kindes.

Der Heizer unterbrach sich zwar sofort, als er die bekannte
Stimme hörte, aber mit seinen Augen, die ganz von Tränen der
beleidigten Mannesehre, der schrecklichen Erinnerungen, der
äußersten gegenwärtigen Not verdeckt waren, konnte er Karl
schon nicht einmal gut mehr erkennen. Wie sollte er auch jetzt
– Karl sah das schweigend vor dem jetzt Schweigenden wohl
ein – wie sollte er auch jetzt plötzlich seine Redeweise ändern, da
es ihm doch schien, als hätte er alles, was zu sagen war, ohne die
geringste Anerkennung schon vorgebracht und als habe er andererseits noch gar nichts gesagt und könne doch den Herren
jetzt nicht zumuten, noch alles anzuhören. Und in einem solchen
Zeitpunkt kommt noch Karl, sein einziger Anhänger daher, will
ihm gute Lehren geben, zeigt ihm aber statt dessen, daß alles,
alles verloren ist. (S. 25)

Jetzt versucht Karl, wie ein älterer Bruder oder eine
wohlwollende ältere Schwester, dem kleinen Kind zu
helfen:

Er hätte ihm gern aus Furcht vor Schlägen die herumfahrenden
Hände gehalten, noch lieber allerdings ihn in einen Winkel
gedrängt, um ihm ein paar leise, beruhigende Worte zuzuflü-
stern, die niemand sonst hätte hören müssen. Aber der Heizer
war außer Rand und Band. Karl begann jetzt schon sogar aus
dem Gedanken eine Art Trost zu schöpfen, daß der Heizer im
Notfall mit der Kraft seiner Verzweiflung alle anwesenden sieben Männer bezwingen könne. (S. 26)

Aber das Gegenteil tritt ein. Und nun kommen die einzelnen Persönlichkeitsanteile zu einem Ganzen zusammen,
es zeigt sich die biographische Perspektive des Träumers:

Karl allerdings fühlte sich so kräftig und bei Verstand, wie er es
vielleicht zu Hause niemals gewesen war. Wenn ihn doch seine
Eltern sehen könnten, wie er im fremden Land vor angesehenen
Persönlichkeiten das Gute verfocht und wenn er es auch noch

nicht zum Siege gebracht hatte, so doch zur letzten Eroberung sich vollkommen bereit stellte! Würden sie ihre Meinung über ihn revidieren? Ihn zwischen sich niedersetzen und loben? Ihm einmal, einmal in die ihnen so ergebenen Augen sehen? Unsichere Fragen und ungeeignet der Augenblick, sie zu stellen! (S. 29)

Die Abschiedsszene vom Heizer, die Zärtlichkeit und das heftige Weinen zeigen, daß Karl hier im Heizer sein wahres Selbst verläßt und darüber trauert, denn nur der geschickte, angepaßte, gescheite Karl wird vom Onkel mitgenommen. Dem Heizer sagt er noch zum Abschied:

Du mußt Dich aber zur Wehr setzen, ja und nein sagen, sonst haben doch die Leute keine Ahnung von der Wahrheit. Du mußt mir versprechen, daß Du mir folgen wirst, denn ich selbst, das fürchte ich mit vielem Grund, werde Dir gar nicht mehr helfen können.
Und nun weinte Karl, während er die Hand des Heizers küßte und nahm die rissige, fast leblose Hand und drückte sie an seine Wange wie einen Schatz, auf den man verzichten muß – da war aber auch schon der Onkel Senator an seiner Seite und zog ihn, wenn auch nur mit dem leichtesten Zwange, fort. (S. 43)

Die Verzweiflung über die Unmöglichkeit, sich in seinem Elternhaus zu artikulieren, durchzieht alles, was Kafka geschrieben hat. Zahlreiche Schlüssel zu den Werken finden sich in den Briefen, z. B. in folgenden an Max Brod:

Wenn links der Frühstückslärm aufhört, fängt rechts der Mittagslärm an. Türen werden jetzt überall aufgemacht, wie wenn die Wände aufgebrochen würden. Vor allem aber die Mitte des Unglücks bleibt: ich kann nicht schreiben; ... Mein ganzer Körper warnt mich vor jedem Wort, jedes Wort, ehe es sich von mir niederschreiben läßt, schaut sich zuerst nach allen Seiten um; die Sätze zerbrechen mir förmlich, ich sehe ihr Inneres und muß dann aber rasch aufhören (Brief an Max Brod vom 15. resp. 17. Dez. 1910, in: F. Kafka 1975, S. 85).

Oder in einem andern Brief:

Ich habe jenen Druck im Magen; wie wenn der Magen ein

Mensch wäre und weinen wollte. (Brief an Max Brod vom 19. 7. 1909)

Mit 20 Jahren schreibt Franz Kafka an Oskar Pollak:

. . .verlassen sind wir doch wie verirrte Kinder im Walde. Wenn Du vor mir stehst und mich ansiehst, was weißt Du von den Schmerzen, die in mir sind und was weiß ich von Deinen. Und wenn ich mich vor Dir niederwerfen würde und weinen und erzählen, was wüßtest Du von mir mehr als von der Hölle, wenn Dir jemand erzählt, sie ist heiß und fürchterlich. Schon darum sollten wir Menschen voreinander so ehrfürchtig, so nachdenklich, so liebend stehen, wie vor dem Eingang zur Hölle. (Brief an Oskar Pollak 9. 11. 1903, in: F. Kafka, 1975, S. 19).

Und im gleichen Brief stehen die Worte:

Gott will nicht, daß ich schreibe, ich aber, ich muß . . . So viele Kräfte sind in mir an einen Pflock gebunden . . . Aber durch Klagen schüttet man keine Mühlsteine vom Halse, besonders wenn man sie liebhat (Seite 21).

Kafka versuchte, mit den Mühlsteinen am Hals zu leben, die er liebhatte. Jedes Kind liebt seine Elten, was sich auch immer später darüber gelagert haben mag. Diese Liebe müßte aber nicht wie Mühlsteine am Halse hängen bleiben – nämlich da nicht, wo die Eltern auch andere Gefühle neben ihr dulden können. Dann bleiben nicht »so viele Kräfte . . . an einen Pflock gebunden.«

Warum schreibe ich so viel über Kafka? Warum zitiere ich soviel aus seinen Werken und Briefen in einem Buch, in dem er doch nur als Vertreter eines möglichen Patienten steht. Statt Kafka hätte ich Heinrich von Kleist, Friedrich Hölderlin, James Joyce, Marcel Proust, Robert Walser und noch andere als Beispiele nehmen können. Es ist vielleicht ein Zufall, daß ich mich zuerst in das Werk von Kafka vertiefte und nun gegen die Versuchung ankämpfen mußte, ein ganzes Buch über ihn zu schreiben. So geht es uns auch mit Patienten: es ist zunächst ein Zufall, wer zu uns kommt, wen wir gerade in Behandlung übernehmen können, dann aber bekommt er für uns eine unverwechselbare Bedeutung und hört auf, ein Fall zu sein. Warum also kein Buch über Kafka, sondern ein Kapitel in diesem Buch? Das hat mehrere Gründe:

1. Die Diskussionen über den Narzißmus bzw. über den *»narzißtischen Charakter«* scheinen jetzt sowohl unter den Analytikern als auch bei den Soziologen, ja sogar den Theologen, im Zentrum ihres Interesses zu stehen. Wie ich im *Drama* bereits schrieb, kann unter dem Wort »Narzißmus« vieles verstanden werden, wobei die entwertende Haltung dem sogenannten »narzißtischen Charakter« gegenüber in allen Bedeutungen mitschwingt. In dieser mehr oder weniger moralisierenden Haltung sehe ich die unbewußte Identifizierung mit dem Erzieher, der im Kind das bekämpft, was ihm selber in seinem Innern zu schaffen macht. Denn wie oft sind die Kritiker des »narzißtischen Charakters« narzißtisch gestörte Menschen, die sich in der Grandiosität und im Erziehen der anderen selber schützen. So habe ich Kafka aus seinen Briefen und Werken sprechen lassen, um dem Leser die Identifikation mit dem Kind im Dichter und dem angehenden Analytiker die Identifikation mit dem Kind im Patienten Kafka zu ermöglichen. Kafkas Beziehung zu Felice kann zweifellos als narzißtisch bezeichnet werden, aber wenn man bei der Lektüre seiner Briefe an die Braut mit einem Ohr auch das von der Mutter verlassene Kind hört, wird der Text erst voll verständlich, und die Untauglichkeit der bloß beschreibenden oder gar verurteilenden Begriffe (wie z. B. »pathologischer Narzißmus«) tritt offen zu Tage.

2. Wie ich mich früher in das Leben Adolf Hitlers vertieft habe, um eine destruktive Laufbahn aus ihrer Vorgeschichte zu begreifen (vgl. A. Miller, 1980), so habe ich im Leben Franz Kafkas die biographischen Wurzeln einer narzißtischen Persönlichkeitsstörung bei einem Menschen gesucht, der vielen ähnlich gearteten bereits bekannt ist oder dank seinen Werken bekannt werden könnte. In beiden Fällen meine ich sowohl das Besondere

als auch das Allgemeine; das ergibt sich aus meiner *Methode*, die die *Subjektivität* in den Vordergrund stellt. Der Einzelne ist für mich nicht ein Fall zur Illustration einer Theorie (z. B. des Ödipuskomplexes, der Kastrationsangst, des Narzißmus), sondern die Quelle der Erkenntnis, der Zugang zum Verständnis, aus dem heraus sich auch andere Menschen verstehen können. Ich versuche, wie der englische Maler Francis Bacon mit einigen seiner Porträts, ein Bild zu entwerfen, in dem der Zuschauer sich wie im Spiegel sehen kann, aber nicht muß, wenn er nicht will.

3. Es gibt viele Menschen, die ihr Leben lang am Verhungern sind, obwohl sich ihre Mütter pflichtbewußt und besorgt um ihr Essen, ihren Schlaf und ihre Gesundheit gekümmert haben. Daß diesen Menschen in sehr vielen Fällen trotzdem das Entscheidende gefehlt hat, scheint auch unter Fachleuten noch wenig bekannt zu sein. Daß die *seelische Nahrung* des Kindes aus dem Verständnis und dem Respekt seiner ersten Bezugspersonen geschöpft wird und nicht durch Erziehung und Manipulation ersetzt werden kann, ist noch keineswegs Allgemeingut unsrer Gesellschaft. Im Gegenteil, die neueste Entwicklung der Psychologie, der Psychotherapie und der Psychiatrie zeigt eine Tendenz zur Bevorzugung der »strategischen Techniken« und zur kollektiven Verleugnung der Bedeutung von Kindheitstraumen, wobei die Zuchtrute durch Psychopharmaka ersetzt werden kann. Versucht ein Patient, in der Klinik über seine Vergangenheit zu sprechen, bekommt er Tabletten, damit er sich nicht »zu sehr aufrege«. Es wird vordergründig alles zur Schonung des Patienten getan, doch im Grunde werden die gefürchteten internalisierten Eltern des Therapierenden auf Kosten der Wahrheit geschont.

4. Kafkas *Briefe an Felice* schildern die Entwicklung einer Beziehung, die zweifellos als narzißtisch bezeichnet werden kann. In solchen Beziehungen wird der andere nicht als Zentrum seiner Aktivität, sondern als Funktion unse-

rer eigenen Bedürfnisse gesehen (vgl. A. Miller, 1979). Diese Haltung den Mitmenschen gegenüber kann man überall beobachten, und ihr Charakter verändert sich oft ein Leben lang nicht. Was mir in Kafkas Briefen so besonders auffiel, war die *Entwicklungs- und Wandlungsfähigkeit* von der kindlichen, ängstlichen Anklammerung bis zur schmerzhaften Trennung und Trauerarbeit. Diese Briefe, so scheint es mir, zeigen einen langen inneren Kampf zwischen der Furcht, den geliebtesten Menschen zu verlieren, wenn man sich treu bliebe, und der panischen Angst, sein Selbst zu verlieren, wenn man sich verleugnen würde. Ein Kind kann einen solchen Konflikt nicht bewältigen und muß sich notwendigerweise anpassen, weil es allein nicht überleben würde. Am Anfang seiner Korrespondenz mit Felice sieht es so aus, als ob sich Kafkas Kinderschicksal hier wiederholen müßte. Aber die weitere Entwicklung zeigt, daß er hier, anders als einst bei der Mutter, seine Bedürfnisse mit der Zeit immer deutlicher wahrnehmen und artikulieren kann; daß er zwar immer wieder in Gefahr ist, die Notwendigkeit des Schreibens und des Alleinseins den bürgerlichen Vorstellungen von Familienglück zu unterwerfen, aber daß er dieser Gefahr niemals erliegt. Am Schluß weiß er, daß er das Schreiben nicht aufgeben kann, ohne sich selbst aufzugeben und nimmt die Konsequenzen auf sich. Da dies aber in der Welt, aus der er kommt, nicht ohne Schuldgefühle möglich ist, bezahlt er für seinen Entschluß mit der Krankheit.

5. Kafkas Verständnis seiner Tuberkulose kann auch bei unseren Bemühungen, die *psychosomatischen Krankheiten* und deren gesellschaftlichen Hintergrund zu verstehen, hilfreich sein. Machen wir es als Therapeuten den Patienten nicht schwer, ihr eigenes Leben zu leben, wenn wir vorgefaßte Vorstellungen darüber haben, worin das Glück, die psychische Gesundheit, das soziale Engagement, der Altruismus, die Güte eines Menschen bestünden? Nach diesen noch sehr im Gebrauch stehenden Maßstäben war Franz Kafka ein Neurotiker oder Sonderling,

den man in einer Psychotherapie versucht wäre, zu »sozialisieren«, um ihm die Ehe mit Felice zu ermöglichen. Mit meinem Kafka-Kapitel wollte ich u. a. die Absurdität eines solchen Vorhabens deutlich machen. Gerade durch Kafkas Unvermögen, den bürgerlichen Normen zu gehorchen (das wird nicht immer so sein), wurde ein Seher von einer seltenen Konsequenz und Tiefe gerettet. Ob sich die Menschheit darum kümmert oder nicht, die prophetische Kraft der *Strafkolonie* bleibt erhalten. Und dies nicht, weil irgendein Gott sie Kafka zugeflüstert hätte (nur in der Phantasie Max Brods war Kafka religiös), sondern weil Kafka seine eigenen Erfahrungen ernstnahm und deren Konsequenzen zu Ende dachte.

Die Befürworter der manipulativen Strategien in der Psychotherapie könnten meinen Gesichtspunkten entgegenhalten, daß nicht jeder Mensch das Talent eines Franz Kafka habe und daß die meisten Leute Hilfe suchen, weil sie besser mit ihren Mitmenschen auskommen möchten, weil sie an Symptomen leiden, ihre Objektbeziehungen verbessern möchten, nicht heiraten können u. ä. Dazu wäre zu sagen, daß genau dies auch die Klagen Franz Kafkas waren. Es wäre aber verhängnisvoll, wenn man die Sehnsucht nach dem wahren Selbst in diesen Klagen überhörte (vgl. A. Miller, 1979). Was können wir über Begabungen wissen, wenn wir durch unsere strategischen Maßnahmen in der Psychotherapie den durch die Erziehung begonnenen Seelenmord zu Ende führen? Wer kann später feststellen, wieviele Talente auf diese Art im Keime erstickt wurden? Nicht jedem Menschen wird in der Pubertät eine Schwester wie Ottla geschenkt. Und es gibt unzählige Menschen, die in ihrem ganzen Leben niemals jemandem begegnet sind, der auf sie eingehen konnte, ohne sie erziehen, d. h. verändern zu wollen. Wie sollten diese Menschen ihre Talente entdecken können?
Was Franz Kafka betrifft, so war es ihm möglich, auch ohne Analyse, in den letzten Jahren mit einer Frau zusam-

menzuleben, die nicht mehr dem Muster seiner Mutter entsprach und mit der er, ähnlich wie mit seiner Schwester Ottla, Gedanken und Gefühle teilen konnte. Diese Chance wäre ihm verwehrt geblieben, wenn er sich einige Jahre zuvor zum Heiratenkönnen von Felice hätte therapieren lassen.

Es ist durchaus möglich, daß Menschen, die gewohnt sind, alles auf der Bewußtseinsebene zu sehen, diesen meinen Ausführungen über Kafka nur mit Kopfschütteln begegnen können, doch diese Ausführungen sind nicht dazu bestimmt, jemanden von der Existenz des Unbewußten überzeugen zu wollen. Aber ich könnte mir vorstellen, daß es auch unter den Analytikern einige gibt, die dem hier dargestellten, für eine Gruppe von Menschen exemplarischen Leiden Kafkas mit den üblichen Argumenten begegnen, nämlich daß »keine Mutter vollkommen sei und das Kind immer verstehen könne«, daß außerdem die Mütter überfordert seien und ich die Not der Frau bagatellisiere, ihr noch mehr Schuldgefühle mache, wenn ich so viel über das Leiden der Kinder schreibe usw. Diesen Argumenten bin ich mehrmals in analytischen Kreisen begegnet, und ich meine daher, daß es sich lohnt, ausführlicher darauf einzugehen.

Was nützt es, Kritik an »der Gesellschaft« zu üben, wenn wir als Analytiker das Wissen darüber, wie sich die Grausamkeit in der Gesellschaft formt und wie sie überliefert wird, bei uns zurückhalten oder es überhaupt nicht zulassen, um niemandem Schuldgefühle zu machen?

Ich habe in meiner analytischen Tätigkeit häufig die Beobachtung gemacht, daß die früh anerzogenen paradoxen Schuldgefühle den Blick für lebenswichtige Zusammenhänge vernebeln und den Weg zum Fühlen, also auch zur Trauer, versperren. Was ich damit meine, findet sich bei Lea Fleischmann (1980) besonders klar ausgedrückt:

Juden anzuzeigen war Pflicht – kein schlechtes Gewissen, in Zügen Eingepferchte abtransportieren war vorgesehen – kein schlechtes Gewissen, Kinder massenhaft zu erschießen war gesetzlich – kein schlechtes Gewissen. Fünf Minuten zu spät zum Dienst zu kommen war gegen die Dienstauffassung – schlechtes Gewissen, den Dienst an der Rampe lasch zu versehen war gegen das Pflichtbewußtsein – schlechtes Gewissen, Gas in die Kammern zu werfen war Vorschrift – kein schlechtes Gewissen, die Mittagspause zu überziehen ist nicht erlaubt – deswegen wieder schlechtes Gewissen.

Es scheint, daß die Autorin dieser Sätze ohne Tiefenpsychologie, aufgrund ihrer alltäglichen Erfahrungen als Lehrerin den engen Zusammenhang zwischen der extremen Abstumpfung gegenüber dem leidenden Menschen und der früh anerzogenen Vorschriftenhörigkeit rein intuitiv entdeckt hat. Meine Erfahrung mit dem Unbewußten kann diese Entdeckung nur bestätigen. Seit ich verstanden habe, wie Menschen von der Struktur eines Adolf Eichmann möglich geworden sind (vgl. A. Miller, 1980), welche Qualen sie erleben würden, wenn sie einmal eine Anordnung nicht befolgten, enthalte ich mich jeder Verurteilung. Andererseits sehe ich mit aller Deutlichkeit das wahrheitsfeindliche und lebenzerstörende, daher gefährliche Potential, das wir der frühen Erziehung zur gefühllosen Fügsamkeit verdanken. Auch wir Analytiker gehören zweifellos oft zu den früherzogenen Menschen und teilen somit dieses tragische Schicksal; doch wir versuchen, es zu verarbeiten. Man kann zwar das vergangene Schicksal nicht verändern, aber das gegenwärtige und zukünftige verändert sich, sobald uns das vergangene auf dem Wege der Bewußtwerdung zugänglich wird, sobald wir merken, wie sehr uns die frühanerzogenen, paradoxen Schuldgefühle am Fühlen und am Merken gehindert haben.
Es ist möglich, daß auch meine Versuche, diese Mechanismen aufzudecken, am Vierten Gebot scheitern werden, weil dieses kein Gegenstand ist, den man mit einemmal zerschlagen könnte, sondern eine Erkenntnishemmung, die wir so früh verinnerlicht haben, daß uns alles Angst machen muß, was sich ihr entgegensetzt. Es ist also mög-

lich, daß wir auf die Erforschung einer Wahrheit verzichten müssen, falls ihre Konsequenzen unsere Angsttoleranz überschreiten. Dafür kann man niemanden beschuldigen, und zweifellos handelt es sich hier um ein kollektives Schicksal.

Wir können also als Analytiker sagen: Der narzißtische und sexuelle Mißbrauch des Kindes sowie die körperlichen und seelischen Mißhandlungen, Demütigungen und Kränkungen sind Tatsachen, die hinzunehmen sind, weil man an ihnen nichts ändern kann. Aber wir können nicht sagen, daß die Notwendigkeit, dieses Wissen in der Kindheit zu verdrängen, nur weil es eine Notwendigkeit ist, nicht zu Neurosen führe, und diese statt dessen auf Triebkonflikte zurückführen. Nehmen wir an, daß ein Regisseur einen Film dreht und in ihm bisher unbekannte, aber reale Grausamkeiten aufdeckt, die den Zuschauer zunächst ratlos machen. Dürften wir ihm diesen Film mit dem Argument verbieten, daß an diesen Grausamkeiten nichts zu ändern sei? Wie soll sich etwas in der Gesellschaft ändern können, wenn Grausamkeiten noch gar nicht als das, was sie sind, gesehen werden? Wer weiß, ob sich nicht doch einmal etwas daran ändern kann? Aber die Voraussetzung dieser Änderung wäre, daß man die Wahrheit, sei sie noch so unbequem, nicht länger zudeckt. Wenn wir uns nicht mehr um die Schuldfrage, sondern um die Tatsachen kümmern würden und bei den Versuchen, die Entstehungsgeschichte der Neurose zu verstehen, niemanden schonen müßten, wäre damit eine notwendige (wenn auch nicht ausreichende) Bedingung für eine Veränderung in den künftigen Generationen möglicherweise schon durch dieses Wissen geschaffen.

Zugegeben, die Geschichte gibt uns wenig Anlaß zu Optimismus und zur Hoffnung auf Veränderung. Vor 400 Jahren schon schrieb Michel de Montaigne Sätze über Kindererziehung mit einer Achtung für die Würde des Kindes, die die Praxis unserer heutigen Erzieher noch lange nicht erreicht hat; und vor mehr als 2000 Jahren verkörperte Sokrates bereits eine Haltung dem Seelischen gegenüber, hinter der unsere wissenschaftliche Psychologie weit zurückbleibt. Das Ausmaß des Bösen und der Bereitschaft zum Aberglauben in der Welt scheint konstant zu sein und von neuen Erkenntnissen unbeeinflußbar. So läßt sich gegen die Berechtigung zu dieser pessimistischen Argumentation kaum etwas einwenden, außer, daß noch so kluge und komplizierte Systemtheorien auf dem Gebiete der Psychotherapie und Psychoanalyse diesen Zustand auch nicht verändern werden.

Was würden wir sagen, wenn wir einen verwundeten, vom Auto überfahrenen Menschen ins Spital brächten und sich die Ärzte bei der medizinischen Untersuchung des Falles vom Wagenlenker hindern ließen, weil dieser es so eilig hat, seine Unschuld am Unfall zu beweisen? Manchmal fühle ich mich in einer vergleichbaren Situation, wenn ich von Analytikern höre, daß meine Bücher den Eltern Schuldgefühle machen könnten. Ich habe ja selber geschrieben, daß es nirgends diese Mutter gibt, die einem Kind alles das geben könnte, was es braucht, und ich habe zu erklären versucht, warum es das nicht geben kann. Das befreit uns aber als Analytiker nicht von der anderen Frage, nämlich welche Bedingungen ein Kind braucht, um später nicht neurotisch oder psychotisch zu werden, und sei es nur, um zu verstehen, warum unsere Patienten krank geworden sind. Diesen Fragen mit Verteidigungen der Mütter zu begegnen, ist ein Ausdruck der Schuldgefühle, die in der eigenen (meist religiösen) Erziehung wurzeln und daher verständlich sind, die aber niemandem helfen, weil sie der Trauer im Wege stehen (vgl. A. Miller, 1980, S. 285–316). Wir können das Leid der Kinder nicht rückgängig machen, weder mit Beschuldigung noch mit Verteidigung der Eltern, aber wir könnten vielleicht zukünftiges Leid verhindern helfen, wenn wir nicht aus dem Bedürfnis, uns oder unsere Eltern zu verteidigen, die Wahrheit leugnen müßten. Die Wahrheit ist, daß nicht Triebentbehrungen und -konflikte, sondern schwere narzißtische Traumatisierungen (wie Demütigungen, Kränkungen, sexueller Mißbrauch und u. a. das Bagatellisieren des kindlichen Leidens) gepaart mit der Notwendigkeit ihrer Verdrängung unsere heutigen Neurosen bewirken. Diese Traumatisierungen treten um so häufiger auf, je weniger die Öffentlichkeit von ihrer Bedeutung, ihrer pathogenen Wirkung und ihrer Tragweite für die Gesellschaft weiß. Nur dieses Wissen, und nicht bloß mehr Freizeit für die Mütter, kann helfen, ihr Verständnis für das Kind zu erweitern und es, soweit es ihr möglich ist, teilnehmend zu begleiten. Dieses Wissen könnten die Mütter von den Psychoanalytikern bekommen, wenn diese nicht falsches Mitleid hätten mit den Müttern. Ich nenne es falsch, weil man durch das Vorenthalten und Verschleiern der Wahrheit den anderen in ein neues Verschulden, in ein erneutes Verstricktsein, in neue ungewollte Grausamkeiten, also in die Falle gehen läßt. Ist es dann nicht sinnvoller, ihm die Augen für die Wahrheit zu öffnen?

So nötig diese Funktion des Analytikers in der Gesellschaft wäre, so wenig kann man sie postulieren, geschweige denn, sie von ihm verlangen. Wir sind alle in einem Erziehungssystem aufgewachsen, in dem die narzißtischen Bedürfnisse des Kindes nach Achtung, Spiegelung, Verständnis und Ausdrucksmöglichkeit weder gekannt noch toleriert wurden. Sie wurden im Gegenteil bekämpft. Und doch können wir versuchen, neue Erfahrungen zu machen. Wir wissen, wie lange es bei einem Patienten dauern kann, bis er einsieht, daß es wichtig ist, seine Bedürfnisse zu artikulieren und zu spüren, auch wenn keine Aussicht mehr bestehen sollte, daß sie von der Umgebung befriedigt werden. Trotzdem ist es wichtig, sie zuzulassen, weil nur dann der Patient selber ein empathisches inneres Objekt in sich errichten kann. So ermutigen wir unsere Patienten dazu, auch Wünsche spüren und äußern zu dürfen, die keine Aussicht auf Befriedigung haben, und dies hat regelmäßig eine Erweiterung der

Persönlichkeit zur Folge. Die Hebammenfunktion des Analytikers besteht darin, bei der Geburt oder Wiedergeburt dieser Wünsche und Bedürfnisse sowie beim Bewußtwerden der Traumen dem Patienten beizustehen. Diesen Beistand können wir ihm nur geben, wenn wir nicht die Ideologie unserer Eltern vertreten, die dem Kind unerfüllbare Wünsche (z. B. nach Verständnis) auszureden versuchten, d. h. wenn wir nicht auf das Leiden von Menschen, die ähnlich wie Kafka geartet sind, mit der erzieherischen Haltung reagieren, indem wir sagen: »Es gibt keine idealen Mütter, und Kinder wie Kafka machen es den Müttern besonders schwer, sie zu verstehen.« Die Wahrheit der beiden letzten Sätze ist unumstößlich, und trotzdem darf sie nicht dazu führen, das Leiden des Kindes zu bagatellisieren, weil wir uns damit das Verständnis sowohl unserer Patienten als auch vieler Dichter versagen und somit die Tragik unseres eigenen Nichtverstandenwordenseins in der Kindheit und in der Lehranalyse unbewußt der nächsten Analytiker-Generation als Erbschaft weitergeben.

Obwohl ich häufig in verschiedenen Zusammenhängen darauf hingewiesen habe, daß ich weit davon entfernt bin, Eltern zu beschuldigen, weil ich auch sie als Opfer der Erziehungsideologie und der eigenen Kindheit sehe; obwohl ich gründlich ausgeführt habe, daß ich nicht die äußeren Ereignisse, sondern die psychische Situation des Kindes, nämlich die Unmöglichkeit, seine heftigsten, mit traumatischen Erlebnissen verknüpften Gefühle zu artikulieren, als Ursache der Neurose betrachte, werden diese Punkte häufig übersehen und meine Gedanken dementsprechend mißverstanden. Damit wird auch übersehen, daß ich lediglich versuche, gesellschaftliche Faktoren aufzuzeigen, die bisher, trotz umfangreicher intellektueller Emanzipation, dank sehr frühen emotionalen Verinnerlichungen verschleiert geblieben sind.*

* Daß Kinder für die Bedürfnisse der Eltern geopfert werden, ist eine unbequeme Wahrheit, die kein Erwachsener gerne hört. Bereits Jugendliche ertragen diese

Ebenfalls ist oft mißverstanden worden, daß ich mit meiner Kritik der antiautoritären Erziehung selbstverständlich nicht die echten Bemühungen der Eltern und Erzieher (wie z. B. A. S. Neills, Summerhill) meine, sondern lediglich den mit ideologischen Zielvorstellungen getarnten Mißbrauch des Kindes. Was ich darunter verstehe, habe ich in entsprechenden Zusammenhängen beschrieben (vgl. z. B. A. Miller, 1980, S. 121 u. a.a.O.). Auch kann meine Kritik der traditionellen Erziehungsideologie nicht einzelne, hervorragende Persönlichkeiten treffen, die sich zwar als Erzieher verstanden, aber im Grunde, wie z. B. Janusz Korczak, Anwälte, Beschützer und seelische Begleiter der Kinder waren. Diese Haltung gab Korczak sogar die Kraft, 1942 freiwillig mit den dem Tode geweihten Kindern seines Heimes in Warschau in die Gasöfen von Treblinka zu gehen (vgl. J. Korczak, 1970, 1981). In der Welt, in der er lebte, konnte Korczak seine Kinder nicht retten, aber er wollte sie nicht in ihrem Todeskampf alleinlassen. Auch wir können die Welt unserer Kinder nicht ändern, aber es ist ein großer Unterschied, ob wir sie wissend begleiten oder beschuldigend erziehen. Erziehung zementiert nämlich eine Welt, in der die selbstverständlichste Begleitung des Kindes bereits Opfer erfordert.

Gegen eine solche Zementierung kämpfe ich in diesem Buch an. Ich nehme es in Kauf, daß mir leicht der Vorwurf der Einseitigkeit gemacht werden kann, weil ich nicht auch noch andere, ebenfalls richtige Gesichtspunkte berücksichtige, über die bereits geschrieben worden ist. Wenn man eine bestimmte Stelle scharf beleuchtet, taucht die Umgebung vorübergehend ins Dunkle, womit sie aber weder aufhört zu existieren noch die Chance verliert, ebenfalls beleuchtet zu werden. Ich zweifle nicht daran,

Wahrheit schwer, weil sie an ihre Eltern ambivalent gebunden sind und viel lieber den abgespaltenen Haß auf Institutionen und auf die abstrakte »Gesellschaft« richten. Dort finden sie ein Objekt, das sie eindeutig ablehnen können, und hoffen so von ihrer Ambivalenz endlich freizukommen.

daß es im Garten Eden wundervolle Bäume gab, doch konnte ich der Aussagekraft und dem Gehalt meiner Erfahrungen nicht entrinnen und mußte mich mit dem verbotenen Baum beschäftigen. Wenn es mir gelingt, auch nur wenige Menschen darauf aufmerksam zu machen, wie die Opferung des Kindes mit dessen Beschuldigung überdeckt wird, dann wären alle zu erwartenden Mißverständnisse und Vorwürfe der Einseitigkeit ein sehr niedriger Preis im Vergleich zu der für mich wichtigen Bedeutung des Erreichten.

Wer das erste Kapitel des Buches *Am Anfang war Erziehung* gelesen hat, wird begreifen, warum Freuds erste Theorie, die Verführungstheorie, und meine Gedanken, die sich damit verbinden, auf einen viel größeren Widerstand stoßen müssen als die Theorie des Ödipuskomplexes. Ich rechne mit diesem Widerstand als einem gesellschaftlichen Phänomen und mit den ihm entspringenden Mißdeutungen und Vorwürfen. Sollte es die nicht geben, so wäre es überflüssig gewesen, dieses Buch zu schreiben. Man kann das Erbe von Jahrtausenden nicht plötzlich ablegen; als Analytiker müssen wir dafür Verständnis haben. Aber man kann wiederum nicht von uns verlangen, daß wir unsere Augen noch fester verschließen, nachdem wir achtzig Jahre lang Menschen analysiert haben und einiges erfahren mußten, was die Menschheit nicht hören will. Sie will es nicht, weil sie es noch nicht ertragen kann. Und das ist ihr gutes Recht, denn die Erlangung einer echten Einsicht ist ein langer Prozeß, in dem das intellektuelle Wissen nur eine kleine Rolle spielt. Das Entscheidende ist wohl die Bereitschaft, offen zu bleiben: offen für das, was »die Patienten« und Dichter erzählen, was unsere Kinder uns zeigen, und offen schließlich auch für Entdeckungen, die wir mit uns in unserm Innern machen können, sobald wir unsere Gefühle und Phantasien als Mitteilungen über frühere Realitäten ernstnehmen können.

Sobald die Front gegen die Wahrheit über das mit Schweigen zugedeckte, den kleinen Kindern zugefügte Leid nicht mehr so total und geschlossen bleibt, werden sich diese Mitteilungen weniger chiffriert ausdrücken können. Das soeben erschienene, erschütternde Buch von Mariella Mehr (1981) ist ein Beispiel dafür. Der 32jährigen Frau wird es möglich, ein kaum faßbares Martyrium ihrer Kindheit und Jugend und die ganze verborgene Kette von Verfolgungen und Vergewaltigungen mit Hilfe der in voller Intensität erlebten Schmerzen und anderer Gefühle zu entdecken und damit auch ihr Selbst zu finden. Der Weg von dem versteinerten, verdinglichten Wesen zu dem lebendigen, fühlenden und leidenden Menschen vollzieht sich innerhalb einer Primärtherapie, offensichtlich in ihrer bestmöglichen Form. Auf jeden Fall ist hier eine verläßliche, nicht erziehende, empathische Begleitung spürbar, die nirgends beschwichtigt, nirgends die Wahrheit mit Theorien, Ideologien oder Mystifikationen verschleiert. Die einzige Konzession an die Abwehr der Leser ist die Bezeichnung »Roman«, die dem Leser die Möglichkeit gibt, nach psychiatrischen Mustern alles als Ausgeburt »krankhafter Phantasien« zu bezeichnen. Aber auch die grauenvollsten Phantasien kommem selten an das Grauen der Realität heran. Mariella Mehrs Dichtung gehört zu den großen Ausnahmen, auch in der Konsequenz und der Tragweite ihrer Entdeckung.

Diese Dichtung illustriert und bestätigt indirekt einige von mir aufgestellte Thesen:

1. Nicht der hohe Grad der Unbewußtheit, sondern die Tiefe, Intensität und Echtheit des Erlebten verleihen dem dichterischen Werk seine Kraft. Daher kann die Vertrautheit mit dem Unbewußten die dichterische Potenz nicht schmälern.

2. Nicht in der Neurose, sondern in der Leidensfähigkeit liegen die Wurzeln der Kreativität.

3. Nicht das Ausleben im destruktiven und selbstdestruktiven Verhalten, sondern das Erleben und Artikulieren des Hasses und der Verzweiflung führen zur Befreiung und zur Liebesfähigkeit.

4. Nicht die manipulatorischen, die Anpassung an die gesellschaftlichen Tabus stützenden Verfahren, sondern das Aufdecken und Erkennen der vollen Wahrheit können zu gesellschaftlichen Veränderungen führen.

5. Nicht die Lösung der Triebkonflikte bzw. die Beherrschung und bessere Kontrolle der Triebwünsche, sondern das volle Zulassen der Gefühle, ihr emotionaler Zugang zu den Kindheitstraumen, ermöglichen die Vernarbung der alten Wunden.

6. Nicht komplizierte Systemtheorien, sondern eine verläßliche, nicht zudeckende Begleitung kann diesen Zugang ermöglichen.

Wird er erreicht, dann löst sich die zum Überleben notwendige Erstarrung sogar bei einer Frau, die als kleines Mädchen den zweifachen Mordversuch ihrer schizophrenen Mutter, mehrfache sexuelle Vergewaltigungen, mehrfache Elektroschocks und erzieherische Maßnahmen von unerhörter Brutalität über sich hat ergehen lassen müssen. Keine »bloße« Phantasie hätte dies ausdenken, auf keinen Fall in dieser Folgerichtigkeit beschreiben können. Es gibt eben Dinge in dieser Welt, von denen das Denken der Philosophen (der Glücklichen) noch unberührt geblieben ist. Aber gleichzeitig gibt es immer mehr Menschen, die diese Dinge sehen können, weil sie an irgendeinem Ort eine wissende Begleitung erfahren haben. Die in Schmerzen gefundene Wahrheit des Einzelnen kann zwar immer wieder durch schwere Folianten der pädagogischen, psychiatrischen und theologischen Weisheit erdrückt, sie kann aber nicht aus der Welt geschafft werden, weil jedes Neugeborene die Möglichkeit mit sich bringt, sie neu zu entdecken.

Bevor ich das Manuskript an den Verlag abschickte, hatte ich es vier Kollegen, die in zahlreichen Diskussionen an der Entwicklung meiner Gedanken teilgenommen hatten, zum Lesen gegeben. Der erste sagte, das Geschriebene sei ihm nach all den vielen Gesprächen nicht mehr neu und er könne meine Hypothesen aus seiner Praxis bestätigen. Diese Reaktion hat mich sehr gefreut, hat sie mir doch vermittelt, daß ich mit diesem Buch kaum allein unter den Analytikern dastehen werde. Eine andere Kollegin sagte, es seien ihr Schuppen von den Augen gefallen, als sie die Falldarstellungen las, sie fühle sich erleichtert, den Ballast ihrer Ausbildung, zu dem sie nie voll stehen konnte, ablegen zu können und noch mehr als bisher ihren Erfahrungen und Wahrnehmungen zu folgen. Die dritte Kollegin reagierte ähnlich wie manche Eltern auf meine früheren Bücher, nämlich mit Schuldgefühlen. Sie meinte, wenn meine Ausführungen stimmten, müßte sie ja bisher schwere Fehler begangen haben. Es kamen ihr Patienten in den Sinn, die, wie sie jetzt meinte, verzweifelt versucht hatten, ihre Traumen zu artikulieren, bei denen sie sich aber immer verpflichtet gefühlt hatte, das Erzählte als Ausdruck der Phantasien und Wünsche des Kindes zu sehen. Ich konnte der Kollegin nur sagen, daß es auch mir lange so ergangen sei und daß ich ohne diese Erfahrung dieses Buch gar nicht hätte schreiben können; ich spreche hier nicht von »den anderen«, sondern von »uns«. Ob jemand mit Trauer oder Schuldgefühlen oder auch mit völliger Ablehnung darauf reagiert, gehört in seine eigene Geschichte.

Die vierte Kollegin sagte, sie fühle sich wie von Scheuklappen befreit, aber zugleich, da sie jetzt neue Zusammenhänge entdecke, in einen Loyalitätskonflikt mit ihren Lehrern versetzt, denen sie viel verdanke und die daran festhalten, daß die Triebtheorie das Kernstück der

Analyse sei. Diese Bemerkung machte mich nachdenklich.

Ob wir den Einfluß der Schwarzen Pädagogik auf unsere Kindheit oder auf unsere Ausbildung erkennen, beides wird wohl ohne Trauer und Loyalitätskonflikte kaum zu bewältigen sein. Aber jenseits dieser Trauer erwartet uns die Freiheit zur eigenen Erfahrung und damit die Möglichkeit und das Recht, die eigenen Augen und Ohren zu gebrauchen und deren Wahrnehmungen ernstzunehmen.

Der Weg, den ich während des Schreibens zurücklegte, die unzähligen Kinderschicksale, von denen ich aus den Leserbriefen vernommen habe, führten mich zu der Frage, wie die Wahrheit auch vor mir selber so lange hatte verborgen bleiben können und welche Rolle hier die Triebtheorie spielte. Es war mir nicht wohl, daß mich auf diesem Wege so wenige Kollegen begleiten konnten, und auf der Suche nach den Gründen unter den gesellschaftlichen Faktoren fand ich ein Zusammenspiel von Triebtheorie, Viertem Gebot und Erziehung, die mir die kollektive Verleugnung des kindlichen Traumas erklärten. Doch das war mein persönlicher Weg. Die Reaktionen der Kollegen haben mir gezeigt, daß die Art, wie man neues Material aufnimmt, sehr verschieden sein kann und daß das, was bei mir zu einer radikalen Änderung der Blickrichtung beim Verstehen der Neurose führte, bei anderen vielleicht andere Gedanken auslösen könnte. Es hängt vom Charakter, vom Alter und den gemachten Erfahrungen ab, wie man neue Erkenntnisse in das bestehende Wissen integriert. Der Weg, den ich gegangen bin, trägt meine individuellen Züge, kann daher gar nicht als Rezept empfohlen werden. Aber die Hypothesen, die ich aufstelle, können, ebenfalls in einer individuellen Weise, überprüft werden und als Grundlage neuer Erfahrungen dienen. Zu solchen eigenen Erfahrungen will dieses Buch anregen, nicht dazu, sich auf die meinigen zu stützen, weil das wiederum einer unkritischen Glaubenshaltung Vorschub leisten würde.

DIE TÖCHTER
SCHWEIGEN NICHT MEHR (1982)*

Rod McKuen, der 49jährige amerikanische Dichter und Sänger, sagte dieses Jahr vor dem Publikum auf einem Kongreß in Washington: »Ich bin mit sieben Jahren von meiner Tante und von meinem Stiefvater sexuell mißbraucht worden. Es war eine schreckliche Zeit der Demütigung. Erst als ich gesagt habe, ich werde das der Mutter und *allen Menschen in der Stadt* erzählen, hörten sie damit auf.« Diesem Kind ist es gelungen, sich mit Hilfe der Drohung von einer quälenden, weil beängstigenden und erniedrigenden Situation zu retten. Doch um eine solche Drohung auszusprechen, geschweige denn, sie auszuführen, bedarf es psychischer Stärke, die ein sexuell mißbrauchtes Kind selten entwickeln kann. Und vor allem bedarf es des Vertrauens, daß die »Leute aus der Stadt« ein Kind ernst nehmen, ihm zuhören und ihm Glauben schenken werden. Das würde die Situation unserer Kinder grundsätzlich verbessern. Aber wo gibt es diese aufgeklärten Menschen? Ich kenne eine Frau, die mit sieben Jahren von einem Priester mißbraucht und von der Mutter später geschlagen wurde – für »solche bösen Lügen«. Wir sind gewohnt und dazu erzogen worden, den Mächtigen zu respektieren und ihn vor jedem Vorwurf zu schützen, hingegen den Schwächeren, Hilflosen, Abhängigen zu erziehen. In den Zehn Geboten heißt es: »Achte Vater und Mutter, damit es dir wohl ergehe«, es steht aber nirgends: »Achte dein Kind, so wird es auch später sich selbst und andere achten können.« Daher muß das hilflose Opfer bei uns damit rechnen, daß es nicht beschützt, sondern beschuldigt und beschämt wird, während der Täter Verteidigung findet. Diese Haltung der Gesellschaft läßt sich in der Gerichtspraxis in Sachen Vergewaltigung

---

* Zuerst erschienen im Oktober 1982 im Sonderheft »Bücher« der Zeitschrift *Brigitte*. Hier leicht gekürzt.

sehr genau beobachten und ist besonders verhängnisvoll, wenn es sich um Vergewaltigung von Kindern handelt, denn hier, gerade hier, werden sich die Wurzeln neuer Gewalt bilden. Es ist ein alter Aberglaube zu denken, daß man dem Kind ohne Folgen Leid zufügen könne, weil es »noch so klein« sei. Das Gegenteil ist wahr, aber noch wenig bekannt: Das Kind vergißt nur scheinbar das, was man ihm angetan hat, denn in seinem Unbewußten hat es ein fotografisches Gedächtnis, das nachweisbar unter bestimmten Umständen reaktiviert werden kann. Wenn diese Umstände aber nicht vorhanden sind, wenn jede Erinnerung fehlt und die Kindheit stark idealisiert bleibt, wird der spätere Erwachsene häufig in Gefahr sein, andere Menschen oder sich selbst in einer ähnlichen Weise zu quälen, wie er einst gequält wurde, ohne sich allerdings an die Vergangenheit erinnern zu können. Um die Täter, die »Respektspersonen«, vor den Vorwürfen ihrer Opfer zu schonen, wird in unserer Gesellschaft, auch von den Fachleuten, der *Zusammenhang* zwischen dem in der Kindheit Erlittenen und den späteren Krankheitssymptomen hartnäckig geleugnet oder verwischt und bagatellisiert.

Die Schriftstellerin Virginia Woolf, die vielen Frauen als Autorin und Freiheitskämpferin bekannt ist, litt seit ihrem 13. Lebensjahr an schizophrenen Schüben und nahm sich 1941 das Leben, obwohl sie keinen äußeren Grund dazu hatte. Von ihrem vierten Lebensjahr an bis zur Pubertät wurde sie von ihrem viel älteren Halbbruder beinahe täglich sexuell manipuliert, ohne sich einem erwachsenen Menschen anvertrauen zu können. Der Ausbruch ihres späteren Verfolgungswahns ist zweifellos Folge dieser Situation, und doch wird über diesen Zusammenhang sorgfältig geschwiegen. Quentin Bell zum Beispiel schreibt in seiner Biographie über sie, er wisse nicht, ob Virginia in ihrer Kindheit ein Trauma erlitten hätte (vgl. oben, S. 159 f.).

Wie kann ein Autor, der sehr einfühlsam das Trauma und die ganze verlogene Atmosphäre beschreibt, zugleich am

Vorhandensein eines Traumas zweifeln? Man könnte meinen, eine solche offensichtliche Spaltung im Wissen gehöre bereits der Vergangenheit an. Aber das Buch von Quentin Bell ist erst vor kurzem erschienen und spiegelt sehr genau unsere moderne Gesellschaft von heute. Doch kündigt sich bereits ein Wendepunkt an: Die bisher von der Gesellschaft sorgfältig verborgenen Zusammenhänge werden nun deutlicher erkennbar und bekanntgemacht.

Es kann für die Aufklärung und Entwicklung der jüngeren Generation von größter Bedeutung sein, daß sich in den letzten fünf Jahren auf dem amerikanischen Büchermarkt Publikationen zum Teil sehr erfolgreicher Schriftstellerinnen häufen, die ihre traumatische Kindheit, den Mißbrauch ihres Körpers durch die Väter, mit Hilfe des Schreibens zu bewältigen suchen. Diese Berichte lenken die Aufmerksamkeit der Öffentlichkeit auf die Opferung des Kindes und deren Folgen im erwachsenen Leben und vor allem auf die Gefahren des Schweigenmüssens. Sie haben einen von der Öffentlichkeit bisher kaum wahrgenommenen verhängnisvollen Abgrund unserer Gesellschaft aufgedeckt. Zugleich aber haben sie bereits mit diesem Schritt sehr vielen Menschen geholfen. Es stellte sich nämlich heraus, daß es für unzählige Leserinnen eine große Erleichterung war, über ihre Erlebnisse nun auch endlich sprechen zu dürfen, sich nicht mehr zum Schweigen gezwungen zu fühlen, zu spüren, daß man mit seinem Schicksal nicht allein war. »Das bestgehütete Geheimnis«, dessen Geschichte in unserer Kultur Florence Rush in ihrem erschütternden Buch erzählt, ist nun kein Geheimnis mehr. Frauen haben es herausgebracht, und sie wollen dem Opfer in seinem einsamen Kampf gegen die Verwirrung und Psychiatriesierung beistehen. Aber auch einzelne amerikanische Männer beteiligen sich jetzt an der Erforschung des bisher totgeschwiegenen Problems, weil sie einsehen, daß es nur durch seine Offenlegung und niemals im Verborgenen gelöst werden kann.

Die Frauen erzählen in ihren Büchern, wie es ihnen ergangen ist, was sie befürchtet haben und was sie zu vermeiden suchten, während sie mehr oder weniger regelmäßig von ihren Vätern, Großvätern, Onkeln oder anderen Personen als kleine Mädchen, oft lange vor der Pubertät, sexuell mißbraucht worden waren. Die meisten lebten unter der ständigen Drohung, umgebracht zu werden oder ins Gefängnis zu kommen, wenn sie irgend jemandem etwas sagen sollten. Die Beziehung zur Mutter war gestört, und auch Lehrer und Psychologen nahmen regelmäßig Partei für den Erwachsenen, falls einmal etwas herauskam. So blieb dem Kind und der Jugendlichen nichts anderes übrig, als die Wahrheit hinunterzuwürgen, bis sich diese dann in ihr als Erwachsener mit Hilfe der Symptome eine Ersatzsprache verschaffen konnte und mußte.

Die Schriftstellerin Charlotte Vale Allen zum Beispiel beschreibt in ihrem Buch *Daddy's Girl* ihre eigene Not. Sie erzählt, daß sie erst durch diese in erster Person geschriebene Autobiographie von dem schrecklichen Druck ihrer Vergangenheit zum großen Teil freigeworden ist. Sie mußte von ihrem siebten Jahr an jeden Dienstag- und Donnerstagabend, wenn die Mutter zum Kartenspiel auswärts war, ihrem Vater für seine sexuellen Spiele zur Verfügung stehen. Charlotte schreibt: »*Jedesmal, wenn es zu Ende war, rannte ich ins Badezimmer und schrubbte mich, ich versuchte das schlechte Gefühl von mir wegzukratzen. Ich wollte meinen Körper umbringen, damit ich irgendwie nur mit meinem Gehirn weiterleben konnte. Mein Körper war schuld, daß das alles passierte. Wenn ich den nicht hätte, könnte mich Vati nicht mehr anrühren.*« Selbstmordgedanken, wiederholte Unfälle, Stimmenhören, körperliche Krankheiten waren die äußeren Anzeichen der wachsenden Verzweiflung und des steigenden Selbsthasses. In ihrem Innern herrschte eine vollkommene Verwirrung, gepaart mit Angst, sich zu verraten oder entdeckt und dann umgebracht zu werden. Sie beschreibt, was in ihr vorgeht, wenn sich eine freundliche Lehrerin nach ihrem Ergehen erkundigt. Am liebsten hätte sie sagen wollen: *»Ich möchte tot sein, Miß Red-field. Oder irgendwohin mitgenommen werden. Ich brauche Rettung. Werden Sie es tun? Werden Sie Ihr ruhiges und friedliches Leben riskieren, um zu uns nach Hause zu kommen, und mit meiner Mutter reden, die mit mir böse ist? Meine Mutter wird Ihnen kein Wort glauben, sie wird vermutlich sogar verrückt werden . . . Würden Sie das für mich tun, Miß Redfield? Würden Sie zu den Autoritäten gehen und mich verteidigen . . . mich vor Vati beschützen, so daß ich nie mehr diese Dinge tun muß und aufhören kann, mich so furchtbar zu hassen?«*

Charlotte stellt sich vor, was passieren würde, wenn sie diese Worte laut aussprüche: die Lehrerin wäre entsetzt, erzählte es den andern, die anderen gingen zu den Eltern, die ungläubig den Kopf schüttelten. Der Vater würde ganz ruhig seine Rolle spielen und lügen. Man würde sie, Charlotte, aus der Schule nehmen und ins Gefängnis stecken. So bleibt dem Kind nichts anderes übrig, als auf die Frage der Lehrerin freundlich zu antworten: »Danke, es geht mir gut.«

Es wäre viel leichter, sich von dem quälenden Druck des Geheimnisses zu befreien, ohne krank werden zu müssen, wenn der mißbrauchende Erwachsene nicht zugleich der geliebte und oft Mitleid erregende Vater wäre. Dem Kind bleibt ja kaum etwas anderes übrig als die Hoffnung, dieser beängstigende und kranke Vater könne dank der Fügsamkeit des Kindes doch eines Tages zu dem Vater werden, den es so dringend braucht: zum zärtlichen, aber nicht ausbeutenden, wahrhaftigen und vertrauenswürdigen Menschen. So fährt das Kind fort, alles von ihm Erwartete zu erfüllen und das Geheimnis zu hüten. Es versucht, dabei »normal« und »ruhig« zu wirken und alles zu verzeihen, wobei sein wahres Selbst, die Ganzheit seiner Gefühle, unter denen auch Gefühle von Wut, Empörung, Ekel, Scham, Rachsucht enthalten sind, abgetötet bleibt. Da der Seelenmord nicht vollständig gelingen kann, bleiben die abgespaltenen Gefühle im Unbewußten und werden erst aktiv, wenn das Kind im erwachsenen

Alter einem Partner begegnet, dem es ohne Angst diese Gefühle zumuten kann. Sollte dies beim Partner nicht möglich sein, weil er solche Gefühlsausbrüche mit ähnlichen quittieren könnte, so wird es auf jeden Fall mit dem eigenen Kind ohne Schwierigkeiten gelingen. Das eigene Kind wird mit Sicherheit alle Affektausbrüche und Mißhandlungen wehrlos hinnehmen und alles verzeihen. Doch diese tragische Toleranz des Kindes ist zugleich dafür verantwortlich, daß es sich nicht verteidigen, den Mißbraucher nicht anzeigen und oft die Gewalttat nicht als solche erkennen kann.

In der Geschichte der Wissenschaften gab es eine kurze Zeit, in der ein junger Mann in seiner ersten Begegnung mit dem Unbewußten der Kranken zu den gleichen Ergebnissen kam. Dieser Mann hieß Sigmund Freud, und er veröffentlichte seine Entdeckung 1896 in der Schrift »Zur Ätiologie der Hysterie«. Doch schon einige Jahre später weigerte er sich zu glauben, daß der sexuelle Mißbrauch in der Kindheit, von dem seine Patientinnen immer wieder berichteten, wirklich stattgefunden habe. Mit andern Worten: Freud erschrak vor der Realität, die sich ihm auftat, und solidarisierte sich von nun an mit der patriarchalischen Gesellschaft (besonders nachdem er selber über vierzig und als Familienvater eine Respektsperson geworden war). Er gründete die psychoanalytische Schule, die sich zwar gern als revolutionär bezeichnet, aber im Grunde im Einklang mit der alten Einstellung bleibt, weil sie das hilflose Kind beschuldigt und die mächtigen Eltern in Schutz nimmt. Kommt eine Patientin, die als Kind sexuell mißbraucht wurde, in eine psychoanalytische Behandlung, wird sie dort zu hören bekommen, daß das, was sie erzählt, ihre Phantasien und Wünsche seien, denn im Grunde habe sie in der Kindheit davon geträumt, ihren Vater sexuell zu verführen. So wird mit Hilfe des Märchens vom »sexuell begierigen Kind«, das der Phantasie des Patriarchen Freud entstammt, die absurde Situation der Kindheit wiederholt, indem der

Patientin die Wahrheit so ausgeredet wird, wie einst dem Kind seine Wahrnehmungen ausgeredet wurden. Was man ihm angetan hat, legt man ihm zur Last.

Die »Patientinnen« fangen nun an, diesen gesellschaftlich sanktionierten und in komplizierte Theorien verpackten Betrug zu durchschauen. Einzelne Frauen haben erkannt, daß der Kampf gegen das in ihnen aufgespeicherte Wissen über erniedrigende Vorgänge aus der Kindheit ihre oft schweren Krankheitssymptome verursachte. Sie gaben diesen Kampf auf, fingen an, über ihre Erlebnisse zu sprechen und zu schreiben, verloren ihre Depressionen und gewannen zunehmend an Kraft, Selbstachtung und Mut. Das klingt vielleicht wie ein Märchen, aber nicht, wenn man bedenkt, daß der größte und eben der krankmachende Anteil dieser Kindheitstraumata gerade im totalen Verbot bestand, mit irgend jemandem über das Vorgefallene zu sprechen. Man kann sich leicht vorstellen, wie ein solches, in der Kindheit empfangenes Verbot die Seele eines Menschen zerstört.

Aber ist das Redeverbot der Kindheit einmal aufgehoben, entfällt auch die Macht der sogenanntn »Helfer«, die einem die Wahrheit auszureden versuchen. Das in der kranken Seele eingesperrte, mißhandelte Kind darf erzählen, und man hört ihm zu. Die erwachsene Frau, die von diesen Tatsachen hört und sie ernst nimmt – Geschichten, wie sie zum Beispiel das Buch von Louise Armstrong, *Kiss Daddy Good Night* füllen –, wird gegen neue Manipulationen, ob sie nun im erzieherischen oder therapeutischen Gewande auftreten, immun bleiben. Sie wird aus ihnen die Kraft schöpfen, die sie braucht, um sich mit dem Kind, das sie einst war und das in ihr lebt, zu verbünden und ihm Glauben zu schenken.

Nicht alle Autorinnen, die sich mit dem sexuellen Mißbrauch der Kinder beschäftigen, gingen von eigenen Erfahrungen aus. Sandra Butler zum Beispiel *(Conspiracy of Silence – The Trauma of Incest)* wollte zunächst nur die Frage untersuchen, warum so viele Jugendliche ihr Elternhaus verlassen und im Elend der Kriminalität, der Drogensucht und der extremen Verwahrlosung landen. Sie sprach mit vielen Jugendlichen der Randgruppen von San Francisco, deren Vertrauen sie gewann. Mit wachsendem Erstaunen entdeckte sie, daß in den meisten Fällen diese Mädchen und Jungen jahrelang von ihren Vätern mißbraucht worden waren. Als sie diese Erniedrigung nicht mehr ertrugen und groß genug waren, davonzulaufen, hofften sie, ihr Leben an einem anderen Ort verändern zu können, doch sie landeten meistens auf dem Strich. Wenn sie dann, von der Polizei erwischt, ihre wahre Geschichte erzählten – in der Hoffnung, hier, bei den Vertretern der Ordnung, Schutz zu finden –, wurden sie beschuldigt, Märchen erfunden zu haben, und zu den Eltern zurückgeschickt.

Nach der von Florence Rush publizierten Statistik sind 70 Prozent der Prostituierten und 80 Prozent der weiblichen Drogenabhängigen in ihrer Kindheit sexuell schwer mißhandelt worden, und 85 Prozent aller an Kindern begangenen Verbrechen waren sexueller Natur. Wir können aus diesen Zahlen nichts lernen, solange wir unter dem Gebot des Nicht-Merkendürfens, des Schweigenmüssens stehen. Ist aber einmal das Schweigen gebrochen, werden unsere Töchter ihre Mütter nicht fürchten müssen, sondern sich in deren Schutz begeben können und frei und offen erzählen, wenn ihnen ein Unrecht geschehen ist, das, sollte es weiter im geheimen fortgesetzt werden, ihr ganzes Leben zerstören könnte. Die Zerstörung seines Kindes kann die Krankheit des Erwachsenen nicht heilen, sie kann sie nur zudecken. Wie hoch auch die Zahl der sexuell mißbrauchenden Väter sein mag, sie wird sich zweifellos eher verringern, wenn einmal die Konsequenzen bekannt sind.

Der Aufsatz »Die Töchter schweigen nicht mehr« entstand ein Jahr nach der Niederschrift von *Du sollst nicht merken*. Inzwischen wurde das Schweigen auch in Europa gebrochen, zunächst dank der vermehrten Meldungen der Medien, denen nun auch authentische Berichte von Betroffenen folgen (vgl. L. Armstrong, »Brigitte«, S. Butler, F. Rush, J. Herman). Diese Situation ist neu und ohne Beispiel in der Geschichte: nicht weil der sexuelle Mißbrauch der Kinder ein neues Problem wäre (er ist, wie Florence Rush in ihrem Buch *Das bestgehütete Geheimnis* gezeigt hat, so alt wie unsere Kultur), sondern weil es neu ist, daß darüber öffentlich geschrieben wird. Diese Entwicklung gibt zu der Hoffnung Anlaß, daß mit ihr die Betroffenen mehr Chancen als bisher bekommen, ihre Verwirrung, Isolierung und ihren gestörten Bezug zur Realität aufzuarbeiten. Auf den letzten Punkt werde ich weiter unten genauer eingehen.

Noch Ende des letzten Jahrhunderts war die Tatsache des sexuellen Mißbrauchs des Kindes »undenkbar« (obwohl erfahr- und feststellbar), zumindest in bürgerlichen Kreisen, wo dieses Thema als peinlich und unanständig galt. Da die Vertreter der Humanwissenschaften (Ärzte, Psychiater, Psychologen) den Umgangsformen dieser Kreise verpflichtet waren, reagierten sie auf die Freudsche Entdeckung, daß alle seine hysterischen Patientinnen und Patienten in der Kindheit sexuell mißbraucht worden waren, mit Entrüstung und konnten sie nicht in ihr Wissen aufnehmen. In den weniger privilegierten Schichten waren zwar die intimen Geheimnisse offenbarer, aber da gab es keine Instanz, die die Frage, welche Verhaltensmuster ein in der Kindheit sexuell mißbrauchter Mensch in die Gesellschaft trägt, auch nur hätte formulieren können. Solche Fragen konnten bisher auch von Wissenschaftlern kaum gestellt werden, weil über die reale Situation des

Kindes wenig bekannt war. Die Opfer selber glauben ja, sich für das Geschehene beschuldigen zu müssen. Und auch in der psychoanalytischen Lehre von der infantilen Sexualität werden die an Kindern begangenen Grausamkeiten verleugnet. So ist die Frage, was das Kind mit seinen unbewältigten Traumen macht, wie es als Erwachsener die einst erlittene Grausamkeit später gegen sich selbst oder andere richtet, bisher weder in den Sozialwissenschaften noch in der Psychologie wirklich aufgetaucht.

Die Information der Öffentlichkeit über die täglich real stattfindenen sexuellen Mißhandlungen der Kinder berührt zwar nur einen kleinen Teil des Problems; denn sowohl die Auswirkungen solcher Ereignisse auf unser Zusammenleben und auf die nächste Generation, als auch die Fragen, wie hier entstandene Schäden zu therapieren seien, bleiben damit unberührt. Trotzdem bringt die jetzt beginnende Orientierung der Bevölkerung die Chance mit sich, daß mit der Zeit auch Humanwissenschaftler und Psychotherapeuten über diese Tatsachen besser als bisher informiert werden und ihrer Bedeutung mehr Aufmerksamkeit schenken werden. Sie werden sich notgedrungen früher oder später fragen müssen: »Was geschieht mit den Gefühlen des Kindes, die bei einer solchen Behandlung entstehen und die das Kind verdrängen oder abspalten muß? Wo gehen diese Energien hin? Wie entwickeln sich diese Kinder als Erwachsene und was geschieht ihnen, wenn sie selber Eltern geworden sind?« Oder anders: »Was hat es zu bedeuten, daß 80% der weiblichen Drogensüchtigen und 70% der Prostituierten sexuell mißhandelte Kinder waren?«

Mein Zugang zum Problem des sexuellen Mißbrauchs des Kindes ergab sich nicht aus den Informationen über reale, feststellbare Ereignisse, wie sie heute glücklicherweise aufgedeckt werden, sondern aus den unbewußten Mitteilungen der in der Kindheit schwer verletzten Menschen, die diese Verletzungen zunächst leugneten. Ihre Symptomsprache, ihre Art, Kindheit und Eltern zu idealisieren, sich für alles Erlittene zu beschuldigen, das Geheimnis vor anderen und sich selber zu hüten, aber auch ihr ebenso starker Wunsch, aus der Verwirrung herauszukommen und mit der Wahrheit leben zu können, führten mich zu Vermutungen, die sich leider als wahr herausgestellt haben. Aufgrund dieser Erfahrungen habe ich angenommen, daß das Ausmaß des sexuellen Mißbrauchs der Kinder in allen Schichten der Gesellschaft größer sein müsse, als allgemein geschätzt wird. Doch bereits die statistisch erfaßten Fälle, von denen ich erst in den letzten zwei Jahren erfuhr, übertrafen bei weitem meine Annahmen.

Ich hatte in meinen Büchern die Hypothese formuliert, daß wir als Kinder viel häufiger als wir es wissen durften, für Bedürfnisse der Erwachsenen, auch für sexuelle Bedürfnisse, gebraucht und mißbraucht wurden. Es stellte sich für mich auch immer deutlicher heraus, daß die damit zusammenhängenden, blockierten Gefühlsreaktionen zu psychischen und körperlichen Störungen führen müssen. Zunächst versuchte ich diese Erkenntnisse auf dem Boden des psychoanalytischen Gedankengutes zu integrieren, bis mir die Unmöglichkeit dieses Vorhabens schmerzlich bewußt wurde. Ich brauchte Zeit, um zu akzeptieren, daß auch die Psychoanalyse notwendigerweise die Tabus der Gesellschaft teilt, zu der sie gehört, und wollte verstehen, woher diese Tabus ihre ungewöhnliche Macht beziehen.

Von der Psychoanalyse ging ich aus, weil ich mich hier am besten auskannte, aber die Antworten, die ich fand, betreffen die Grundlagen unserer Gesellschaft überhaupt. In allen Bereichen unseres Lebens fand ich die Tendenz, den Mißbrauch des Kindes für die Bedürfnisse des Erwachsenen zu ignorieren und dessen Auswirkungen zu leugnen. Dieser Einstellung kann man nicht nur in der Psychoanalyse, wo sie zusätzlich theoretisch mit Hilfe der Triebtheorie untermauert wurde, begegnen, sondern auch innerhalb der neueren therapeutischen Schulen, weil sie den ungeschriebenen Gesetzen unserer Gesellschaft entspricht und unbewußt bleibt, solange sie nicht ausdrücklich reflektiert wurde.

Aus diesem Grund erschien es mir notwendig, diese Tendenz so genau wie möglich zu beschreiben, damit sie für Therapeuten verschiedener Richtungen, aber auch für deren Patienten und Klienten leichter zu erkennen ist; denn erst, wenn die Therapeuten es nicht mehr nötig haben, die Erwachsenen vor dem Vorwurf des verletzten Kindes zu schützen, weil sie ihre eigenen unbewußten kindlichen Vorwürfe erlebt und akzeptiert haben, werden sie andere Menschen bei der Aufarbeitung ihrer schmerzlichen Vergangenheit adäquat begleiten können. Ich will im folgenden versuchen zu erklären, warum mir eine solche Begleitung gerade im Falle des sexuellen Mißbrauchs von entscheidender Bedeutung zu sein scheint.

Es ist seit Jahrtausenden üblich und erlaubt, daß Kinder zur Befriedigung verschiedener Bedürfnisse gebraucht werden. Sie sind billige Arbeitskräfte, sie eignen sich zur Entladung aufgestauter Affekte, als Container für ungewollte eigene Gefühle, als Projektionsscheiben der eigenen Konflikte und Ängste, als Prothesen für das angeschlagene Selbstwertgefühl, als Quelle der eigenen Macht und Lust. Unter all diesen Formen des Mißbrauchs des Kindes kommt dem sexuellen Mißbrauch eine ganz besondere Bedeutung zu. Sie ergibt sich aus der überragenden Rolle des Sexuellen in unserem Organismus und aus der Verlogenheit, die das Sexuelle in unserer Gesellschaft immer noch umgibt.

Da das Schlagen, Quälen, Entwürdigen und Demütigen der Kinder bis jetzt als Erziehung zu ihrem eigenen Wohl verstanden wurde, fanden solche Aktionen meistens nicht im Geheimen, sondern in aller Öffentlichkeit statt. Noch heute gibt es viele Menschen, die von diesen Erziehungsprinzipien voll überzeugt sind, und daher scheut das Schlagen des Kindes nicht das Tageslicht; es läßt sich überall beobachten. Das kann die Chance mit sich bringen, daß das Kind im glücklichen Fall einen Zeugen findet, der genug Mut hat, um ihm beizustehen und es zu verteidigen, weil er weiß, wie eine solche Demütigung wehtut. Diese Stütze kann dem Kind helfen wahrzunehmen, daß ihm ein Unrecht geschah, und ihm dadurch ermöglichen, dieses traurige Stück der Realität in seine Geschichte zu integrieren. Es braucht sich dann nicht sein Leben lang für das Geschehen zu beschuldigen. Doch im Falle des sexuellen Mißbrauchs, der sich, im Gegensatz zum Schlagen, meistens im Schutz der Dunkelheit und im Verborgenen abspielt, ist die Chance, einen mutigen, helfenden Zeugen zu finden, der die Integration des Erlebten ermöglicht, viel geringer. Diese Integration kann vom Kind allein nicht geleistet werden. Es bleibt ihm also nichts anderes übrig, als diese Erinnerung aus dem Gedächtnis zu verdrängen, weil die Schmerzen der Angst, der Isolierung, der betrogenen Liebeserwartung, der Hilflosigkeit, der Scham- und Schuldgefühle nicht auszuhalten sind. Die rätselhafte Sprachlosigkeit des Erwachsenen und der Widerspruch zwischen seinem Tun und seinen bei Tageslicht verkündeten moralischen Prinzipien und Verboten erzeugt im Kind zusätzlich eine unerträgliche Verwirrung, die es mit Hilfe der Verdrängung loswerden muß.

Wird ein größeres Kind, das in der frühen Kindheit das Glück hatte, sich bei seiner ersten Bezugsperson auf seine Wahrnehmungen verlassen zu dürfen, sexuellen Angriffen ausgesetzt, kann es unter Umständen den Angriff wahr- und ernstnehmen, die Erinnerung im Bewußtsein behalten und das Geschehen mit der Zeit verarbeiten. Haben aber diese Voraussetzungen gefehlt, wie es sehr häufig vorkommt, d. h. wurden dem Kinde seine Wahrnehmungen ausgeredet, dann bleibt auch das später Erlebte in diffusem, nebelhaftem Licht, seine Realität bleibt schillernd, ohne feste Konturen, mit Schuld- und Schamgefühlen behaftet, und der spätere Erwachsene wird entweder nichts von ihr wissen oder an seinen Erinnerungen zweifeln. Um so mehr wird das der Fall sein, wenn der

Mißbrauch an einem sehr kleinen Kind verübt wurde. Da das ganz kleine Kind weder eine Stütze im eigenen Selbst, noch einen Spiegel in den Augen des Zeugen hatte, muß es diese Realität verleugnen. Später wird der Patient gerade diese Realität unbewußt ständig in Szene setzen, sie mit Symptomen, auch körperlicher Art, erzählen und hoffen, daß es sich lediglich um Phantasien handelt. Ich habe diese Entwicklung am Beispiel des »Wolfsmanns«, eines Patienten von Sigmund Freund, in diesem Buch geschildert.

»Wolfsmann«, der vermutlich im zweiten Lebensjahr von seiner Kinderfrau und später wiederholt von seiner Schwester sexuell mißbraucht worden war, kämpfte sein Leben lang gegen den Mißbrauch seiner Person und geriet immer wieder in Situationen, in denen er tatsächlich real mißbraucht wurde. Er mußte diese Situationen unbewußt inszenieren, um in ihnen das Trauma der frühen Kindheit ständig zu wiederholen, weil er es nicht erinnern und nicht erzählen konnte. Es war ein Trauma ohne Zeugen, im zartesten Alter, und trotz unendlicher Analysen fand sich in seinem ganzen Leben niemand, der sich in die Situation des kleinen Kindes hätte einfühlen können, was notwendig gewesen wäre, weil die eigene Verdrängung dem Patienten diese Einfühlung unmöglich machte. Sogar Sigmund Freud mißbrauchte den Wolfsmann, um seine Theorien an ihm behaupten zu können, und er konnte ihm die so nötige Einfühlung in die Situation des sexuell früh mißbrauchten Kindes nicht geben. Er konnte es nicht, weil er selber einst ein solches Kind gewesen war und die damit zusammenhängenden Gefühle nicht spüren durfte. Er näherte sich zunächst diesen Erlebnissen in seinen Träumen, konnte sie aber ohne Begleitung nicht durchstehen und verarbeiten, verdrängte sie abermals und schuf anschließend eine Theorie, die ihm half, sie abzuwehren. Mit dieser Theorie schuf er eine ganze Armee von abwehrenden Analytikern, die den Patienten helfen, sich ihr Trauma auszureden, statt es zu erleben, so daß sich die Geschädigten für das Geschehene nach wie vor selbst verantwortlich fühlen.

Diese Ideologie schafft es, daß sich der Patient nicht den unerträglichen Schmerzen der Verwirrung und Hilflosigkeit des sexuell mißbrauchten kleinen Kindes auszusetzen braucht und sich in der Illusion des »ödipal« Schuldigen mächtig fühlen kann. Wenn diese illusionäre Macht nicht mit schweren Symptomen zu bezahlen ist, ist sie immer noch besser als das Wiederaufleben frühkindlicher Gefühle ohne Begleitung, die begreiflicherweise noch schwer zu finden ist, solange die Gesellschaft das Geschehen des sexuellen Mißbrauchs des Kindes entweder ignoriert oder bagatellisiert.

Die psychoanalytische Triebtheorie hat zu dieser Haltung sehr viel beigetragen. Vor mehr als 80 Jahren schrieb Sigmund Freud, er hätte »festgestellt«, daß es sich bei den Erinnerungen seiner Patientinnen an in der Kindheit erlittene sexuelle Angriffe von Erwachsenen nicht um eigentliche Erinnerungen an reale Vorgänge gehandelt habe, sondern um Phantasien. Doch wie konnte er das feststellen? Erst seit mir die Umstände des sexuellen Mißbrauchs besser bekannt sind (vgl. Armstrong, Butler, Rush), ist es mir aufgefallen, daß dieser Satz, der eine wichtige Prämisse der Freudschen Triebtheorie bildet und seit Freud unzählige Male von Studenten in Prüfungen in gutem Glauben wiederholt worden ist, von Feststellungen spricht, wo es sich ja nur um vom Wunschdenken diktierte Behauptungen handeln kann: denn es läßt sich zwar mit Hilfe mehrerer Zeugen feststellen, daß eine Tat stattgefunden hat, niemals aber können wir sicher sein, daß etwas *nicht* stattgefunden hat, wenn beide Beteiligte an der Geheimhaltung des Geschehenen interessiert sind. Und das ist beim sexuellen Mißbrauch meistens der Fall, weil auch das Opfer aus Angst-, Scham- und Schuldgefühlen die eigentliche Wahrheit nicht ertragen kann. Nicht zufällig hat Freud gerade bei diesen Opfern das Phänomen der Verdrängung entdeckt.

Die Wichtigkeit dieses Punktes kann nicht genug betont werden, weil es von dessen Verständnis abhängt, ob der Patient in der Gesellschaft, wie das Kind in der Familie, mit dem Trauma alleingelassen wird oder im Therapeuten das nötige Wissen findet: das Wissen nämlich, daß die Realität tragischer ist als alle Phantasien, die zwar einzelne Motive der erlebten Realität enthalten, aber im Grunde dazu dienen, die unerträgliche Wahrheit zu verbergen. Eine besondere Schwierigkeit, ja eine eigentliche Schranke auf dem Wege zur Erinnerung bildet in der Therapie die sehr rasch gegen die Erinnerung einsetzende, einst im Dienste des Überlebens notwendige Abwehrtätigkeit, die sich im Produzieren von Phantasien, im Aufgreifen von Märchenbildern oder in handfesten Perversionen manifestieren kann. Perversionen, Süchte und selbstschädigende Inszenierungen übernehmen, ähnlich wie Phantasien, die Funktion des Verbergens. Sie organisieren – genau nach dem Muster der Vergangenheit – ein Leiden an der Gegenwart und garantieren so, daß das ehemalige unerträgliche Leiden verdrängt bleibt.

Die Therapie von Mariella Mehr (vgl. oben, S. 386) zeigt, wie entscheidend es für ihr Gelingen war, daß der Therapeut die kaum faßbare Wahrheit ertragen konnte. Wie ich inzwischen erfahren habe, hat ihm die Bewältigung des eigenen Traumas diese – heute noch seltene – eindeutige Haltung ermöglicht. Es gibt zwar heute zahlreiche Techniken, die in kurzer Zeit frühkindliche Gefühle an die Oberfläche treten lassen und im Moment auch Erleichterung bringen können. Die Anwendung dieser Techniken ist erlernbar, aber sie ist noch lange keine Therapie, sofern nicht gleichzeitig die adäquate Begleitung gewährleistet werden kann. Die bloße Anwendung von angelernten Techniken kann sich sogar verhängnisvoll auswirken, so daß der Patient in der Depression oder im Chaos der geweckten Gefühle steckenbleibt. Solche Ausgänge sind nicht selten, auch wenn technisches Können und eine gutmeinende und bemühte Haltung beim Therapeuten vorhanden sind, solange elternschonende, erzieherische Tendenzen in der Therapie ausgelebt werden.

Zu der adäquaten Begleitung gehört also Wissen *und* Selbsterfahrung. Ich bemühe mich um die Verbreitung eines Teils dieses Wissens, der sich auf die reale Situation des Kindes in unserer Gesellschaft bezieht, weil es mir als eine notwendige (wenn auch nicht ausreichende) Bedingung der erfolgreichen Therapie erscheint. Wo es fehlt, nützt die beste Methode nichts, und wenn die Behandlung scheitert, muß es nicht an der Methode liegen. Aber dieses theoretische Wissen allein genügt noch nicht. Nur wenn man selber die Chance hatte, seine traumatische Vergangenheit zu verarbeiten, wird man den andern zu seiner Wahrheit begleiten können und ihn nicht von ihr abhalten. Man wird ihn nicht verwirren, ängstigen, erziehen, mißbrauchen, belehren, verführen, weil man bei sich den Einbruch der einst abgewürgten Gefühle nicht mehr fürchten muß und deren heilende Kraft aus Erfahrung kennt.

Eine Gesellschaft, die ihre Kinder durch eine neue Gesetzgebung beschützt, hat die Chance, aus den Opferberichten zu lernen und mit der Zeit ihre Ignoranz zu verlieren. Dies mag wohl mit der Grund sein, weshalb die skandinavischen Länder, die früher als andere die Körperstrafe abgeschafft haben, auch viel mehr Aufgeschlossenheit und Verständnis für Informationen über die langfristigen Schäden der Kindermißhandlungen zeigen.

Die Opfer des Unrechts, die die Wahrheit nicht ganz vergessen können, da ihr Körper sie seit der Kindheit speichert, werden durch ihr Wissen, durch ihre Zeugschaft, die Gesellschaft notgedrungen verändern. Mit der Aufdeckung ihrer eigenen Geschichte sensibilisieren sie uns für die Wahrheit auch unserer Kindheit, machen uns wacher und bewußter. Dieser Prozeß hat bereits begonnen und ist nicht mehr aufzuhalten. Von dem, was wir täglich erfahren, gibt es keinen Weg mehr zurück, und die psychohistorischen Forschungen über die Kindheit bestätigen, was die Betroffenen heute erzählen, was sie erst heute erzählen können.

Auch wenn verschiedene Gruppierungen die sich daraus ergebenden Schlüsse noch nicht nachvollziehen können, weil sie immer noch in der Vorstellungswelt des 19. Jahrhunderts leben, die Wahrheit wird sich ohne diese Gruppierungen durchsetzen, vermutlich auch abseits von etablierten Institutionen. Die beiden Bücher von Florence Rush und mir, die bezeichnenderweise ähnliche Titel tragen (»Das bestgehütete Geheimnis« und »Du sollst nicht merken«) und beinahe im gleichen Jahr erschienen sind, wurden von zwei Frauen geschrieben, die nichts voneinander wußten, verschiedene Berufe ausübten, auf verschiedenen Kontinenten lebten und trotzdem auf die gleiche Wahrheit gestoßen sind. Was ich als Psychoanalytikerin im Unbewußten meiner Patientinnen fand, konnte Florence Rush in der äußeren Realität entdecken und in ihren historischen Studien bestätigt finden. Ihre Informationen sind auch für die künftigen Therapieformen von Bedeutung, denn erst auf dem Boden der Wahrheit kann eine wirksame Therapiemethode entwickelt werden.

Doch diese Entwicklung vollzieht sich nicht in einer monokausalen linearen Bewegung, sondern zumindest in einer Wechselwirkung oder in einer Spirale. Denn jetzt brauchen die Opfer Hilfe von Therapeuten, die ihrem im Körper gespeicherten stummen Wissen verhelfen würden, sich zu artikulieren. Da jeder Mensch alles lieber tut, als die eigenen Eltern anzuklagen, und daher als Kind das Schweigen und sich Beschuldigen gelernt hat, müssen wir den Geschädigten und früh Verletzten helfen, ihre Sprache zu suchen und zu finden. Doch sobald die Überlebenden des Mißbrauchs ihre Stimme wieder gefunden haben, werden die Therapeuten von diesen Menschen mehr lernen und erfahren, als sie je von ihren Lehrern erfahren konnten, und werden gleichzeitig leichter viele von den irreführenden Ansichten aufgeben, die auf der Pädagogik früherer Jahrhunderte beruhen.

Nur die Befreiung von pädagogischen Tendenzen führt zu Einsichten in die tatsächliche Situation des Kindes. Diese Einsichten lassen sich in den folgenden Punkten zusammenfassen:

1. Das Kind ist immer unschuldig.
2. Jedes Kind hat unabdingbare Bedürfnisse, unter anderem nach Sicherheit, Geborgenheit, Schutz, Berührung, Wahrhaftigkeit, Wärme, Zärtlichkeit.
3. Diese Bedürfnisse werden selten erfüllt, jedoch häufig von Erwachsenen für ihre eigenen Zwecke ausgebeutet (Trauma des Kindesmißbrauchs).
4. Der Mißbrauch hat lebenslängliche Folgen.
5. Die Gesellschaft steht auf der Seite des Erwachsenen und beschuldigt das Kind für das, was ihm angetan worden ist.
6. Die Tatsache der Opferung des Kindes wird nach wie vor geleugnet.
7. Die Folgen dieser Opferung werden daher übersehen.
8. Das von der Gesellschaft allein gelassene Kind hat keine andere Wahl, als das Trauma zu verdrängen und den Täter zu idealisieren.
9. Verdrängung führt zu Neurosen, Psychosen, psychosomatischen Störungen und zum Verbrechen.
10. In der Neurose werden die eigentlichen Bedürfnisse verdrängt und verleugnet und statt dessen Schuldgefühle erlebt.
11. In der Psychose wird die Mißhandlung in eine Wahnvorstellung verwandelt.
12. In der psychosomatischen Störung wird der Schmerz der Mißhandlung erlitten, doch die eigentlichen Ursachen des Leidens bleiben verborgen.
13. Im Verbrechen werden die Verwirrung, die Verführung und die Mißhandlung immer wieder neu ausagiert.
14. Therapeutische Bemühungen können nur dann er-

folgreich sein, wenn die Wahrheit über die Kindheit des Patienten nicht verleugnet wird.

15. Die psychoanalytische Lehre der »infantilen Sexualität« unterstützt die Blindheit der Gesellschaft und legitimiert den sexuellen Mißbrauch des Kindes. Sie beschuldigt das Kind und schont den Erwachsenen.

16. Phantasien stehen im Dienste des Überlebens; sie helfen, die unerträgliche Realität der Kindheit zu artikulieren und sie zugleich zu verbergen bzw. zu verharmlosen. Ein sogenanntes »erfundenes« phantasiertes Erlebnis oder Trauma deckt immer ein reales Trauma zu.

17. In Literatur, Kunst, Märchen und Träumen kommen oft verdrängte frühkindliche Erfahrungen in symbolischen Formen zum Ausdruck.

18. Aufgrund unserer chronischen Ignoranz hinsichtlich der wirklichen Situation des Kindes werden diese symbolischen Zeugnisse von Qualen in unserer Kultur nicht nur toleriert, sondern sogar hochgeschätzt. Würde der reale Hintergrund dieser verschlüsselten Aussagen verstanden, würden sie von der Gesellschaft abgelehnt werden.

19. Die Folgen eines begangenen Verbrechens werden nicht dadurch aufgehoben, daß Täter und Opfer blind und verwirrt sind.

20. Neue Verbrechen können verhindert werden, wenn die Opfer zu sehen beginnen; damit wird der Wiederholungszwang aufgehoben oder abgeschwächt.

21. Indem sie die im Geschehen der Kindheit verborgene Quelle der Erkenntnis unmißverständlich und unwiderruflich freilegen, können die Berichte Betroffener der Gesellschaft im allgemeinen und insbesondere der Wissenschaft helfen, ihr Bewußtsein zu verändern.

Viele weitere Frauen und Männer werden sich *durch diese Berichte* ermutigt fühlen, der Geschichte ihrer eigenen Kindheit zu begegnen, sie ernst zu nehmen und von ihr zu berichten. Damit werden sie wiederum weitere Kreise der Menschheit darüber informieren, was ein Mensch am Ursprung seines Lebens in den meisten Fällen ertragen mußte, ohne daß er es selber später weiß, auch ohne daß irgendjemand anderer es weiß – einfach weil es bisher nicht möglich war, es zu merken, und es auch kaum Berichte von Betroffenen zu lesen gab, die nicht idealisierend waren. Doch jetzt gibt es sie, und sie werden weiter erscheinen, in steigender Zahl.

Die Betroffenen von gestern und heute sind die Informanten von morgen.

Ich habe keine neue psychoanalytische Schule, kein Institut und keine Gruppen gegründet, und ich bin nicht in der Lage, Adressen von Therapeutinnen und Therapeuten zu vermitteln. Meine Absicht war, das Gesetz zu beschreiben, das uns verbietet, die Situation des Kindes in unserer Gesellschaft zu sehen. Ist diese Sicht einmal frei, werden sich die bestehenden therapeutischen Möglichkeiten hilfreicher als bisher anwenden lassen, und die Gefahr, daß sie sich zur Unterwerfung von Menschen (z. B. in Sekten) gebrauchen lassen, wird dadurch verringert. Auch die wissenschaftliche Forschung wird den Therapeuten mehr als bisher helfen können, sobald sie die Wahrheit akzeptiert hat, die zwar sehr schmerzhaft, aber nichtsdestoweniger wahr ist und daher heilsam und klärend wirkt.

Die Wahrheit unserer Kindheit ist in unserem Körper gespeichert, und wir können sie zwar unterdrücken, aber niemals verändern. Es kann gelingen, unseren Intellekt zu betrügen, unsere Gefühle zu manipulieren, unsere Wahrnehmungen zu verwirren und unseren Körper mit Medikamenten zu belügen. Aber irgendwann präsentiert er uns doch seine Rechnung: denn unser Körper ist unbestechlich wie ein noch nicht gestörtes Kind, das sich auf keine Ausreden und Kompromisse einläßt und das erst aufhört, uns zu quälen, wenn wir der Wahrheit nicht mehr ausweichen.

LITERATURVERZEICHNIS

Das Alte Testament (1964), Nach den Grundtexten übersetzt und heraus-gegeben von Prof. Dr. Vinzenz Hamp und Prof. Dr. Meinrad Stenzel, Zürich: Christiana

Ariès, Philippe (1975), *Geschichte der Kindheit,* München: Hanser (franzö-sische Erstausgabe 1960)

Armstrong, Louise (1978), *Kiss Daddy Goodnight. A Speak-Out on Incest,* New York: Hawthorn Books; deutsch: *Kiss Daddy Goodnight. Aus-sprache über Inzest,* Frankfurt 1984 (suhrkamp taschenbuch 995)

Bell, Quentin (1978), *Virginia Woolf,* Frankfurt: Insel

Birkenhauer, Klaus (1971), *Samuel Beckett,* Reinbek: Rowohlt (rm 176)

»Brigitte« (1983), *Als Kind mißbraucht. Frauen brechen das Schweigen,* Mün-chen: Mosaik Verlag

Bourdier, Pierre (1972), »L'hypernaturation des enfants de parents ma-lades mentaux«, in: *Revue francaise psychoanalyse, Tome XXXVI,* Jan-vier 1, p. 19-41

Brod, Max (1977), *Über Franz Kafka,* Frankfurt: S. Fischer (FTB 1496)

Butler, Sandra (1978), *Conspiracy of Silence. The Trauma of Incest,* San Francisco: Volcano Press

Ciompi, Luc (1981), »Ansatz einer psychoanalytischen Systemtheorie«, in: *Psyche* (35. Jg.), S. 66-86

Drigalski, Dörte von (1980), *Blumen auf Granit. Eine Irr- und Lehrfahrt durch die deutsche Psychoanalyse,* Frankfurt/Berlin/Wien: Ullstein (Ull-stein Bücher 35036)

Flaubert, Gustave (1980), »Quidquid volueris«, in: *Jugendwerke,* Zürich: Diogenes

Flaubert, Gustave (1971), *Die Erziehung des Herzens,* Zürich: Manesse

Fleischmann, Lea (1980), *Dies ist nicht mein Land,* Hamburg: Hoffmann und Campe

Freud, Anna (1964), *Das Ich und die Abwehrmechanismen,* München: Kind-ler (Geist und Psyche 2001)

Freud, Sigmund (1895d), mit Breuer, J., *Studien über Hysterie, G. W.* Bd. 1, S. 75

– (1896c) ›Zur Ätiologie der Hysterie‹, *G. W.,* Bd. 1, S. 423

– (1911c [1910]) Psychoanalytische Bemerkungen über einen autobio-graphisch beschriebenen Fall von Paranoia, *G. W.,* Bd. 8, S. 239

– (1918b [1914]) ›Aus der Geschichte einer infantilen Neurose‹, *G. W.,* Bd. 12, S. 27

– (1950/1975), *Aus den Anfängen der Psychoanalyse 1887-1902. Briefe an Wilhelm Fliess,* Frankfurt: S. Fischer

Gardiner, Muriel (1972), *Der Wolfsmann vom Wolfsmann,* Frankfurt: S. Fischer

Grimm, Brüder (1962), *Kinder- und Hausmärchen,* Düsseldorf/Köln: Eugen Diederich

Grubrich-Simitis, Ilse (1979), »Extremtraumatisierung als kumulatives Trauma« in: *Psyche* (33. Jg.) S. 991-1023

Haley, Jay (1978), *Die Psychotherapie Milton Ericksons,* München: Pfeiffer

Herman, Judith Lewis (1981), *Father-Daughter Incest,* Cambridge, Mass.: Harvard University Press

Janov, Arthur (1973), *Der Urschrei. Ein neuer Weg der Psychotheraphie,* Frankfurt: S. Fischer

Jung, Carl Gustav (1974), *Zivilisation im Übergang,* G. W., Bd. 10, Olten und Freiburg i. Br.: Walter

Kafka, Franz (1952), *Das Urteil und andere Erzählungen,* Frankfurt: S. Fischer (FTB 19)

– (1954), *Der Heizer,* Neudruck nach der Ausgabe von 1913, Zürich: Die Arche

– (1973), *Briefe an Milena,* Frankfurt: S. Fischer (FTB 756)

– (1974), *Briefe an Ottla und die Familie,* Frankfurt: S. Fischer

– (1975), *Briefe 1902-1924,* Frankfurt: S. Fischer (FTB 1575)

– (1976), *Briefe an Felice,* Frankfurt: S. Fischer (FTB 1697)

– (1977), *Das Schloß,* Frankfurt: S. Fischer (FTB 900)

– (1978), *Brief an den Vater,* Frankfurt: S. Fischer (FTB 1629)

– (1980), *Sämtliche Erzählungen,* Frankfurt: S. Fischer (FTB 1078)

Kentler, Helmut (1970), *Sexualerziehung,* Reinbek: Rowohlt (rororo 8034)

Kierkegaard, Sören (1975), *Das Tagebuch des Verführers,* München: dtv 6043

Kohut, Heinz (1979), *Die Heilung des Selbst,* Frankfurt: Suhrkamp

Korczak, Janusz (1970), *Das Recht des Kindes auf Achtung,* Göttingen: Vandenhoeck & Ruprecht

– (1981), *Verteidigt die Kinder,* Gütersloher Verlagshaus

Krüll, Marianne (1979), *Freud und sein Vater,* München: Beck

Langegger, Florian (1978), *Mozart – Vater und Sohn,* Zürich: Atlantis

Liedloff, Jean (1980), *Auf der Suche nach dem verlorenen Glück,* München: Beck

de Mause, Lloyd (1979), *Hört ihr die Kinder weinen,* Frankfurt: Suhrkamp (stw 339)

Mecke, Gunter, »Franz Kafkas Geheimnis«, in: *Psyche,* (35. Jg.) S. 209 bis 236

Mehr, Mariella (1981), *Steinzeit,* Bern: Zytglogge

Miller, Alice (1979), *Das Drama des begabten Kindes und die Suche nach dem wahren Selbst,* Frankfurt: Suhrkamp

– (1980), *Am Anfang war Erziehung,* Frankfurt: Suhrkamp

– (1981), Rezension über Florian Langegger, *Mozart – Vater und Sohn,* in: *Psyche* (35. Jg.) S. 587 f.

Moser, Tilmann (1974), *Lehrjahre auf der Couch,* Frankfurt: Suhrkamp

Niederland, William G. (1965), »The Ego and the Recovery of Early Memories« in: *Psychoanalytic Quarterly*

– (1969), »Schrebers ›angewunderte‹ Kindheitswelt« in: *Psyche* (23. Jg.), S. 196-223

Obholzer, Karin (1980), *Gespräche mit dem Wolfsmann*, Reinbek: Rowohlt

Pernhaupt, Günter/Čzermak, Hans (1980), *Die gesunde Ohrfeige macht krank. Über die alltägliche Gewalt im Umgang mit Kindern.* Wien: Orac-Pietsch

Petri, Horst/Lauterbach, Matthias (1975), *Gewalt in der Erziehung. Plädoyer zur Abschaffung der Prügelstrafe.* Frankfurt: Fischer-Athenäum (FATB 4060)

Pia, Pascal (1972), *Baudelaire in Selbstzeugnissen und Dokumenten*, Reinbek: Rowohlt (rm 007)

Pizzey, Erin (1978), *Schrei leise. Mißhandlungen in der Familie.* Frankfurt: S. Fischer (FTB 3404)

Richter, Horst E. (1972), *Eltern, Kind, Neurose*, Stuttgart: Klett

– (1979), *Der Gotteskomplex*, Reinbek: Rowohlt

Rush, Florence (1980), *The Best Kept Secret. Sexual Abuse of Children*, Prentice Hall: Englewood Cliffs; deutsch: *Das bestgehütete Geheimnis. Sexueller Kindesmißbrauch*, Berlin (1982): sub rosa Frauenverlag

Sartre, Jean-Paul (1977), *Der Idiot der Familie*, Reinbek: Rowohlt

Schatzman, Morton (1978), *Die Angst vor dem Vater*, Reinbek: Rowohlt (rororo 7114)

Schreber, D. G. M., (1865) *Das Buch der Erziehung an Leib und Seele*, Leipzig: Fleischer

Schreber, D. P. (1903), *Denkwürdigkeiten eines Nervenkranken*, Leipzig: Oswald Mutze

Sebbar, Leïla (1980), *Gewalt an kleinen Mädchen*, Naumburg-Elbenberg: Feministischer Buchverlag Marion Hagemann

Segal, Hanna (1974), *Melanie Klein*, München: Kindler

Stierlin, Helm (1974), *Eltern und Kinder*, Frankfurt: Suhrkamp, st 618

Thomas, Klaus (1972), *Selbstanalyse*, Stuttgart: Thieme

Tuschy, Gerhard (1979), »Zum Problem von Individuum und Gesellschaft aus der Sicht der Tiefenpsychologie«, Vortrag auf der Tagung des Gustav Stresemann-Instituts in Lehrbach bei Köln, April 1979

Vegh, Claudine (1981), *Ich habe ihnen nicht auf Wiedersehen gesagt, Gespräche mit Kindern von Deportierten*, Köln: Kiepenheuer & Witsch

Vinke, Hermann (1980), *Das kurze Leben der Sophie Scholl*, Ravensburg: Otto Maier

Wagenbach, Klaus (1976), *Franz Kafka*, Reinbek: Rowohlt (rm 091)

Winnicott, Donald (1980), *Piggle*, Stuttgart: Klett-Cotta

– (1949), »Hate in the Counter-Transference«, in: *Collected Papers. Through Paediatries to Psycho-Analysis*, London: Tavistock, New York: Basic Books

Zenz, Gisela (1979), *Kindesmißhandlung und Kindesrechte*, Frankfurt: Suhrkamp

Alice Miller
Das Drama des
begabten Kindes

und die Suche
nach dem wahren Selbst
suhrkamp taschenbuch 950
182 Seiten

Gemeinsame Leitthemen der in diesem Band enthaltenen
drei Studien sind die Ursprünge des Selbstverlustes und
Wege der Selbstfindung. Das Drama des begabten, das heißt
sensiblen, wachen Kindes besteht darin, daß es schon früh
Bedürfnisse seiner Eltern spürt und sich ihnen anpaßt, indem es lernt, seine intensivsten, aber unerwünschten Gefühle *nicht zu fühlen*. Obwohl diese »verpönten« Gefühle
später nicht immer vermieden werden können, bleiben sie
doch *abgespalten*, das heißt: der vitalste Teil des wahren
Selbst wird nicht in die Persönlichkeit integriert. Das führt
zu emotionaler Verunsicherung und Verarmung *(Selbstver-
lust)*, die sich in der *Depression* ausdrücken oder aber in der
Grandiosität abgewehrt werden. Die angeführten Beispiele
sensibilisieren für das nicht artikulierte, hinter Idealisierungen verborgene Leiden des Kindes wie auch für die Tragik
der nicht verfügbaren Eltern, die einst selbst *verfügbare*
Kinder gewesen sind.

Alice Miller
Am Anfang war
Erziehung

suhrkamp taschenbuch 951
322 Seiten

In diesem Buch öffnet uns Alice Miller die Augen über die verheerenden Folgen der Erziehung – die ja nur das Beste für das Kind will. Sie tut das einmal durch eine Analyse der »pädagogischen Haltung« und zum anderen durch die Darstellung der Kindheiten einer Drogensüchtigen, eines politischen Führers und eines Kindesmörders.

Ihr Text vermag es, uns zu einem nicht bloß intellektuellen und entsprechend folgenlosen Wissen, sondern auch zu einem emotionalen Wissen davon zu verhelfen, daß Psychosen, Drogensucht, Kriminalität ein verschlüsselter Ausdruck der frühsten Erfahrungen sind. Für seine Entfaltung braucht ein Kind den Respekt seiner Bezugspersonen, Toleranz für seine Gefühle, Sensibilität für seine Bedürfnisse und Kränkungen, die Echtheit seiner Eltern, deren eigene Freiheit – und nicht erzieherische Überlegungen – dem Kind natürliche Grenzen setzt.

Alice Miller
Bilder einer Kindheit

66 Aquarelle und ein Essay
suhrkamp taschenbuch 1158
182 Seiten

Den ersten Zugang zur Wahrheit ihrer frühen Kindheit
verdankt Alice Miller dem spontanen Malen, mit dem sie
1973 begann. Diese Entdeckung öffnete der Psychoanalytikerin die Augen für das verborgene Leiden der Kindheit,
das im Dienste des Überlebens der Verdrängung anheim-
fällt. Sie gab ihre Praxis auf, um über langfristige Folgen
von Kindesmißhandlungen und deren Verdrängung zu
berichten, weil sie die Tendenz des Erwachsenen zur Gewalttätigkeit und Selbstzerstörung auf die totale Verleugnung der einst erlittenen Mißhandlungen zurückführt.
Dies verdeutlicht Alice Miller anhand ihrer eigenen Geschichte und ihrer Bilder.

Hört ihr die Kinder weinen

Eine psychogenetische Geschichte der Kindheit
Herausgegeben von Lloyd deMause
627 Seiten. Leinen. DM 52,–
stw 339. DM 20,–

Weil die psychische Struktur von Generation zu Generation durch den Engpaß der Kindheit weitergegeben werden muß, sind die Praktiken der Kindererziehung in einer Gesellschaft mehr als ein beliebiges kulturelles Merkmal neben anderen. Sie stellen vielmehr die entscheidende Bedingung für die Überlieferung und Entwicklung aller anderen Merkmale der Kultur dar und legen definitive Grenzen für das in den verschiedenen Bereichen der Geschichte Erreichbare fest. Es bedarf spezifischer Kindheitserfahrungen, um spezifische Merkmale einer Kultur aufrechtzuerhalten; sobald die betreffenden Erfahrungen fehlen, verschwindet auch das entsprechende kulturelle Merkmal.

Suhrkamp

Das geschlagene Kind
Herausgegeben von Ray E. Helfer und C. Henry Kempe
Mit einer Einleitung von Gisela Zenz
Übersetzt von Udo Rennert
stw 247. 360 Seiten. DM 16,–

Gisela Zenz
Kindesmißhandlung und Kindesrechte
Erfahrungswissen, Normstruktur und Entscheidungsrationalität
stw 362. 452 Seiten. DM 16,–

Joseph Goldstein / Anna Freud / Albert J. Solnit
Jenseits des Kindeswohls
Mit einem Beitrag von Spiros Simitis
Übersetzt von Reinhard Herborth
st 212. 250 Seiten. DM 7,–

Joseph Goldstein / Anna Freud / Albert J. Solnit
Diesseits des Kindeswohls
Mit einem Beitrag von Spiros Simitis
Übersetzt von Reinhard Herborth
stw 383. 260 Seiten. DM 16,–

Kindeswohl
Eine interdisziplinäre Untersuchung über seine Verwirklichung
in der vormundschaftsgerichtlichen Praxis von
Spiros Simitis/Lutz Rosenkötter/Rudolf Vogel/
Barbara Boost-Muss/Matthias Frommann/Jürgen Hopp/
Hartmut Koch/Gisela Zenz
Mit einer Einleitung von Lore Maria Peschel-Gutzeit
stw 292. 440 Seiten. DM 12,–

Alphabetisches Gesamtverzeichnis
der suhrkamp taschenbücher